JN273610

司法書士記述式対策

商業登記法
フレーム・コントロール

暫定答案の作成法と複数登記の処理技術

伊藤塾講師
蛭町 浩
Hiroshi Hirumachi

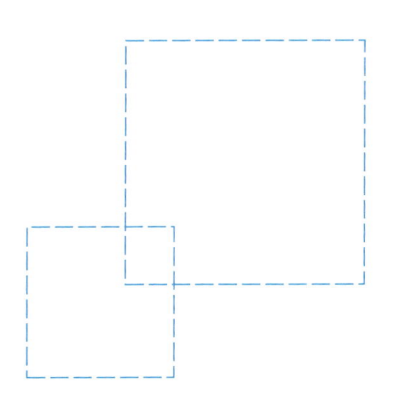

弘文堂

はしがき

　「商業登記の書式は，不動産登記の書式とは，まったく別の発想で学習すべきだ」という考え方を唱えれば，多くの方が「同じ登記制度なのになぜだ」と疑問に思うかも知れません。
　この疑問を解く鍵は，出題形式の違いにあります。不動産登記の書式の出題形式は，**連件申請**です。この出題形式では，**申請の個数と申請順序**の判断が命であり，それが答案に決定的な影響を与えます。いわば**コース料理**であり，問題で与えられた複数の素材を順序よく調理していけるか否か，が最大のポイントとなります。
　これに対して，商業登記の書式の出題形式は，**一括申請**です。一括申請は，複数の素材を一緒に煮込むいわば**寄せ鍋**です。素材が傷んでいないかぎり，鍋の中に次々に素材を入れればよいのであり，不動産登記のような調理の順序は問題となりません。
　しかし，傷んだ素材を鍋に入れれば，料理が台無しになりかねないため，通常，素材が傷んでいるか否かの検討を先行させることになります。そのため，ただちに答案作成にふみきれず，時間切れで答案が**白紙**となってしまう受験生が想像以上に多いのです。
　書式の試験は，0.5点刻みの得点中に数十人の同点者がひしめき合います。わかった答えを1つでも書くことができれば，それで合否の結果が大きく変動してしまう世界だけに，上記の実情は，何とも**もったいない**話であり，これが商業登記の書式の最大の問題点となっています。
　この商業登記の問題点は，実は，相対的に難易度の高い項目から検討を始めることに起因するものです。この問題を解決するには，難易度の低い項目から検討し，その後に難易度の高い項目に検討対象を移していく段階的な検討がポイントとなります。
　具体的には，問題中に含まれている登記の事由を**すべて登記できるもの**と仮定し，解答事項のうち**法律効果論**から導きだせる登記の事由，登記すべき事項，登録免許税額の3事項を判断し（**暫定答案の判断**），暫定的に答案を作成してしまうのです。これにより答案の枠組みが決まるため，暫定答案の判断を，商業登記における**フレーム・コントロール**とよびます。そして，残された時間で**法**

律要件論の観点から登記ができるか否かの瑕疵判断とその前提となる添付書面の判断を行い、答案内容を確定していくのです。

　このように商業登記における問題を解決するには、寄せ鍋方式である一括申請の利点を活かすため、答案作成について発想（戦術）を不動産登記の書式から大きく転換することが必要となります。そして、そのための上記の工夫は、まさにコロンブスのタマゴ的な発想の転換なのです。

　また、この発想の転換を学習の進め方の観点からみれば、登記の事由となる法律関係について、法律効果論と法律要件論との2つに分けて学習を進めることを意味します。そして、これが冒頭で述べた商業登記の書式の学習は、不動産登記の書式の学習方法とはまったく異なる発想で行うべきだという提言の意味になります。

　本来、この方法の狙いは、答案作成への抵抗感を払拭し、躊躇なく答案を作成するマインドを養う点にあります。ただし、平成26年や平成27年の問題のように瑕疵判断が問われなければ、解答項目のうち添付書面を除く7割5分の解答事項を確定できるため、それだけで基準点はおろか合格点さえも獲得できる可能性を秘めた方法となるのです。

　本書は、120の事例を使ってフレーム・コントロールとして位置づけられる暫定答案の判断と複数登記の関連性の判断の全貌を明らかにしています。これは、不動産登記の書式と同様、書式の試験では知識が使えるか否かを問う点において、択一式試験とは決定的に異なっていることに対応するものです。

　また、各事例には参考・添付書面が掲げられています。これを使えば、本書は実に120問もの問題を収録した他に類例のない書式の問題集としても活用することが可能となります。

　本書を上手に活用し、フレーム・コントロールの観点から商業登記の書式をとらえ直すことで、商業登記の書式の問題は、すぐに答案を作れる要素が多く存在し、かつ、不動産登記の書式のミスをカバーできる起死回生の得点源となる可能性を秘めたものであることを再認識していただきたいと願っています。

　最後に、いつも司法書士制度を暖かい視線で見守ってくださる弘文堂編集部の北川陽子氏、懇切丁寧な仕事で終始作業をリードしてくださった笑顔の素敵な法学館出版編集課長阿部真由美氏、校正作業を担ってくださった真田の郷を誇りとする理論派司法書士正橋史人氏、知性派ながらカープの活躍に心躍らす

熱き心の司令塔の法学館髙橋知規氏，何事にも全力投球で挑む心優しき剣豪である法学館第三教務課長の小坂宣也氏に，この場を借りて改めてお礼を申し上げます。

  2016 年   水泳のレジェンドは引退したが，若き才能達の
            新たな芽吹きに光を見だした夜，長浜にて

                    蛭　町　浩

本書の使い方

1 記述式初学者にとって本書を学習するメリット

　記述式初学者にとって本書は，記述式学習の入門書として機能します。商業登記法をひととおり学習した受験生にとっても，いざ記述式対策の学習をしようとした場合，問題演習から始めると難度が高く，何をどうしたらよいかがわからなくなってしまいがちです。しかし，本書を読み進めることにより，商業登記法の知識をおさらいしつつも，記述式試験の原理原則を理解しながら，学習を進めることが可能となります。本書では，120個の比較的簡単な事例を用いて，**適切に枠（フレーム）を埋める力**を身につけることができ，かつ，その事例の参考答案例として，申請書の様式例も記載されているので，本書自体が120の問題が収録されている**記述式対策基礎問題集**および**主要様式例集**として活用することが可能です。本格的な問題演習に取り掛かる前段階の記述式問題の入門書として活用してください。

2 記述式既習者にとっての本書を学習するメリット

　本書を用いて学習することにより，記述式試験の得点が飛躍的に上がる可能性があるのは，むしろ既習者といえます。既習者は，**様式例の暗記**を通じて，すでに答案に**何を書くべきか**（**手続判断の力**）を把握しています。また，答練等の**問題演習**を通じて，事例を読み解き，**法律関係を判断する力**（**実体判断の力**）もかなり身についていると思われます。しかし，それでも記述式試験において，点数がよいときと悪いときがあり，「いったいどの程度の問題演習をすれば得点が安定するのだろうか」と思っている受験生も多いことでしょう。この要因は，**適切に枠（フレーム）を埋める力**が体系的に身についていないことに起因します。これは，従来型の学習方法では養成することができないものであるので仕方がないことでもあります。本書を読み進めると，既習者にとっては，「当然知っている」という部分と「ここまで深くは知らなかった」という箇所がでてきます。それぞれを改めて学習し直し，演習を通じて「適切に枠（フレーム）を埋める力」を習得してください。体系的に「適切に枠（フレーム）を埋める力」を身につければ，記述式試験において安定した得点をとることができるようになるでしょう。

3　フレーム・コントロールとは

　本書では，暫定答案の判断および複数登記の関係性の判断を正確にすることをフレーム・コントロール（略称「Fコン」）とよんでいます。本書は，このFコンの力を身につけるための指南書といえます。この力は，従来型の学習では養うことができない力です。それゆえ，まさに本書は従来の記述式の学習法を変える画期的な指南書といえるでしょう。

4　法令名等の表記

　本文中に比較的多く使用した法令については，以下のとおり略記しました。

　　商業登記法⇒法
　　商業登記規則⇒登規
　　会社法⇒会
　　会社法施行規則⇒施行規
　　会社計算規則⇒計算規
　　商法⇒商
　　民法⇒民
　　不動産登記法⇒不登
　　登録免許税法⇒登免税
　　登録免許税法別表1⇒登免税別表
　　会社法の施行に伴う関係法律の整備等に関する法律⇒整備
　　有限会社法⇒旧有

5　条文の表記

　法令名に続くアラビア数字は，条文（番号）を表します。また，各項に対応してローマ数字ⅠⅡⅢ……を，各号に対応して①②③……を付しました。たとえば，「法134 Ⅰ①」は「商業登記法（昭和38年法律第125号）第134条第1項第1号」を意味します。

6　商業登記規則の施行日等について

　平成28年4月20日に，「商業登記規則等の一部を改正する省令」（平成28年法務省令第32号）が公布され，施行期日は平成28年10月1日とされました。

本書の使い方　vii

この改正は，虚偽の内容の株主総会議事録を元に真実でない登記がされる事件が後を絶たないことを理由として，株主総会決議が必要な登記申請の場合の添付書面に，株主総会議事録に加えて，主要な株主を証する「株主リスト」を要求するものです。この改正に伴い，いわゆる「株主リスト」に関する条文が商業登記規則 61 条 2 項，3 項に挿入されることになるため，商業登記規則 61 条各項の番号が繰り下がることになります。本書刊行時には改正規則は未施行ですが，本書では改正後の条文を適用して条文を記載しています。

なお，改正により要求されることになる商業登記規則 61 条 2 項，3 項に関する書面については，添付書面欄にどのように記載すべきかについていまだ判明していません。刊行時点において「株主リスト」とよばれているため，本書ではそれに倣い，「株主リスト」と記載しています。

7 判例・先例の表記

判例については，①最高裁を「最」，大審院を「大」，②判決を「判」，決定を「決」，③元号の明治・大正・昭和・平成をそれぞれ「明・大・昭・平」，年月日を「〇．〇．〇」と略記しました。たとえば，「最判昭 32.11.14」は，「最高裁判所判決昭和 32 年 11 月 14 日」を意味することになります。先例については，発出年月日・先例番号・先例の種類で表記しました。したがって，「昭 50.4.30 民四 2249 回」は，「昭和 50 年 4 月 30 日 2249 号民事局第四課長回答」を意味します。

8 出題年度の表記

記述式試験に出題された項目がある箇所には，たとえば平成 16 年度であれば，本文中は「平 16」，見出し中は「H16」と表記してあります。

9 参考文献

【書籍】
　畑村洋太郎『創造学のすすめ』（講談社，2003）
　味村治『新訂詳解商業登記』（きんざい，1996）
　葉玉匡美編著『新・会社法 100 問』（ダイヤモンド社，第 2 版，2006）
　松井信憲『商業登記ハンドブック』（商事法務，第 3 版，2015）
　相澤哲編著『立案担当者による新・会社法の解説』（商事法務，2006）

相澤哲＝葉玉匡美＝郡谷大輔編著『論点解説　新・会社法 — 千問の道標』（商事法務，2006）

鈴木龍介編著『商業・法人登記先例インデックス』（商事法務，2012）

日本司法書士会連合会商業登記・企業法務推進委員会編『平成26年改正会社法商業登記理論・実務と書式』（LABO，2015）

金子登志雄『ずばり解説！株式と機関〜盲点と弱点の発見から対策まで』（東京司法書士協同組合，2013）

金子登志雄『商業登記全書　第7巻　組織再編の手続』（中央経済社，2007）

【雑誌・ムック】

『商事法務』（商事法務）

『登記情報』（金融財政事情研究会）

『民事月報』（法務省民事局）

『登記インターネット』（民事法情報センター）

【政府資料】

「会社法制の見直しに関する中間試案の補足説明」（法務省民事局参事官室，平成23年12月）

　なお，文中において雑誌やムックの記事の内容の表記は，（『商事法務』2089号47頁）とするのを原則としていますが，雑誌のなかで特定の記事の内容を表記する必要がある場合については（坂本三郎「商業・法人登記制度をめぐる最近の動向」『商事法務』2089号47頁）というように，寄稿者と記事の表題も記載しています。

CONTENTS

序　章　学習開始にあたり……1
　　1　司法書士試験の特色と合格点………1
　　2　記述式試験の位置づけと書式の試験との関係………2
　　3　商業登記の書式の出題形式と問題点への対応………3
　　4　新たな学習モデルの確立………6
　　5　本書の目的と考え方………9

第1部　書式を解くための商業登記の原理・原則　13

第1章　商業登記制度の構造とは何なのか………14
　　1－1　公示制度の構造………14
　　　6　公示制度の構造………14
　　1－2　商業登記の構造………14
　　　7　商業登記制度の意義………14
　　　8　公示方法………18
　　　9　公示の原則………22

第2章　申請手続とは何なのか………28
　　2－1　前提知識の確認………28
　　　10　登記の記録手続の構造………28
　　　11　登記官の審査の構造………28
　　2－2　申請手続の構造………29
　　　12　申請手続の意義と構造………29
　　　13　必要十分な登記事項の主張………30
　　　14　登記事項の真実・適法性の立証………33
　　　15　申請の構成要素である登録免許税の納付………48
　　2－3　書式の試験の構造………49
　　　16　書式の試験の構造………49
　　　17　書式の問題をどう解くべきなのか………49
　　　18　書式の問題の解き方とFコン・Dコンとの関係………56

第2部
フレーム・コントロール Step 1 ─暫定答案の判断─　59

第1章　暫定答案の判断の前提知識..........60
　1－1　総説..........60
　　19　Fコン Step 1 の学習内容..........60
　　20　登記実体法の把握..........61
　1－2　株式会社の構造と特色..........61
　　21　株式会社の構造とその原理・原則..........61
　1－3　株式会社の法規制の特色..........70
　　22　株式会社の法規制の特色..........70
　1－4　会社形態の把握..........78
　　23　会社の種類の判断..........78
　　24　公開会社か否かの判断..........80
　　25　取締役会設置会社か否かの判断..........82
　　26　監査役設置会社か否かの判断..........82
　　27　大会社か否かの判断..........85

第2章　暫定答案の判断..........86
　2－1　会社の基本事項に関する変更登記..........86
　　28　商号の変更..........86
　　29　目的の変更..........88
　　30　公告方法の変更..........89
　　31　電磁的方法による計算書類の開示..........90
　2－2　株式の内容に関する登記..........91
　　32　発行可能株式総数の変更..........91
　　33　株券を発行する旨の定めに関する登記..........92
　　34　株式の譲渡制限に関する規定の登記..........94
　　35　単一株式発行会社の発行する株式内容の登記..........100
　　36　発行可能種類株式総数および発行する各種類の株式の内容の登記
　　　　..........101
　2－3　株式数の増減に関する登記..........109
　　37　株式の併合..........109
　　38　株式の分割..........111

CONTENTS

　　39　株式の無償割当て…………113
　　40　株式の消却…………115
　　41　単元株式数の登記…………117
　　42　株主名簿管理人の登記…………120
　2－4　株式の発行に関する登記…………125
　　43　募集株式の発行…………125
　　44　新株予約権の行使…………142
　　45　取得請求権付株式の取得と引換えにする株式の発行…………146
　　46　取得条項付株式の取得と引換えにする株式の発行…………148
　　47　全部取得条項付種類株式の取得と引換えにする株式の発行
　　　　…………151
　　48　取得条項付新株予約権の取得と引換えにする株式の発行…………153
　2－5　新株予約権の発行に関する登記…………157
　　49　募集新株予約権の発行…………157
　　50　新株予約権の無償割当て…………160
　　51　取得請求権付株式の取得と引換えにする新株予約権の発行
　　　　…………163
　　52　取得条項付株式の取得と引換えにする新株予約権の発行…………168
　　53　全部取得条項付種類株式の取得と引換えにする新株予約権の発行
　　　　…………171
　　54　取得条項付新株予約権の取得と引換えにする新株予約権の発行
　　　　…………174
　2－6　新株予約権に関するそのほかの登記…………177
　　55　新株予約権の消却…………177
　　56　新株予約権の消滅…………179
　　57　新株予約権の内容変更…………183
　2－7　純資産の部の計数変更に関する登記…………184
　　58　準備金の資本組入れ…………184
　　59　剰余金の資本組入れ…………185
　　60　資本金の額の減少…………186
　2－8　役員等の就任登記…………190
　　61　役員等の就任の意義…………190
　　62　役員等の就任…………190
　2－9　役員等の退任登記…………209
　　63　役員等の退任の意義…………209
　　64　役員等の任期満了…………210

- 65　役員等の辞任………230
- 66　役員等の解任………233
- 67　役員等の死亡………234
- 68　役員等の資格喪失………237
- 69　役員等の破産手続開始決定………239

2－10　機関設計にかかる登記………241
- 70　機関設計にかかる登記………241

2－11　役員等のそのほかの登記………269
- 71　役員等の氏名（名称）または住所の変更（更正）………269
- 72　役員等の会社に対する責任の免除に関する規定の設定………272
- 73　非業務執行取締役等の会社に対する責任制限に関する規定の設定………273

2－12　本店，支店，支配人の登記………275
- 74　本店の移転………275
- 75　支店に関する登記………281
- 76　支配人の登記………285

2－13　設立の登記………290
- 77　発起設立………290
- 78　募集設立………293

2－14　解散，清算，会社継続，清算結了の登記………293
- 79　解散および清算人の登記………293
- 80　会社の継続………297
- 81　清算結了………299

2－15　吸収型組織再編の登記………301
- 82　吸収合併………301
- 83　吸収分割………305
- 84　株式交換………309

2－16　新設型組織再編の登記………313
- 85　新設合併………313
- 86　新設分割………318
- 87　株式移転………322

2－17　組織変更の登記………326
- 88　組織変更………326

2－18　特例有限会社の登記………330
- 89　特例有限会社の商号変更による株式会社への移行………330
- 90　代表取締役の氏名抹消等………334

目次　xiii

CONTENTS

第3部 フレーム・コントロール Step 2 ― 複数登記の関係性の判断 ― 339

第1章　総説 ……… 340
　91　Ｆコン Step 2 の学習内容 ……… 340

第2章　経由・同時申請を使った問題への対応 ……… 341
　2－1　出題の特色と対応法 ……… 341
　　92　経由・同時申請の登記を使った出題の特色と対応法 ……… 341
　2－2　管轄外の本店移転 ……… 341
　　93　管轄外の本店移転（事例 91）……… 341
　2－3　合併 ……… 345
　　94　合併（吸収合併につき事例 103，新設合併につき事例 106）
　　　……… 345
　2－4　会社分割 ……… 346
　　95　会社分割（吸収分割につき事例 104，新設分割につき事例 107）
　　　……… 346
　2－5　株式交換と株式移転 ……… 349
　　96　株式交換と株式移転（株式交換につき事例 105，株式移転につき事例 108）……… 349
　2－6　組織変更 ……… 350
　　97　組織変更（事例 109）……… 350
　2－7　特例有限会社の商号変更による株式会社への移行 ……… 352
　　98　特例有限会社の商号変更による株式会社への移行（事例 110）
　　　……… 352
　2－8　本店および支店で登記する事項の支店での登記申請 ……… 355
　　99　支店所在地における登記申請 ……… 355
　2－9　支配人の登記の同時申請 ……… 358
　　100　支配人の登記と本店・支店登記との関係 ……… 358
　2－10　申請不要の登記 ……… 359
　　101　ある登記に伴い登記官が抹消する記号（下線）を記録する登記
　　　……… 359

第3章 申請日を複数設定する問題への対応……362

- 3－1 出題の特色と対応……362
  - 102 申請日を複数設定する出題の特色と対応……362
- 3－2 ある登記の完了が他の登記の前提となるパターン……362
  - 103 ある登記の完了が他の登記の前提となるパターン……362
- 3－3 ある登記の変更が他の登記の変更の前提となるパターン……365
  - 104 ある登記事項の変更が他の登記事項の変更の前提となるパターン……365
- 3－4 役員等の変更登記のパターン……368
  - 105 役員等の変更のパターン……368

第4章 登記の連続性の判断……376

- 4－1 総説……376
  - 106 登記の連続性の判断の意義……376
- 4－2 役員等の変更と機関設計……376
  - 107 任意機関の定め設定と任意機関の就任登記（事例57，事例60，事例61）……376
  - 108 任意機関の定め廃止と任意機関の退任登記（事例69，事例70，事例71）……377
  - 109 取締役会設置会社の定め設定とそれに伴う登記（事例77，事例78）……378
  - 110 取締役会設置会社の定め廃止とそれに伴う登記（事例79）……379
  - 111 監査役会設置会社の定め設定とそれに伴う登記（事例80）……380
  - 112 監査役会設置会社の定め廃止とそれに伴う登記（事例81）……380
  - 113 監査等委員会設置会社の定め設定とそれに伴う登記（事例82）……381
  - 114 監査等委員会設置会社の定め廃止とそれに伴う登記（事例83）……382
  - 115 特別取締役の議決の定めの設定とそれに伴う登記（事例85）……383
  - 116 特別取締役の議決の定めの廃止とそれに伴う登記（事例86）……383

165

事例43 — 取得条項付株式の取得と引換えにする新株予約権の発行 — 168
事例44 — 全部取得条項付種類株式の取得と引換えにする新株予約権の発行 — 171
事例45 — 取得条項付新株予約権の取得と引換えにする新株予約権の発行 — 174
事例46 — 新株予約権の消却 — 177
事例47 — 新株予約権の行使条件をみたせないことによる消滅 — 179
事例48 — 新株予約権の放棄による消滅 — 181
事例49 — 新株予約権の行使期間満了 — 182
事例50 — 準備金の資本組入れ — 184
事例51 — 剰余金の資本組入れ — 185
事例52 — 資本金の額の減少 — 186
事例53 — 株式の発行と同時にする資本金の額の減少 — 188
事例54 — 取締役の選任 — 190
事例55 — 各自代表取締役となる取締役の選任 — 192
事例56 — 代表取締役の選定 — 194
事例57 — 監査役設置会社の定め設定および監査役の就任 — 197
事例58 — 監査役の変更と監査の範囲を限定する旨の定款の定め — 199
事例59 — 非公開会社から公開会社への移行に伴う権限限定の定め廃止 — 202
事例60 — 会計参与設置会社の定め設定と会計参与の就任 — 205
事例61 — 会計監査人設置会社の定め設定と会計監査人の就任 — 207
事例62 — 選任決議日の指定による任期始期の修正 — 213
事例63 — 補欠取締役の任期始期の修正 — 214
事例64 — 補欠監査役の任期始期の修正 — 215
事例65 — 任期の変更 — 217
事例66 — 事業年度の変更 — 218
事例67 — 権利義務関係の判断その1 — 220
事例68 — 権利義務関係の判断その2 — 222
事例69 — 非公開会社における監査役の会計参与への置換え — 226
事例70 — 会計参与設置会社の定め廃止 — 227
事例71 — 公開非大会社への移行に伴う会計監査人設置会社の定め廃止 — 228
事例72 — 取締役，監査役，会計監査人の辞任 — 231
事例73 — 取締役，監査役の解任 — 233
事例74 — 取締役の死亡，権利義務監査役の死亡 — 235
事例75 — 取締役の欠格事由該当，権利義務監査役の欠格事由該当 — 238
事例76 — 取締役の破産 — 240
事例77 — 取締役会設置会社の定め設定と代表取締役の選定方式の新設等 — 242
事例78 — 代表取締役の選定方式の変更 — 245
事例79 — 取締役会設置会社の定め廃止と選定方式の廃止 — 247
事例80 — 公開大会社への移行に伴う監査役会設置会社の定め設定 — 249
事例81 — 公開非大会社への移行に伴う監査役会設置会社の定め廃止 — 252
事例82 — 監査役会設置会社から監査等委員会設置会社への移行 — 254
事例83 — 監査等委員会設置会社から監査役設置会社への移行 — 259
事例84 — 監査等委員以外の取締役の改選，重要な業務執行決定の委任の定め — 262
事例85 — 特別取締役の議決の定め設定 — 265

事例 86 ― 特別取締役の議決の定め廃止 ― 267
事例 87 ― 取締役の氏名の更正登記，代表取締役の重任の際の住所変更登記の省略 ― 270
事例 88 ― 取締役等の会社に対する責任の免除に関する規定の設定 ― 272
事例 89 ― 非業務執行取締役等の会社に対する責任の制限に関する規定の設定 ― 273
事例 90 ― 管轄内の本店移転 ― 275
事例 91 ― 管轄外の本店移転 ― 277
事例 92 ― 住居表示の実施による本店の変更 ― 280
事例 93 ― 支店の設置・複数支店の設置 ― 281
事例 94 ― 支店の移転と支配人をおいた営業所の移転 ― 283
事例 95 ― 支店の廃止と支配人をおいた営業所の廃止 ― 284
事例 96 ― 支配人の選任・複数の支配人の選任 ― 285
事例 97 ― 支配人の代理権消滅・解任と後任者の選任 ― 287
事例 98 ― 支配人の代理権消滅・支配人兼取締役の死亡 ― 289
事例 99 ― 株式会社の発起設立 ― 290
事例 100 ― 株主総会決議による解散と法定清算人の登記 ― 293
事例 101 ― 存続期間満了による解散と会社の継続 ― 297
事例 102 ― 清算結了の登記 ― 299
事例 103 ― 吸収合併 ― 301
事例 104 ― 吸収分割 ― 305
事例 105 ― 株式交換 ― 309
事例 106 ― 新設合併 ― 313
事例 107 ― 新設分割 ― 318
事例 108 ― 株式移転 ― 322
事例 109 ― 株式会社の合同会社への組織変更 ― 326
事例 110 ― 特例有限会社の商号変更による株式会社への移行 ― 330
事例 111 ― 会社を代表しない取締役の退任に伴う代表取締役の氏名抹消 ― 334
事例 112 ― 全員を代表取締役に選定したことによる代表取締役の氏名抹消 ― 336
事例 113 ― 代表取締役の死亡に伴う会社を代表しない取締役への代表権付与 ― 337
事例 114 ― 管轄外の本店移転と他の登記の一括申請の可否 ― 342
事例 115 ― 本店および支店で登記すべき事項の支店での申請 ― 355
事例 116 ― 公告方法の変更と減資の登記の関係 ― 362
事例 117 ― 株券を発行する旨の定め廃止と株式併合の関係 ― 366
事例 118 ― 複数申請日における役員等の変更登記 ― 369
事例 119 ― 支配人兼取締役の代表取締役選定 ― 385
事例 120 ― 社外取締役の支配人選任 ― 387

学習開始！　その前に……

合格後を意識した学習

　本書は，記述式対策の第一人者であり，書式の達人とよばれている蛭町浩講師が研究・開発したテキストを元にして書籍化したものです。伊藤塾には，このような蛭町講師等が開発したテキストや講義が満載です。「蛭町浩ってどんな人かな」「伊藤塾の講義を体験してみたい」，「直近合格者の勉強方法を知りたい」，「伊藤塾テキストを見たい」……。そう思ったら，**伊藤塾の司法書士試験科ホームページ**にアクセスしてください。**無料でお得な情報**が溢れています。

パソコン・スマホより　→　http://www.itojuku.co.jp/shiken/shihoshoshi/index.html

> **伊藤塾ホームページにある情報の一例**

　無料体験講座
　合格者の声 ― 合格体験記・合格者メッセージ ―
　合格後の活躍 ― 実務家レポート ―
　講師メッセージ
　塾長雑感（伊藤真塾長エッセイ）
　伊藤塾の書籍紹介

　講座は，受験生のライフスタイルに合わせ，**在宅（通信）**受講と**通学（校舎）**受講，**インターネット**受講を用意しています。どの受講形態でも**学習フォローシステムが充実**しています。

序章　学習開始にあたり

1　司法書士試験の特色と合格点
（1）　司法書士試験の特色と試験で問われる能力
　司法書士試験は，試験に合格すれば即，開業できる建前が特色であり，魅力となっている国家試験である（司書4①）。しかも，受験資格は学歴などの制限がいっさいなく，他の資格試験と比較してきわめて平等性の高い試験となっている。

　ただし，上記の建前から司法書士試験は実務色の濃い試験となっている。それは，試験科目である法令が司法書士の業務を行ううえでの実務能力の観点から問われていることを意味する。

　そのため，司法書士試験を攻略するには，司法書士とはどのような業務を行う専門家なのかが理解されていなければならないことになる。司法書士の業務を一言で要約すれば，法的問題を解決する仕事であり（司書3，司書施規31），これをうけて，司法書士の試験では法的問題の解決能力の基本が問われていることになる。

（2）　司法書士試験の構造と受験勉強の段階性
　司法書士試験は法的問題の解決能力の基本を問うものであるため，それに必要な法的知識と，その法的知識を使って現実に問題を解決する法的スキルとが問われることになる。

　午前の部の試験では，実体法（憲法・民法・刑法・会社法および商法）の知識35問が択一式試験の形式で問われ，午後の部の試験では手続法（民事訴訟法・民事執行法・民事保全法・供託法・不動産登記法・商業登記法・司法書士法）の知識35問が択一式試験の形式で問われるだけでなく，記述式試験の形式で不動産登記法，商業登記法各1問についての法的スキルが問われている。

　司法書士試験に合格するには，午前の部および午後の部の択一式試験（各105点満点）・午後の部の記述式試験（70点満点）について，各試験ごとに設定されている基準点（午前択一約8割・午後択一約7割・記述式約5割5分）をクリアしたうえで，合計280点満点のうち約8割にあたる合格点を得点できなければならない。

　この司法書士試験の構造をふまえれば，受験勉強の基本モデルは第1段階と

して択一式試験および記述式試験について基準点をクリアするための**基本学習**を行い，第2段階として基準点合計から合格点までの点差（平均約18点，択一式試験で約6問分）を，いかに埋めるかという観点から基本学習を**ブラッシュアップする学習**へと展開する流れとなる。

2　記述式試験の位置づけと書式の試験との関係

(1) 記述式試験の位置づけとその内容

合計280点満点の7割5分を占める実体法・手続法の択一式試験は，主に**法的知識の有無**を問うものである。

択一式試験は，大学入試のセンター試験や他の国家試験でも使われている試験形式であり，比較的容易にイメージができるであろう。

これに対して，合計280点満点の2割5分を占める**記述式試験**は，主に実体法および手続法の知識を使って，現に法的問題が解決できるか否かの**法的スキル**を問うものであり，実体法と手続法をあわせて問うという意味で**総合問題**であり，知識の有無でなくそれを使うスキルが問われるという意味で**応用問題**として位置づけられるものとなっている。

さて，記述式試験という表現から論文試験をイメージしがちであるが，司法書士試験の記述式試験は論文試験とはまったく異なる**模擬の登記事件処理**の形態となっている。これは，司法書士の存在意義が**登記の専門家**であるとの強い意識を反映したものといえよう。

(2) 記述式試験と書式の試験との関係

記述式試験が模擬の登記事件処理だとして，どのような問いを発すれば実務能力の基本が問えるのかが問題となる。たとえば，訴訟事件の処理であれば原告の代理人となったとして訴状の作成，被告の代理人となったとして答弁書などの準備書面の作成を問えば，端的に実務能力を問うことができるのと同様，模擬の登記事件処理として申請書の作成が問われることになる。

わが国の登記制度は，申請書という書面に適法申請のためのすべての要素を記載し，登記後に申請書を登記所に保管し（登規17等），その登記に関する紛争が生じた場合には，申請書を証拠として活用することで，その登記に関する紛争を解決する建前がとられているからである（**申請書主義**）。

実務上，申請書は一定の様式例に従って作成され，その様式例のことを一般に「書式」とよぶことから，記述式試験は昭和54年の国家試験への移行当初の

段階から「書式の試験」というニックネームでよばれてきた。そこで，本書でも通例に従い記述式試験を「書式の試験」とよぶことにする。

（3） 書式の試験の重要性

　書式の試験は，合計280点満点の2割5分の点数比重にすぎない。しかし，午前の部の択一式試験の基準点が約8割（書式の得点が56点から70点に引き上げられ，総合得点が280点満点に変更された平成21年からの平均値）に達している現状を考えれば，択一式試験の得点に更に加点して合格点を確保することは相当に困難だといわざるをえない。

　これに対して，書式の試験の基準点は約5割5分（平成21年からの平均値）とハードルが低く，それを8割に引き上げることで合格点までの得点差約18点（平成21年からの平均値）を埋めることは，やり方次第で不可能ではない。

　そのため書式の試験は，基準点合計から合格点までの差を埋める合格のための切り札となっており，点数比重だけでは計れない合格のための貢献度が認められることになる。

3　商業登記の書式の出題形式と問題点への対応

（1）　商業登記の書式の試験の特色と問題点

① 　出題形式とその特色

　商業登記の書式の問題は，昭和54年の第1回から現在まで一貫して複数登記の「一括申請」の形式で出題されている。

　商業登記の「一括申請」は不動産の一申請情報申請と異なり，緩い要件のもとで複数の登記をまとめて1通の申請書で申請する申請方式をいう。不動産登記の「連件申請」のような欄ズレで答案が0点となる問題はなく，本来，答えがわかればわかった分を躊躇なく答案に書ける出題形式となっている。

② 　商業登記の書式の試験の問題点

　ところが，商業登記の書式では一部の答えがわかっていながら，わかった分の答えを答案に記載することを躊躇する受験生が想像以上に多く存在するのが現状となっている。

　昭和59年以後，ほぼ2回に1回の割合（約45.94％の割合）で，登記することができない事項を指摘し，その理由を記載する瑕疵判断が問われている。この判断を誤れば登記できない事項の指摘のほか，登記すべき事項の判断も連動して間違える二重減点となるため，それをおそれることが答案作成を躊躇させる

3　商業登記の書式の出題形式と問題点への対応

最大の要因となっているのである。

　しかし，一括申請の対象となる複数の登記のなかには，すぐに答えをだせる簡単な登記やすぐに答えをだせる解答部分が必ず含まれている。その部分について答案を書かないとすれば，1点でも得点できるチャンスがありながらみすみすそのチャンスを逃すことになり，これはきわめてもったいない現象といわざるをえない。平成27年を例とすれば，基準点である36.5点を得点した同点者が30名に達しており，基準点から合格点54.5点までの間の0.5点刻みの得点者についても各得点の同点者が数十人単位でひしめき合っている状況にあり（法務省ホームページ公表の得点別員数表参照），わかった分の答えを1箇所でも書けば，合否の結果が大きく変動する可能性がきわめて高い状況にあるからである。

(2)　書式の問題点を克服するための課題

　以上のことから，商業登記の書式は，すぐに答えをだせる部分から躊躇なく答案を作成できるようにすることが，不動産登記における申請の個数と申請順序の判断に匹敵する最大の課題となっているのである。

　そこで，この課題を克服するためには，答案の作成を躊躇させる要因を徹底して取り除くための工夫が必要となる。

(3)　添付書面の判断と瑕疵判断への対応

　答案の作成を躊躇させる最大の要因は，登記できない事項を指摘し，その理由を記載する瑕疵判断である。瑕疵判断は，添付書面を想起し，それに沿って判断を展開するものであり，問題を解く際に慎重にその判断を行わなければならず，もっとも時間がかかる作業となっている。

　それに加えて，瑕疵判断は問題を解くプロセスの実体判断に位置づけられているため，早い段階でこれを行うことになる。その結果，検討の途中で試験時間切れとなれば，9分9厘まで検討が進んでいたとしても答案はいまだ白紙の状態にとどまり，商業登記の答案が白紙とならざるをえない結果となる。

　また，瑕疵判断は，商業登記を難しくしている最大の要因でもある。瑕疵判断が問われていなかった昭和54年から昭和58年までの受験生の意識と，最初に正面から瑕疵判断が問われた昭和59年以後の受験生の意識を比較すれば，容易に理解することができる。

　瑕疵判断が問われていなかった時代の受験生は，商業登記の書式を不動産登記の問題に比べて簡単な問題，不動産登記の書式のミスを商業登記の書式の得

点でカバーする得点源ととらえていた。他方，昭和59年以後の受験生の意識は一変し，瑕疵判断が問われる商業登記の書式をバクチ的要素を帯びた不動産登記の書式以上に計算しにくい試験と位置づけ，むしろ瑕疵判断に失敗したことによる失点を不動産登記の書式でカバーするという発想となり，勉強方法も質的に変化した経緯がある。

これらをふまえれば，「一括申請」という出題形式の利点を活かすには，発想を転換して，添付書面の判断および瑕疵判断を最後に行う流れで問題を解くという対応法を考えなければならないことになる。

すなわち，問題に含まれている登記の事由がすべて登記できるもの（瑕疵論点が含まれていないもの）と仮定して，暫定的に解答事項5項目のうち登記の事由・登記すべき事項・登録免許税の3項目を判断してしまい，その内容を答案に記載し，暫定的に答案を作成してしまうのである。そして，残された時間のすべてを残りの解答項目である添付書面の判断および瑕疵判断に使うという解き方である。

もちろん，瑕疵判断に失敗すれば，登記できない事項の指摘と登記できない事項を答案に記載した余剰記載による二重減点は避けられない。しかし，それでも答案を白紙で提出するのと比較すれば，それ以外の部分では点数を稼ぐことができるため，その得点が合格に貢献する可能性ははるかに高まることになり，ここに合格への活路が開けることになる。

(4) 複数登記の関係性の判断への対応

さて，平成20年以後，答案の作成を躊躇させる要因として経由・同時申請義務を有する登記を使うか，複数の申請日を設定して実質2問以上の問題として出題するかの出題パターンが新たに登場してきており，それへの対応も問題となる。これを本書では，「複数登記の関係性の判断」とよぶことにする。

① 経由・同時申請義務と一括申請の制限

経由・同時申請義務が課せられた申請と一括申請の可否判断を絡めて，答案を記載すべき解答欄を判断させる出題形式は，不動産登記における欄ズレ類似の状態を狙ったものである。

しかし，経由・同時申請義務が課せられている登記申請はかぎられており，どの登記との一括申請が制限されるのかは明白である。したがって，問題を解く際に経由・同時申請義務が課せられている登記の事由が含まれているか否かをチェックし，まずその登記を抜き出して答案を記載すべき解答欄を早い段階

で決めてしまえば十分に対応できることになる。

② 複数申請日の設定

　申請日を複数設けて実質2問とする出題形式は，登記事項の効力発生日の判断に注意すれば前の申請日に申請するものか，後の申請日に申請するものかの区別は容易なはずである。

　ただし，この出題形式は権利義務役員の処理を厳しく問うために編み出されたものといっても過言でないくらいに権利義務役員の論点と親和する出題形式である。たしかに，権利義務役員の処理は複雑であり時間がかかることは否定できない。しかし，役員の変更登記は習熟性を高めれば必ず越えられる壁であり，いざとなれば権利義務役員の処理を除いた登記によって点数を取ると割り切って対処する選択肢も考えられる。近年の問題は出題される登記や論点数が多いため，そのような割り切りで答案を作ったとしても，基準点を超えられる可能性が残されているからである。

(5) まとめ

　「連件申請」の形式で出題される不動産登記の書式では，申請の個数と申請順序を判断し（全体フレーム），連件申請を構成している個々の登記の申請手続の骨格を判断する（個別フレーム）ことで**答案のフレーム**をつかみ，答案をドラフト（設計）することが，書式の試験の基準点を超えるために絶対的な条件となるという発想で書式の対策を考えた。

　これに対して商業登記の書式は，上記のような問題が生じない「一括申請」の形式で問題が出題されているものの，多くの受験生が時間切れで**白紙答案**となっているきわめて**もったいない実態**があり，これを克服し，何としても答案の**白紙化を回避し取れるところから1点でも点数を拾う**ことが課題となっている。

　不動産登記と商業登記では，同じ登記でありながら出題形式や現状における受験生の課題に大きな違いがある。したがって，これらの実態をふまえ，大胆に発想を転換することが書式の学習の出発点となることを明確に意識しておかなければならないのである。

4　新たな学習モデルの確立

(1) 問題を解く流れ

　商業登記の書式が抱える問題点に対応するため，商業登記の書式の問題は次

のような2段階の作業によってこれを解くべきことになる。

① 第1段階の作業

第1段階として，問題に含まれる事実から考えられる法律関係を**法律構成**し，問題に含まれる法律関係から**登記の事由**を判断する。問題に含まれる登記の事由はすべて申請ができるものと仮定して暫定的に答案を作成してしまうため，この時点で答案に記載すべき「登記の事由」・「登記すべき事項」・「登録免許税」を判断する。本書では，この判断を「**暫定答案の判断**」とよぶことにする。

また，経由・同時申請義務が課せられる申請を使った問題や申請日が複数設定され，答案用紙の解答欄が複数設けられている**複数登記の関係性**の論点が問われる出題では，暫定答案を解答欄のどの場所に記載するのかを判断する。また，登記の連続性の観点から，ほかに必要となる登記や一括申請しなければならない登記を判断する。

これらの判断により，第1段階の作業で暫定的に答案を作成してしまうのである。

② 第2段階の作業

第2段階として，残された時間を使って登記の事由ごとに後記する**登記の事由の骨格**（**14 (6)**）を使って添付書面を想起し，実体構造（**14 (3)** ②ⅲ）に沿って**瑕疵判断**を行う。

瑕疵判断の結果，瑕疵論点を含む登記の事由があればそれを登記できない事項として指摘し，かつ，その理由を記載し，暫定答案に記載していた事項を二線で消して答案内容を確定する。

(2) 書式の学習の流れ

商業登記の書式の問題を2段階に分けて解くのであれば，問題を解く流れで書式を学習するほうが自然であることになる。

書式の問題は，事実に法を適用して結論を得るという意味で**法的判断**が問われており，法的判断では，本来，法律要件論と法律効果論とが一対のものとして問題となる。

商業登記の書式では**法律要件論**が問題となる**添付書面の判断および瑕疵判断**が問題の難易度を高める要因となっているだけでなく，答案作成を躊躇させる最大の要因となっている。他方，かりに登記の事由がすべて適法だと仮定しての**法律効果論**は，瑕疵判断が問われていない時代の商業登記の書式問題のイメージとなり，比較的簡単に答案を作れることになる。

そこで，商業登記の書式では，答案の白紙化を絶対的に回避するという最大の課題に対応するため，法律要件論と法律効果論とを意図的に分離し，第1段階では**法律効果論**を学習し，第2段階において難易度の高い**法律要件論**を学習することにするのである。

① 第1段階の学習

第1段階は，実体判断のうちの**法律構成・登記の事由の判断**を学習するとともに，あわせて登記の事由・登記すべき事項・登録免許税額を決定する**暫定答案の判断**を学習する。また，答案用紙の解答欄が複数設けられる出題に対応するため**複数登記の関係性の判断**を学習する。

第1段階の暫定答案の判断および複数登記の関係性の判断により，答案の枠組み（フレーム）が決まることになるため，本書では，この第1段階で学習する判断を総称して**フレーム・コントロール**（以下「Fコン」という）とよぶことにする。

② 第2段階の学習

第2段階の学習としては，後述する「登記の事由の骨格」が添付書面およびそれに基づく瑕疵判断の**類型**として機能する点に着目し，登記の事由の骨格ごとにそれに属する登記の添付書面と瑕疵判断を学習する。

この学習は，添付書面と瑕疵判断が事実関係の細部にわたっての検討を必要とする判断であるため，本書では，この第2段階で学習する判断を総称して**ディテール・コントロール**（以下「Dコン」という）とよぶことにする。

(3) まとめ

ここまでの問題の解き方・学習の流れは，書式の問題を解くために必要な**実体判断・架橋判断・手続判断**の判断要素を，**Fコン**と**Dコン**に再編成することを意味する（次頁図参照）。

また，これは，商業登記の書式の試験の構造を，**FコンとDコンを構成要素とし，Fコンによって答案の骨組みをドラフトし，Dコンによって添付書面と瑕疵判断を行い，瑕疵論点を含む登記の事由を除外し答案内容を確定する構造としてとらえ直す**ことができることを意味し，これにより新たな学習モデルを確立できることになる。

新たな学習モデルは，**Fコンが法律効果論に相当し，Dコンが法律要件論に相当**するため，商業登記の書式は，大きく法律効果論と法律要件論とに分けてこれを学習するイメージとなる。

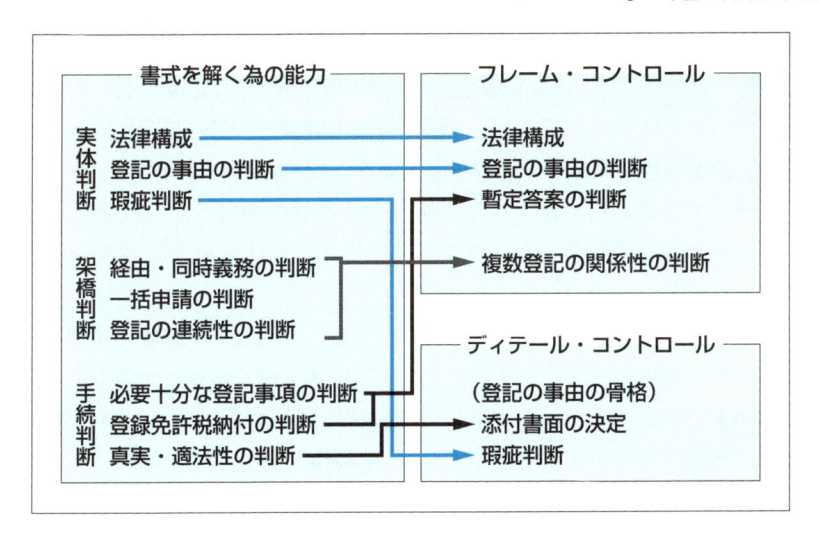

```
┌─────── 書式を解く為の能力 ───────┐   ┌─── フレーム・コントロール ───┐
│実  法律構成 ─────────────────────┼──→│ 法律構成                      │
│体  登記の事由の判断 ─────────────┼──→│ 登記の事由の判断              │
│判                                │   │                               │
│断  瑕疵判断 ────────┐            │ ┌→│ 暫定答案の判断                │
│                     │            │ │ │                               │
│架  経由・同時義務の判断 ─────────┼─┼→│ 複数登記の関係性の判断        │
│橋  一括申請の判断   │            │ │ │                               │
│判  登記の連続性の判断            │ │ └───────────────────────────────┘
│断                   │            │ │ ┌── ディテール・コントロール ──┐
│手  必要十分な登記事項の判断 ─────┼─┼→│ (登記の事由の骨格)            │
│続  登録免許税納付の判断 ─────────┼─┼→│ 添付書面の決定                │
│判                   │            │ │ │                               │
│断  真実・適法性の判断            │ └→│ 瑕疵判断                      │
└─────────────────────┘            │   └───────────────────────────────┘
```

　この新たな学習モデルを使って（**2**）の要領で書式を学習し，（**1**）の要領で商業登記の書式の問題を解けば，少なくとも答案を作成することに躊躇がなくなり答案が白紙となることを回避できることになる。また，これにより答案の解答事項 5 項目のうちの 3 項目（全体の 6 割）について答案が書けることになるため，かりに，第 2 段階の瑕疵判断に入る前に時間切れとなるか瑕疵判断を誤ったとしても，記載した暫定答案の得点により基準点を超えられる可能性が生まれることになる。

　さらに，平成 21 年・平成 26 年および平成 27 年のように登記できない事項の指摘と理由が問われない出題の場合には，Ｆコンの暫定答案の判断がそのまま確定答案となるため，これらＦコン・Ｄコンの区別がきわめて有効にはたらくことになる。

5　本書の目的と考え方
（1）　本書の目的
　本書は「**4　新たな学習モデルの確立**」のうち，学習目標を基準点のクリアにおく第 1 段階のＦコンの判断方法を説明するものである。

　本書は 3 部から構成されている。第 1 部では書式の試験を理解し，Ｆコンを学習するために最低限の知識となる商業登記制度の原理・原則を説明するとともに，書式の試験で求められている能力とは何か，本来書式の試験はどのよう

に解くべきなのかについて説明する。

　第2部・第3部では，Fコンの技術を説明する。Fコンは，**4**で述べたとおりにすべての登記について問題となる **暫定答案の判断** と一部の登記で問題となる **複数登記の関係性の判断** が学習対象となるが，説明の順序としては，すべての登記について問題となる暫定答案の判断をFコンの Step 1 として説明し，その後に一部の登記で問題となる複数登記関係性の判断をFコンの Step 2 としてそれぞれ説明する。

　この第2部・第3部では，Fコンについての主要論点を **120個** の事例を用いて説明する。各事例には，それが書式の試験の過去問を根拠とするものであれば「 過問 （出題年度）」，それが先例・判例を根拠とするものであれば「 先例 」，「 判例 」，実例を根拠とするものであれば「 実例 」，通説的な解釈によるものは **無印** の要領で，設例の根拠を示しており，学習の目安として活用できるようにしている。

　また，各事例の末尾には「参考・添付書面」を示している。「 法 」部分は，商業登記法に規定されている添付書面の説明であり，「 規 」部分は，商業登記規則

● 事例見本

【事例○ ―公告をする方法の変更―】 過問 （H3，H11）

> 問　次の事実に基づき暫定答案を作成しなさい。
> （株式会社Ｚの登記記録）
> 公告をする方法　官報に掲載してする
> （株式会社Ｚの平成28年6月27日の定時株主総会議事録）
> 2号議案　議長は，組織再編の準備として公告をする方法を「東京都において発行される東京経済新聞に掲載してする。」に変更することを議場に諮ったところ，満場一致で可決した。

登記の事由	登記すべき事項	登免税額（根拠）
公告をする方法の変更	平成28年6月27日変更 公告をする方法 　東京都において発行される東京経済新聞 　に掲載してする	金3万円（(1) ツ）

> 【参考・添付書面】　株主総会議事録1通　株主リスト1通　委任状1通
> 　 法 　実体構造は，決議を要素とする単独行為である（14 (5) ｉa）。定款変更のための株主総会の特別決議（会466，同309Ⅱ⑪）を証する株主総会議事録を添付する（法46Ⅱ）。

に規定されている添付書面の説明となっている。添付書面は本来Ｄコンの領域の問題であるが，この参考・添付書面により本書は**書式問題集**として活用することも可能となっている。

書式の試験は，法的知識の有無ではなく，それが**使えるか否か**を問うものであるため，単に法的知識の使い方を理解しただけでは足りず，それを使って短時間に問題が解けなければならない。そのためには，ひととおりの学習が終わった後，事例を問題集として使い，より早く，より正確に事例の処理ができるように反復練習を重ねてほしい。また，参考・添付書面の記載はＤコンの領域として難易度が高いため，暫定答案の判断がある程度スムーズにできるようになり，答案の作成が躊躇なく行えるようになった後に読むことをお勧めしたい。

できるかぎり第1部から順に読み進めてほしいが，第1部の書式を解くための商業登記制度の原理・原則は，すでに書式の学習をしたことがあるならば学習済みの領域であるため，これを飛ばして第2部から始めても差し支えない。特に，総論に相当する第1部は総論のもつ宿命として抽象度が高く難解に感じられるのが常であり，第1部を読み始めてむずかしいと感じたら第2部から学習を開始しても差し支えない。

なお，本書では，この序章から通しの項目番号を付してその内容を説明している。たとえば，この項目であれば，9頁にある「**5**」である。これは，復習等をする際に学習項目を特定しやすくするための工夫である。

（2） 本書の考え方

さて，本書は，書式の試験の本質に迫ることによって新たな書式の学習モデルを構築し，それを受験生に提案するものである。物事の**本質**とは，その物事を成り立たせている必要・十分にして最小限のものをいう。いかなる仕事であっても，それをもっとも効率的に行うにはその仕事の本質を正しく把握することが出発点とならなければならない。物事の本質に迫るための手法にはさまざまなものが考えられるが，本書では**構造的理解**という考え方を用いている。

構造とは，ある物事を成り立たせている**要素と要素間の相互関係**をいい，それにより構造はある種のはたらき，すなわち**機能**をもつことになる（畑村洋太郎『創造学のすすめ』19頁〔講談社〕）。

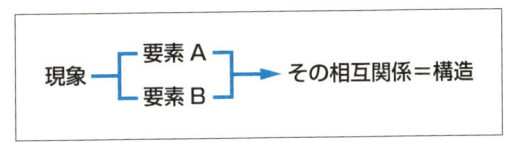

現象 ─ 要素Ａ／要素Ｂ → その相互関係＝構造

5 本書の目的と考え方

　物事を構造的に理解するということは，その物事を構成している要素を分析し要素間の相互関係を考え，その物事がそれによりいかなる機能を果たしているのかを解明することを意味する。

　構造的理解という考え方を使うことで，問題を解くという行為は，問題に含まれる要素を分析し，要素間の相互関係を考えることで，問題の構造を把握する作業としてとらえることができるようになる。

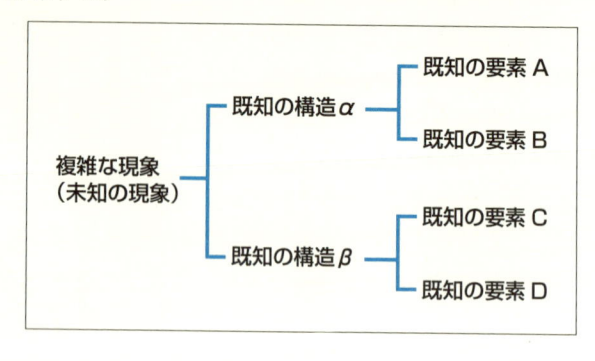

```
複雑な現象     ┌─ 既知の構造α ─┬─ 既知の要素 A
(未知の現象) ─┤                └─ 既知の要素 B
               └─ 既知の構造β ─┬─ 既知の要素 C
                                └─ 既知の要素 D
```

　本試験では，一見するとはじめて見る問題のように思えるものや，あるいは複雑そうに思える問題が出題されることがある。しかし，実務能力の基本を問うという試験の目的に照らせば，通常そのような問題であっても複数の既知の構造の複合体となっていることが多い。当然，それぞれの構造は既知の要素から成り立っているため，問題がどのような構造の複合体なのかを分析し，それぞれの構造を構成する要素に分解できれば，結局自分の知っている知識やスキルに還元してそれらの問題を解くことが可能となる。まさに，問題を解くことは自分の知っている知識やスキルで問題を**解きほぐす**イメージとなることが，構造的理解という考え方の最大のメリットとなる。

◆第1部◆

書式を解くための
商業登記の原理・原則

第1章
商業登記制度の構造とは何なのか

1−1　公示制度の構造

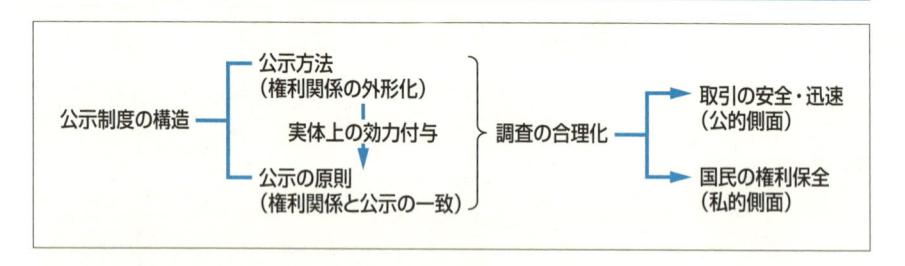

```
                ┌─ 公示方法
                │  （権利関係の外形化）              ┌─ 取引の安全・迅速
公示制度の構造 ─┤     実体上の効力付与  ├ 調査の合理化 ─┤     （公的側面）
                │                                    │
                └─ 公示の原則                        └─ 国民の権利保全
                   （権利関係と公示の一致）              （私的側面）
```

6　公示制度の構造

　公示制度は，公示方法と公示の原則を構成要素とし，公示の原則を実現する手段（たとえば，公示に与えられる実体私法上の効力の取得）が，公示方法の履行を促進し，それにより公示の原則がみたされる構造となっている。

　この構造により，公示制度は，公示方法に着目して取引することで取引調査を合理化し，取引の安全，円滑（迅速）を図るとともに，国民の権利保全に寄与する機能を発揮することになる（詳細は，姉妹編である不動産登記編の7から12までを参照）。

　なお，本書は特に商業登記制度が不動産登記制度と比較して特色を有する点に重点をおいて説明することとする。

1−2　商業登記の構造

7　商業登記制度の意義
(1)　企業の意義

　企業とは，一定の計画に従い，継続的意図をもって独立の組織により営利行為を実現する存在をいい（通説），個人企業と共同企業とに分類されている。

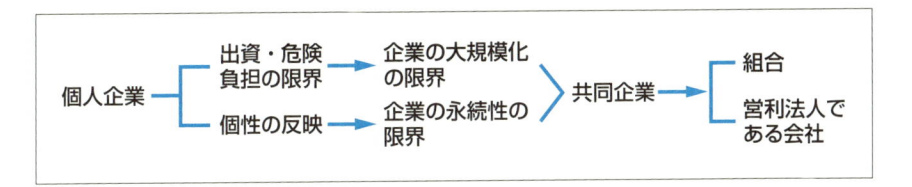

```
個人企業 ┬ 出資・危険負担の限界 → 企業の大規模化の限界 ┐
         └ 個性の反映        → 企業の永続性の限界    ┘ → 共同企業 ┬ 組合
                                                                    └ 営利法人である会社
```

① 個人企業

　個人企業は，自然人が，みずからの財産を出資し，みずから事業を行う，もっとも原始的な企業であり，もっとも簡単に起業できる企業形態である。しかし，個人として出資できる財産や負担できる危険に限界があるため，それが**企業の規模**の限界を示すことになる。また，個人の個性が反映されることから，個人の死亡により企業が断絶し，**企業の永続性**にも限界がある。

② 共同企業

　個人企業の限界を超えるため考案された企業形態が**共同企業**である。共同企業とは，複数人が資本と労力を結集させて共同して事業を行い，その損益を分配するもので，**組合**と**会社**とに分類されている。

ⅰ 組合

　組合は，複数人が出資して共同の事業を営むことを約する組合契約により成立する共同企業である（民667）。複数人が共同出資するため，出資や経営上の労力を結集する点で個人企業よりも優れる。また，契約自由の原則により各自の出資や利益の分配を自由に定めることができるため，個人企業と同様に柔軟な運営が可能である。

　しかし，原則として出資者みずからが事業を行って出資財産を管理するため，出資者は自己責任原則によって債権者に対して**直接無限責任**を負うことになり，損失分散の点に限界がある。さらに，これに関連して多額の資本を誘導して企業規模を拡大することにも限界がある。

　また，民法上の組合には**法人格がない**ため，組合債権者と出資者との間に直接の法律関係が生ずることになり，法律関係が複雑化する。さらに，所有と経営が一致しているため持分譲渡が制限され，投下資本の回収手段として**退社**制度を認めざるをえず，企業の永続性にも限界がある。

ⅱ 会社

　会社とは，事業を行おうとする者が事業活動に必要な資金や労力を出資することで形成される営利法人としての共同企業である。**営利**とは，会社が得た利

7 商業登記制度の意義

益を剰余金の配当または残余財産の分配によって社員に分配することを意味し（会105），社員の受益の根拠として，社員は定款で定めても排除できない出資義務を負い，出資と営利とは不可分の関係となっている。

会社と民法上の組合との最大の相違点は，法人格の有無であり，会社には**法人格**が認められている（会3）。これにより，会社と取引する者はその権利義務が直接に会社に帰属するため，責任の追及など会社との間の法律関係が簡明化し，取引を円滑に行うことが可能となる。これに加えて，会社は社員とは別個の法的人格を有する存在であるため，特定の社員の存在やその生死に関わりなく，企業を永続させる素地が与えられたことになる。

また，会社は2人以上の人の集まりである**団体**でなくとも利用できるように**一人会社**が認められており，組合に比して**起業**がより容易であるメリットも認められる。

このように，会社は共同企業である組合の弱点を補完し，それを発展させた共同企業形態として位置づけられている。会社法は，会社に対する多様なニーズに応えるべく，組合に法人格を付与したイメージの合名会社・合資会社・合同会社といった**持分会社**のほか，企業の大規模化・永続化を指向できる**株式会社**の計4種の会社を規定している（会2①）。

ちなみに，合名会社，合資会社，合同会社を「**持分会社**」と総称するのは，これらの会社の社員の地位が**持分**とよばれていることの反映であり，「株式会社」という呼称も社員の地位が**株式**とよばれていることの反映である。

（2） 商業登記の意義
① 企業取引と公示制度の必要性

企業は利益を得るため対外取引を行うことが必須である。取引を行う場合，取引当事者となる各企業は，互いに取引の相手方について取引を行う権限を有する者はだれか，だれが支払の責任を負うのかなど，信用に関する事項を中心とした取引調査（信用調査）を行う必要がある。これらの信用に関する事項は各企業の法律関係であり，法律関係は観念的な存在であるため，本来，その存在根拠となる要件事実の存否を調査すべきことになる。この取引調査に慎重を期せば，安全な取引を行うことができる反面，迅速な取引が行えず，迅速な取引に重点をおけば安全な取引が保障されないジレンマが生ずる。

そこで，企業の信用にかかる法律関係を文字によって外形化（可視化）してそれに着目して取引を行うことで，取引調査（信用調査）を合理化し，企業取引の

安全・迅速を図る公示制度が必要となる。

② 商業登記の定義

企業取引に関する公示制度のうち，**商人に関する一定の事項を商業登記簿に記録**する公示制度が「**商業登記**」と定義されている。

i 商人

商人とは，固有の商人と擬制商人とをいう。**固有の商人**とは，①自己の名をもって，②商行為を行うことを業とする者をいう（商4 I，原則としての商行為主義）。この場合の「商行為」とは絶対的商行為（商501）と営業的商行為（商502）をさし，**業**とは利益の獲得のために同種の行為を反復継続して行う意思が客観的に認識できることをいう。

他方，**擬制商人**とは，店舗等の設備による物品の販売業者・鉱業営業者をいい，これらの者は，商行為を行うことを業としなくとも商人とみなされる（商4 II，例外としての商人主義）。本来，農業・漁業・林業のような原始生産者の無店舗販売（行商）は商行為とならないが，売店のような設備によって販売すれば，他から購入して販売する固有の商人とは外形上は区別がつかず商人とみなされるのである。また，**鉱業を営む者**は原始産業として商行為とならないが，大きな設備や資本を必要とするため商人とみなされる。

また，会社は会社の事業とする行為およびその事業のためにする行為が商行為と規定されているため（会5），常に**固有の商人**の要件をみたし，商人となる。

これに対して，会社以外の法人は，その行う事業活動が上記の商人の定義をみたせば商人となりうるが，商業登記簿に登記されないため，上記商業登記の定義をみたさず，**法人登記**に分類されている。

ii 商人に関する一定の事項

商人に関する一定の事項とは，商業登記が取引調査（信用調査）の合理化を図る手段であるため，主に取引主体となる商人自身の信用にかかる法律関係を中心とした事項となる。

したがって，企業担保法に基づく登記は，商業登記簿に登記されるものの，株式会社の総財産が，企業担保権の対象となることを公示するものにすぎない。その意味で，商人に関する事項という商業登記の定義をみたさず，商業登記ではないことになる（味村治『新訂詳解商業登記』〔以下「詳解商業登記」とする〕上巻3～4頁〔きんざい〕）。

③ 商業登記の構造

　企業のうち，商人の要件をみたす個人企業，共同企業である会社を対象とする商業登記制度は，公示制度のひとつとして，不動産登記制度と同様に公示方法と公示の原則を構成要素とする構造となっている。

　以下，構成要素の内容とその特色を概観する。

8　公示方法

(1) 商業登記の公示方法

　商人の信用にかかる一定の法律関係を公示するための公示方法は，国家機関を介して，文字によって，商人の法律関係を可視化する商業登記である。

　商業登記には，不動産登記のように占有と登記の公示方法の住み分けのような問題はない。しかし，民法やその特別法には，表見代理制度に代表される表見法理（権利外観法理）が規定されており，表見法理は外形に着目して取引をした者を保護する制度として，公示制度に相通じるものがあるため，商業登記と表見法理との関係が問題となる。

　たとえば，代表取締役や支配人を解任してその登記を完了させた場合，代理権消滅後の表見代理の規定（民112）が適用されるか否かが問題となる。商法や会社法は，商人の行う商取引の特殊性に着目した民法の特別法であるため，商法や会社法に根拠を有する商業登記が優先適用され，代理権消滅後の表見代理の規定は適用されない（最判昭49.3.22，詳解商業登記上巻55頁，葉玉匡美編著『新・会社法100問』581頁〔ダイヤモンド社，第2版〕）。

　これに対して，解任した代表取締役や支配人が，解任後も代表取締役・支配人を自称し，会社がこれを黙認するか，もしくはこれを放置している場合のように，当事者である会社が商業登記に優越する外観を作出したと評価できるような場合には，表見代表取締役（会354）・表見支配人（商24，会13）に関する規定により，当該外観を信頼して取引を行った第三者が保護される。問題は，これらの規定と商業登記との関係である。上記の規定は，特別法である商法または会社法が規定する商業登記の存在を前提として規定された特別な表見責任であるため，上記の規定が優先適用されることになる。これにより，商業登記簿を調査しなくともその肩書きを信頼して取引することが可能となり，取引の円滑化を図ろうとする商取引の趣旨をより生かすことができることになる（葉玉前掲書581〜582頁）。

（2） 商業登記の制度目的（機能）
① 商業登記の公的側面

　商業登記は，商人の信用にかかる法律関係を国家機関が文字によって可視化し，それを「商業登記簿」という公簿に記録して登記簿の登記記録を公開し，それに着目して取引を行う公示方法である。商業登記は，これにより取引調査を合理化し，安全かつ円滑（迅速）な商取引を実現することを制度目的のひとつとしており（法1），一般公衆の利益を図る公的側面を有することになる。

② 商業登記の私的側面

　会社は，その構成員である社員とは別個の法人格を有する法人であり，人間の五感では直接に認識できない観念的な存在であるため，公示の必要性はきわめて高い。会社は，商業登記によってはじめてその存在や内容を公に明らかにできることになる。そのため，商業登記は会社制度の信用維持に密接に関連し，それに貢献していることになる。

　同様に商号は，商人の営業上の名称として商人の信用を象徴し化体するものであるが，どの商号をどの商人が使用しているのかを公示すれば，商人とその使用する商号との関係が明確となり，商号の信用がいっそう高まることになる。

　このように，商業登記は会社や商号の信用維持を図ることも制度目的のひとつとしており（法1），これらの制度を利用する商人の利益を図る私的側面をも有することになる。

（3） 公示方法の構造

　商業登記は，（2）①②の2つの制度目的を実現するため，もっともふさわしい法律関係を公示すべく，個人商人について「商号登記簿」，「未成年者登記簿」，「後見人登記簿」，「支配人登記簿」を設け，会社についてはその種類ごとに「株式会社登記簿」，「合名会社登記簿」，「合資会社登記簿」，「合同会社登記簿」，「外国会社登記簿」の計9種類の商業登記簿を設けている（法6）。これにより，商業登記は個人商人の登記と会社の登記に大別され，さらに，登記簿ごとに9種類の登記に分類できることになる。

　これら商業登記の手続は，登記簿に記録すべき情報である法令の規定により登記しなければならない事項または登記することができる事項（以下「登記すべき事項」または「登記事項」という）を収集し，それを登記簿に記録する記録手続と，記録した登記事項を公開する「公開手続」に大別することができる。

　書式の試験は，もっぱら株式会社登記簿への登記事項の記録手続を対象とし

ているため，以下，特に断らないかぎり，当該手続を念頭において説明する。

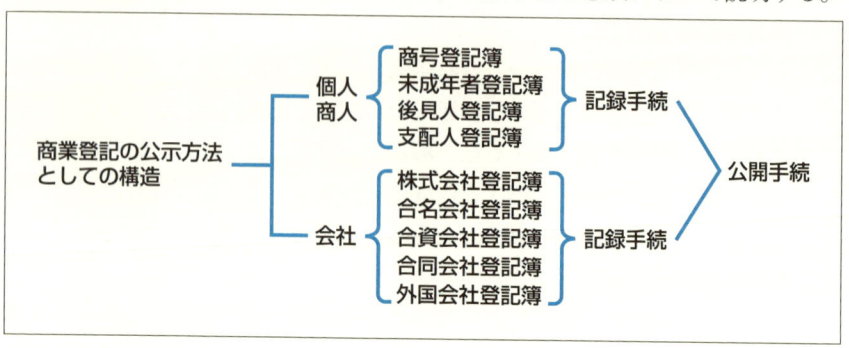

```
                              ┌ 商号登記簿
                        ┌ 個人 ┤ 未成年者登記簿 ┐
                        │ 商人 │ 後見人登記簿    ├ 記録手続 ┐
商業登記の公示方法       │      └ 支配人登記簿    ┘           │
としての構造       ─────┤                                     ├ 公開手続
                        │      ┌ 株式会社登記簿 ┐             │
                        │      │ 合名会社登記簿 │             │
                        └ 会社 ┤ 合資会社登記簿 ├ 記録手続 ┘
                               │ 合同会社登記簿 │
                               └ 外国会社登記簿 ┘
```

（4） 登記簿の構造

```
登記簿の ── 人的編成 ── 一商人一登記記録主義 ── 株式会社登記簿は12区に
構造                                                分けて記録
           ⇓
         連続・集中記録 ─┐
              ＋         ├─ 登記の連続性原則
         登記官の審査 ── 形式的確定力 ─┘
           ⇓
         事実上の推定力
```

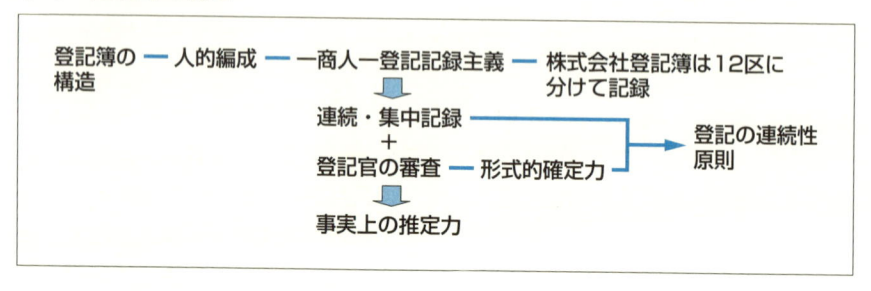

　商業登記制度は，主体である商人ごとに登記記録を整理する**人的編成主義**により登記簿を編成し，それを前提として，**一商人一登記記録主義**によって登記事項を記録している。その結果，ある商人に関する登記事項は，1つの登記記録に**集中・連続**して記録されることになる。

　また，登記の記録手続において，登記事項は国家機関である登記所の**登記官**がその内容を**審査**して記録するため，登記には**何人も既登記を無視して行動できない**という拘束力が生じ，この手続的効力を登記の**形式的確定力**という。

　さらに，上記の集中・連続した記録方法と形式的確定力を前提とすれば，新たな登記事項を記録する場合，その内容は既存の登記記録と論理的に整合しなければならないことになり，この建前を**登記の連続性原則**という。

　加えて，解釈上，登記に対応する法律関係が存在するとの**事実上の推定力**が認められている。この推定力により，登記事項に反する事実が示されていないかぎり，登記から推定されるとおりの法律関係があるものとして登記記録を読むことが可能となっている。

さて，株式会社登記簿を例とすれば，1つの登記記録は，さらに，商号区，目的区，株式・資本区，役員区，役員責任区，会社支配人区，支店区，新株予約権区，会社履歴区，企業担保権区，会社状態区，登記記録区の12区に分けて，登記事項が記録されている（登規の別表第5）。以下は，株式会社の登記記録の例である。

会社法人等番号	○○○○—○○—○○○○○○	
商号	株式会社甲山商事	
本店	東京都港区かすみ一丁目1番1号	
公告をする方法	官報に掲載してする	
貸借対照表にかかる情報の提供を受けるために必要な事項	http://www.kouyama.co.jp/kessan/index.html 平成18年6月26日設定	
会社成立の年月日	昭和45年4月1日	
発行可能株式総数	8万株	
発行済株式の総数並びに種類および数	発行済株式の総数 　2万株 各種の株式の数 　普通株式　2万株	平成23年6月26日変更
	発行済株式の総数 　5万株 各種の株式の数 　普通株式　2万株 　優先株式　3万株	平成23年7月7日変更
資本金の額	金1億円	
	金2億5000万円	平成23年7月7日変更
発行可能種類株式総数および発行する各種類の株式の内容	普通株式　10万株 優先株式　10万株 優先株式を有する株主は，株主総会において議決権を有しない。 優先株式を有する株主は，毎決算期において，普通株式に先立ち，1株につき年50円の剰余金の配当を受けるものとする。 　　　　　　　　　　　　　　　　　平成23年6月26日変更	
株式の譲渡制限に関する規定	当会社の普通株式，優先株式を譲渡により取得するには，取締役会の承認を要する　　　　　　　　　　　　　　　平成23年6月26日変更	
株券を発行する旨の定め	当会社は株券を発行する	平成17年法律第87号第136条の規定により平成18年5月1日登記
役員に関する事項	取締役A	平成22年6月28日重任
	取締役B	平成22年6月28日重任
	取締役C	平成22年6月28日重任 平成23年3月28日辞任

	取締役 D	平成23年4月4日就任
	取締役 E	平成23年6月28日就任
	東京都港区みなと一丁目3番3号 代表取締役 A	平成22年6月29日重任
	会計参与 H (書類等備置場所) 東京都港区かすみ一丁目1番2号	平成23年6月28日就任
	監査役 F	平成20年6月28日重任 平成23年3月28日辞任
	監査役 G	平成23年4月4日就任
取締役会設置会社に関する事項	取締役会設置会社	平成17年法律第87号第136条の規定により平成18年5月1日登記
会計参与設置会社に関する事項	会計参与設置会社	平成23年6月28日設定
監査役設置会社に関する事項	監査役設置会社	平成17年法律第87号第136条の規定により平成18年5月1日登記

9 公示の原則

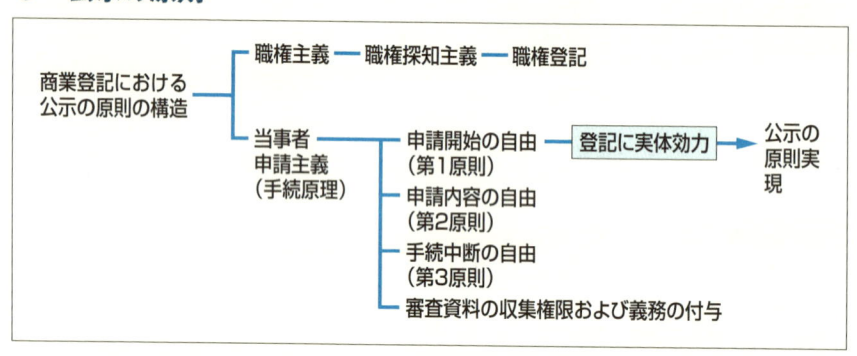

商業登記における公示の原則の構造
- 職権主義 ─ 職権探知主義 ─ 職権登記
- 当事者申請主義（手続原理）
  - 申請開始の自由（第1原則）
  - 申請内容の自由（第2原則）
  - 手続中断の自由（第3原則）
  - 審査資料の収集権限および義務の付与

登記に実体効力 → 公示の原則実現

(1) 当事者申請主義の採用

　商業登記制度は，登記事項となっている商人の法律関係に変動が生じた場合，それが登記に反映されなければ，公示制度として機能しないことになるため**公示の原則**が採用されている。

　商業登記は国家機関を介して公示を行う制度であるため，公示の原則を実現するための法政策は，国家機関である登記官が職権で登記を行う**職権主義**と，登記官が当事者の申立てに基づいて登記を行う**当事者主義**とに分けられる。

　商業登記では，原則として当事者主義が採用されている（法14）。民事実体法

の世界は，当事者の自由意思が最大限尊重されるため（私的自治の原則），商業登記制度も手続上当事者の自由意思を尊重し，実体法との調和・連続を図る必要があるからである。

　商業登記制度における当事者主義は，「当事者申請主義」とよばれ具体化されている。これは，当事者である商人が登記官に対して登記事項の記録を申し立てることを「申請」とよぶことに由来するものである。

　当事者申請主義は，①申請するか否かの自由（第1原則：開始の自由），②いかなる内容の登記を求めるべきかに関する申請内容の自由（第2原則：内容の自由），③登記が完了するまでに手続から中途離脱する自由（第3原則：中断の自由）という3原則に加えて，④審査資料の収集を当事者が負担する（当事者への資料収集権限および義務の付与）という4つの要素から構成されており，これが商業登記制度の手続原理となっている。

（2）　申請を促進するための実体効力の付与

　当事者申請主義を採用したことで，当事者である商人が申請しないかぎり登記の記録手続が開始されず，公示の原則が実現されないことになる。そこで，公示方法である登記に実体私法上の効力を付与し，当事者の申請を促進する法政策が問題となる。

　不動産登記制度では登記に付与する実体的効力が対抗力であったが（民177），商業登記制度では，次に述べるとおり，登記の一般的効力である公示力をはじめとして，より強く登記の申請を促すためにさまざまな効力を付与する工夫がされている。

① 　公示力の付与（商業登記の一般的効力）

　商業登記では，登記事項についての対抗要件は第三者の悪意である。第三者が登記事項の内容を知っていれば，登記事項の対抗力を認めても第三者を害することがないからである。

　対抗力に対する上記の理解を前提として，商業登記の登記事項は登記の後でなければこれを善意の第三者に対抗できないと規定されており，この効力は「消極的公示力」とよばれている（会908Ⅰ前段，商9Ⅰ前段）。これは，登記をしない間は上記の対抗原則により登記事項を善意の第三者に主張できないことを法的に確認し，第三者を保護するための登記の効力である（詳解商業登記上巻34頁）。

　他方，登記をすれば，正当の事由によりそれを知らない者を除いて第三者の

悪意が擬制され，上記の対抗原則により登記事項を第三者に対抗できることになる。この効力は「**積極的公示力**」とよばれている（会908Ⅰ後段，商9Ⅰ後段）。これは，登記をすることで登記事項を第三者の善意・悪意を問わずに主張できることになるメリットを商人に与え，商人を保護するための登記の効力である。

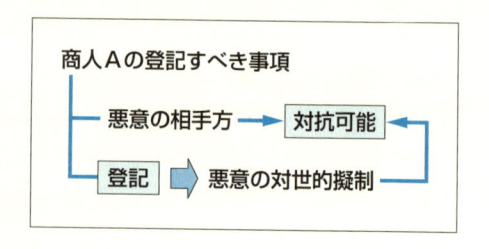

積極的公示力における**当事者**とは**商人**を意味し，会社の登記では**会社**がこれに該当する（詳解商業登記書上巻25頁，35頁）。したがって，公示力は当事者である会社と第三者の間に生ずる効力となり，第三者相互の間では登記の有無に関係なく登記事項の存否を主張できることになる。たとえば，取締役が退任して権利義務取締役に該当しない場合，退任登記が未了であっても，退任した取締役は会社以外の第三者として善意の第三者に対して取締役を退任したことを主張することができる（葉玉匡美編著『新・会社法100問』415頁〔ダイヤモンド社，第2版〕）。

この積極的公示力が商業登記に付与される一般的効力とされ，登記による第三者の悪意擬制の効力取得を動機として登記の申請が促進され，公示の原則が実現されることになる。

この工夫により，商業登記においては取引の相手方についてすでに知っている悪意の法律関係に加えて，悪意が擬制される登記簿の登記事項にのみ着目して取引を行うことが可能となり，これが**公示の原則の法的効力**となっている。

② 対抗力の付与

商業登記では，不動産登記と同様に登記が第三者の善意・悪意を問わず第三者対抗要件とされる局面があり，その場合の登記の効力を**対抗力**という。たとえば，商号の譲渡は登記をしなければ第三者に対抗できないとする規定（商15Ⅱ），また，吸収合併の消滅会社の合併による解散は合併の登記後でなければ第三者に対抗できないとする規定（会750Ⅱ）は，対抗力の典型例となっている。

登記に対抗力を付与することは，登記を申請しないかぎり，本来，対抗できるはずの悪意の第三者に対しても登記事項を主張できない不利益を課すことを意味し，この不利益を回避することを動機として，より強く登記の申請を促進する法政策となっている。また，対抗力には上記の狙いだけでなく，第三者の

善意・悪意を問わずに法律効果の主張を可能とすることで，法律効果を対世的に画一化し，法律関係の単純化を図る狙いも含まれている。

③ 形成力の付与

商業登記は，原則として実体関係の成立要件ではない。しかし，例外的に商業登記が一定の法律効果の成立要件とされていることがあり，この場合の登記の効力を形成力という。たとえば，会社の設立（会49）のほか，新設合併（会754Ⅰ，同756Ⅰ）・新設分割（会764Ⅰ，同766Ⅰ）・株式移転（会774Ⅰ）などの新設型再編の登記には形成力が付与されている。

登記に形成力を付与することは，登記を申請しないかぎり実体関係が形成されないという不利益を課すことを意味し，その不利益を回避することを動機として，より強く登記の申請を促進する法政策となっている。

さらに，登記に形成力を付与することには，実体形成の最終段階で登記官の形式審査を通して実体形成の過誤の有無をチェックする狙いもある（詳解商業登記上巻62頁）。したがって，形成力の存在により，商業登記には単なる公示機能だけでなく，法律関係の形成が適法に行われ，後日，無用の混乱が生ずることを未然に防止する予防的機能が認められることになる。

④ 免責的効力の付与

たとえば，持分会社の社員が退社の登記前に発生した会社の債務について従前の責任の範囲で負う弁済責任は，退社の登記後2年以内に請求または請求の予告をしない債権者に対しては，退社の登記後2年を経過した時に消滅する旨が規定されている（会612Ⅱ）。このように，例外的に商業登記が一定の責任を免除する基礎となる場合があり，その場合の登記の効力を免責的効力という。

これは，一定の者の責任が免除される事実が登記により公示された以上は，その者の責任を一定の期間内に問うことが法律関係の安定化に役立つとの見地から認められる効力であり，免責的効力の取得という利益の確保を動機とし，登記の申請を促進しようとする法政策となっている。

⑤ 不実の登記を信じた取引者の保護

i 保護の必要性

上記①から④までの商業登記のさまざまな効力は，登記事項が実体上の法律関係と一致し，登記が有効であることを前提とするものである。かりに，登記事項と実体上の法律関係とが一致せず，登記が無効である場合，上記の商業登記の効力は認められない。

しかし，それでは登記を信頼した者が不測の損害を被るおそれがあり，商業登記の制度目的が商取引の安全を図ることにある点に照らせば，登記が無効であっても登記を信頼した者を保護する必要性は，不動産登記よりもいっそう強く要請されることになる。そのための手段として，登記に公信力と補完的効力の2つの効力を付与することが考えられる。

ii 公信力

公信力とは，故意または過失により不実の事項を登記した当事者はその事項が不実であることをもって善意の第三者に対抗できないとする効力をいう（会908Ⅱ，商9Ⅱ）。これを商業登記の制度上は「公信力」とよんでいるが，当事者の故意または過失を問う点で，その実質は表見法理（権利外観法理）もしくは禁反言を根拠とする制度にすぎず，当事者の落ち度を問わない真の意味での公信力とは異なっている。

iii 補完的効力

補完的効力とは，たとえば，設立の登記後に錯誤を理由として設立時発行株式の引受けの無効を主張し，または詐欺もしくは強迫を理由として設立時発行株式の引受けの取消しができなくなる（会51Ⅱ）というように，登記された法律関係に瑕疵があっても，登記をすることでその瑕疵を治癒し補完する効力を与えるか，もしくは登記された内容が存在したのと同様の効果を発生させる効力をいう。

公信力が実体関係に触れずに単に登記を信頼した者を保護する制度であるのに対し，補完的効力は登記により実体関係の瑕疵が治癒されるため，補完的効力のほうが公信力よりも強力である。商業登記制度では，登記官の審査権が形式審査権に留まることもあって，補完的効力が認められる局面は上記の例示に限定されている。

（3） 申請を促進するための登記義務

① 会社に関する登記

会社の登記では，公示の原則を実現する方法のひとつとして公法上の義務である登記義務が課せられている。会社の登記は利害関係を有する者が多く，登記の懈怠が実体秩序に及ぼす影響が大きいため，その登記を単に私的自治に委ねるのは望ましくないからである。

また，法人である会社は観念的存在であり，登記による公示の必要性はきわめて高く，会社の利用者は登記によって会社の信用を維持する利益が認められ

るため（法1），登記義務を課したとしても応分の負担として当該義務負担を正当化できるからである。

　登記義務は当事者である会社に課せられているが，登記義務の懈怠による過料は会社を代表して登記義務を履行すべき会社代表者に課せられている（会976①，大審決明40.8.6）。過料の制裁は登記の申請を励行させるための手段だからである。

② 　個人商人に関する登記

　個人商人の登記は会社に比して利害関係を有する者が少なく，観念的な存在である会社に比して登記の必要性も低い。したがって，登記に付与された実体的効力の取得を動機として登記の申請を促進すれば足り，登記懈怠に対して過料の制裁は課せられていない。

第2章

申請手続とは何なのか

2−1 前提知識の確認

10 登記の記録手続の構造

| 登記の記録手続の構造 | → | （開始行為）登記の申請 | → | （内容行為）登記官の審査 | → | （終了行為）登記官による登記 |

　書式の試験で問題となる登記の記録手続は，開始行為に相当する当事者の申請，内容行為に相当する登記官の審査，終了行為に相当する登記官による登記簿（登記記録）への登記の3つの要素から構成される構造となっている。

　終了行為である登記は，平成26年度末において清算中の会社を除く現存会社数約359万社（株式会社が約178万社，特例有限会社が約164万社，合同会社が7万5,000社，合資会社が約8万社，合名会社が約1万8,000社）であることを前提として（坂本三郎「商業・法人登記制度をめぐる最近の動向」『商事法務』2089号47頁），迅速かつ公平（同種の事案を画一的）に処理できるものでなければならない。

　この要請をみたすには，その前提となる内容行為である審査が，迅速かつ公平に行えるものとして構築されなければならない。また，その前提となる開始行為である申請のあり方も，審査制度に適合するように構想されなければならない。

　このように，手続を構成する要素は最終目標を達成するために，後の要素が前の要素を制約するかたちで相互に密接な関連性を有することになる。ここでは，申請の構造を解明するための前提となる登記官による審査の構造を概観する。

11 登記官の審査の構造

　商業登記における登記官の審査は，書面主義を前提とした法定証拠主義として制度が構築されている。

```
審査の構造 → 書面主義 ⇒ 法定証拠主義 ┬ 形式的審査権限     迅速性・公平性の
                              └ 却下事由法定主義 → 確保(画一性)
```

　書面主義とは，申立て・主張・立証のすべての局面において書面を介してしか判断を行わない建前をいう。また，**法定証拠主義**とは，あらかじめ証拠方法を法定して証拠の評価について判断者の自由裁量を許さずに法律上の拘束をする建前をいう。これらは，判断者の能力を問わず，迅速で画一的な結論を導きやすいメリットがある。

　これを前提として，登記官の審査権限は**形式審査権限**とされている。これは，登記官の審査対象が実体および手続の両面に及ぶものの，審査資料が登記簿・申請書・添付書面に限定されるという審査権限をいう。

　また，登記官の恣意的な判断を防止するため，いかなる事由があれば申請を却下し登記をすることができなくなるかをあらかじめ法定する**却下事由法定主義**が採られている（法24）。

　以上の制度設計により，登記官は，当事者の申請を受け取るとそれを適法なものと推定しつつ，限定された審査資料から却下事由の存否を審査し，却下事由を認定した場合，当初の推定を覆し，申請を違法なものとして理由を付した決定で却下する（法24柱書，目的不達成による手続終了）。

　他方，審査資料から却下事由の存在が認定されない場合には，当初の推定を維持して申請を適法なものと判断し，登記を行うことになる（目的達成による手続終了）。

2−2　申請手続の構造

12　申請手続の意義と構造

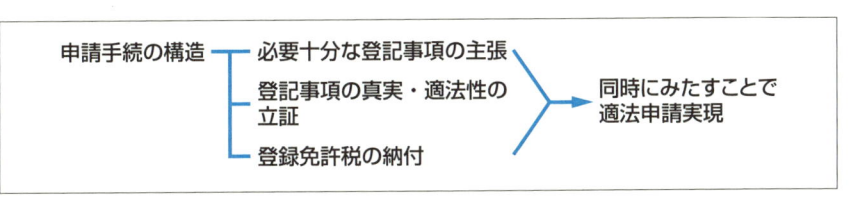

```
申請手続の構造 ┬ 必要十分な登記事項の主張
             ├ 登記事項の真実・適法性の立証     → 同時にみたすことで
             └ 登録免許税の納付                 適法申請実現
```

13　必要十分な登記事項の主張

　申請とは，当事者である商人が登記官に対して登記簿に登記事項の記録を要求する申立てであり，公法上の行為と定義することができる。

　申請の定義から，適法な申請をするには，当事者が制度目的に照らして必要十分な登記事項を主張できなければならないことになる。

　また，商業登記には公信力が付与されているとはいえその実質は表見法理にすぎず，一定の要件がみたされないかぎり，公信力は適用されない。したがって，商業登記の信頼性を維持するには，主張する登記事項が実体と一致した真実のものでなければならず，当事者申請主義により，当事者が登記事項の真実性を立証できなければならない。

　これに加えて，株式会社では，取消しの訴え（会831等）・無効の訴え（会830等）制度が存在し，取消原因・無効原因を含む登記事項を排斥できなければ，登記後の勝訴判決によって登記を信頼して取引を行った者に不測の損害を与えかねず（法24⑩），当事者申請主義により，当事者が登記事項の適法性をも立証できなければならないことになる。

　さらに，徴税主義の伝統に従い申請時点で国税である登録免許税を納付しなければ，却下事由に該当することになる（法24⑯）。したがって，当事者が登録免許税の納付を行うことも適法申請のためには必須の要素となっている。

　これらにより，申請手続は①必要十分な登記事項の主張，②登記事項の真実・適法性の立証，②登録免許税の納付を構成要素とし，これら構成要素を同時にみたすことで適法な申請を実現する構造となっている。

　なお，本書では，これら申請手続の3つの構成要素を「適法申請の本質3要素」とよぶことにする。以下，適法申請の本質3要素の内容を概説する。

13　必要十分な登記事項の主張

(1)　制度目的による当事者申請主義の修正

　当事者申請主義の第2原則により，本来，申請する登記事項の内容は当事者が自由に決定できるはずである（**9(1)**）。しかし，この自由は①商取引の安全・円滑を図り，②商号，会社の信用維持を図るという制度目的（法1）に照らし，必要十分な内容でなければならないとの制約を受ける。

(2)　法人法定主義と登記事項法定主義の採用

　法人格は社会的に有益な団体や組織に対して法政策的に付与されるものであり，わが国の法人制度は法律によってのみ法人を創設する法人法定主義を採用

している（民33 I）。これにより，商業登記および法人登記の対象となる法人は法律の規定により法人格が付与される法人に限定されることになり，法人法定主義は商業・法人登記制度の効率運用に貢献することになる。法人法定主義は，不動産登記制度における**物権法定主義**（民175）に相当するものと位置づけることができるものである。

これをふまえて，さらに，商業登記制度は，あらかじめ登記すべき事項を法定する**登記事項法定主義**を採用している（会911 Ⅲ等，法28等）。これは，どの商人のどんな法律関係を登記すれば制度目的を達成するために必要十分なのかをあらかじめ法定しておくことで，迅速かつ公平に商業登記を実現しようとするものである。

これら諸制度により，必要十分な登記事項を主張するには**法定枠内**で登記事項を決定すれば足りることになる。

（3） 株式会社の法定登記事項とその変動

株式会社の法定登記事項として，設立の際に登記をすることになる**設立の登記事項**が会社法911条3項に規定されている。このほか，設立の登記事項ではないが株式会社登記簿に登記すべき事項として，商号譲渡人の債務に関する免責の登記（会22 Ⅱ）・職務執行停止の仮処分等の登記（会917）・支配人の登記（会918，法44）・解散の登記（会926）・清算人の登記（会928）・会社更生法に関する登記（更生258 I等）・破産に関する登記（破産257 I等）・会社の継続の登記（会927）などが規定されており，これらは設立の登記事項に対して「**独立の登記**」とよばれている。

これら登記事項となる法律関係が発生・変更・消滅した場合に，公示の原則を実現するために登記の申請が必要となる（会915）。株式会社の登記における**登記事項の変更**とは，単に登記事項がAからBに変更したことを意味するだけでなく，会社法911条3項各号の設立の登記事項を全体としてとらえ，そのなかのある登記事項が発生したり，消滅したりした場合もそれを登記事項の変更ととらえることになる。たとえば，取締役が選任されて会社との委任契約関係が発生した場合（会330），これを個別的に観察すれば役員区の取締役の氏名という登記事項（会911 Ⅲ⑬）が発生したことになるが，設立登記事項全体から見れば，設立登記事項の一部である取締役の登記事項に変更が生じたことになるにすぎず，これを登記事項の変更ととらえるのである。

これら法定登記事項は，会社ごとに1登記記録を**商号区，目的区，株式・資**

13　必要十分な登記事項の主張

本区，役員区，役員責任区，会社支配人区，支店区，新株予約権区，会社履歴区，企業担保権区，会社状態区，登記記録区の12区に分けて（登規の別表第5）記録することとなっている（8(4)の登記記録例参照）。

なお，株式の譲渡制限に関する規定は，本来，「株式・資本区」の単一株式発行会社では発行する株式の内容としての登記事項であり，種類株式発行会社では発行可能種類株式総数および発行する各種類の株式の内容としての登記事項である（会911Ⅲ⑦）。しかし，公開会社と非公開会社とを区別する指標としてきわめて重要であるため，特に「株式の譲渡制限に関する規定」欄が設けられ，上記の登記事項とは別個に当該欄に登記される登記事項となっている。

(4) 商業登記における是正登記

① 更正の登記

更正の登記は，錯誤により真実の法律関係と異なる登記がされた場合，または遺漏により不完全な登記がされた場合に，その登記を真実の法律関係に合致させ，または表示を完全なものとするためになされる登記をいう（法132，詳解商業登記上巻275頁）。更正の登記には登記期間の定めはない。

② 抹消の登記

抹消の事由は，ⅰ.管轄違反の登記（法134Ⅰ①・同24①），ⅱ.非登記事項の登記（法134Ⅰ①・同24②），ⅲ.重複登記（法134Ⅰ①・同24③），ⅳ.2以上の同時申請についてそのうち1つの申請にかかる登記をすれば他の申請にかかる登記ができなくなるにもかかわらず登記がなされた場合（法134Ⅰ①・同24⑤），ⅴ.登記された事項に無効の原因がある場合（法134Ⅰ②），にかぎり，すでになされている登記を法律上消滅させるためにされる登記をいう。抹消の登記ができる場合はⅰからⅴまでのとおり限定列挙で規定されており，法令に別段の定めがないかぎりはこれ等以外の事由で抹消の登記をすることはできない。

このうち，ⅴ.登記された事項に無効の原因がある場合とは，取締役会の決議が定足数をみたさず無効である場合の当該取締役会決議に基づく登記がその典型例である（昭32.3.12民甲453回）。

ただし，訴えをもってのみ無効を主張することができる場合には，抹消の登記をすることはできない。訴えによる無効判決が確定しないかぎり，無効原因があってもすでにされている登記事項は有効であり，登記と実体が食い違うことにならないからである。募集株式の発行の無効・設立の無効・資本減少の無効・合併の無効がその典型例である。なお，訴えをもってのみ無効を主張する

ことができる場合は，無効判決が確定すれば裁判所書記官が抹消の登記を嘱託するため，当事者は抹消の登記を申請する必要がない（詳解商業登記上巻291～292頁）。

また，抹消の登記をする場合，登記官は抹消すべき登記事項に抹消する記号（下線）を記録し，その登記により抹消する記号（下線）が記録された登記事項があるときはその登記を回復しなければならない（登規100Ⅰ）。その結果，不動産登記と異なり，商業登記では抹消回復登記が申請の対象となることはない。

14　登記事項の真実・適法性の立証

(1)　審査資料の収集

当事者申請主義により，審査資料収集の役割分担は国家機関ではなく当事者である商人がそれを負担する。したがって，当事者は，その責任をもって，次に述べる方法によって登記事項の真実・適法性を立証しなければならず，当事者がその立証に失敗すれば申請は不適法なものとして却下される（法24④，同⑧等）。

(2)　申請方式の履行

① 申請方式の原則

不動産登記では，登記の対象となる権利変動について対立当事者が観念できるため，登記を申請することで登記上直接に利益を受ける者を登記権利者（不登2⑫），登記上直接に不利益を受ける登記名義人を登記義務者と定義し（不登2⑬），登記の申請は登記権利者および登記義務者が共同してこれを申請すべきものとしている（不登60）。この申請方式を「共同申請」とよび，権利に関する登記の原則的な申請方式と位置づけていた。

これに対して，商業登記制度では商人自身の信用にかかる法律関係が登記の対象となっているため，登記事項について対立当事者が想定できない。そこで，商業登記の申請方式は商人自身からする例外のない単独申請と規定されている（法14）。したがって，商号譲渡（商15Ⅰ）やそれに伴う商号を続用する譲受人の免責の登記（商17）のように明らかに対立当事者の構造が観念できる場合であっても，商号の譲渡については譲受人が商法15条1項の規定に該当することを証する書面および譲渡人の承諾書を添付してする単独申請となり（法30Ⅱ），免責登記についても譲受人が譲渡人の承諾書を添付してする単独申請となる（法31Ⅱ）。

14 登記事項の真実・適法性の立証

単独申請の申請方式は，共同申請のように請求認諾または自白のかたちとならないため，登記事項が真実であることの蓋然性を高めるべく，法定証拠による立証の役割が増大する。そのため，単独申請は証拠主義ともよばれている。

② 第三者との間の手続上の利害調整

不動産登記では，記入登記を除いて登記上の利害関係を有する第三者との間で手続上の利害調整をする制度が規定されていた（不登66，同68，同72）。

これに対して，商業登記では，登記の対象となっているのが商人自身の法律関係であるため，第三者との間で手続上の利害調整をすることは想定されていない。

ただし，唯一，商号の登記については，同一所在場所における同一商号の登記が禁止されている関係上（法27），ⅰ．登記した商号を廃止したが廃止の登記をしていない場合，ⅱ．登記した商号を変更し，または営業所を移転したがそれらの変更登記等をしていない場合，ⅲ．商号の登記をした者が正当の事由なく2年間当該商号を使用しない場合のいずれかに該当すれば，当該商号の登記の営業所の所在場所で同一の商号を使用しようとする者は，登記所に対して当該商号の抹消登記の申請が認められている。これにより，すでに商号の登記をした商人とこれから同一の商号を登記しようとする商人との利害の調整が図られている（法33）。

(3) 法定証拠による立証の前提知識

① 総説

登記官の審査は，書面主義を前提とした法定証拠主義に拠ることになっており，登記事項の真実・適法性を立証するための証拠は法定された書証に限定される。この法定証拠を商業登記制度では「添付書面」とよんでいる。

(2) で述べたとおり，商業登記の申請方式は例外のない単独申請であり，これは証拠主義という別名が示すとおり，登記事項の真実・適法性の立証について添付書面が中心的な役割を担っており，添付書面による立証の比重がきわめて大きい制度となっている。商業登記法の条文の大部分が添付書面の規定で埋め尽くされているのがその証であり，添付書面に対する理解が商業登記を攻略するための重要ポイントのひとつとなっている。

ここでは，添付書面の説明に入る前に，商業登記において添付書面がどのような発想のもとで規定されているのか，その前提となる考え方を確認する。

なお，添付書面は第2段階のDコンの学習対象であるため，以下の説明が理

解できなくとも本書が対象とするＦコンの学習には何ら支障はない。ただ，本書では各事例の末尾に「参考・添付書面」を記載しており，それを理解するための説明であると理解しておいてほしい。

② 商業登記における法的判断の特色

まず，商業登記における**法的判断**の特色を確認する。民事訴訟手続は法的判断に特化した民事手続であるため，民法を実体法とした通常の民事訴訟における法的判断と会社法を実体法とした会社訴訟における法的判断を比べてみることにする。この局面こそが不動産登記における法的判断と商業登記における法的判断の違いがもっとも際立っているからである。

ⅰ 民法に基づく通常訴訟

民法に基づく通常の訴訟では，その有無が争いになっている**権利**を**訴訟物**とよび，原告がそれを根拠づける**請求原因事実**を主張立証し，被告はそれを否定（消滅・障害・阻止）する法律効果を発生させる**抗弁事実**を主張立証して反論し，さらに原告は抗弁の効果を否定する法律効果を発生させる**再抗弁事実**を主張立証して再反論する。

このような要領で訴訟の**審理**が展開されることで，事件の事実関係の全体像が明らかになるとともに，裁判所が上記の各法律効果を組み合わせて**法的判断**を行い，訴訟物である権利の有無を確定判断することで訴訟の勝敗を決定している。

ⅱ 会社法に基づく会社訴訟

株主総会の決議の適否を争う形成訴訟としての**決議取消しの訴え**（会831）を例とすれば，原告は取消原因に関する**請求原因事実**を主張立証し，被告である会社は，原告が主張する瑕疵事由の不存在またはその瑕疵を治癒する事由に関する**抗弁事実**を主張立証して反論する。

この形態では，原告または被告のいずれも決議に関する事実の全体を主張立証する必要がなく，争点は取消原因となる事実に絞られる。これにより，当事者や裁判所の負担が大幅に軽減できる仕組みとなっている。この工夫は，民事訴訟手続が二当事者対立構造をとり，訴訟物やそれを基礎づける要件事実の主張立証が，処分権主義・弁論主義により当事者が自由に選択できることから争点がおのずと瑕疵事由に絞り込まれる構造を利用したものである。

ⅲ 商業登記における法的判断のあり方

もっとも厳格に法的判断が行われる民事訴訟手続の場においても，会社法に

基づく会社訴訟では無効や取消原因となる瑕疵事由の有無が問題となっているにすぎず，事件の事実関係の全体を問題としない構造となっている。

そうだとすれば，商業登記における法的判断は会社訴訟と同等以下の程度と態様で行われれば足りることになるため，会社訴訟に準じて無効や取消原因を問題とするかたちの判断，いわば**間違い探しの判断**として行うべきことになる。

しかし，商業登記では登記の対象となる法律関係が商人自身の信用に関する法律関係であって対立当事者の構造が観念されず，かつ，いまだ紛争が生じていないため，会社訴訟のように処分権主義・弁論主義によって争点となる瑕疵事由を絞り込むことができない。

そこで，上記の会社訴訟の構造をふまえつつ，商業登記独自の観点から添付書面をどのような基準で法定すべきかを考えることが必要となる。

なお，これからの説明の前提として，本書では会社訴訟に準じて無効や取消原因を問題とするかたちの判断を**瑕疵判断**とよぶことにする。また，登記事項を発生・変更・消滅させる法律関係を**登記の事由**とよぶことにする。さらに，登記の事由は，決議を含めて目的に向かって複数の行為が連鎖する実体上の**手続**であることが多く，本書では登記の事由を形成するための実体手続を**実体構造**とよぶことにする。

（4）証拠法則と添付書面の関係

商業登記が採用している**法定証拠主義**は，一定の証拠法則に基づいて法定証拠である添付書面が規定される建前であるため，証拠法則が把握できれば添付書面の理解がより容易になる。

しかし，非訟事件手続法から独立単行法として制定された商業登記法（昭和38年法律第125号）から会社法制定に伴い改正された商業登記法までの間に明らかにされた証拠法則は，わずかに，会社法上，公告および通知の双方を要する場合にかぎり，その公告をしたことを証する書面を添付書面に規定するというもののみにかぎられ（松井信憲「会社法の制定に伴う商業登記事務に関する改正の概要（2・完）」『民事月報』60巻7号40頁，以下「松井・改正の概要」とする），それ以外の証拠法則は明らかにされていない。

そのため，現在の添付書面の規定全体から逆算して添付書面を定めた証拠法則を推測するしかないことになる。

これについて考えられる証拠法則は，当事者の負担を考慮しつつ当事者の主張する登記事項の真実・適法性を判断するために最低限必要な範囲の書面に

絞って添付書面を規定するというものである。実体構造について，会社法で作成が要求されている書面の全部を添付書面として規定すれば，実体構造（事件の事実関係）の全部を主張立証の対象にしていない民事訴訟手続と比較して当事者の負担が重すぎることになり，かつ，登記官の迅速な審査が阻害されることになるからである。

たとえば，①実体構造がAとBという2つの行為から構成されている場合，A行為に瑕疵があれば実体構造に無効または取消原因が存することになるが，B行為の瑕疵は実体構造の無効または取消原因とならないものであれば，A行為の存否と瑕疵の有無を審査の対象とすれば足りるため，A行為を証する書面のみが添付書面として規定されることになる。

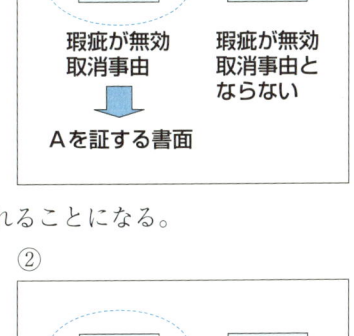

また，②①の法則に従って添付書類を規定すべき行為であっても，それが会社の代表者の自己証明によってしか立証できない行為である場合は添付書面が規定されないことになる。たとえば，取締役が1名しか存在しない会社で支店を設置する場合，取締役がそれを決定できるが（会348），登記の事由を証する添付書面は規定されていない（法46Ⅰ参照）。これは，現行の商業登記法を立法した当時の民事訴訟手続が，当事者尋問の対象となるにすぎない代表者の供述を証拠力の点で証拠（証人としての証言）とは区別する**当事者尋問の補充性**を採用しており，それを反映して制度を設計したことによる影響と思われる。

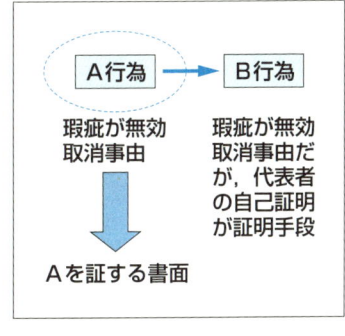

ただ，現行の民事訴訟手続は当事者尋問の補充性を撤廃しており（民訴207Ⅱ），それに呼応するかのように，近年の傾向は，代表者の自己証明書面であってもそれを用いたほうが後日の紛争予防機能に資するとの発想から添付書面の適格性を積極的に認める考え方に転換されている（法70，登規61Ⅶ参照）。これにより原始規定の考え方と発想の転換が図られた平成9年の合併法制の改正以降の規定では，この点についての考え方が不調和となっている点に注意しなけ

14　登記事項の真実・適法性の立証

ればならない。

その結果，ある登記の事由についての添付書面を考える場合，その登記の事由についての実体構造を想起し，原則として実体構造の流れに沿った添付書面を発想しつつ，上記①および②によってその原則を修正するかたちで添付書面が規定されているとして，添付書面を考えていくべきことになる。

（5）　実体構造のパターン

株式会社を例とすれば，登記事項を発生・変更・消滅させることになる登記の事由となる実体構造は，大きく会社の意思表示の基本である決議を要素とする**法律行為**，決議を要素としない**法律事実**，これらが混在する**法律行為等の総合**の3つに分けられる。

以下，株式会社における実体構造のパターンを概観する。

①　株式会社における実体構造

ⅰ　決議を要素とする単独行為が実体構造となるパターン

a　商号変更型

決議を要素とする会社の法律行為としては，決議のみが実体構造となる単独行為のパターンが考えられる。その典型例は株主総会の特別決議のみが実体構造となる商号変更であり（会466，同309Ⅱ⑪），これをその典型例の名を冠して「商号変更型」とよぶことにする。当該パターンでは決議機関が取締役会の決議，株主全員の同意と変化することが当該パターンのバリエーションとなっている。

b　準備金組入型

決議を要素とする法律行為には，決議のみの単独行為であるが，その決議が添付書面による立証を要する法定要件をみたして行われなければならない実体構造のパターンが考えられる。その典型例は，会計科目を振り替える準備金が存在しなければ適法に決議が行えない準備金の資本組入れであり，これを「準備金組入型」とよぶことにする。

c　株式併合型

決議を要素とする法律行為には，決議のみの単独行為であるが，その決議が添付書面による立証を要する法定手続を履行しなければならない実体構造のパターンが考えられる。その典型例は，株券提供の公告および通知を履行しなければ登記事項が形成されない株式併合であり（会219Ⅰ②），これを「株式併合型」とよぶことにする。このパターンでは，履行しなければならない

法定手続が、株券無効の公告および通知、債権者保護手続と変化することが当該パターンのバリエーションとなっている。

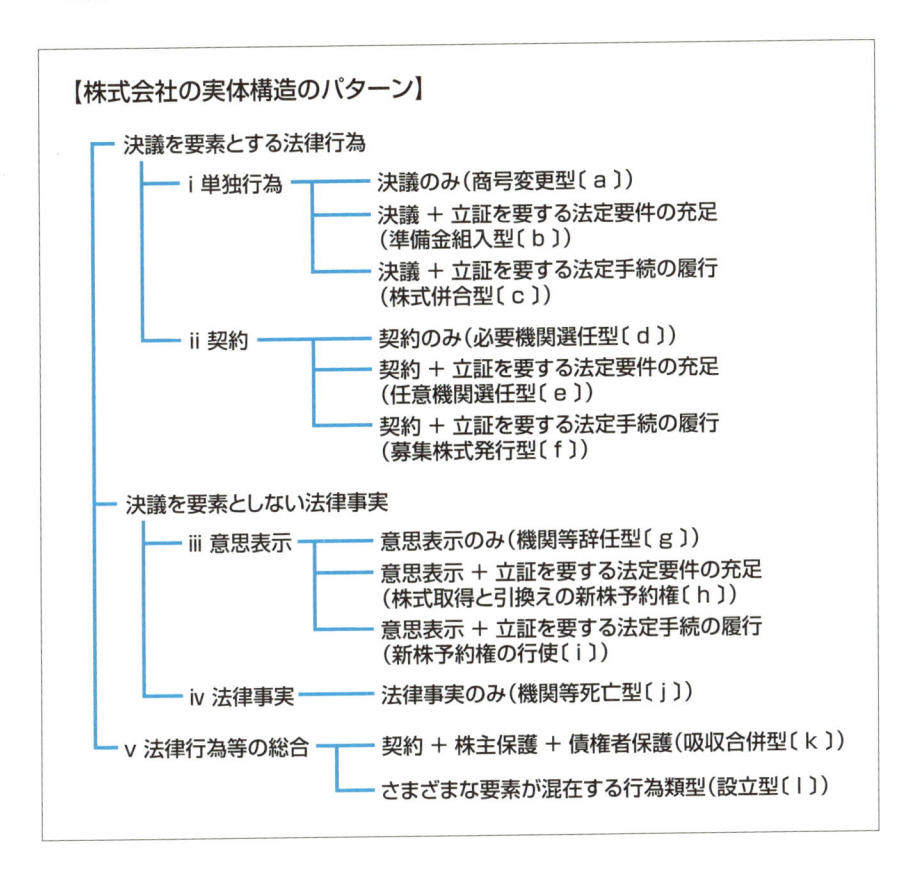

```
【株式会社の実体構造のパターン】
├─ 決議を要素とする法律行為
│   ├─ ⅰ 単独行為 ─┬─ 決議のみ（商号変更型〔a〕）
│   │              ├─ 決議 + 立証を要する法定要件の充足
│   │              │   （準備金組入型〔b〕）
│   │              └─ 決議 + 立証を要する法定手続の履行
│   │                  （株式併合型〔c〕）
│   └─ ⅱ 契約 ─────┬─ 契約のみ（必要機関選任型〔d〕）
│                   ├─ 契約 + 立証を要する法定要件の充足
│                   │   （任意機関選任型〔e〕）
│                   └─ 契約 + 立証を要する法定手続の履行
│                       （募集株式発行型〔f〕）
├─ 決議を要素としない法律事実
│   ├─ ⅲ 意思表示 ─┬─ 意思表示のみ（機関等辞任型〔g〕）
│   │              ├─ 意思表示 + 立証を要する法定要件の充足
│   │              │   （株式取得と引換えの新株予約権〔h〕）
│   │              └─ 意思表示 + 立証を要する法定手続の履行
│   │                  （新株予約権の行使〔i〕）
│   └─ ⅳ 法律事実 ── 法律事実のみ（機関等死亡型〔j〕）
└─ ⅴ 法律行為等の総合 ─┬─ 契約 + 株主保護 + 債権者保護（吸収合併型〔k〕）
                        └─ さまざまな要素が混在する行為類型（設立型〔l〕）
```

ⅱ 決議を要素とする契約が実体構造となるパターン

d 必要機関選任型

決議を要素とする法律行為には会社の契約が実体構造となるパターンが考えられる。その典型例は、契約の申込みに相当するのが株主総会の選任決議となり、契約の承諾に相当するのが被選任者の就任承諾となる必要機関である取締役の選任であり、これを「必要機関選任型」とよぶことにする。

e 任意機関選任型

決議を要素とする法律行為には、会社の契約のほかに添付書面による立証を要する法定要件をみたして契約をしなければならない実体構造のパターン

が考えられる。その典型例は，定款の定めを前提として委任契約を締結する監査役などの任意機関の選任であり，これを「任意機関選任型」とよぶことにする。

　f　募集株式発行型

　決議を要素とする法律行為には，会社の契約のほかに添付書面による立証を要する法定手続を履行しなければならない実体構造のパターンが考えられる。その典型例は，株式引受契約を締結したうえで全額出資義務を履行しなければならない募集株式の発行であり，これを「募集株式発行型」とよぶことにする。

iii　決議を要素とせず，意思表示が実体構造となるパターン

　g　機関等辞任型

　決議を要素としない意思表示が実体構造となるパターンには，それが単なる意思表示のみであるパターンが考えられる。その典型例は，役員等の会社との委任契約の解除権の行使である辞任があり，これを「機関等辞任型」とよぶことにする。

　h　取得請求権付株式の取得と引換えにする新株予約権の発行型

　決議を要素としない意思表示が実体構造となるパターンのうち，意思表示が添付書面による立証を要する法定要件をみたしてなされなければならない実体構造のパターンが考えられる。その典型例は，取得請求権付株式の取得と引換えにする新株予約権の発行である。これは，取得請求という意思表示のほか，取得請求権付株式の取得が有償の自己株式の取得となり，財源規制が適用され，登記すべき事項につき会社に一定の純資産額が存在することを要する場合として（会166Ⅰただし書），一定の分配可能額が存在する事実を証する書面（登規61Ⅷ）により当該要件の充足を証明することが必要となるからである。これを「取得請求権付株式の取得と引換えにする新株予約権の発行型」とよぶことにする。

　i　新株予約権行使型

　決議を要素としない意思表示が実体構造となるパターンのうち，意思表示だけでなく添付書面による立証を要する法定手続を履行しなければならない実体構造のパターンが考えられる。その典型例は新株予約権の行使である。これは，新株予約権の行使という意思表示により株式引受契約が成立し，当該契約に基づく全額出資義務の履行が問題となるからである。これを「新株

予約権行使型」とよぶことにする。
iv **決議を要素とせず，法律事実が実体構造となるパターン**
　j　機関等死亡型
　　決議を要素としない実体構造には，それが法律事実であるパターンが考えられる。その典型例は役員等の機関と会社との委任契約が死亡により終了する場合である。これを「機関等死亡型」とよぶことにする。
v **法律行為等の総合したものが実体構造となるパターン**
　k　吸収合併型
　　これまで説明したさまざまな要素が複合したものが実体構造となる総合型ともよぶべき実体構造には，合併契約を締結し株主保護としての株主総会の特別決議による承認と債権者保護手続を実体構造とする吸収型組織再編がある。これを「吸収合併型」とよぶことにする。
　l　設立登記型
　　さまざまな要素が複合したものが実体構造となる総合型ともよべる実体構造には，設立の登記のように定款の変更登記・株式の登記・機関の登記などの要素が混在するものがある。これを「設立登記型」とよぶことにする。

② **まとめ**
　以上説明したとおり，株式会社の実体構造は，上記aからlまでの12のパターンに細分できることになる。しかしこれらは，i．決議を要素とする単独行為，ii．決議を要素とする契約，iii．決議を要素としない意思表示，iv．決議を要素としない法律事実，v．それらを総合したものの5つに統合することができる。v．を除いては，それぞれに立証を要する法定要件の充足，立証を要する法定手続の履行が付加されることで，更にパターンが細分されているにすぎないからである。数の割には比較的把握しやすい分類のパターンといえるであろう。

（6）　登記の事由の骨格と申請手続の類型
　登記の事由の実体構造と添付書面の関係は次の図のように図解することが可能であり，このように図解したものを本書では「登記の事由の骨格」とよぶことにする。
　書式の試験で出題が想定されるすべての登記の事由について図解をすると，**（5）** で説明した実体構造のパターンに沿った12のグループに分類することができる。そして，分類が視覚的になることによって，明確に把握できることになる。なお，この分類を本書では「登記の事由の類型」とよぶことにする。

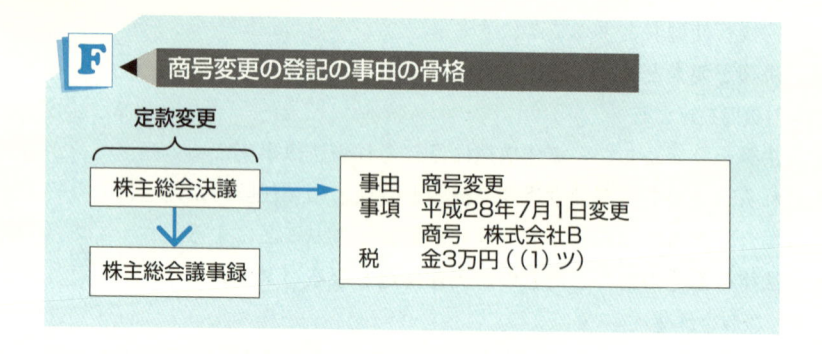

14 登記事項の真実・適法性の立証

```
F → 商号変更の登記の事由の骨格

        定款変更
    ┌─────────┐
    │ 株主総会決議 │ ──→  事由  商号変更
    └─────────┘        事項  平成28年7月1日変更
         ↓              商号  株式会社B
    ┌─────────┐        税   金3万円（(1)ツ）
    │株主総会議事録│
    └─────────┘
```

　商業登記では，不動産登記と異なり登記の種類が申請手続の類型とはならない。しかし，登記の事由の骨格の類型は，類型ごとに実体構造と添付書面の関係が類似するため，ディテール・コントロール（Dコン）の学習対象となる添付書面の判断および瑕疵判断の類型として機能する。そこで，Dコンの学習では登記の事由の類型ごとに類似する添付書面の判断および瑕疵判断を学習することで，学習の効率化が図れることになる。

（7）　登記官の審査と添付書面の関係
①　審査方法と審査の範囲

　法定証拠主義では，本来，法定証拠である添付書面が添付されているかぎり，登記官は，適法申請の心証を形成し，それに基づいて登記ができることになる。しかし，登記すべき事項につき無効または取消原因が存する場合（登記事項が不存在である場合を含む）には，登記の申請を却下すべき旨が明定されているため（法24⑩），登記官は自己の管理する登記簿・申請人が提出する申請書・添付書面の記載を限度として，単に手続面の適否だけでなく，実体面の適否についてもこれを審査の対象としなければならない。

　その結果，登記官は申請を受け付けた時点で法定証拠である添付書面を点検し，添付書面が添付されていれば適法な申請と推定して心証を形成しつつ，上記限定された資料から登記すべき事項について無効または取消原因という瑕疵事由が存するか否かを審査し，瑕疵事由が認定されれば当初の推定を覆し，申請を不適法なものとして決定をもって申請を却下することになる（法24）。

②　登記官の審査姿勢と商業登記規則が規定する添付書面との関係
i　登記官の審査の姿勢

　さて，登記官の審査は，定款に別段の定めがなく，裁判所の許可がないこと

を前提として行われる。定款の定めや裁判所の許可は、いずれも例外的な特別の事実であり、これらの例外的な事実が存在しないことを前提として審査をすれば、これらの例外的な事実が存在しないという消極的事実の立証が不要となり、申請人の負担を軽減できるからである。

ii **不都合を解消するための商業登記規則の添付書面**

この審査の姿勢によれば、商業登記法に規定されている添付書面の記載から登記すべき事項に無効または取消原因が存すると判断できる場合には、かりに定款の定め・裁判所の許可があれば実体構造が適法となる場合であってもその登記の申請を却下すべきことになる。しかし、この結論は形式的すぎて妥当ではない。そこで、この場合は申請人が定款・裁判所の許可書を添付して例外事実の存在を証明すれば、それと引換えに登記の申請を受理することとしている（登規 61 Ⅰ）。

この取扱いは、定款の定めまたは裁判所の許可がなければ登記すべき事項につき無効または取消しの原因が存することを手続要件として、申請人に定款・裁判所の許可書の添付義務を課すものとして規定されている（登規 61 Ⅰ）。これにより、商業登記規則に定められた定款および裁判所の許可書は、商業登記法に定められた添付書面による立証を補完・補充する機能を有するものとして位置づけられることになる。

iii **商業登記法の添付書面と商業登記規則の添付書面の関係**

ⅰ，ⅱのことは、より一般的に商業登記法に規定されている添付書面を補完・補充するのが商業登記規則に規定された添付書面であることを意味し、商業登記法が規定する添付書面と商業登記規則が規定する添付書面の位置づけの違いを示唆するものとなっている。

次頁で紹介する商業登記規則に規定されている添付書面は、商業登記法に規定されている添付書面を補完・補充するものの具体例である。

たとえば、代表者の選定にかかる議事録を偽造することで会社または代表者不知の間に代表者を変更する就任による変更登記を防止するため、選定議事録の証拠力を補完・補充する選定議事録に押印した印鑑についての印鑑証明書の添付を必要とする規定である（登規 61 Ⅵ，昭和 42 年導入）。

また、責任を免れるため他人の氏名や実在しない者の氏名を冒用する取締役または代表取締役による設立の登記や就任による変更登記を防止するため、就任承諾書の証拠力を補完・補充するために就任承諾書に押印した印鑑に印鑑証

明書の添付を必要とする規定である（登規 61 ⅣⅤ，昭和 47 年導入）。

さらに，不法な目的で他人の氏名や実在しない者の氏名を冒用する取締役・監査役・執行役による設立の登記や就任による変更登記を防止するために，就任承諾書の証拠力を補完・補充する就任承諾書に関する本人確認証明書の添付を必要とする規定である（登規 61 Ⅶ，平成 27 年導入）。

加えて，代表者不知の間に不法に辞任による退任登記がされるのを防止するために，辞任届の証拠力を補完・補充する辞任届に押印した印鑑についての印鑑証明書の添付を必要とする規定もその例である（登規 61 Ⅷ，平成 27 年導入）。

ちなみに，商業登記制度は会社性善説に立ち，原始規定では不動産登記制度のように添付書面が私文書であっても実印を押印して印鑑証明書を添付させるような考え方は採用していなかった。しかし，社会的に問題となるような不法事案が指摘されるたびに，当該不法事案を防止するためにその考えを一部修正し，上記のような商業登記法の添付書面の証拠力を補完・補充する商業登記規則の添付書面を規定してきた歴史があるのである。

iv 株主全員の同意書の特殊性

さて，商業登記法は，登記すべき事項につき株主全員の同意を要する場合には，その同意を証する書面を添付しなければならないと規定している（法 46 Ⅰ）。原始規定では，株主全員の同意がある事実は定款の定めと同様に例外的事実であるため，当該規定は商業登記規則 61 条 1 項に規定されていた。しかし，会社法の制定により単一株式発行会社の株式内容を取得条項付株式に変更する場合，株主全員の同意を得て定款変更をしなければならず（会 110），株主全員の同意が登記事項を発生・変更・消滅させる実体構造となったため，会社法の制定を期に当該規定を商業登記規則から商業登記法に昇格させた経緯がある。

しかし，株主全員の同意が実体構造となるのは取得条項付株式を定める場合だけであり，それ以外の局面において株主全員の同意は，会社法制定前と同様に商業登記法に規定する添付書面を補完・補充する位置づけとなっている。たとえば，第三者割当てによる募集株式の発行における募集事項の通知または公告期間を短縮させる場合に，株主全員の期間短縮の同意書を添付しなければならないことになるのはその例である（会 201 Ⅲ，昭 41.10.5 民甲 2875 回）。

このように，株主全員の同意書は，実体構造を直接証明する商業登記法の添付書面の位置づけとそれを補完・補充する商業登記規則の添付書面の役割を併有している点に注意しなければならない。

v 添付書面についてのその他の注意点

上記の説明に関連し，上記とは正反対の例として，定款の定めまたは裁判所の許可があれば実体構造に無効または取消しの原因が存することとなる場合の取扱いが問題となる。

たとえば，定款に取締役の員数を3名とする旨の規定がある場合の4人目の取締役を増員する変更登記や定款

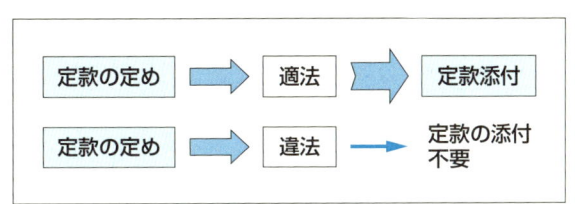

| 定款の定め | → | 適法 | → | 定款添付 |
| 定款の定め | → | 違法 | → | 定款の添付不要 |

に取締役の員数を4名とする旨の規定があり，取締役4名のうちの1人の辞任による変更登記を申請する場合，それぞれの手続は定款規定に違反していることになる。しかし，登記官は定款の定めという例外事実が存在しないことを前提として審査するため，定款を添付させることなく，それら変更登記の申請を受理することになる（松井信憲『商業登記ハンドブック』411頁注〔商事法務，第3版〕。以下「ハンドブック」とする）。この結論は，一見すると不都合なものに思える。しかし，この不都合を回避するには，ⅰで説明したとおり，申請人に，常に例外的な事実が存在しないことの消極証明を課すことになり，申請人の負担軽減の観点からその結論は妥当でなく，上記の結論を容認すべきことになる。これは，登記官の審査の限界を示す一例となっている。

ただし，清算株式会社の清算人の登記では，原則どおり定款に清算人会設置会社の定めがないことを前提として審査をすれば，清算人の員数，清算人会設置会社の定め設定の登記を見過ごすことになる。しかし，その結果が著しく妥当性を欠くことになり，この場合，定款を添付させれば，容易に清算人会設置会社の定めの有無を審査できるため，特に定款を添付書面とする規定が設けられている（法73Ⅰ）。一般に，ある事実が存在しないことの証明は，存在する可能性をすべて潰すことが必要な悪魔の証明となるが，上記の場合には定款の添付のみで容易に定款の定めがないことが証明できるため，これが原則的な審査姿勢の例外となっているのである。

なお，役員の任期を伸長した非公開会社において，法定任期の満了以後に辞任した場合，旧法同様，任期の伸長を定めた定款の添付を要しないと解釈されている（ハンドブック415頁注1，監査役につき同書452頁，吉田一作「会社法施行後における商業登記実務の諸問題（5）」『登記情報』549号44頁は解任を含めて同旨，

山本浩司「実務家による商業・法人登記Q＆A（3）」『登記情報』568号74頁Q1）。これは，上記の取締役の増員や辞任の場合と異なり，定款の定めがあれば，辞任が適法に行える局面であり，商業登記規則61条1項の要件をみたす場合である。何故に上記のような結論に達するのか，納得のいく説明がされているとはいえず，旧法以来の実務の連続性を重視した結論とはいえ，添付書面の理解という観点からは問題のある実例といわざるをえない。

（8）法定証拠である添付書面による立証

添付書面は，立証対象により，①登記の事由を証する添付書面，②申請構造の履行を証する添付書面，③代理権限を証する添付書面の3つに分類して整理することができる。

①　登記の事由を証する添付書面

不動産登記では，原因関係を証する添付情報の代表例は，「登記原因証明情報」であった（不登61）。

これに対して，商業登記の登記の事由を証する添付書面は，登記の事由を形成する実体構造の流れに沿って登記の事由ごとに個別に規定されており，不動産登記の登記原因証明情報を各登記の事由ごとに，きめ細かく，より具体的に規定したイメージとなっている。

さて，商業登記の添付書面の規定は，大きく2つのパターンに分けられる。

1つは，法46条2項のように「登記すべき事項につき株主総会……の決議を要するときは，申請書にその議事録を添付」しなければならないとし，添付すべき書面が，株主総会議事録に限定される旨の規定である。この場合，規定のとおり，登記の事由を証する書面として指定された議事録を添付しなければならない。

もう1つは，法54条1項のように「就任による変更の登記の申請書には，就任を承諾したことを証する書面を添付」しなければならないとする旨の規定である。この「……を証する書面」は，幅のある概念であり，上記の例でいえば典型書面は，被選任者が署名または記名押印して作成した就任承諾書である。しかし，典型例と同等の内容および証拠力をもつ書面であれば，それを添付することも可能であり，実務上，さまざまな工夫の余地が生じ，実務家のアイディアが試される規定となっている。

たとえば，被選任者が選任決議に出席し，選任決議の席上で，ただちに就任を承諾し，それが議事の経過の要領として議事録に記載されており（施行規72

Ⅲ②），就任承諾書の印鑑証明書の添付が必要な場合には当該議事録に実印が押印されていれば（登規61ⅣⅤ），当該議事録の記載をもって就任を承諾したことを証する書面として使うことが可能となる。当該議事録の記載は，別個に就任承諾書を作成するのと内容および証拠力の点で同等と評価できるからである。

実務では，この場合，申請書の添付書面欄に，**就任承諾書は，株主総会議事録の記載を援用する**旨を記載してその旨を明らかにする措置がとられている。

② 申請方式の履行を証する書面

商業登記の申請方式は，商人自身による例外のない**単独申請**であり，共同申請のように登記義務者の**なりすまし**による申請を防止するための添付書面は問題とならない。

しかし，商業登記の公信力を機能させるには（会908Ⅱ，商9Ⅱ），他人が商人になりすまして登記の申請をすることを防止できなければならない。これは，当事者が申請しているかぎり，登記が不実であれば不実登記の回避義務の懈怠として，少なくとも**過失**が認定できることになり，公信力の要件がみたせることになるからである。

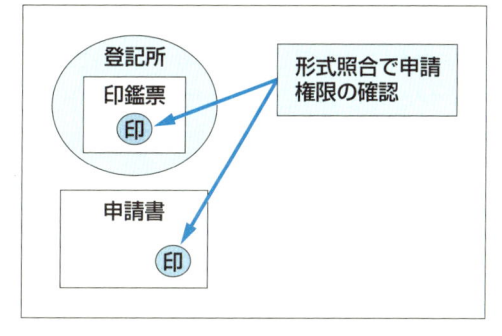

そこで，登記申請書に押印すべき申請権限者（会社の登記では代表者）は，あらかじめ（同時を含む）その印鑑を登記所に提出しなければならないと規定している（法20Ⅰ）。これを**印鑑提出制度**という。

当該制度は，登記申請の申請権限者に，あらかじめその印鑑（の印影）を登記所に提出させ（法20Ⅰ），登記申請書または委任状に提出印の押印を義務づけ（法24⑦），提出印と申請書（または委任状）に押印された印影とを形式照合することで登記の申請が申請権限者本人によってされていることを確認し，他人が申請権限者になりすまして登記の申請をすることを防止するものである。

商業登記では，登記の申請権限者が限定されており，かつ，同一の申請権限者が反復継続して登記申請をすることが予定されている。そのため，不動産登記のように登記ごとに登記識別情報を通知し，それを次回の登記申請の際に提出させて当事者の本人性を確認するよりも，1回の印鑑の提出で済む印鑑提出

制度のほうが合理的なのである。その結果，商業登記手続では，印鑑提出制度が登記識別情報に匹敵する申請権限者本人の確認機能を担っていることになる。

この印鑑届出制度があるため，原則として，申請権限者は申請方式の履行を証する添付書面の添付を要しないことになる。

ただし，承継会社と分割会社の管轄登記所が異なり，分割会社の変更登記を本店所在地の管轄登記所以外の登記所に対して経由申請をしなければならない場合には（法87Ⅰ），例外的に分割会社の代表者の登記所作成の印鑑証明書（作成後3か月以内：登規36の2）を添付し（法87Ⅲ），申請方式の履行を証明しなければならない。当該登記の申請を審査する登記所に届出印が存在せず，申請権限者の本人関与性を証明することが必要となるからである。

③ 代理権限を証する添付書面

代理人によって登記を申請する場合には，代理権限を証する書面を添付しなければならない（法18）。申請手続は，代理に親しむ手続として代理人による申請が認められている。しかし，無権代理人によって申請がなされれば，本人が手続保障を受けられなくなるだけでなく，申請権限者による申請とならずに登記の公信力が機能しないため，不実の登記を信頼した第三者を保護することもできなくなるからである。

申請人が会社の場合，代理の形態は復代理となる。会社と代表者の関係は商事代理に準じたかたちとなり，代表者は法定代理人に準じた広範な復任権により司法書士を復代理人に選任できる。この場合，会社と代表者の関係は登記簿の登記記録と上記の届出印により明らかになる。したがって，添付書面による立証を要せず，代表者と司法書士の関係については代表者から司法書士に交付した委任状が代理権限を証する書面となる（法18）。

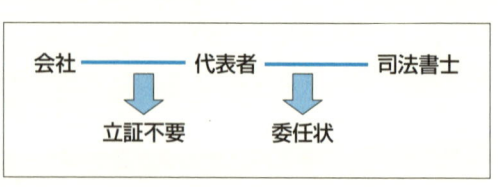

15　申請の構成要素である登録免許税の納付

登記制度は，国家制度として設営されているため，制度を利用する当事者は，本来，応分の負担として手数料を納付すべきである。しかし，不動産登記と同様，徴税主義の伝統により，商業登記では手数料ではなく，国税である登録免許税を納付することになる。

商業登記の登録免許税の課税方式は，不動産登記と同様，課税標準に一定の税率を乗じて税額を算定する**定率課税**と課税標準に一定の金額を乗じて税額を算定する**定額課税**とに分類されている。

2－3　書式の試験の構造

16　書式の試験の構造

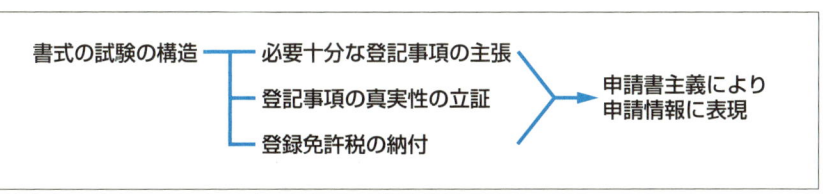

```
書式の試験の構造 ─┬─ 必要十分な登記事項の主張 ──┐
                  ├─ 登記事項の真実性の立証    ─┼→ 申請書主義により
                  └─ 登録免許税の納付          ─┘  申請情報に表現
```

　書式の試験は**登記業務**を素材とする試験であり，その具体的な内容は**模擬の申請手続**である。したがって，書式の試験の問題構造は**2－2**で検討した申請手続の構造と同様のものとなる。

　すなわち，書式の試験は①必要十分な登記事項の主張，②登記事項の真実・適法性の立証，③登録免許税の納付という適法申請の本質3要素を構成要素とし，その内容を会社法等の実体法および商業登記法等の手続法を使って判断し，申請書主義によりその判断内容を**申請書**にすべて表現することができるか否かを問うものとなっている。

　このことから，書式の試験は実体法と手続法の**複合問題**であり，単に法的知識の有無を問うのではなく，もっぱら法的知識が**使えるか否か**を問うものとして，司法書士試験のなかでは**総合かつ応用問題**として位置づけられることになる。

17　書式の問題をどう解くべきなのか

　さて，書式の試験の構造が把握できたとして，次に，その構成要素である適法申請の本質3要素をどのような判断過程を経て決定すべきかが問題となる。これは，書式の問題をどのような判断過程を経て解くべきかの問題である。

　問題を解く場合の鉄則は，**一度にたくさんの情報を処理しない**ことにある。この鉄則を実現するには判断過程を意図的にコントロールすることが効果的であり，本書ではこれを「プロセス・コントロール」とよぶことにする。

17 書式の問題をどう解くべきなのか

商業登記の書式の問題を解くための一般的なプロセスは、次のとおりである。

(1) 実体判断
① 法律構成の判断

商業登記では、商人自身の信用にかかる法律関係が登記の対象となっている（会911Ⅲ）。適法申請の本質3要素は登記事項を発生・変更・消滅させる法律関係である登記の事由に応じて決定されることになるため、まず登記の事由を正確に把握できなければならないことになる。

そこで、事件の事実関係（決議であれば議案）に着目し、考えられる法律関係を考えることが作業の第一歩となる。本書ではこの作業を「法律構成の判断」とよぶことにする。

② 登記の事由の判断

次に、法律構成した法律関係に含まれる法律効果に着目し、登記事項を発生・変更・消滅させる効果が含まれるか否かの観点から、その法律関係が登記の事由となるか否かを判断する。本書ではこの作業を「登記の事由の判断」とよぶことにする。

たとえば、商号変更の法律関係であれば商号は「商号区」の登記事項であり（会911Ⅲ②）、原則として決議の成立時に登記事項である商号が変更されることに基づき、本店所在地の登記所に対し2週間以内に変更登記を申請（会915Ⅰ）し、支店所在地の登記所に対して3週間以内に変更登記を申請（会930Ⅲ）しなければならず、当該法律関係は本店所在地および支店所在地の双方における登記の事由として判断できることになる。

③ 瑕疵判断

登記の事由を把握できたら、登記の事由が現に存在するか否か、無効または取消しの原因が含まれているか否かを判例・先例・会社法令の解釈により判断する。商業登記における法的判断は、会社訴訟の特殊性を反映して間違い探し的に行われる瑕疵判断である（14（3））。

瑕疵判断の結果、登記の事由が不存在であるか、無効原因または取消しの原因が含まれていれば、その瑕疵が治癒されないかぎり登記の申請は却下されるため（法24⑩）、登記できない事項としてその登記の事由を指摘し、理由を記載することになる。

この瑕疵判断は登記官が行う審査を先取りするものであるため、添付書面に記載された事実を限度として行う。したがって、瑕疵判断をする前提として登

記の事由についての添付書面が何かがわからなければならないことになる。添付書面は実体構造の流れに沿って一定の証拠法則に基づいて規定されている。実体構造と添付書面の関係は登記の事由の骨格として図解されているため，登記の事由の骨格を想起して瑕疵判断を行うことになる。

　また，瑕疵判断をよりスムーズに行うには，あらかじめ検討すべき瑕疵事由（判例・先例・実例・会社法令により無効または取消事由とされている論点）を漏れなく拾いあげ，これをもっとも効率よく検討できる順序に配置した瑕疵判断アルゴリズムを確立しておくことが望ましい。これは，問題となる瑕疵事由を一本釣りするのではなく，知識の網を問題に投げることで問題に含まれる瑕疵事由を一網打尽にするといったイメージである。

（2） 架橋判断

① 登記の種類の判断

　商業登記は，登記事項の発生・変更・消滅に応じて発生の登記・変更の登記・消滅の登記に分類することができる。また，登記と実体が一致しない場合の是正登記は，更正の登記と抹消の登記に分類することができる。

　商業登記の場合，書式の試験で出題される登記の種類はほとんどが株式会社の変更の登記である。また，商業登記では申請方式が例外のない単独申請であり，登記事項の真実・適法性を立証するための添付書面は登記の事由の実体構造に対応して登記の事由ごとに個別に規定されているため，不動産登記の場合のように登記の種類が申請手続の類型とはならない。

　それに代わって申請手続の類型となり申請手続の構造を示すものが，登記の事由の骨格である。登記の事由の骨格は瑕疵判断の前提として想起すべきものでもあるため，瑕疵判断をするうえでは必須のアイテムとなっている。

② 経由・同時申請

　商業登記には，登記所ごとに登記をするという条文には書かれていない原則がある。たとえば，1つの登記の事由に基づき複数の登記を複数の登記所に対して申請することが必要となる場合，同一の登記の事由を登記所ごとの登記官が重複して審査することになる。この場合，矛盾判断を防止し登記事務を効率的に行うため，複数の申請を1人の登記官が併合審査すべきことになる。その手段として，ある申請を他の申請を管轄する登記所を経由して申請しなければならないとする経由申請が要求されている（法51Ⅰ，同24⑪）。

　また，1つの登記の事由に基づき異なる登記所または同一の登記所に対して

複数の申請が必要となる場合，登記記録の論理的な整合性を確保することが必要となり，複数の登記申請を**併合審査**し，同時に登記を実行すべきことになる。その手段として，複数の登記を**同時**に申請しなければならないとする**同時申請**が要求されている（法51Ⅱ，同24⑫）。

これら経由・同時申請の義務が課せられる申請は，**申請の個数と態様**を修正する例外となる。また，経由・同時申請義務が課せられる場合，複数の申請が併合審査の対象となる。そこで，複数の申請ごとに同一の添付書面を添付することは無意味となるので，複数の申請の1つに通常の添付書面を添付させ他の申請には添付書面の添付を要しないか（法82Ⅳ等），通常の添付書面の一部のみを添付させるという例外措置がとられている（法51Ⅲ等）。その結果，経由・同時申請義務が課せられる申請は，**添付書面**を修正する例外にもなっている。

③ 一括申請の判断

商業登記の手続原理は**当事者申請主義**であり，本来，申請書をどのように作成するかについては自由なはずである。しかし，誤登記を防止するため，1人の商人の1つの登記事項を1つの申請書に記載して申請しなければならないという**一件一申請書主義の原則**が採用されている。

とすれば，誤登記の発生可能性が低い場合には，一定の要件のもと，複数の登記を1つの申請書にまとめて申請することが可能となり，これを例外として**一括申請**という。一括申請の要件は，解釈上，ⅰ．同一の管轄登記所における，ⅱ．同一の商人の登記事項とされ，商業登記では広く一括申請が認められている。

ただし，経由申請義務が課せられている申請は他の登記との一括申請が制約されており，これが申請の個数に影響を与える論点となっている。

④ 登記の連続性の判断

商業登記は，**一会社一登記記録主義**により1つの会社の登記事項が集中・連続して記録されるとともに，登記には**形式的確定力**があるため，今回申請しようとする登記すべき事項は既登記の登記記録と論理的に整合しなければならず，かつ，申請しようとする複数の登記事項は相互に論理的に整合しなければならない。これを**登記の連続性原則**という。

たとえば，定款に取締役会設定会社の定めを設けた場合，取締役の法定員数は3人以上となるため（会331Ⅴ），取締役会設置会社の定め設定の登記（会911Ⅲ⑮）を取締役が2人しか登記されていない会社が申請した場合，その申請は申請書またはその添付書面の記載が申請書の添付書面または登記簿の記載と合

致しない場合として却下される（法24⑨）。

また，監査役は任意機関であるため（会326Ⅱ），それを設置するには定款に監査役設置会社の定めを設け，当該定款の定めを根拠として1人以上の監査役を選任しなければならない。この場合，監査役設置会社の定め設定が「会社状態区」の登記事項となり，監査役の氏名が「役員区」の登記事項となる（会911Ⅲ⑰）。これらの登記は，論理上，密接な関連を有することになる。かりに，監査役設置会社の定款の定めが適法に行われているとしても，それに基づく登記と監査役1人以上の就任登記が一括申請されなければ，監査役設置会社の定め設定の申請は申請書またはその添付書面の記載が申請書の添付書面または登記簿の記載と合致しない場合として却下されることになる（法24⑨）。

このように，会社法は任意機関の定めとそれを根拠とする任意機関の就任の登記のほか，一定の場合に機関設置義務を課し，あるいは機関の員数に制約を課しており，それらを論理的に整合させるべく，一定の登記を申請する場合には他の登記を一括申請しなければならない局面が飛躍的に増加している。したがって，登記の連続性の判断は一括申請すべき登記の判断に関連し，申請の個数に影響を与える論点となっている。

(3) 手続判断
① 意義

最後に行う手続判断では，適法申請の本質3要素を具体的に判断し，それを申請書に記載することになる。書式の問題でいえば，この段階で答案に書くべき具体的な内容が決定されることになる。

この判断は，商業登記法令等・手続法を使ってする判断であるため，本書ではこの判断を「手続判断」とよぶことにする。

以下，暫定答案の判断に必要となる登記申請書の記載事項を概説する。

登記の事由	登記すべき事項	登免税額（根拠）
商号の変更	平成28年7月1日変更 商号　株式会社B	金3万円（(1)ツ）

② 登記の事由

「登記の事由」は申請書の必要的記載事項であり（法17Ⅱ③），登記事項を発生・変更・消滅させるにいたった登記の事由となる法律行為または事実を略記したものである。登記の事由は不動産登記の登記原因と異なり登記事項ではな

く，どのような法律関係からどのような登記事項の発生・変更・消滅があったのかを把握させる，いわば登記官の審査の便宜を図るための記載として位置づけられるものである。上記の記載例のように「商号の変更」または「商号変更」の要領で記載すれば足りる。実務上も，ある程度多様な表現が許容されており，一定の表現をしなければただちに減点の対象となるようなものではない。ただし，「株式の譲渡制限に関する規定の設定」や「会社が発行する株式の内容の変更」のように先例で書き方が例示されているものについては（平18.3.31民商782通達15頁），試験対策上はそれに従うのが無難である。

③ 登記すべき事項

登記すべき事項は申請書の必要的記載事項であり（法17Ⅱ④），上記の記載例のように通常は，発生・変更した登記事項（商号　株式会社B）と原因項目および効力発生日（平成〇年〇月〇日変更）をもって記載する。当事者申請主義により，申請書に記載された登記すべき事項がそのまま登記簿に記録される建前があるため，登記すべき事項については一義的に解釈できる表現を使用しなければならない。具体的には登記記録例（平18.4.26民商1110依命通知）で使用している登記実務が確立している**単語**を使って表現しなければならないが，これらの単語をどのように組み合わせて表現するかは日本語として理解できれば足り，各自の好みに応じて記載して差し支えない。したがって，表現する単語に気をつけるかぎり，様式例を一言一句完全に記憶する必要はないことになる。

登記すべき事項は区ごとに整理して申請書に記載しなければならないとの制約を受ける（登規35Ⅱ）。実務上，当該規定は努力規定にすぎない運用がされている。しかし，試験対策上は，受験生の記載分量を軽減するため「役員区」の登記事項や「登記記録区」の登記事項のみを記載させる問題も出題されており（平23），どの登記事項がどの区に記録するものなのかを日頃から意識して学習すべきである。

④ 登録免許税額

登録免許税の課税方式は，課税標準に一定の金額を乗じて税額を算定する**定額課税**と課税標準に一定の税率を乗じて税額を算定する**定率課税**とに分類されている。

i 定額課税

課税標準には申請件数・本店または支店の数・営業所の数があるため，申請対象となっている登記の課税標準を確認し，それに一定の税額を乗じて登録免

許税額を算定する。ちなみに一定の税額は，1件につき金3万円であることが多いが（登免税別表第1，24，（1）ツ等），支店の設置は1箇所につき金6万円（登免税別表第1，24，（1）ル），新株予約権の発行による変更登記は1件につき金9万円（登免税別表第1，24，（1）ヌ）となっており，更正の登記または登記の抹消は1件について金2万円（登免税別表第1，24，（1）ネ，ナ等）となっている。

　複数登記を一括申請する場合，複数登記の課税根拠が異なれば課税根拠ごとの登録免許税額を合算した額を登録免許税額とし（登免税18），課税根拠が同一である場合には課税根拠ごとにこれを1つの登記とみて登録免許税額を決定する。商業登記の書式の試験は複数の登記の一括申請の形式で出題されているため，各登記の課税根拠を正確に記憶しておくことが必須となっている。

ⅱ　定率課税

　定率課税の課税標準は，資本金の額または増加した資本金の額であり，これら課税標準に1,000円未満の端数があれば，その額を切り捨てて課税標準金額とし（国税通則法118Ⅰ），課税標準が1,000円未満であれば，課税標準金額を金1,000円に修正する（登免税15）。

　また，定率課税では，申請書に登録免許税額を記載するほかに課税標準金額をも記載しなければならない（法17Ⅱ⑥）。ただ，書式の試験では，課税標準金額の欄が設けられていなければ登録免許税額のみを記載すれば足りることになる。

　次いで，課税価格に税率を乗じてその計算額に100円未満の端数がある場合には，その額を切り捨てて登録免許税額を算定する（国税通則法119Ⅰ）。その際，計算額が1,000円未満の場合には，登録免許税額を金1,000円とするが（登免税19），商業登記では別表上に最低税額が定められているので，当該定めがあればその最低税額を記載する。

　たとえば，資本金の増加の登記は計算額が3万円に満たない場合には登録免許税額は金3万円となり（登免税別表第1，24，（1）ニ），株式会社の設立登記では計算額が15万円未満の場合には登録免許税額は金15万円とされている（登免税別表第1，24，（1）イ）。また，新設型再編に属する新設合併・新設分割による設立登記では，計算額が3万円に満たない場合には登録免許税額は金3万円となり（登免税別表第1，24，（1）ホ），新設型再編でも株式移転による設立の場合には，通常の設立と同様，計算額が15万円未満の場合には登録免許税額は金15万円とされている（登免税別表第1，24，（1）イ）。

iii 非課税例外

　本店または支店の所在場所・代表取締役の住所が，住居表示の実施等，当事者の意思によらずに変更すれば，財務省令で定める書面（**証明書**の要領で記載）を添付して申請するかぎり登録免許税は免税される。これに該当する場合には，登録免許税額に代えて免除の根拠となる法令の条項を「登録免許税法第5条第4号により非課税」の要領で申請書に記載しなければならない（昭42.7.26民三794依命通知参照）。

（4）　まとめ

　以上の検討により，書式の問題は，判断プロセスを**実体判断**，**架橋判断**，**手続判断**の3つに分け，これを順に行う**プロセス・コントロール**によって問題を解き進めるべきことになる。

18　書式の問題の解き方とFコン・Dコンとの関係

（1）　商業登記の書式における問題点

　3で説明したとおり，商業登記の書式は，**白紙**の答案を絶対に回避し，**取れるところから1点でも点数を拾う**という観点から，すぐに答えをだせる部分から躊躇なく答案を作成できるようにするのが，不動産登記における申請の個数と申請順序の判断に匹敵する最大の課題となっている。

　そこで，商業登記の書式では，この課題に対応するため，**4**で説明したとおり，法律要件論と法律効果論とを分離し，第1段階では**法律効果論**を学習し，第2段階において難易度の高い**法律要件論**を学習することにし，それを前提として書式の問題を次のように解くことになる。

（2）　問題点を克服するための書式の解き方

①　第1段階としてのFコンの作業

　第1段階として，問題に含まれる事実から考えられる法律関係を**法律構成**し，問題に含まれる法律関係から**登記の事由**を判断する。問題に含まれる登記の事由はすべて申請ができるものとして暫定的に答案を作成してしまうため，この時点で答案に記載すべき「登記の事由」・「登記すべき事項」・「登録免許税」を判断する**暫定答案の判断**を行うことになる。

　その際，経由・同時申請義務が課せられる申請を使った問題や申請日が複数設定され，答案用紙の解答欄が複数設けられている出題では，暫定答案を解答欄のどの場所に記載するのかを判断し，また，登記の連続性の観点からほかに

必要となる登記や一括申請しなければならない登記を判断するという**複数登記の関係性の判断**も行うことになる。

　これら**暫定答案の判断**および**複数登記の関係性の判断**によって，答案の枠組み（フレーム）が決まることになるため，この第1段階の判断が**Fコン**に相当することになる。

②　第2段階としてのDコンの作業

　第2段階として，残された時間を使って，登記の事由ごとに**登記の事由の骨格**を契機として添付書面を想起し，実体構造に沿って**瑕疵判断**を行う。

　瑕疵判断の結果，瑕疵論点を含む登記の事由があれば，それを登記できない事項として指摘し，かつ，その理由を記載し，暫定答案に記載していた事項を線を引いて消し，答案内容を確定する。

　この添付書面の判断とそれを前提とする瑕疵判断が**Dコン**に相当することになる。

（3）　書式の解き方の流れとFコン・Dコンとの関係

　商業登記の書式の問題は，**17**で説明したとおり，本来，**実体判断**，**架橋判断**，**手続判断**を順に行うプロセス・コントロールによってこれを解くことになる。

　しかし，商業登記の書式で最大の課題となっている答案の**白紙化**を回避し，**取れるところから1点でも点数を拾う**ことで基準点を突破できるようにするため，書式を解くための実体判断，架橋判断，手続判断を構成している判断要素を**Fコン**と**Dコン**に再編成したのが，（2）の新たな書式の解き方なのである。

　しかし，これは，まったく新たな解き方の提案というよりも，従来の実体判断，架橋判断，手続判断に含まれる判断要素について，優先劣後の順序づけを行い，結果としては実体判断，架橋判断，手続判断をすべて行うものとなっている（詳細は，**4（3）**参照）。

◆第2部◆

フレーム・コントロール Step 1

―暫定答案の判断―

第1章

暫定答案の判断の前提知識

1-1　総説

19　Fコン Step1の学習内容

（1）暫定答案の判断の意義

　Fコンの Step1 は，暫定答案の判断を行うことである。暫定答案の判断とは，問題に含まれるすべての登記の事由が瑕疵論点を含まず，すべて登記できるものと仮定して暫定的に答案を作成するための判断をいう。

　商業登記の書式では，法律要件論に相当する添付書面の判断および瑕疵判断が難易度の高い判断であるのに対し，法律効果論に相当する暫定答案の判断は，概して簡単な判断であることが多い。

　暫定答案の判断は，あたかも瑕疵判断が問われていなかった昭和54年（第1回）から昭和58年（第5回）までの書式の試験対策（添付書面の判断を除く）と同様の学習内容となる。この当時，不動産登記に比較して商業登記の書式の試験を得意とする受験生が多く，商業登記が書式の試験での得点源となっていた事実は，上記の難易度の指摘を裏づけるものとなっている。

　その意味でも暫定答案の判断は，書式を学習する際の第1段階として取り組むにふさわしい学習分野といえる。

（2）学習対象

　暫定答案の判断をするには，前提として実体判断に属する法律構成の判断と登記の事由の判断ができなければならない。

　法律構成の判断とは，事実（決議であれば議案）に着目し，そこから考えられる法律関係を考える作業である。

　登記の事由の判断とは，法律構成した法律関係に含まれる法律効果に着目し，それが登記事項の発生・変更・消滅となるか否かの観点から登記の事由となる否かを判断する作業である。

　これらの判断を前提として，最後に行う暫定答案の判断とは，手続判断のうち結論となる「登記の事由」，「登記すべき事項」，「登録免許税」を判断する作

業である。

20　登記実体法の把握

さて，暫定答案の判断の前提となる法律構成の判断および登記の事由の判断は，本来，会社法の学習成果と目されるものである。しかし，不動産登記編でも指摘したとおり，登記で問題となる法律関係には，通常の会社法の学習ではあまり触れられていないか，それよりも深く，細やかな場合分けが要求される領域があり，また，先例の知識を前提としなければ判断できない法律関係や，登記の状態を確認して判断すべき法律関係など，会社法の学習ではカバーされないものが含まれている。

これは，登記を処理するために，過不足のない会社法の領域が，通常の会社法とは別に観念できることを意味し，本書では，このような会社法の領域を登記実体法とよぶことにする。

その結果，商業登記を正しく処理するには，前提として単に会社法を学習するというのでは足りず，登記実体法としての会社法を意識し，それを正しく把握する方向の学習をしなければならないことになる。

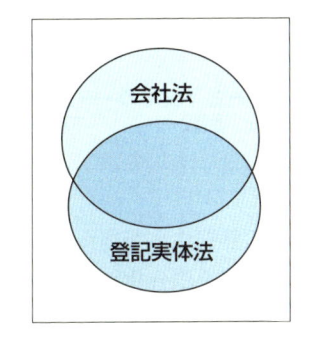

本書は，登記実体法としての会社法を意識し，法律効果論に相当する暫定答案の判断のポイントを説明するものとなっている。

1－2　株式会社の構造と特色

21　株式会社の構造とその原理・原則

（1）　株主の地位の無個性化と株主平等原則

株式会社は，大規模な事業を営むことを可能とする会社類型である。大規模な事業を営むためには多額の資金が必要となり，その需要をみたすには不特定多数の出資者から資金を集める工夫が肝要となる。その際，出資者について経営の意思や能力を問題とすれば，出資者が限定され，不特定多数人から広く資金を調達することが困難となる。

そこで，出資者の意思や能力を問わずに出資が可能となるように出資者の地

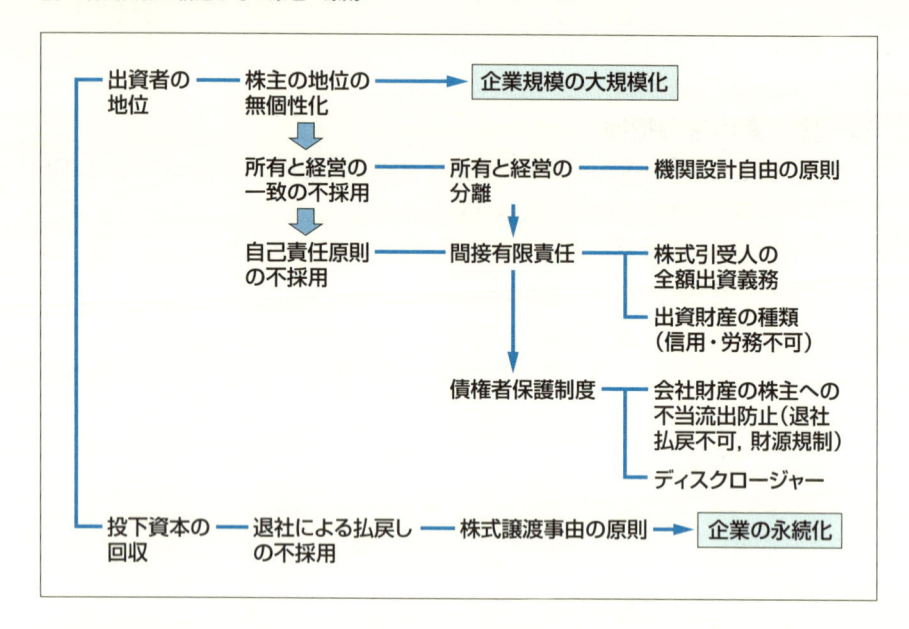

```
出資者の ── 株主の地位の ────→ 企業規模の大規模化
地位         無個性化
              │
              ↓
           所有と経営の ── 所有と経営の ──── 機関設計自由の原則
           一致の不採用    分離
              │             │
              ↓             ↓
           自己責任原則 ── 間接有限責任 ┬── 株式引受人の
           の不採用                     │    全額出資義務
                                        └── 出資財産の種類
                            │              （信用・労務不可）
                            ↓
                         債権者保護制度 ┬── 会社財産の株主への
                                        │    不当流出防止（退社
                                        │    払戻不可，財源規制）
                                        └── ディスクロージャー

投下資本の ── 退社による払戻し ── 株式譲渡事由の原則 →  企業の永続化
回収          の不採用
```

位の無個性化が図られている。出資者の地位の無個性化は，出資者の地位である**株式**を細分化された割合的単位とすることで実現されている。

株式が細分化された割合的単位とされたことから，会社法は「会社は，株主を，その有する株式の内容及び数に応じて，平等に取り扱わなければならない」とする株主平等原則を規定している（会109 Ⅰ）。この原則により，株式の内容が同じであるかぎり，より多くの株式数をもつ株主（より多額の出資をした株主）こそが会社に対してより強い発言力をもつことになり，株式会社の意思決定は**資本多数決**によることになる（会308 Ⅰ）。他方，株主平等原則が規定されたことで，それに反する多数決や業務執行が無効となるため，株主平等原則は資本多数決の濫用に対する歯止めとしても機能し，両刃の剣となっている。

(2) 所有と経営の制度的分離と機関設計自由の原則

会社は，法人であり，構成員である株主から独立した法主体であるため，会社に代わって経営等を行う**機関**が必要となる。株式会社では，株主を無個性化し経営の意思や能力を問わないため，所有と経営を一致させる建前をとることができず，それでも適切な経営を可能とする工夫が必要となる。

そこで，出資者としての地位（株主）と経営者としての地位（取締役）とを制度的に分離する**所有と経営の分離**が採用されている（会326 Ⅰ）。これを前提と

して，1人で出資し会社を運営できるように株式会社の必要機関は，株主総会と取締役のみとしている（会295，同326Ⅰ）。これは，起業を促進するための法政策である。

他方，株主が出資した財産が適正に運用され，経営者への権限集中による弊害や組織ぐるみの違法行為を監視し，阻止する仕組み（コーポレート・ガバナンス）を適切に構築できれば，会社ひいては株主の利益となる。そこで，機関の設置はこれを単に規制としてだけではなく，株主の権利としてとらえ直し，定款で任意機関を定めることを許容する機関設計自由の原則（会326Ⅱ）が採用されている。

ただし，機関設計はまったくの自由放任ではなく，一定の場合には株主や会社債権者の利益保護のため，一定の機関の設置が義務づけられている（会327，会328）。これは，会社法が，最大限に定款自治を尊重するものの，強行規定の性格を捨てていないことの現れとなっている。

(3) 株主の責任と出資規制

所有と経営を制度的に分離した結果，株主にはいったん出資した財産の管理処分権限が保障されないことになる。これは，たとえ経営の失敗により会社財産が減少し会社債権者に弁済できなくなったとしても，株主に自己責任を問うことができず，株主には直接無限責任を課すことができないことを意味する。

そこで，株主の責任は，所有と経営の分離を根拠として間接有限責任とされている（会104）。株主の責任が間接有限責任とされたことで，出資者は自己のリスクを限定して出資できるため，ⅰ.株主の資力（保有財産）が問題にならず，資金調達がより容易になり，ⅱ.株主の地位の無個性化がいっそう促進されるといった副次的な効果が生ずることになる。

さて，本来，出資は事業活動に必要な資金を供給する手段であるため，事業の伸展に伴い必要に応じて出資が行われれば足りるはずのものである。しかし，株式会社では株主の間接有限責任を確保するため，株主となる前の株式引受人の時点で出資全額の履行が要求され，この全額出資義務を履行しないかぎり株主にはなれないとの制約が課せられている（会34Ⅰ，同36Ⅲ，同63Ⅱ ⅠⅢ，同208Ⅰ Ⅳ）。これにより，株式会社では例外的に出資の履行時期が制約されていることになる。

また，本来，出資は事業活動の原動力となるものであれば出資財産の種類を問わないはずのものである。しかし，株主の責任は有限責任であることから，

21 株式会社の構造とその原理・原則

責任の範囲を金額で限定することができるように労務出資のように財産以外の出資は許されず、出資財産は貸借対照表に計上できる金銭その他の財産に限定されている。これにより、株式会社では例外的に出資財産の種類が制約されていることになる。

(4) 債権者保護制度

会社法における会社債権者の保護制度は、①会社財産の社員への不当流出防止、②会社の財産状況の開示（ディスクロージャー）という2つの観点から、各会社の性質や事業規模を考慮して保護の必要性に応じて制度が構築されている。

① 会社財産の流出防止と資本制度

株式会社では株主の責任が**間接有限責任**であるため、**会社財産**が会社債権者にとって**唯一の責任財産**となる。

会社財産が減少する原因には、ⅰ.経営の失敗によるものと、ⅱ.株主への出資の払戻しが考えられる。ⅰ.については取引の相手方が自然人の場合にも問題となり、取引の相手方の選択は自由であるため、選択の失敗によるリスクは自己責任として債権者自身が負担すべきものとなる。

他方、ⅱ.については会社に固有のものであり、そのリスクを会社債権者に転化することは許されず、社員である株主への払戻しにより債権者の会社財産に対する強制執行が容易に免脱されないような債権者保護のための仕組みを整備しなければならない。

株式会社では、a.退社制度を設けないことで**退社に伴う株式の払戻しを禁止**し、b.払戻しと同等の効果が生ずる剰余金の配当や自己株式の取得について**財源規制**を課し（会461）、会社財産の株主への不当な流出を防止する措置が採用されている。

この財源規制の核心を担うのが**資本制度**である。資本金の額とは、株式が発行される場合の株式引受人が会社に出資した財産の額の全部または一部に基づき計上する計算上の計数であり（会445Ⅰ）、資本金の額に相当する会社財産については会社債権者に株主よりも優先的に弁済を受ける地位を与え、少なくとも資本金の額を超える剰余金がなければ（剰余金のうち分配可能額の範囲内の金額についてしか）、株主への配当等は許されないことになる。

しかし、資本金の額は株式発行の際に払込みまたは給付された財産の価額を基準として計上される計数にすぎず、計上時点では計上額に相当する会社財産が存在するが、その後も当該財産を会社に保持する義務はない。その結果、資

本金の額と会社財産の増減とは連動せず，常に資本金の額に相当する会社財産が存在する保障はないことになる。

② ディスクロージャー

　株式会社では，会社財産の状況や損益の状況を示すディスクロージャーとして，ⅰ.**計算書類の作成**が義務づけられ（会435），ⅱ.会社債権者には**計算書類の閲覧謄写権**が付与され（会442），ⅲ.直接の債権者以外の不特定多数の者に会社財産の状況を知らせるため**計算書類の公告義務**が課せられている（会440）。

　以上のとおり，株式会社では会社財産こそが会社債権者にとって唯一の責任財産であるため，会社のなかで**もっとも厳格な債権者保護制度**が構築されている。

(5) 投下資本の回収

　会社に対する投下資本の回収手段としては，①社員としての地位である株式または持分を他の者に譲渡してその対価を得ること，②社員の地位を消滅させて出資した財産に相当する財産を回収する退社に伴う払戻しが考えられる。いずれが主となるかは各種会社の社員の地位の違いにより異なる。

　(4) で見たとおり，株式会社では株式の払戻しによる投下資本の回収が厳しく制限されているため，投下資本回収は株式の譲渡によらざるをえないことになり，**株式譲渡自由の原則**が採用されている。これにより企業の永続性は強固に確保されることになる。

　ただし，株主の数が少ない中小企業では株主の個性が問題となる場合があるため，会社にとって好ましくない者が株主となることを防止する要請が生じ，譲渡による株式の取得について会社の承認を必要とする旨の定款の定めを設けることが許容されている（会107Ⅰ①，同108Ⅰ④）。この場合でも，会社が譲渡を承認しない場合における会社または指定買取人による株式の買取りの制度が設けられており（会140等），株式の譲渡による投下資本の回収は保障されている。

(6) 会社の計算の基礎

① 貸借対照表の構造

　ⅰ 構成要素

　　会社法では，旧法と同様に貸借対照表を剰余金の配当等の払戻しによる財源規制の基準として活用している。

　　Ｔ字フォームの貸借対照表は，借方（左側の部分）に積極財産を示す「資産の

部」を記載し，貸方（右側の部分）に会社の資金調達状況を記載している（下表参照）。資金調達状況は，他人資本である借入を中心とした「負債の部」と自己資本である株主資本を中心とした「純資産の部」から構成されている。

ⅱ 純資産の部の意義と債務超過

純資産の部は現実の財産である資産と負債の差額概念であり，常に**純資産の部＝資産の部－負債の部**の図式が成り立つことになる。

そのため，純資産の部は，資産を換価して負債の全部を弁済した場合に，会社にどの程度の財産が残るのかを示す指標となっている。

かりに負債が資産を上回れば（資産を換価しても負債全部を弁済できない状況），純資産の部がマイナスとなり，これを**債務超過**という。

② 株主資本の構造

ⅰ 資本勘定と利益勘定

株主資本は純資産の部の中心であり，株主の出資により得られた**資本勘定**（資本金・資本準備金・その他資本剰余金）と事業活動により得られた**利益勘定**（利益準備金・その他利益剰余金）から構成されている。

資産の部	負債および純資産の部
流動資産 固定資産 　有形固定資産 　無形固定資産 　投資その他の資産	流動負債 固定負債 **負債合計**　××円 **株主資本** 　資本金 　資本剰余金 　　資本準備金 　　その他資本準備金 　利益剰余金 　　利益準備金 　　その他利益剰余金 　自己株式 **評価・換算差額** **新株予約権** **純資産合計**　□□円
資産合計○○円	**負債・純資産合計**○○円

資本勘定は，法令の規定に基づき設立または株式の発行（合併，会社分割，株式の交換または移転を含む）の際に出資財産を基準として**資本金の額**と**資本準備金の額**の計上が義務づけられており（会445ⅠⅢⅤ），計上した資本金の額または資本準備金の額を単純に減少すれば**その他資本剰余金の額**が増加する（減少分が増加計上される）関係にある（計算規27Ⅰ）。

利益勘定は会社設立から現在の最終事業年度末日までの会社に留保した**利益**または**累積損失**を意味し，剰余金（その他資本剰余金とその他利益剰余金の合計額）から株主に配当すれば，配当額の10％が準備金（資本準備金または利益準備金）の額として計上を義務づけられる関係にある（会445Ⅳ）。

ⅱ 自己株式の特殊性と欠損

自己株式は剰余金を使って取得するのであるが，取得の際に，取得に使った

剰余金を減少させずに控除項目として株主資本に暫定的に計上する特殊な取扱いがされている。したがって，株主への配当や自己株式の取得に使うことのできる分配可能額を計算する場合，剰余金の額からすでに取得のために使ってしまっている自己株式の簿価を控除しなければならない（会461Ⅱ）。

また，この分配可能額がマイナスの状態を欠損という（会309Ⅱ⑨ロ，同449Ⅰ②，施行規68，計算規151）。

この自己株式は，それを処分する際に最終的に精算され，処分差益があればその他資本剰余金にプラス計上し，処分差損があればその他資本剰余金にマイナス計上され，その他資本剰余金の変動原因となる。ただし，募集株式の発行として自己株式を処分する場合，処分差損があればそれを資本金等増加限度額から控除する（計算規14）。これは，処分差損により欠損が生じれば資本金の額の減少を行って欠損填補をすることになるため，二度手間を回避し処理の効率化を図る趣旨である。

③　資本金・準備金・剰余金の意義

資本金および準備金は，剰余金の額が資本金の額および準備金の額の合計額を超えていなければ株主に対して剰余金の配当が行えないというかたちで，株主よりも会社債権者に優先弁済を保障する計算上の数額である。

準備金は，将来の損失などに備える予備的数額であるが，定時総会で準備金の額を減少し，欠損を填補する場合，債権者保護手続を要しない点で（会449Ⅰ），常に債権者保護手続を要する資本金の額の減少と異なっている。

また，資本金の額の減少の瑕疵は，減資無効の訴えによらなければならないのに対し（会828Ⅰ⑤），準備金の額の減少の瑕疵は，無効の訴え制度が規定されていない点も資本金と準備金の相違点の1つとなっている。

剰余金は，概略，貸借対照表上の純資産額から資本金の額と準備金の額を差し引いた額であり，正確には会社計算規則149条1号および2号の規定により，最終事業年度の末日における貸借対照表上の「その他資本剰余金」（計算規149③）と「その他利益剰余金」（計算規149④）の合計額となる。剰余金は，主に分配可能額を算定する場合の算定基礎として機能するものである。

④　純資産の部の計数変更

資本金，準備金，剰余金は，いずれも具体的な会社財産との結びつきが観念されていないため，会社財産の増減とは無関係にその計数を変更することができる。これを前提として，純資産の部の計数変更とは，資本金，準備金，剰余

金といった科目間における金額の移動（振替え）を意味する。

会社法では、i．資本金→準備金、ii．資本金→剰余金、iii．準備金→資本金、iv．準備金→剰余金、v．剰余金→資本金、vi．剰余金→準備金が認められている。これは、資本金、準備金、剰余金のすべての組合せについて相互の変動が可能であることを意味する。科目間における金額の移動（振替え）自体は、一定の手続を前提とするかぎり、これを否定する理由がないからである（相澤哲編著「立案担当者による新・会社法の解説」別冊商事法務295号127頁。以下「立案担当者の解説」とする）。

ただし、清算株式会社では、純資産の部の計数変更ができなくなり（会509 I ②、ハンドブック224頁注3）、募集株式の発行が可能であるものの資本金の額、資本準備金への計上も不要となる（会509 I ②）。これは、清算株式会社は、会社債権者への弁済が優先されるため、剰余金の配当が許されず（会509 I ②）、財源規制の核心を担っている資本金の額、準備金の額に意味がなくなることによるものである。

⑤ 計数変更と他の手続との関係

会社法は、純資産の部の計数変更、剰余金の配当、計算書類の確定を、それぞれ別個の手続として整理している。これにより、純資産の部の計数変更として資本金の額の減少、準備金の額の減少を行ったとしても、当然に会社財産の払戻しができることにはならず、会社財産の払戻しをするには、別途、剰余金の配当手続を経なければならない。

また、剰余金の配当および純資産の部の計数変更は、計算書類の確定手続と分離されているため、時期・回数を問わずにすることが可能となっている。

⑥ 剰余金の配当等と財源規制

i 分配可能額

a 自己株式の帳簿価額の控除

分配可能額は、配当時点における剰余金の額から自己株式の帳簿価額を控除した額を基本とし、事業年度の末日後から剰余金の配当時までの分配可能額の増減（期間損益を除く）を反映させたものとなる（会461 II）。剰余金の額から自己株式の帳簿価額を控除するのは、再三指摘しているとおり、自己株式を取得した際に、使ってしまった剰余金の額を減少させず、純資産の部に控除項目として計上しているからであり、帳簿価額を剰余金から控除しなければ、本来、自己株式の取得のために使ってしまったはずの剰余金をダブル

カウントしてしまうことになるからである。

b　純資産額要件

上記 a の計算により，分配可能額がプラスのものとして算定できる場合であっても，株式会社では，純資産額が 300 万円以上である場合しか剰余金の配当をなしえない（会 458，平 18.3.31 民商 782 通）。株主の責任が間接有限責任であることにかんがみ，純資産額が小さい場合には，計算上，剰余金が生じているとしても配当を許さない趣旨である。

ii　財源規制が問題となる登記と添付書面

剰余金の配当をする場合，株主に対して交付する金銭等（会社の自己株式を除く）の帳簿価額の総額は，配当の効力発生日における i で算定した分配可能額を超えることができない（会 461 Ⅰ）。当該財源規制は，会社が自己株式を取得する際に株主に対して交付する対価が当該会社の自己株式以外の場合にも妥当する。

その結果，①取得請求権付株式の取得と引換えにする新株予約権の発行による登記（会 166 Ⅰただし書），②取得条項付株式の取得と引換えにする新株予約権の発行による登記（会 170 Ⅴ），③全部取得条項付種類株式の取得と引換えにする新株予約権の発行による登記（会 461 Ⅰ④）の場合には，それらに含まれる自己株式の取得について財源規制が問題となり，登記すべき事項につき一定の分配可能額が存在することを要する場合として，「分配可能額が存在することを証する書面」が添付書面となる（登規 61 Ⅷ，平 18.3.31 民商 782 通）。

ただし，取得条項付新株予約権の取得と引換えにする新株予約権の発行については，上記の書面の添付を要しない。取得条項付新株予約権は，株式ではないため，自己株式の取得としての財源規制が問題とならないからである。

また，①から③までの取得対価が株式であり，引換えにする株式の発行の登記の場合には，株式が取得請求権付株式等から対価である株式に転換するという発想をとるため，「分配可能額が存在することを証する書面」の添付を要しないことになる（登規 61 Ⅷ）。

1－3　株式会社の法規制の特色

22　株式会社の法規制の特色
（1）総説
　株式会社は，企業の大規模化を可能とする会社形態であり，会社内部の株主や会社外部の会社債権者など，多くの利害関係人との利害調整が必要である。そのため，株式会社を規律する会社法は，民法と異なる規定を設けることが必要となった。つまり，会社法は，民法の特別法である。この点において，民法を主な実体法として想定した不動産登記とは発想を変えて学習を進める必要がある。

　以下，民法と会社法の規律の異同を，会社の意思表示を素材として概観し，民法の特別法としての会社法の特色を確認する。

（2）会社の意思表示の特殊性
　民法の法律要件のなかでもっとも基本的なものは法律行為であり，法律行為は，意思表示を構成要素とする法律要件である。自然人の意思表示は，①一定の法律効果の発生を意欲し，②表示行為を行うことで行われる。

　これに対して，株式会社は，構成員である株主とは別個の法人格をもつ法人であり（会3），かつ，その存在は観念的であるため，意思表示における意思決定および表示行為のいずれについても，会社に代わってそれを行う機関の存在が必要となる。

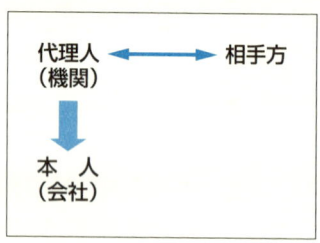

　機関とは，会社法上，会社の意思決定やその対外的・対内的な行為を行う権限が与えられた自然人または会議体をいい，機関の行った意思表示や行為が会社のそれと同視される制度をいう。

　形式論上，機関は，代理とは異なる制度であるが（機関は，本人である会社の内部に位置づけられる存在である点で代理と異なる），本人以外の機関が行った行為の結果が，本人である会社に帰属する点で，実質的には，代理制度に類似し，機関による意思表示を考える場合，民法の代理制度（民99，商504）と比較することが理解の助けになる。

（3） 会社の意思決定

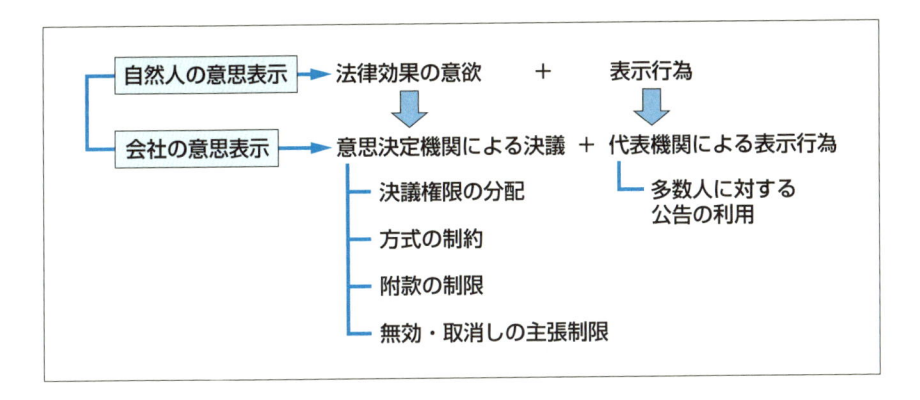

```
自然人の意思表示 → 法律効果の意欲 ＋ 表示行為
会社の意思表示 → 意思決定機関による決議 ＋ 代表機関による表示行為
                  ├ 決議権限の分配          └ 多数人に対する
                  ├ 方式の制約                公告の利用
                  ├ 附款の制限
                  └ 無効・取消しの主張制限
```

① 意思決定についての権限の分配

民法の代理人の権限は，任意代理であれば授権行為により決定され，法定代理の場合には法の規定により決定されている。

株式会社における意思決定機関は1つではなく，株主総会，取締役会，取締役，代表取締役とさまざまなものが考えられる。そのため，会社法は，これら諸機関相互のバランスを考慮し，権限濫用の危険性が最小限になるように意思決定権限を分配している。

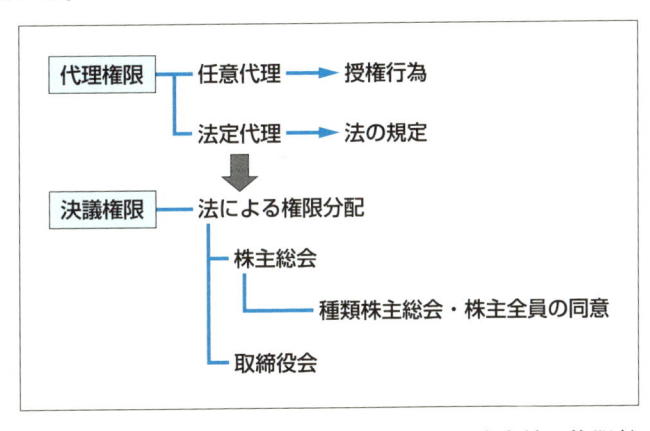

その結果，会社法では，定款による権限付与が可能な場合には，明文でこれを認めることとし，明文の例外規定がない場合には，定款の定めによる他の機関への権限付与を認めない方針をとっている。これは，定款で法定外の権限付与を認めると，法が特定の機関に期待した役割を全うできなくなるおそれがあり，会社の意図する権限分配は，機関設計自由の原則によりそのほとんどが実現できるからである。

```
代理権限 ─ 任意代理 → 授権行為
         └ 法定代理 → 法の規定
              ↓
決議権限 ─ 法による権限分配
         ├ 株主総会
         │    └ 種類株主総会・株主全員の同意
         └ 取締役会
```

たとえば，株式会社の必要機関は，所有と経営の分離のもと，経営を担当する取締役と株主で構成される会議体である株主総会である（会326Ⅰ）。株主総会の決議権限は，原則として取締役による独裁を牽制できるように業務執行による意思決定を含んで制限がなく（会295Ⅰ），株主総会は万能の意思決定機関として位置づけられている。

しかし，所有と経営の分離をよりいっそうすすめる場合，任意機関として取締役会を設置することが可能であり（会326Ⅱ），公開会社では取締役会の設置が義務づけられている（会327Ⅰ①）。取締役会設置会社では，会議体である**取締役会**が業務執行の意思決定機関となり（会362Ⅱ①），**株主総会**の決議権限は，会社法に規定する事項および定款で定めた事項のみに制限され（会295Ⅱ），株主の経営関与の度合いが薄められる。この場合，株主総会には，株主の保護のために必要不可欠な重要事項のみが決議権限として留保されることになるため，定款をもってしても株主総会の決議事項を取締役会に委譲することは許されない（会295Ⅲ）。これら各機関の決定権限は，法定代理人の代理権限に相当する。

他方，取締役会設置会社の株主総会の決議権限が制限を受けるのは，経営責任を負わない多数派株主が，少数派株主の利益を犠牲にして業務執行の意思決定を行い，少数派株主に不測の損害を生じさせることを防止する趣旨である。したがって，あらかじめ定款に定めれば，少数派株主の予測可能性が確保されるため，定款で定めるかぎり，取締役会のあらゆる決議権限を株主総会に委譲することが可能となる（会295Ⅱ）。この定款自治による権限付与は，任意代理人の代理権限に相当する。

上記いずれの場合でも，決議権限を有する機関しか適法に意思決定を行えず，決議権限の分配を無視してなされた決議は，無権代理と同様，本人である会社を保護するため無効となり（民113），その法律効果は会社に帰属しない。その結果，どの機関が決定権限を有するのかの検討は，株式会社の行為を観察するうえで，きわめて重要な着眼点となっている。

② 意思決定の方法と証拠

民法の自然人の意思表示は，原則として無方式に行うことが可能であり，行われた意思表示に関して後日に備えて書面等の証拠の作成が要求されていない。

これに対して，会社の意思決定機関である株主総会，取締役会は，複数人から構成される会議体であり，多数決によって意思決定が行われる。この場合の多数決は，できるかぎり多くの構成員の意思が反映されるように，一定の手続

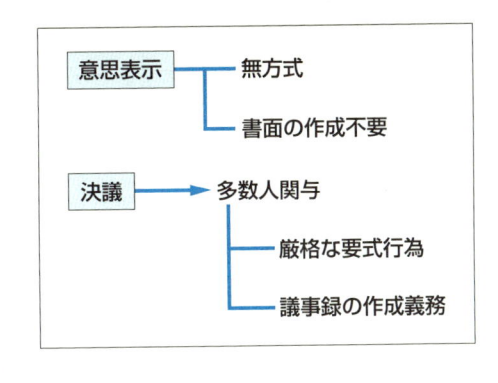

として規定されている。**手続**とは，一定の目的に向かって行為が連鎖するものをいい，会社の意思決定をするための実体手続を**決議**という。

決議では，会議の招集方法，決議要件等が厳格に規定されているだけでなく（会299以下等），後日の紛争を回避するため，構成員がどのようなかたちで審議に加わり決議がなされたのか，その過程と結果を記録するための議事録の作成が要求されており（会318・施行規72Ⅱ，会369Ⅲ・施行規101Ⅱ），その実効性を確保するため，作成懈怠や不実記載は過料による制裁の対象となっている（会976⑦）。

この意味で**決議**という意思決定は，民法の**遺言**と同様，厳格な要式行為と位置づけられ，決議という実体上の手続の理解なしに会社の意思決定の適否を判断することはできないことになる。決議についての知識とスキルは，商業登記を処理するうえで必須かつもっとも基本的なものと認識しておかなければならない。

③ 附款の取扱い

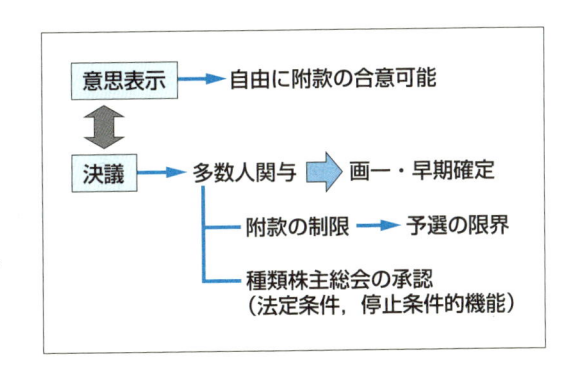

民法の意思表示には，原則として自由に条件または期限を付すことが可能であり（民127以下），それらを総称して**附款**という。

これに対して，決議では，決議に条件または期限を付すことが，会社法または定款，株式会社の本質に反する場合には，附款だけでなく，附款を付した決議も無効になるものとして制約されている（民132）。決議は，その法律効果を多数人に対し，画一的に，かつ，早期に確定させなければならないからである。

たとえば，役員が任期満了により退任する場合，前任者の退任前に後任者の

選任を行う**解釈上の予選**が旧法時代から認められている。しかし，予選の効力を無制限に認めれば，予選決議時点の株主と予選の効力発生時の株主が大きくズレ込むことで予選の効力発生時の株主の役員選任権を侵害するおそれが生ずることになる。そこで，取締役，監査役については予選決議から効力発生までの間が2か月から3か月程度の期間を目安とした相当期間内に行われ，かつ，予選することに合理性が認められる場合に限って，予選決議が認められている。

また，会社法は，定款で定めて株式の内容を変えることが許容されており，多様な種類株式の発行が予定されている（会108）。たとえば，株式の併合，分割，合併等の会社の行為により特定の種類株式の株主に損害が及ぶ場合のように，会社の行為から種類株主の権利を守るべき場合，本来の決議に加えて，種類株主総会の特別決議による承認を得なければ，本来の決議の効力が生じないこととしている（会322 Ⅰ）。この場合，法定種類株主総会の承認決議は，不動産登記における農地法の許可のような法定条件として機能する。

さらに，拒否権条項付種類株式を発行した場合には，当該種類株式の内容を実現するため，拒否権対象となる事項については，本来の決議に加えて，拒否権条項付種類株主総会の普通決議による承認を得なければ，本来の決議の効力が生じないことになる（会323）。この場合の種類株主総会の承認決議は，停止条件として機能する。

④ 意思決定の瑕疵

民法の意思表示が無効であれば，だれでも，いつでも，どんな方法によってもそれを主張することができる。また，取消事由の存在する意思表示に付与された取消権が行使されれば，意思表示時点から無効がみなされ（民121本文），無効と同様の扱いが可能となる。

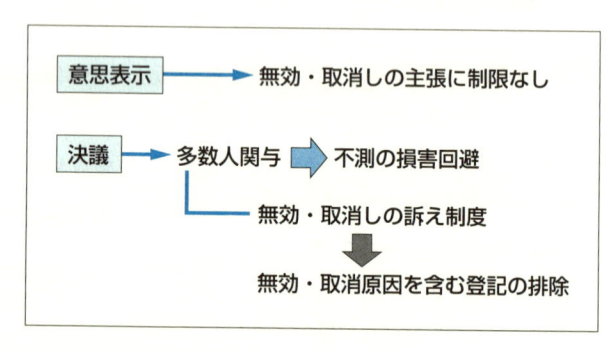

これに対して，会社の行う決議や会社の法律行為は，登記等により外観上有効なものとして公示され，それに基づいて多数の利害関係人との間で取引が行われるため，上記の一般原則を適用すれば，それらの取引の効力が当然に失わ

れ，多数の利害関係人に不測の損害を発生させるだけでなく，法律関係が複雑化しかねない。

　そこで，比較的軽微な株主総会決議の瑕疵については，法的安定性を考慮し，提訴権者（株主，取締役，監査役），提訴期間（決議の日から3か月以内）を定め，形成の訴えである**決議取消しの訴え**によってのみその瑕疵を争うことができることとしている（会831Ⅰ柱書）。なお，決議取消しの訴えの認容判決には，将来効についての特則規定がないため，決議時点に遡及して決議の効力が否定される。

　また，株主総会の決議の無効または不存在については，確認訴訟の既判力を訴訟当事者以外の第三者に拡張したほうが，法律関係の複雑化を防止するために有益であり，特に決議に基づいて登記がされている場合には，その登記の抹消を行うために対世的に決議が無効または不存在であることが確認されていることが望ましい。そこで，会社法は，株主総会の決議の無効または不存在の確認の訴え（会830）制度を設けている。当該確認の訴えは，提訴期間こそ定められていないものの，認容判決の効力は，第三者に対しても拡張されている（会838）。

　さらに，これらと同様の趣旨で，設立無効，会社成立後における株式の発行，自己株式の処分，新株予約権の発行，資本金の額の減少，組織変更，合併，会社分割，株式交換・移転等についても提訴権者，提訴期間が限定された形成の訴えである無効の訴えによらなければ，その瑕疵を争えないこととされ（会828），会社成立後における株式の発行，自己株式の処分，新株予約権の発行については，新株発行等の不存在の確認の訴え制度が用意されている（会829）。

　以上の会社法上の特則により，形成の訴えである株主総会の決議取消しの訴えや株式発行の無効の訴え等では，取消しまたは無効事由が存在したとしても，取消しまたは無効判決が確定するまでの間は，決議や募集株式の発行は，完全に有効な行為として評価されることになる。この場合，取消しまたは無効等を認容する判決が確定するまでの間に，有効評価に基づき登記をすれば，後日，認容判決が確定した場合，登記を信頼して取引をした者に不測の損害を与えることになる。

　そこで，商業登記制度では，登記すべき事項が単に有効に存在しているだけではなく，無効または取消原因を含まないことが登記官の審査の対象とされ，無効または取消原因を含む登記事項にかかる申請は，却下されることになる（法

24⑩）。

（4） 会社の表示行為
① 通常の場合

民法上の意思表示は，相手方に到達した時からその効力が生じる（到達主義：民97Ⅰ）。

株式会社の意思表示も，各種機関で決議・決定された意思内容に基づき代表取締役が相手方に通知等の表示行為を行い，それが相手方に到達することで効力が生じるのが原則である。

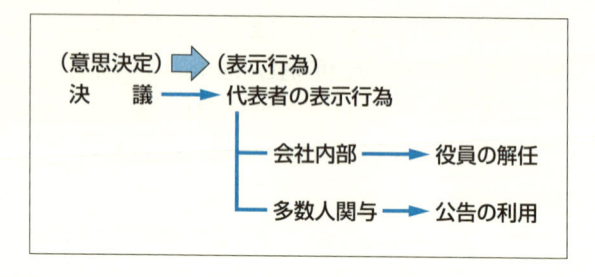

```
（意思決定）    （表示行為）
  決   議  →  代表者の表示行為
              ├─ 会社内部  → 役員の解任
              └─ 多数人関与 → 公告の利用
```

この原則論に従えば，取締役Bを株主総会で解任した場合，株主総会の決議を受けて代表取締役Aが解任対象者であるBに対して解任の意思表示（告知）をすることで解任の効力が発生することになるはずである（民540Ⅰ，民97Ⅰ）。しかし，判例は，解任決議によりその地位が剥奪されれば，ただちに解任の効力が発生するとし，解任対象者に対する告知を不要としている（最判昭41.12.20）。これは，当人の所在が不明な場合でも不都合が生じないことにするための工夫である。このように会社内部の意思表示が問題となる場合には，代表取締役の表示行為が問題とならない例外が認められている。

② 多数人に対する場合

株式会社は，対内的には多数の株主が存在する可能性があり，対外的には多数の会社債権者等の利害関係人が存在する可能性がある。これら多数人に対する表示行為も，原則として通知と相手方への到達となるが，次のような例外も認められている。

ⅰ 発信主義による例外

たとえば，株主総会を開催する場合，株主へは招集通知をしなければならない（会299Ⅰ）。この場合に原則論を貫けば，迅速で画一的な処理が不可能となるため，当該通知については例外的に発信主義が採用されている。

ⅱ 公告による通知の代替

通知すべき相手方を知ることができない場合やその所在を知ることができない場合には，通知による表示行為は困難となる。また，広く情報を周知させる

必要性がある場合には通知以外の表示行為を工夫する必要がある。

　そこで，会社法は，会社の種類を問わず，会社の公告方法を絶対的登記事項とし（会911Ⅲ㉗～㉙等），これをふまえて，民法の公示の方法による意思表示（民98）にならい，会社の公告方法による公告を表示行為として活用できる場合を認めている。

ⅲ　通知と公告の併用

　株主や会社債権者への周知を徹底する必要のある重要な局面では，通知と公告とが併用される。たとえば，株券発行会社が株式の譲渡制限の定めを設定する場合や株式の併合をする場合，株券を会社に提出しなければならない旨を効力発生日の1か月前までに公告し，かつ，株主および登録株式質権者に通知しなければならない（会219）。

　商業登記法では，公告・通知に関する添付書面の見直しが図られ，会社法上，公告および通知の双方を要する場合にかぎり，その公告をしたことを証する書面を添付書面とする方針で改正が行われた。したがって，通知と公告とが併用される局面は，商業登記の添付書面の判断という側面からも重要となっている。

（5）　書式の論点構造の相違点

　一般に書式の論点（答案に影響を与える知識やスキルをいう）は，タテ型論点とヨコ型論点に分類することができる。

　タテ型論点とは，論点が重層構造となっており，表面に見えているA論点を解決するには，その前提となっているB論点を解決できなければならないタイプの論点をいう。たとえば，取締役が死亡した事実が示されている場合，表面に見える死亡の事実を評価するだけでは正解を導くことができず，死亡した取締役が権利義務取締役であるか否かが判断できなければならず，そのためには，当該取締役が死亡前に辞任または任期満了により退任しているか否かが判断できなければならないという論点構造がその典型である。

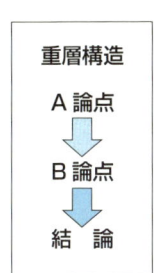

　他方，ヨコ型論点とは，論点が展開構造となっており，A論点を解決するためにはそこから派生するB論点をも解決しなければならないタイプの論点をいう。たとえば，不動産登記における連件申請はヨコ型論点の典型である。商業登記においても定款を変更して監査役を設置する場合，

単に監査役設置会社の定めを登記すれば足りるのではなく，監査役を選任し監査役の就任登記をあわせて申請しなければ適法な申請とならないという論点構造がこのタイプに該当する（法24⑨）。

不動産登記の書式は，出題形式が連件申請であるため**ヨコ型論点**が多く問題となるのに対して，商業登記の書式は，出題形式が一括申請であるため**タテ型論点**が多く問題となり，この論点タイプの違いが，2つの書式の問題から受ける印象を違ったものとする要因の1つとなっている。

また，商業登記の書式では，登記の連続性が問題となる局面や経由・同時申請義務を課せられる登記については**ヨコ型論点**も問題となるため，不動産登記の書式の問題に比して論点が多様であるとの印象を醸し出す要因となっている。

1-4 会社形態の把握

23 会社の種類の判断
（1） 判断の必要性

本試験では，昭和54年の第1回から平成27年度の第37回まですべて株式会社（特例有限会社を含む）を素材とした問題が出題されている。これは，株式会社が会社全体の約96％を占めている実務の実態を反映したものである（**10**参照）。ただ，平成26年には，株式会社から合同会社への組織変更というかたちではじめて持分会社が問われている。たしかに，合同会社の有用性が話題となってはいるが，会社全体の約1.61％にすぎない現状を考えれば，出題対象が株式会社から大きく揺らぐことはないものと考えて差し支えがない。

株式会社についての登記を処理するには，まず，**会社形態**を把握しなければならない。会社法を立法する動機のひとつに会社の実態と法規との乖離があり，会社法は，その不都合を防止するため，公開会社か否か，取締役会設置会社か否か，監査役設置会社か否か，大会社か否かによって，よりきめ細かく，その実態に適合した規定を設けているからである。したがって，会社形態の把握は，問題となっている会社に適用させる法令を決定する作業を意味し，商業登記の問題を解くうえで，**必須の前提作業**となっている。

（2） 株式会社の種類

会社法は，旧商法第2編，旧商法特例法，旧有限会社法を株式会社として規定統合したため，株式会社には，①会社法に基づいて設立された株式会社のほ

か，②会社法の施行前から存在していた旧株式会社が含まれる。

旧株式会社には，規定統合により廃止された旧商法特例法（整備1⑧）上，小会社特則が適用されていた**旧小会社**と大会社特則が適用されていた**旧大会社**および**旧みなし大会社**が含まれる。これら旧株式会社には，会社法のほか，整備法の経過措置が適用される。

さらに，規定統合により廃止された旧有限会社法（整備1③）上の有限会社は，商号中に「有限会社」の文字の使用を義務づけられた**特例有限会社**とされ（整備3Ⅰ），株式会社として存続することが認められている（整備2Ⅰ）。したがって，特例有限会社は，株式会社に含まれ，特例有限会社には，会社法のほか，会社法の施行に伴う関係法律の整備等に関する法律（以下「整備法」という）の経過措置が適用される。

(3) 旧株式会社の判断方法

登記事項証明書の商号区の商号中に「株式会社」の文字が使用されており，商号区の会社成立年月日欄または登記記録区の会社成立年月日が平成18年5月1日より前の日であれば，旧株式会社と判断する。

① 旧小会社

会社法の施行時点（平18.5.1）で資本金の額が1億円以下で負債の総額が金200億円未満である旧株式会社は，旧小会社に関する整備法の規定を適用する。旧小会社は，定款に「監査役の監査の範囲を会計監査に限定する旨の定め」があるものとみなされる（整備53，会389）。

ただし，当該経過措置が適用される会社は，非公開会社にかぎられる。会社法上，監査役の権限限定は，非公開社についてしか認められないからである（会389Ⅰ）。したがって，公開会社である旧小会社の監査役については，権限限定の定款の定めは存在しないことになる。

平成26年の会社法改正により新たに，定款の「監査役の監査の範囲を会計に関するものに限定する旨の定め」が登記事項とされ（会911Ⅲ⑰イ），経過措置として，改正法施行後最初に監査役が就任し，または退任するまでの間は，監査役の監査の範囲を会計に関するものに限定する旨の登記をすることを要しないと規定されている（会附則22Ⅰ）。

これは，旧小会社で整備法53条の適用を受ける会社は，施行後最初の監査役の就任または退任による変更登記の際に，監査役の監査の範囲を会計に関するものに限定する旨の定め設定の登記を申請しなければならないことを意味する。

② 旧大会社

　会社法の施行時点で資本金の額が 5 億円以上，または負債総額が 200 億円以上であれば旧大会社となり，資本金の額が 1 億円超で定款にみなし大会社の定めがあれば旧みなし大会社となり，「旧大会社」に関する整備法の規定（整備 52，同 61）が適用される（平 16，平 23）。

(4) 施行後の株式会社の判断方法

　登記事項証明書の商号区の商号中に「株式会社」の文字が使用されており，商号区の会社成立年月日欄または登記記録区の会社成立年月日が平成 18 年 5 月 1 日以後であれば会社法の施行後に設立した株式会社と判断し，会社法の規定のみを適用して検討することになる（平 14，平 21，平 27）。

(5) 特例有限会社

　登記事項証明書の商号区の商号中に「有限会社」の文字が使用されていれば，特例有限会社と判断し，会社法の規定のほか，整備法の規定を適用して検討する（整備 2～46，昭 62，昭 63，平 13，平 17，平 24）。

24　公開会社か否かの判断

(1) 公開会社の定義

　非公開会社とは，発行する全部の株式について定款で株式の譲渡制限を設けている会社をいう（平 18.3.31 民商 782 通）。他方，非公開会社に該当しない会社が公開会社となる（会 2 ⑤）。なお，会社法の改正により特に特別支配株主の株式等売渡請求制度（会 179 以下）の文脈のなかで非公開会社を特に「全株式譲渡制限会社」と呼称する場合がある点に注意を要する。

(2) 判断方法

① 種類株式発行会社か否かの判断

　まず，判断の対象となる会社が「種類株式発行会社」か否かを確認する。種類株式発行会社とは，内容の異なる 2 以上の種類の株式の発行を予定している会社をいい（会 2 ⑬），株式・資本区に発行可能種類株式総数および発行する各種類の株式の内容が登記されている会社である。他方，種類株式発行会社以外の会社は，基本通達で「単一株式発行会社」とよばれ，区別されている（平 18.3.31 民商 782 通）。

② 公開会社か非公開会社かの判断

	譲渡制限の定めの態様	結論
単一株式発行会社	譲渡制限の定めあり	非公開会社
	譲渡制限の定めなし	公開会社
種類株式発行会社	A 種類, B 種類株式のうち全部の種類に譲渡制限の定めあり	非公開会社
	A 種類, B 種類株式のうち全部の種類に譲渡制限の定めなし	公開会社
	A 種類, B 種類株式のうちいずれかに譲渡制限の定めあり	公開会社
特例有限会社	発行する全部の株式について譲渡制限の定めが擬制（整備9Ⅰ）※みなし定款の定めは廃止不可（整備9Ⅱ）	非公開会社

ⅰ　単一株式発行会社での判断

　単一株式発行会社は，株式の譲渡制限に関する規定があれば非公開会社と判断し，当該規定がなければ公開会社と判断する。

ⅱ　種類株式発行会社での判断

　種類株式発行会社は，発行を予定する全部の株式を対象とする株式の譲渡制限に関する規定があれば非公開会社と判断し，それ以外であれば公開会社と判断する。

③　その他の注意点

ⅰ　旧株式会社

　昭和 26 年 7 月 1 日から昭和 41 年 6 月 30 日までの間に設立されている社歴の古い旧株式会社は，譲渡制限株式制度が旧商法上存在しなかったため，公開会社であることが多く注意が必要となる。

ⅱ　特例有限会社

　旧有限会社では，社員間の持分譲渡を除いて持分の譲渡には社員総会の承認決議が必要であった（旧有 19Ⅱ）。これをふまえて，特例有限会社の定款には，「その全部の株式の内容として株式の譲渡による取得については会社の承認を要する旨および株主間の譲渡については承認をしたものとみなす旨」の定款の定めがあるものとみなされ（整備9Ⅰ，会 107 Ⅱ①ロ），登記官が職権で登記する措置がとられている（整備 136 ⅩⅥ②）。

　また，上記定款のみなし規定による株式譲渡制限の定めは，会社法施行後にその内容を変更し，または規定を廃止することは許されず（整備9Ⅱ），特例有限会社は，常に非公開会社となる。

25　取締役会設置会社か否かの判断
（1）　取締役会設置会社の定義
　取締役会設置会社とは，定款で取締役会を設置する旨を定めている会社または会社法により取締役会の設置義務を負う会社である（会2⑦）。
（2）　判断方法
①　取締役会設置義務がある場合
　公開会社は，取締役会の設置義務を負うため（会327Ⅰ①），取締役会設置会社に該当し，定款の定めや登記の有無にかかわらず，取締役会設置会社の規定が適用される。
　同様に，監査役会設置会社（会327Ⅰ②），監査等委員会設置会社（会327Ⅰ③），指名委員会等設置会社（会327Ⅰ④）も，取締役会設置義務を負うため，当然に取締役会設置会社と判断される。
②　定款に取締役会を設置する旨の定めがある場合
　非公開会社等の取締役会の設置義務がない会社であっても，任意機関として定款で取締役設置会社の定めを設定すれば（会326Ⅱ），取締役会設置会社となる。
　取締役会設置会社の旨は，会社状態区の登記事項であるため，登記事項証明書にその旨の登記があれば，取締役会設置会社と判断できる。
　また，旧株式会社は，定款には「取締役会を置く旨の定め」があるものとみなされ（整備76Ⅱ），登記官が職権で取締役会設置会社の定めの登記をしている（整備136 XII①）。したがって，会社法の施行後にみなされた定款の定めを廃止していないかぎり，取締役会設置会社と判断すべきことになる。
③　特例有限会社の場合
　特例有限会社は，任意機関として取締役会を設置できないため（整備17Ⅰ），常に取締役会を設置していない会社と判断する。

26　監査役設置会社か否かの判断
（1）　監査役設置会社の定義
　監査役設置会社とは，定款で監査役を設置する旨を定めている会社（監査役の監査の範囲を会計に関するものに限定する旨の定款の定めがあるものを除く）または会社法により監査役の設置義務を負う会社をいう（会2⑨）。

（2） 設置義務がある場合の判断方法
① 取締役会設置会社
ⅰ 公開会社

公開会社は，取締役会設置義務を負い（会327Ⅰ①），取締役会設置会社として監査等委員会設置会社および指名委員会等設置会社を除いて監査役設置義務を負うため（会327Ⅱ本文），会社法上の監査役設置会社となる。ちなみに，公開会社の監査役については，その権限を会計監査に限定することは許されない（会389Ⅰ）。

ⅱ 非公開会社

非公開会社は，取締役会設置義務を負わないが，任意機関として定款で取締役会をおく旨を定めることができる（会326Ⅱ）。当該定めを設ければ，取締役会設置会社となり，監査等委員会設置会社および指名委員会等設置会社を除いて監査役設置義務を負うため（会327Ⅱ本文），会社法上の監査役設置会社となる。

ただし，非公開会社では，監査役に代えて会計参与を設置することが可能であり（会327Ⅱただし書），その場合には，会社法上の監査役設置会社とはならない。また，非公開会社では監査役会設置会社および会計監査人設置会社を除いて，定款で監査役の権限を会計監査に限定する旨の定めを設置することが可能であり（会389Ⅰ），当該定めを設ければ，監査役が存在していても会社法上の監査役設置会社とはならない。なお，**23（3）**①で述べたとおり，会社法の改正により定款の「監査役の監査の範囲を会計に関するものに限定する旨の定め」が登記事項とされており（会911Ⅲ⑰イ），当該定款の定めの設定または廃止が登記の事由となる点に注意しなければならない。

② 会計監査人設置会社

会計監査人設置会社は，公開会社か非公開会社かを問わず，監査等委員会設置会社および指名委員会等設置会社を除いて監査役の設置義務を負い（会327Ⅲ），会社法上の監査役設置会社となる。

③ 監査役会設置会社

監査役会設置会社は，業務監査権限を有する監査役の存在が当然の前提となるため，明文の規定はないが，監査役の設置義務を負い，会社法上の監査役設置会社となる。

（3） 設置義務がない場合の判断方法

監査役は，任意機関であるため，定款で監査役を設置する旨を定めることが可能であり（会326Ⅱ），当該定めをすれば会社法上の監査役設置会社となる。この場合，監査役設置会社の旨は，会社状態区の登記事項であるため，登記事項証明書にその旨の登記があれば，監査役設置会社と判断する。

ただし，非公開会社では，監査役会設置会社および会計監査人設置会社を除いて，定款で監査役の監査の範囲を会計監査に限定する旨の定めをおくことが可能であり（会389Ⅰ），当該定めを設ければ，監査役が存在していても会社法上の監査役設置会社ではないことになる（会2⑨参照）。この範囲限定の定款の定めは，会社法の改正により登記事項とされており（会911Ⅲ⑰イ），会社法上の監査役設置会社か否かは，登記記録から判断できることになる。

なお，上記定款の定めについては，改正法施行後最初に監査役が就任し，または退任するまでの間は，登記をすることを要しないとの経過規定が設けられており（附則22Ⅰ），この経過規定が適用される会社では，定款を確認して監査役設置会社か否かを判断すべきことになる。

（4） 旧株式会社

旧株式会社は，指名委員会等設置会社を除いて定款には「監査役を置く旨の定め」があるものとみなされ（整備76Ⅱ），登記官が職権で監査役設置会社の定めの登記をしている（整備136ⅩⅡ②）。したがって，会社法の施行後にみなされた定款の定めを廃止していないかぎり監査役設置会社となる。

ただし，会社法施行時の資本金の額が1億円以下の非公開会社は，旧小会社として監査役の権限を会計監査に限定する旨の定款の定めがあるものとみなされるため（整備53），定款の定めを確認するまでもなく，会社法上の監査役設置会社にはあたらないと判断しなければならない。この場合，みなされた定款の定めの登記処理については，**23（3）**①の説明を参照せよ。

（5） 特例有限会社

特例有限会社は，任意機関として唯一，監査役を設置することが可能である（整備17Ⅰ）。しかし，整備法により登記事項が読み替えられているため，監査役設置会社の旨は登記事項ではなく，単に，役員区に監査役の氏名および住所が登記されるにとどまる（整備43Ⅰ）。

また，特例有限会社が監査役を設置している場合，定款で当該監査役の権限を会計監査に限定する旨の定款の定めがあるものとみなされ（整備24），定款の

定めを確認するまでもなく，特例有限会社は，会社法上の監査役設置会社にはあたらないと判断して差し支えない。

27 大会社か否かの判断
（1） 大会社の定義
　大会社とは，最終事業年度にかかる貸借対照表に資本金として計上した額が5億円以上（平16，平23）であるか，または負債の部に計上した額の合計額が200億円以上（昭61）である会社である（会2⑥）。
（2） 判断方法
① 判断時点の原則

　大会社か否かは，原則として，定時総会時点で判断する。**定時総会**とは，毎事業年度の終了後一定の時期に招集しなければならない株主総会であり（会296Ⅰ），会社法438条2項の承認（計算書類の承認）または会社法第439条後段の報告（計算書類の内容の報告）を行う株主総会である。事業年度は，1年を超えることができないため（計算規59Ⅱ：ワンイヤールール），定時総会は，少なくとも1年に1回以上招集されることになる。他方，**臨時総会**は，必要があれば，いつでも招集することができる株主総会である（会296Ⅱ）。なお，定時総会と臨時総会との区別は，大会社の判断のほか，役員等の任期満了退任総会の判断で問題となる。

② 判断時点の例外

　ただし，最初の定時総会を経ていない設立当初の会社は，会社法435条1項の規定により作成した会社成立の日の貸借対照表によって判断する。

第 2 章
暫定答案の判断

2-1 会社の基本事項に関する変更登記

28 商号の変更
【事例 1 ―商号変更―】 過問 （S57，H 8）

> 問　次の事実に基づき暫定答案を作成しなさい。
> （株式会社 Z の登記記録）
> 商号　株式会社 Z
> （株式会社 Z の平成 28 年 6 月 27 日の定時株主総会議事録）
> 2 号議案　議長は，当社の創立記念日である平成 28 年 7 月 1 日に定款第 1 条の商号を「株式会社 Y」に変更することの可否を議場に諮ったところ，満場一致で可決した。

登記の事由	登記すべき事項	登免税額（根拠）
商号の変更	平成 28 年 7 月 1 日変更 　商号　株式会社 Y	金 3 万円（(1) ツ）

(1)　通常の場合

　商号を変更する決議があれば，**商号の変更**を法律構成する（会 466，会 27 ②）。これにより「商号区」の登記事項である商号（会 911 Ⅲ②）が，定款変更の効力発生時に変更し，本店で 2 週間以内（会 915 Ⅰ），支店で 3 週間以内（会 930 Ⅲ）に変更登記の申請が必要となるため，本店および支店の双方における登記の事由となる。

　登記すべき事項は，変更後の商号と**変更**の旨および効力発生日である。定款変更決議には，条件または期限を付すことが可能である。事例では，決議に期限が付されているため，変更の効力発生日が期限の到来した 7 月 1 日に修正されることになる（昭 57）。

　登録免許税は，本店で登記事項の変更として申請件数 1 件につき金 3 万円（登免税別表 24⑴ツ），支店で申請件数 1 件つき金 9,000 円（登免税別表 24⑵イ）の定額課税となる。

28 商号の変更

> 【参考・添付書面】 株主総会議事録 1 通　株主リスト 1 通　委任状 1 通
> 法　実体構造は，決議を要素とする単独行為である（14 (5) ｉ ａ）。定款変更のための株主総会の特別決議（会 466，同 309 Ⅱ⑪）を証する株主総会議事録を添付する（法 46 Ⅱ）。

（２）　譲渡人の債務に関する免責の登記をする場合
①　意義

　事業譲渡に伴い商号譲渡がなされ，事業の譲受人が譲渡人からの譲受商号を続用する場合，事業譲渡後遅滞なく，譲渡人の債務について責任を負わない旨を登記すれば，譲受人は，譲渡人の事業上の債務の弁済責任を免れることができる（会 22 Ⅱ）。

　また，判例によれば（最判平 20.6.10），会社分割による事業の承継の場合にも，事業譲渡の際の商号を続用する譲受人の責任に関する会社法の規定が，類推適用される可能性があるため，会社分割後の承継会社または設立会社は，分割会社の債務について責めに任じない旨の登記が可能と解されている。

②　暫定答案の判断　過問　(H17，H22)

登記の事由	登記すべき事項	登免税額（根拠）
商号の変更 譲渡人の債務に関する免責	平成 28 年 7 月 1 日変更 　商号　株式会社 Y 譲渡人の債務に関する免責 　当会社は，平成 28 年 7 月 1 日商号の譲渡を受けたが，譲渡人株式会社 Y の債務については責めに任じない	金 3 万円（(1) ツ）

　事業譲渡または会社分割に伴い事業等の譲渡人の債務を免責させる旨の登記をすることについての譲渡人または分割会社の承諾が確認できれば，**譲渡人の債務に関する免責**を法律構成する（会 22 Ⅰ Ⅱ）。これにより「商号区」の登記事項である商号譲渡人債務に関する免責の旨が登記の対象となり，本店における登記の事由となる。

　会社における登記すべき事項は，独立の登記として原因項目と効力発生日を要せず，単に商号譲渡人の債務に関する免責のみであり，登録免許税は登記事項の変更として申請件数 1 件につき金 3 万円の定額課税となる（登免税別表 24 (1)ツ）。

29 目的の変更

【参考・添付書面】 株主総会議事録1通　株主リスト1通　譲渡人の承諾書1通
　　　　　　　　　 委任状1通
　法　免責の登記の実体構造は，決議を要素としない意思表示である（14（5）Ⅲg）。譲
　　　渡人の承諾を証する譲渡人作成の承諾書を添付する（法31Ⅱ）。

29　目的の変更
【事例2―目的変更―】 過問 （H1）

問　次の事実に基づき暫定答案を作成しなさい。
（株式会社Zの登記記録）
目的　1　光学機械の販売
　　　2　前号に附帯する一切の事業
（株式会社Zの平成28年6月27日の定時株主総会議事録）
2号議案　議長は，当社の目的を下記のとおり変更することを議場に諮り，満
　　　　 場一致で可決した。
　　　　　1　家庭電気用品の製造及び販売
　　　　　2　前号に附帯する一切の事業

登記の事由	登記すべき事項	登免税額（根拠）
目的の変更	平成28年6月27日変更 目的 　1　家庭電気用品の製造及び販売 　2　前号に附帯する一切の事業	金3万円（(1)ツ）

　目的を変更する決議があれば，**目的の変更**を法律構成する（会466，同27①）。これにより「目的区」の登記事項である目的（会911Ⅲ①）が，定款変更の効力発生時に変更し，本店で2週間以内に変更登記の申請が必要となるため，本店での登記の事由となる（会915Ⅰ）。

　登記すべき事項は，変更後の目的と**変更**の旨および効力発生日であり，登録免許税は，登記事項の変更として申請件数1件につき金3万円の定額課税となる（登免税別表24(1)ツ）。

【参考・添付書面】 株主総会議事録1通　株主リスト1通　委任状1通
　法　実体構造は，決議を要素とする単独行為である（14（5）ⅰa）。定款変更のための株
　　　主総会の特別決議（会466，同309Ⅱ⑪）を証する株主総会議事録を添付する（法46
　　　Ⅱ）。

30 公告方法の変更
【事例3─公告をする方法の変更─】 週問 (H3, H11)

> 問　次の事実に基づき暫定答案を作成しなさい。
> (株式会社Ｚの登記記録)
> 公告をする方法　官報に掲載してする
> (株式会社Ｚの平成28年6月27日の定時株主総会議事録)
> 2号議案　議長は，組織再編の準備として公告をする方法を「東京都において発行される東京経済新聞に掲載してする。」に変更することを議場に諮ったところ，満場一致で可決した。

登記の事由	登記すべき事項	登免税額（根拠）
公告をする方法の変更	平成28年6月27日変更 公告をする方法 　東京都において発行される東京経済新聞に掲載してする	金3万円（(1)ツ）

(1) 通常の場合

　公告をする方法を変更するという決議があれば，公告をする方法の変更を法律構成する（会466，同939Ⅰ）。これにより「商号区」の登記事項である公告をする方法（会911Ⅲ㉗～㉙）が，定款変更の効力発生時に変更し，本店で2週間以内に変更登記の申請が必要となるため，本店での登記の事由となる（会915Ⅰ）。

　登記すべき事項は，変更後の公告をする方法と変更の旨および効力発生日である。事例のように日刊新聞紙を公告方法とする場合，発行地を特定することが可能であり，当該事項も登記事項に含まれる。

　登録免許税は，登記事項の変更として申請件数1件につき金3万円の定額課税となる（登免税別表24(1)ツ）。

> 【参考・添付書面】　株主総会議事録1通　株主リスト1通　委任状1通
> 法　実体構造は，決議を要素とする単独行為である（**14**(5)ⅰa）。定款変更のための株主総会の特別決議（会466，同309Ⅱ⑪）を証する株主総会議事録を添付する（法46Ⅱ）。

（2） 電子公告へ変更する場合

登記の事由	登記すべき事項	登免税額（根拠）
公告をする方法の変更	平成 28 年 6 月 27 日変更 公告をする方法 　電子公告の方法により行う。 　http://www.z.com.jp/koukoku/index.html 　当会社の公告は，電子公告による公告ができない事故その他やむをえざる事由が生じた場合には，官報に掲載してする。 貸借対照表の公告 　http://www.z.com.jp/kessann/index.html	金 3 万円（(1) ツ）

　公告をする方法を電子公告に変更する場合，公告をする方法として定めた「電子公告の方法により行う」旨のほか，ウェブページの URL も登記事項となり（会 911 Ⅲ㉘イ，施行規 220 Ⅰ②），**予備的公告方法**を定めれば（会 939 Ⅲ後段），当該定めもまた登記事項となる（会 911 Ⅲ㉘ロ）。

　また，官報または新聞紙から電子公告に変更する会社が，その URL と従来から電磁的方法による貸借対照表の公開のために使用していたウェブページの URL とを別に定めて登記する場合には（施行規 220 Ⅱ），電子公告のウェブページの URL のほか，貸借対照表のウェブページの URL を含めて上記の暫定答案例の要領で登記すべき事項を記載しなりればならない。

31　電磁的方法による計算書類の開示
【事例 4 ─電磁的方法による計算書類の開示─】　過問　（H16）

> 問　次の事実に基づき暫定答案を作成しなさい。
> （株式会社 Z の登記記録）
> 公告をする方法　官報に掲載してする
> （司法書士の聴取記録）
> 1　代表取締役 A は，平成 28 年 6 月 27 日，貸借対照表を電磁開示する旨及びその URL を次のとおり設定することを決定した。
> 　　http://www.z.com.jp/kessann/index.html

登記の事由	登記すべき事項	登免税額（根拠）
貸借対照表にかかる情報の提供を受けるために必要な事項の設定	平成28年6月27日設定 　貸借対照表にかかる情報の提供を受けるために必要な事項 http://www.z.com.jp/kessann/index.html	金3万円（(1)ツ）

　電磁的方法により計算書類を開示する措置を業務執行者（典型は代表取締役）が決定していれば，**貸借対照表にかかる情報の提供を受けるために必要な事項の設定**を法律構成する（会440Ⅲ）。これにより「商号区」の登記事項である貸借対照表にかかる情報の提供を受けるために必要な事項（会911Ⅲ㉖）が，決定の効力発生時に発生し，本店で2週間以内に変更登記の申請が必要となるため，本店での登記の事由となる（会915Ⅰ）。

　登記すべき事項は，設定した貸借対照表にかかる情報の提供を受けるために必要な事項と**設定**の旨および効力発生日であり，登録免許税は，登記事項の変更として申請件数1件につき金3万円の定額課税となる（登免税別表24(1)ツ）。

【参考・添付書面】　委任状　1通
　法　実体構造は，決議を要素としない意思表示である（14(5)ⅲg）。代表取締役の決定のみとなるため添付書面の規定がなく（法46Ⅰ参照），委任状（法18）のみを添付すれば足りる。

2－2　株式の内容に関する登記

32　発行可能株式総数の変更
【事例5 —発行可能株式総数の変更—】　過問　（H27 他11回）

問　次の事実に基づき暫定答案を作成しなさい。
（株式会社Zの登記記録）
発行可能株式総数　400株
発行済株式の総数　200株
株式の譲渡制限に関する規定
　当会社の株式を譲渡により取得するには，当会社の承認を要する。
（株式会社Zの平成28年6月27日の定時株主総会議事録）
　2号議案　議長は，発行可能株式総数を1,600株に変更することを議場に諮ったところ，満場一致で可決した。

登記の事由	登記すべき事項	登録免許税額（根拠）
発行可能株式総数の変更	平成28年6月27日変更 　　発行可能株式総数　1,600株	金3万円（(1)ツ）

　発行可能株式総数を変更する定款変更決議があれば，**発行可能株式総数の変更**を法律構成する（会466，会37）。これにより「株式・資本区」の登記事項である発行可能株式総数（会911Ⅲ⑥）が，定款変更の効力発生時に変更し，本店で2週間以内に変更登記の申請が必要となるため，本店での登記の事由となる（会915Ⅰ，昭60，昭63，平1，平5，平9，平12，平13，平15，平16，平18，平27）。

　登記すべき事項は，変更後の発行可能株式総数と**変更**の旨および効力発生日である。事例は，登記記録から発行している単一株式が譲渡制限株式であるため（会2⑰），非公開会社として4倍ルールの適用はない（会113Ⅲ①）。

　登録免許税は，登記事項の変更として申請件数1件につき金3万円の定額課税となる（登免税別表24(1)ツ）。

> 【参考・添付書面】　株主総会議事録 1通　委任状 1通
> 法　実体構造は，決議を要素とする単独行為である（14(5)ⅰa）。定款変更のための株主総会の特別決議（会466，同309Ⅱ⑪）を証する株主総会議事録を添付する（法46Ⅱ）。

33　株券を発行する旨の定めに関する登記
(1)　株券を発行する旨の定め設定
　【事例6―株券を発行する旨の定め設定―】

> 問　次の事実に基づき暫定答案を作成しなさい。
> （株式会社Ｚの登記記録）
> 会社成立の年月日　平成26年4月1日
> （株式会社Ｚの平成28年6月27日の定時株主総会議事録）
> 　2号議案　議長は，株式譲渡の便宜のため，定款第7条の2として「当会社の株式については，株券を発行する。」旨の定めを新設することを議場に諮ったところ，満場一致で可決した。

登記の事由	登記すべき事項	登録免許税額（根拠）
株券を発行する旨の定め設定	平成28年6月27日設定 　　株券を発行する旨の定め 　　　　当会社の株式については，株券を発行する	金3万円（(1)ツ）

33　株券を発行する旨の定めに関する登記

① 暫定答案の判断

　株券を発行する旨の定めを設定する定款変更決議があれば，**株券を発行する旨の定め設定**を法律構成する（会466，同214）。これにより「株式・資本区」の登記事項である株券を発行する旨の定め（会911 Ⅲ⑩）が，定款変更の効力発生時に発生し，本店で2週間以内に変更登記の申請が必要となるため，本店での登記の事由となる（会915 Ⅰ）。

　登記すべき事項は，株券を発行する旨の定めと**設定**の旨および効力発生日である。旧株式会社は，原則として定款に**株券を発行する旨の定め**があるものとみなされ（整備76 Ⅳ），登記官が職権でその旨を登記する経過措置がとられているため（整備136 Ⅻ③），株券を発行する旨の定め設定の登記が問題となることはないが，事例の会社は，登記記録の会社成立年月日（平18.5.1以後）から会社法により設立された会社であるため，事例のようにその登記が問題となる。

　登録免許税は，登記事項の変更として申請件数1件につき金3万円の定額課税となる（登免税別表24(1)ツ）。

【参考・添付書面】　株主総会議事録 1通　委任状 1通
法　実体構造は，決議を要素とする単独行為である（**14**(5)ⅰa）。定款変更のための株主総会の特別決議（会466，同309 Ⅱ⑪）を証する株主総会議事録を添付する（法46 Ⅱ）。

---

② 株券発行会社への移行

　株券を発行する旨の定め設定により，会社は，非株券発行会社から**株券発行会社**へと移行する。その後，株式併合型（**14**(5)ⅰc）に属する登記を処理する場合，株券提供の公告および通知が必要となるため（会219），株式併合型が問題となる場合には，当該登記とあわせて申請することが必要となる（法24⑨）。

（2）　株券を発行する旨の定め廃止

【事例7 ―株券を発行する旨の定め廃止―】　**過問**　（H20，H23）

問　次の事実に基づき暫定答案を作成しなさい。
（株式会社Zの登記記録）
公告をする方法　官報に掲載してする
株券を発行する旨の定め　当会社の株式については，株券を発行する。
（株式会社Zの平成28年6月28日の定時株主総会議事録）
　2号議案　議長は，今後予定される株式の併合に備え，定款第7条の2として

> 「当会社の株式については，株券を発行する。」旨の定めを，本決議をもって廃止することを議場に諮ったところ，満場一致で可決した。
> （司法書士の聴取記録）
> 1　平成28年6月13日に定款変更に必要な株主等への通知および公告をしている。

登記の事由	登記すべき事項	登免税額（根拠）
株券を発行する旨の定め廃止	平成28年6月28日株券を発行する旨の定め廃止	金3万円（(1)ツ）

　株券を発行する旨の定めを廃止する定款変更決議があれば，**株券を発行する旨の定め廃止**を法律構成する（会466，同214）。これにより「株式・資本区」の登記事項である株券を発行する旨の定め（会911Ⅲ⑩）が，定款変更の効力発生時に消滅し，本店で2週間以内に変更登記の申請が必要となるため，本店での登記の事由となる（会915Ⅰ）。

　登記すべき事項は，株券を発行する旨の定めを廃止する旨および効力発生日である。事例では，本決議をもって廃止する旨を決議しているため効力発生日は決議日となる。

　登録免許税は，登記事項の変更として申請件数1件につき金3万円の定額課税となる（登免税別表24(1)ツ）。

> 【参考・添付書面】　株主総会議事録1通　株主リスト1通　会社法218条1項の規定による公告をしたことを証する書面1通　委任状1通
> 法　実体構造は，立証を要する法定手続を履行すべき決議を要素とする単独行為である（14 (5) ⅰ c）。定款変更の株主総会の特別決議（会466，同309Ⅱ⑪）を証する株主総会議事録（法46Ⅱ）のほか，定め廃止・効力発生日・効力発生日に株券が無効となる旨の公告（会218Ⅰ）を証する書面を添付する（法63）。

34　株式の譲渡制限に関する規定の登記
(1)　株式の譲渡制限に関する規定の設定
【事例8―株式の譲渡制限に関する規定の設定―】 過問（S56, H11, H14, H23, H26）

> 問　次の事実に基づき暫定答案を作成しなさい。
> （株式会社Zの登記記録）

34 株式の譲渡制限に関する規定の登記

> 公告をする方法　官報に掲載してする
> 発行可能株式総数　400株
> 発行済株式の総数　200株
> 株券を発行する旨の定め　当会社の株式については，株券を発行する。
> 取締役会設置会社に関する事項　取締役会設置会社
> 監査役設置会社に関する事項　監査役設置会社
> (株式会社Ｚの平成28年6月27日の定時株主総会議事録)
> 　2号議案　議長は，定款第7条の2として「当会社の株式を譲渡により取得するには，当会社の承認を要する。」旨の定めを，本決議をもって設定することを議場に諮ったところ，満場一致で可決した。
> (司法書士の聴取記録)
> 1　株主全員の申し出により発行する株式の全部について株券を発行していない。
> 2　定款変更に必要な株主等への公告をしていない。

登記の事由	登記すべき事項	登免税額（根拠）
株式の譲渡制限に関する規定の設定	平成28年6月27日設定 　株式の譲渡制限に関する規定 　　当会社の株式を譲渡により取得するには，当会社の承認を要する。	金3万円（(1)ツ）

① 暫定答案の判断

　株式の譲渡制限に関する規定を設定する定款変更決議があれば，**株式の譲渡制限に関する規定の設定**を法律構成する（会466，同107Ⅰ①，同108Ⅰ④）。これにより「株式・資本区」に特に設けられている「株式の譲渡制限に関する規定欄」の登記事項である株式の譲渡制限に関する規定（会911Ⅲ⑦）が，定款変更の効力発生時に発生し，本店で2週間以内に変更登記の申請が必要となるため，本店での登記の事由となる（会915Ⅰ）。

　登記すべき事項は，株式の譲渡制限に関する規定と**設定**の旨および効力発生日である。事例の効力発生日は，本決議をもって設定する旨を決議しているため決議日となる。

　登録免許税は，登記事項の変更として申請件数1件につき金3万円の定額課税となる（登免税別表24(1)ツ）。

> 【参考・添付書面】　株主総会議事録1通　株主リスト1通　株式の全部について株券を発行していないことを証する書面1通　委任状1通
> 　法　実体構造は，立証を要する法定手続を履行すべき決議を要素とする単独行為である（14(5)ic）。定款変更の株主総会の特殊決議（会466，同309Ⅲ①）を証する株

第2章　暫定答案の判断　95

主総会議事録（法46Ⅱ）を添付する。事例では聴取記録1から株式の全部について株券を発行していないため，公告および通知の規定は適用されず（会219Ⅰただし書），株券提供公告をしたことを証する書面に代えて，株式の全部について株券を発行していないことを証する書面を添付する（法62・同59Ⅰ②）。

② 非公開会社への移行

　株式の譲渡制限に関する規定の設定により，すべての株式が譲渡制限株式（会2⑰）となれば，会社は，公開会社から**非公開会社**に移行する（昭56，平11，平14，平23，平26）。非公開会社への移行に伴い，役員等の任期が満了するなど，他の登記事項が当然に変動することはない。

　ただし，公開会社として課せられていた機関設置義務から解放されるため，たとえば，取締役会設置会社の定め廃止，それに連動する監査役設置会社の定め廃止が問題となることが多い点に注意しなければならない（平26）。

（2）　株式の譲渡制限に関する規定の廃止

【事例9─株式の譲渡制限に関する規定の廃止─】過問（H16，H24）

> 問　次の事実に基づき暫定答案を作成しなさい。
> （株式会社Zの登記記録）
> 会社成立の年月日　平成10年4月1日
> 公告をする方法　官報に掲載してする
> 発行可能株式総数　1,000株
> 発行済株式の総数　200株
> 資本金の額　金3億円
> 株式の譲渡制限に関する規定
> 　当会社の株式を譲渡により取得するには，当会社の承認を要する。
> 株券を発行する旨の定め　当会社の株式については，株券を発行する。
> 取締役会設置会社に関する事項　取締役会設置会社
> 監査役設置会社に関する事項　監査役設置会社
> （株式会社Zの平成28年6月27日の定時株主総会議事録）
> 　2号議案　議長は，定款第7条の2の「当会社の株式を譲渡により取得するには，当会社の承認を要する。」旨の定めを，本定時総会の終結をもって廃止し，それに伴い定款第5条の発行可能株式総数を800株に変更することを議場に諮ったところ，満場一致で可決した。
> （司法書士の聴取記録）
> 1　役員の改選決議は，行われていない。

34 株式の譲渡制限に関する規定の登記

登記の事由	登記すべき事項	登録免許税額（根拠）
発行可能株式総数の変更 株式の譲渡制限に関する規定の廃止	平成28年6月27日変更 　発行可能株式総数　800株 　同日株式の譲渡制限に関する規定の廃止	金3万円（(1)ツ） （登免税18）

① 暫定答案の判断

　株式の譲渡制限に関する規定を廃止する定款変更決議があれば，**株式の譲渡制限に関する規定の廃止**を法律構成する（会466，同107Ⅰ①，同108Ⅰ④）。これにより「株式・資本区」に特に設けられている「株式の譲渡制限に関する規定欄」の登記事項である株式の譲渡制限に関する規定（会911Ⅲ⑦）が，定款変更の効力発生時に消滅し，本店で2週間以内に変更登記の申請が必要となるため，本店での登記の事由となる（会915Ⅰ）。

　登記すべき事項は，株式の譲渡制限に関する規定の**廃止**の旨および効力発生日である。効力発生日は，決議で定めた定時総会の終結の日となる。

　登録免許税は，登記事項の変更として申請件数1件につき金3万円の定額課税となる（登免税別表24(1)ツ）。

　また，事例のように定款変更により非公開会社が公開会社となる場合，4倍ルールが適用されるため，4倍ルールに適合しない発行可能株式総数である場合には，たとえば事例のように4倍ルールに適合するように発行可能株式総数を減少する定款変更をしなければならない（会113Ⅲ②）。この場合，株式の譲渡制限に関する規定廃止の登記と発行可能株式総数の変更登記は，登記の連続性の観点から一括申請することが必要となる（法24⑨）。なお，発行可能株式総数の変更の暫定答案の判断は，**事例5**を参照せよ。

　なお，これら一括申請される2つの変更登記の登録免許税は，課税根拠が同一であるため，1件の申請として登録免許税を納付すれば足りる（登免税18の反対解釈）。

【参考・添付書面】　株主総会議事録 1通　株主リスト 1通　委任状 1通
　法　実体構造は，決議を要素とする単独行為である（**14**(5)ⅰa）。定款変更のための株主総会の特別決議（会466，同309Ⅱ⑪）を証する株主総会議事録を添付する（法46Ⅱ）。

34　株式の譲渡制限に関する規定の登記

② 公開会社への移行
　i　移行の判断
　　非公開会社は，株式の譲渡制限に関する規定の廃止により，一部の株式でも譲渡制限株式でなくなれば，非公開会社から公開会社に移行する（平16，平24）。たとえば，甲種類株式と乙種類株式を発行する会社が乙種類株式に付されている株式の譲渡制限に関する規定を廃止したとしても移行は生じない。そもそも株式の全部が譲渡制限株式でなければ公開会社であり，非公開会社における株式の譲渡制限に関する規定の廃止ではないからであり，この例を含めて慎重な判断が求められている。
　ii　発行可能株式総数の変更登記との関係性
　　公開会社への移行に伴い，上記のとおり4倍ルールが適用となり，事例のように発行可能株式総数を減少するか，発行済株式の総数を増加させる変更登記が必要となり，これらの登記は登記の連続性により一括申請することが必要となる（法24⑨）。
　iii　役員の任期満了による改選登記等との関係性
　　株式の譲渡制限に関する規定廃止の効力発生時に役員が任期満了により退任する（会332Ⅶ③，同334，同336Ⅳ④）。事例のように後任者が選任されなければ，権利義務役員となり（会346），権利義務関係が解消されるまで退任登記を申請できず，登記の事由とはならない（法24⑩，最判昭43.12.24）。
　　ただし，監査等委員会設置会社の取締役，指名委員会等設置会社の取締役については，例外的に任期が満了しない（会332Ⅶ③括弧書）。
　　なお，監査役の監査の範囲を会計に関するものに限定する旨の定めを登記している会社では，公開会社への移行に伴い当該定款の定め廃止の登記を一括申請することになる（会911Ⅲ⑰イ）。本事例の会社は，旧株式会社であるが，資本金の額から旧小会社とはならず，整備法53条の規定は適用されず，また，定款に定めを設けている事実も示されていないため当該登記は問題とならない（**事例59**参照）。
　iv　取締役会設置義務から生ずる登記との関係性
　　さらに，公開会社として，取締役会の設置義務が生じるため（会327Ⅰ①），非取締役会設置会社では，定款に取締役会設置会社の定めを設定し，それに関連する登記をあわせて申請しなければならない（法24⑨）。
　　これに関連して，取締役会設置会社の定め設定は，代表取締役を定めている

会社については**代表取締役の選定方式の変更**となり，代表取締役を定めていない会社では，**代表取締役の選定方式の新設**となる（**事例77**，**事例78**参照）。しかし，上記のとおり，規定廃止の効力発生時に既存取締役の全員が任期満了退任し，代表取締役も資格喪失より退任するため，従前の代表取締役と同一人が再選定された場合であっても，取締役の任期満了に伴う資格喪失により代表取締役の地位に変動が生じることになるため，代表取締役としての重任登記をあわせて申請しなければならない。

また，取締役会設置会社として，原則として監査役の設置義務が生じるため（会327Ⅱ本文），非監査役設置会社では，定款に監査役設置会社の定めを設定し，その登記と，1名以上の監査役の就任登記を一括申請しなければならない（法24⑨）。

（3） 株式の譲渡制限に関する規定の変更

【事例10 ―株式の譲渡制限に関する規定の変更―】 過問 （S57，H2，H25）

問　次の事実に基づき暫定答案を作成しなさい。
（株式会Ｚの登記記録）
公告をする方法　官報に掲載してする
発行可能株式総数　1,000株
発行済株式の総数　200株
株式の譲渡制限に関する規定　当会社の株式を譲渡により取得するには，取締役会の承認を要する。
株券を発行する旨の定め　当会社の株式については，株券を発行する
取締役会設置会社に関する事項　取締役会設置会社
監査役設置会社に関する事項　監査役設置会社
（株式会社Ｚの平成28年6月27日の定時株主総会議事録）
　2号議案　議長は，定款第7条を「当会社の株式を譲渡により取得するには，当会社の承認を要する。」旨の定めに，本決議をもって変更することを議場に諮ったところ，満場一致で可決した。

登記の事由	登記すべき事項	登免税額（根拠）
株式の譲渡制限に関する規定の変更	平成28年6月27日変更 　株式の譲渡制限に関する規定の変更 　　当会社の株式を譲渡により取得するには，当会社の承認を要する	金3万円（(1)ツ）

　株式の譲渡制限に関する規定のうち承認機関の変更や承認みなし事項の追加，変更，削除の定款変更決議があれば，**株式の譲渡制限に関する規定の変更**を法

律構成する（会466，同107Ⅰ①，同108Ⅰ④）。これにより「株式・資本区」に特に設けられている株式の譲渡制限に関する規定欄の登記事項（会911Ⅲ⑦）が，定款変更の効力発生時に変更し，本店で2週間以内に変更登記の申請が必要となるため，本店での登記の事由となる（会915Ⅰ）。

なお，取締役会設置会社において，「当会社の株式を譲渡により取得するには，取締役会の承認を要する」など具体的な承認機関が登記されている場合において取締役会を廃止したような場合，株式の譲渡制限に関する規定の変更登記が必要となる。ただし，本事例の「当会社の承認を要する」とあるように具体的な承認機関が登記されていない場合は，取締役会を廃止しても変更登記を要せず，登記の自由とはならない点に注意しなければならない。この場合は，会社法139条1項に定められている機関が承認機関となる。

登記すべき事項は，変更後の株式の譲渡制限に関する規定と変更の旨および効力発生日であり，登録免許税は，登記事項の変更として申請件数1件につき金3万円の定額課税となる（登免税別表24(1)ツ）。

> 【参考・添付書面】　株主総会議事録1通　株主リスト1通　委任状1通
> 法　実体構造は，決議を要素とする単独行為である（14(5)ⅰa）。定款変更のための株主総会の特別決議（会466，同309Ⅱ⑪）を証する株主総会議事録を添付する（法46Ⅱ）。

35　単一株式発行会社の発行する株式内容の登記
【事例11―会社が発行する株式の内容の変更―】

> 問　次の事実に基づき暫定答案を作成しなさい。
> （株式会社Zの登記記録）
> 公告をする方法　官報に掲載してする
> 発行可能株式総数　1,000株
> 発行済株式の総数　200株
> 株式の譲渡制限に関する規定
> 　　当会社の株式を譲渡により取得するには，当会社の承認を要する
> （株式会社Zの平成28年6月27日の定時株主総会議事録）
> 　2号議案　議長は，定款第7条の2に「株主は，いつでも当会社に対して当会社の株式を1株につき金5万円で取得することを請求することができる。」旨の定めに，本決議をもって設定することを議場に諮ったところ，満場一致で可決した。

登記の事由	登記すべき事項	登免税額（根拠）
会社が発行する株式の内容の変更	平成28年6月27日変更 発行する株式の内容 　株主は，いつでも当会社に対して当会社の株式を1株につき金5万円で取得することを請求することができる	金3万円（(1)ツ）

　事例の会社は，登記記録の株式・資本区に発行可能種類株式総数および発行する各種類の株式の内容の登記がないため**単一株式発行会社**と判断することができる。

　単一株式発行会社が発行する株式の内容として取得条項付株式，取得請求権付株式を定める定款変更決議をしていれば，**会社が発行する株式の内容の変更**を法律構成する（会466，同107Ⅰ②③）。これにより「株式・資本区」の登記事項である発行する株式の内容（会911Ⅲ⑦）が，定款変更の効力発生時に変更し，本店で2週間以内に変更登記の申請が必要となるため，本店での登記の事由となる（会915Ⅰ）。

　登記すべき事項は，発行する株式の内容と**変更**の旨および効力発生日であり，登録免許税は，登記事項の変更として申請件数1件につき金3万円の定額課税となる（登免税別表24(1)ツ）。

> 【参考・添付書面】　株主総会議事録 1通　株主リスト 1通　委任状 1通
> [法]　取得請求権付株式への変更であるため実体構造は，決議を要素とする単独行為である（**14** (5) ⅰ a）。定款変更として株主総会の特別決議（会466，同309Ⅱ⑪）を証する株主総会議事録（法46Ⅱ）を添付する。他方，取得条項付株式への変更であれば，定款変更は株主全員の同意で行うことになり（会110），株主全員の同意を証する書面を添付することになる（法46Ⅰ）。

36　発行可能種類株式総数および発行する各種類の株式の内容の登記

(1)　発行可能種類株式総数および発行する各種類の株式の内容の設定

【事例12—種類株式の設定—】 過問 （H4，H27）

> 問　次の事実に基づき暫定答案を作成しなさい。なお，種類株主総会の決議が必要であれば，当該決議は適法に得られているものとする。
> （株式会社Zの登記記録）
> 公告をする方法　官報に掲載してする

36　発行可能種類株式総数および発行する各種類の株式の内容の登記

> 発行可能株式総数　1,000 株
> 発行済株式の総数　200 株
> 株式の譲渡制限に関する規定
> 　当会社の株式を譲渡により取得するには，当会社の承認を要する
> （株式会社 Z の平成 28 年 6 月 27 日の定時株主総会議事録）
> 　2 号議案　議長は，定款第 7 条の 2 に以下の内容の発行可能種類株式総数及び各種類の株式の内容を，本決議をもって設定することを議場に諮ったところ，満場一致で可決した。
> 　　普通株式　1,000 株
> 　　甲種類株式　1,000 株
> 　　　甲種類株式の株主は，株主総会において議決権を有しない。

登記の事由	登記すべき事項	登免税額（根拠）
発行可能種類株式総数及び発行する各種類の株式の内容の設定	平成 28 年 6 月 27 日変更 発行可能種類株式総数及び発行する各種類の株式の内容 　普通株式　1,000 株 　甲種類株式　1,000 株 　　甲種類株式の株主は，株主総会において議決権を有しない。	金 3 万円（(1) ツ）

① 暫定答案の判断

　単一株式発行会社において，発行可能種類株式総数および発行する各種類の株式の内容を定める定款変更決議があれば，**発行可能種類株式総数および発行する各種類の株式の内容の設定**を法律構成する（会 466，同 108）。これにより「株式・資本区」の登記事項である発行可能種類株式総数および発行する各種類の株式の内容（会 911 Ⅲ ⑦）が，定款変更の効力発生時に発生し，本店で 2 週間以内に変更登記の申請が必要となるため，本店での登記の事由となる（会 915 Ⅰ）。

　登記すべき事項は，設定した発行可能種類株式総数および発行する各種類の株式の内容と**変更**の旨および効力発生日である。登記の事由は，新たに種類株式を定めているため**設定**の単語を使っているのに対し，登記記録例は，登記すべき事項について**変更**という単語を使っている。これは，従来も特段の定めがないというかたちで発行する株式の内容が存在していたことを考慮した表現と思われ，両者の単語の使い方の違いに注意しなければならない。

　登録免許税は，登記事項の変更として申請件数 1 件につき金 3 万円の定額課税となる（登免税別表 24(1)ツ）。

> 【参考・添付書面】　株主総会議事録 1 通　株主リスト 1 通　委任状 1 通
> 法　実体構造は，決議を要素とする単独行為である（14 (5) i a）。定款変更のための株主総会の特別決議（会 466, 同 309 Ⅱ⑪）を証する株主総会議事録を添付する（法 46 Ⅱ）。なお，事例の会社は，定款変更時点において単一株式発行会社であるため，種類株主総会の承認は問題とならない。

② 種類株式の内容

　会社法は，法 108 条 1 項各号に掲げる事項につき異なる内容を設けた場合，それ自体を独立の種類株式としている。

　種類株式には，i．剰余金の配当に関する種類株式（会 108 Ⅰ①），ii．残余財産の分配に関する種類株式（会 108 Ⅰ②），iii．議決権制限株式（会 108 Ⅰ③），iv．譲渡制限種類株式（会 108 Ⅰ④），v．取得請求権付株式（会 108 Ⅰ⑤），vi．取得条項付株式（会 108 Ⅰ⑥），vii．全部取得条項付種類株式（会 108 Ⅰ⑦），viii．拒否権条項付株式（会 108 Ⅰ⑧），ix．取締役等選解任権付種類株式（会 108 Ⅰ⑨）がある。

　事例は，甲種類株式の内容を，議決権制限株式の一種として旧法時代から認められていた無議決権株式として定めるものとなっている。

(2) 発行可能種類株式総数および発行する各種類の株式の内容の変更

【事例 13 ―種類株式の内容の変更―】 過問 (H19)

> 問　次の事実に基づき暫定答案を作成しなさい。なお，種類株主総会の決議が必要であれば，当該決議は事例の決議と同日に得られているものとする。
> （株式会社 Z の登記記録）
> 発行可能株式総数　800 株
> 発行済株式の総数　200 株
> 発行可能種類株式総数及び発行する各種類の株式の内容
> 　普通株式　1,000 株
> 　甲種類株式　1,000 株
> 　甲種類株式の株主は，株主総会において議決権を有しない。
> （株式会社 Z の平成 28 年 6 月 27 日の定時株主総会議事録）
> 　2 号議案　議長は，定款第 7 条の 2 の発行可能種類株式総数及び各種類の株式の内容を，本決議をもって以下のとおり変更することを議場に諮ったところ，満場一致で可決した。
> 　　　普通株式　1,000 株
> 　　　甲種類株式　1,000 株
> 　　　　甲種類株式の株主は，株主総会において議決権を有しない。甲種

36　発行可能種類株式総数および発行する各種類の株式の内容の登記

> 類株式の株主は，毎事業年度において普通株式に先立って1株あたり金5円の剰余金の配当を受けることができる。

登記の事由	登記すべき事項	登免税額（根拠）
発行可能種類株式総数及び発行する各種類の株式の内容の変更	平成28年6月27日変更 発行可能種類株式総数及び発行する各種類の株式の内容 　普通株式　1,000株 　甲種類株式　1,000株 　　甲種類株式の株主は，株主総会において議決権を有しない。甲種類株式の株主は，毎事業年度において普通株式に先立って1株あたり金5円の剰余金の配当を受けることができる。	金3万円（(1)ツ）

　種類株式発行会社において，発行可能種類株式総数および発行する各種類の株式の内容を変更する定款変更決議があれば，**発行可能種類株式総数および発行する各種類の株式の内容の変更**を法律構成する（会466，同108）。これにより，「株式・資本区」の登記事項である発行可能種類株式総数および発行する各種類の株式の内容（会911Ⅲ⑦）が，定款変更の効力発生時に変更し，本店で2週間以内に変更登記の申請が必要となるため，本店での登記の事由となる（会915Ⅰ）。

　登記すべき事項は，変更後の発行可能種類株式総数および発行する各種類の株式の内容と**変更**の旨および効力発生日である。登記事項となる発行可能種類株式総数および発行する各種類の株式の内容は，一体の登記事項であるため，一部を変更する場合でもすべてを書き直すかたちで答案を作成しなければならない。

　登録免許税は，登記事項の変更として申請件数1件につき金3万円の定額課税となる（登免税別表24(1)ツ）。

【参考・添付書面】　株主総会議事録1通　種類株主総会議事録1通　株主リスト2通　委任状1通

　法　実体構造は，決議を要素とする単独行為である（**14**（5）ⅰa）。定款変更として株主総会の特別決議（会466，同309Ⅱ⑪）を証する株主総会議事録を添付する（法46Ⅱ）。
　　　事例では甲種類株式に剰余金の配当優先条項を付加しているため，普通株式の株

主による種類株主総会の特別決議による承認が定款変更の効力発生の法定条件となっており（会322Ⅰ①ロ），それを証する種類株主総会議事録も添付すべきことになる（法46Ⅱ）。

（3） 法定種類株主総会の決議を省略する定款の定め
【事例14 ─ 法定種類株主総会の決議省略の定め追加 ─】

> 問　次の事実に基づき暫定答案を作成しなさい。なお，種類株主総会の決議，種類株主全員の同意が必要であれば，当該決議，同意は事例の決議と同日に得られているものとする。
> （株式会社Ｚの登記記録）
> 発行可能株式総数　800株
> 発行済株式の総数　200株
> 発行可能種類株式総数及び発行する各種類の株式の内容
> 　普通株式　1,000株
> 　甲種類株式　1,000株
> 　甲種類株式の株主は，株主総会において議決権を有しない。
> （株式会社Ｚの平成28年6月27日の定時株主総会議事録）
> 2号議案　議長は，定款第7条の2の発行可能種類株式総数及び各種類の株式の内容を，本決議をもって以下のとおり変更することを議場に諮ったところ，満場一致で可決した。
> 　　普通株式　1,000株
> 　　甲種類株式　1,000株
> 　　　甲種類株式の株主は，株主総会において議決権を有しない。普通株式及び甲種類株式については，会社法第322条第1項の規定による種類株主総会の決議を要しない。

登記の事由	登記すべき事項	登免税額（根拠）
発行可能種類株式総数及び発行する各種類の株式の内容の変更	平成28年6月27日変更 　発行可能種類株式総数及び発行する各種類の株式の内容 　　普通株式　1,000株 　　甲種類株式　1,000株 　　　甲種類株式の株主は，株主総会において議決権を有しない。普通株式及び甲種類株式については，会社法第322条第1項の規定による種類株主総会の決議を要しない。	金3万円（(1)ツ）

　種類株式発行会社において，ある種類株式について法定種類株主総会の決議を不要とする旨の定款変更決議があれば，発行可能種類株式総数および発行す

36 発行可能種類株式総数および発行する各種類の株式の内容の登記

る各種類の株式の内容の変更を法律構成する（会466，同322ⅡⅢ）。これにより「株式・資本区」の登記事項である発行可能種類株式総数および発行する各種類の株式の内容（会911Ⅲ⑦）が，定款変更の効力発生時に変更し，本店で2週間以内に変更登記の申請が必要となるため，本店での登記の事由となる（会915Ⅰ）。

登記すべき事項は，変更後の発行可能種類株式総数および発行する各種類の株式の内容と変更の旨および効力発生日である。発行可能種類株式総数および発行する各種類の株式の内容は，一体の登記事項であるため，一部を変更する場合でもすべてを書き直すかたちで答案を作成しなければならない。

登録免許税は，登記事項の変更として申請件数1件につき金3万円の定額課税となる（登免税別表24(1)ツ）。

> 【参考・添付書面】 株主総会議事録 1通　種類株主全員の同意を証する書面 1通
> 　　　　　　　　株主リスト 2通　委任状 1通
>
> 法　実体構造は，決議を要素とする単独行為である（14(5)ｉａ）。定款変更として株主総会の特別決議（会466，同309Ⅱ⑪）を証する株主総会議事録（法46Ⅱ）を添付する。
>
> 　事例では普通株式および甲種類株式について法定種類株主総会の決議を省略できる旨の内容を付加しているため，普通株式および甲種類株主全員の同意が定款変更の効力発生の法定条件となっている（会322Ⅳ）。登記記録の発行済株式総数の記載から事例の会社は普通株式しか発行されていないため，普通株式の株主全員による同意を証する書面も添付すべきことになる（法46Ⅰ）。

(4)　発行可能種類株式総数および発行する各種類の株式の内容の廃止
【事例15 ―種類株式の廃止―】

> 問　次の事実に基づき暫定答案を作成しなさい。なお，種類株主総会の決議が必要であれば，当該決議は事例の決議と同日に得られているものとする。
> （株式会社Ｚの登記記録）
> 公告をする方法　官報に掲載してする
> 発行可能株式総数　800株
> 発行済株式の総数　200株
> 各種の株式の数　普通株式　200株
> 発行可能種類株式総数及び発行する各種類の株式の内容
> 　普通株式　1,000株
> 　甲種類株式　1,000株
> 　甲種類株式の株主は，株主総会において議決権を有しない
> （株式会社Ｚの平成28年6月27日の定時株主総会議事録）

> 2号議案　議長は，種類株式を発行する予定がなくなったため，定款第7条の2の発行可能種類株式総数及び各種類の株式の内容を，本決議をもって廃止することを議場に諮ったところ，満場一致で可決した。

登記の事由	登記すべき事項	登免税額（根拠）
発行可能種類株式総数及び発行する各種類の株式の内容の廃止	平成28年6月27日発行可能種類株式総数及び発行する各種類の株式の内容の廃止	金3万円（(1)ツ）

　種類株式発行会社において，発行可能種類株式総数および発行する各種類の株式の内容を廃止する定款変更決議があれば，**発行可能種類株式総数および発行する各種類の株式の内容の廃止**を法律構成する（会466，同108）。これにより，「株式・資本区」の登記事項である発行可能種類株式総数および発行する各種類の株式の内容（会911Ⅲ⑦）が，定款変更の効力発生時に消滅し，本店で2週間以内に変更登記の申請が必要となるため，本店での登記の事由となる（会915Ⅰ）。

　登記すべき事項は，発行可能種類株式総数および発行する各種類の株式の内容の廃止の旨および効力発生日であり，登録免許税は，登記事項の変更として申請件数1件につき金3万円の定額課税となる（登免税別表24(1)ツ）。

> 【参考・添付書面】　株主総会議事録1通　株主リスト1通　委任状1通
> 　法　実体構造は，決議を要素とする単独行為である（14 (5) ⅰa）。定款変更の株主総会の特別決議（会466，同309Ⅱ⑪）を証する株主総会議事録（法46Ⅱ）を添付する。当該登記は，種類株式が発行されていないかまたはその全部が消却された場合になされるものであるため，種類株主総会の承認決議は問題とならない。

(5)　発行済株式の総数ならびに種類および数の変更

【事例16 ―既発行株式の種類株式への変更―】 過問 (H17, H27)

> 問　次の事実に基づき暫定答案を作成しなさい。
> （株式会社Zの登記記録）
> 発行可能株式総数　800株
> 発行済株式の総数　200株
> 発行可能種類株式総数及び発行する各種類の株式の内容
> 　普通株式　1,000株
> 　甲種類株式　1,000株

36　発行可能種類株式総数および発行する各種類の株式の内容の登記

> 甲種類株式の株主は，株主総会において議決権を有しない
> （聴取記録）
> 1　当社の株式は，株主甲が100株，株主乙が100株を保有しており，平成28年6月27日，乙はその有する株式の全部を甲種類株式に変更することを当社と合意した。
> 2　同日，株主甲は，上記1の合意に同意した。

登記の事由	登記すべき事項	登免税額（根拠）
発行済株式の総数並びに種類及び数の変更	平成28年6月27日変更 発行済み株式の総数並びに種類及び数 　発行済株式の総数　200株 　　普通株式　100株 　　甲種類株式　100株	金3万円（(1)ツ）

　単一株式発行会社では，種類株式を定める定款変更のための株主総会の特別決議をすれば，会社と変更を希望する株主との合意および当該変更前の内容の株式にとどまる者の全員の同意により，単一株式発行会社の発行済株式の一部を内容の異なる株式に変更することが可能と解されており，それらの事実が示されていれば，発行済株式の総数ならびに種類および数の変更を法律構成する。事例では，すでに種類株式が定められその登記が完了しているため，変更のための合意と同意のみが問題となっている。

　これにより，「株式・資本区」の登記事項である発行済株式の総数ならびにその種類および種類ごとの数（会911Ⅲ⑨）が，合意および同意のいずれか遅い時から変更し，本店で2週間以内に変更登記の申請が必要となるため，本店での登記の事由となる（会915Ⅰ，昭50.4.30民四2249回，ハンドブック249頁，鈴木龍介編著『商業・法人登記先例インデックス』60頁〔商事法務〕）。

　登記すべき事項は，変更後の発行済株式の総数ならびに種類および数と変更の旨および効力発生日であり，登録免許税は，登記事項の変更として申請件数1件につき金3万円の定額課税となる（登免税別表24(1)ツ）。

> 【参考・添付書面】　合意書1通　同意書1通　委任状1通
> 法　実体構造は，立証を要する法定要件をみたしてする決議を要素としない意思表示である（14(5)ⅲh）。株式の種類が変更される株主と会社との間の合意を証する合意書と種類株主総会に相当しその効力発生の法定条件となる他の株主の同意を証する同意書を添付する（昭50.4.30民四2249回）。

2-3　株式数の増減に関する登記

37　株式の併合

【事例17 —株式の併合—】 過問 （H6）

> 問　次の事実に基づき暫定答案を作成しなさい。
> （株式会社Ｚの登記記録）
> 公告をする方法　官報に掲載してする
> 発行可能株式総数　800株
> 発行済株式の総数　200株
> 株券を発行する旨の定め　当会社の株式については，株券を発行する
> （株式会社Ｚの平成28年6月27日の定時株主総会議事録）
> 　2号議案　議長は，本日をもって2株を1株に併合し，発行可能株式総数を400株とする必要性を説明し，その可否を議場に諮ったところ，満場一致で可決した。
> （聴取記録）
> 1　平成28年5月26日，官報に平成28年6月27日までに株券を会社に提出しなければならない旨を公告するとともに，株主に通知した。
> 2　発行済株式の総数のうち50株は自己株式である。

登記の事由	登記すべき事項	登免税額（根拠）
発行可能株式総数の変更 株式の併合	平成28年6月27日変更 　発行可能株式総数　400株 　発行済株式の総数　100株	金3万円（(1)ツ)

（1）　暫定答案の判断（全体）

　事例のように，株式2株を1株の割合で株式を併合する場合，株主総会決議では，併合の割合（会180Ⅱ①），株式の併合がその効力を生ずる日（効力発生日，会180Ⅱ②），効力発生日における発行株式総数（会180Ⅱ③）を決議しなければならず，当該決議があれば**株式の併合**を法律構成する（会180）。これにより，「株式・資本区」の登記事項である発行済株式の総数ならびにその種類および種類ごとの数（会911Ⅲ⑨），発行可能株式総数（会911Ⅲ⑥）が，決議で定めた効力発生日に減少変更し，本店で2週間以内に変更登記の申請が必要となるため，本店での登記の事由となる（会915Ⅰ）。

　ただし，発行可能株式総数は，併合決議の必要的記載事項となっているが，下記の4倍ルールをみたすかぎり必ずしも減少させる必要はなく，変更前の発行可能株式総数を決議した場合には，定款の定めは変更されないことになり，

37　株式の併合

発行可能株式総数は，登記の事由とはならないことになる（中間試案補足説明第1部第三2 (2)）。

登記すべき事項は，変更後の発行済株式の総数，発行可能株式総数および**変更**の旨および効力発生日であり，登録免許税は，登記事項の変更として申請件数1件につき金3万円の定額課税となる（登免税別表24(1)ツ）。

（2）登記すべき事項のうち発行済株式の総数の計算方法と4倍ルールの適用

登記すべき事項となる減少後の発行済株式の総数は，効力発生日の前日の発行済株式の総数（自己株を含む）に併合の割合を乗じて得た数となる（会182Ⅰ）。事例の場合，株式2株を1株の割合で併合しており，効力発生日の前日の発行済株式の総数が200株であるため，それに併合割合0.5（＝1÷2）を乗じて得た100株（＝200株×0.5）が，併合後の発行済株式の総数となる。

なお，株式の併合は，自己株式を含めて一律に株式数を減少させる効果を有するため，聴取記録2で自己株式が存在する事実が示されているが，これが結果に影響を与えることはない。

また，登記すべき事項となる発行可能株式総数は，効力発生日に株式併合決議の定めに従い当該事項にかかる定款変更がみなされ，変更されることになる（会182Ⅱ）。ただし，公開会社については，効力発生日における発行済株式の総数の4倍を超えることができず，4倍ルールに従うことになる（会180Ⅲ）。事例の会社は，登記記録から単一株式発行会社であり，株式の譲渡制限に関する規定が設定されていないため公開会社であり，併合後の発行済株式100株に対して変更後の発行可能株式総数を400株に変更している本事例は4倍ルールをみたせることになる。

【参考・添付書面】株主総会議事録1通　株主リスト1通　株券提供公告をしたことを証する書面1通　委任状1通

法　実体構造は，立証を要する法定手続を履行する決議を要素とする単独行為である（**14**(5) i c）。株式併合として株主総会の特別決議（会180Ⅱ，同309Ⅱ④）を証する株主総会議事録（法46Ⅱ）を添付する。

登記記録から事例の会社は株券発行会社であるため株券提出の公告および通知が必要となり（会219Ⅰ），聴取記録1から原則どおり公告および通知がされているため株券提供公告をしたことを証する書面を添付する（法62・同59Ⅰ②，株式の全部について株券が発行されていない場合の**事例8**と比較）。

38 株式の分割
【事例18 ―株式の分割―】 過問 （H3，H5，H8，H17，H18）

> 問　次の事実に基づき暫定答案を作成しなさい。
> （株式会社Zの登記記録）
> 公告をする方法　官報に掲載してする
> 会社成立の年月日　平成7年7月7日
> 単元株式数　100株
> 発行可能株式総数　8万株
> 発行済株式の総数　<u>2万株</u>　3万株　平成28年6月1日変更
> 株式の譲渡制限に関する規定
> 　当会社の株式を譲渡により取得するには，当会社の承認を要する
> 株券を発行する旨の定め　当会社の株式については，株券を発行する
> 取締役会設置会社に関する事項　取締役会設置会社
> （株式会社Zの平成28年6月27日の取締役会議事録）
> 議案　議長は，基準日を平成28年3月31日とし，同日の最終の株主名簿に記載された株主の所有株式数を，1株につき4株の割合をもって分割し，その効力発生日を本決議の成立時とし，あわせて発行可能株式総数を32万株に変更し，単元株式数を400株とすることの可否を議場に諮ったところ，出席取締役全員一致をもって可決した。
> （聴取記録）
> 1　発行済株式の総数3万株のうち自己株式は1万株である。

登記の事由	登記すべき事項	登免税額（根拠）
単元株式数の変更 発行可能株式総数の変更 株式の分割	平成28年6月27日変更 　単元株式数　400株 　発行可能株式総数　32万株 　発行済株式の総数　9万株	金3万円（(1)ツ）

(1) 暫定答案の判断（全体）

　事例のように，株式1株を4株の割合をもって分割する場合，最低限，①株式の分割割合，②基準日，③効力発生日を決議しなければならず（会183Ⅲ），当該決議があれば株式の分割を法律構成する（会183）。これにより，「株式・資本区」の登記事項である発行済株式の総数ならびにその種類および種類ごとの数（会911Ⅲ⑨）が，決議で定めた効力発生日に増加変更し，本店で2週間以内に変更登記の申請が必要となるため，本店での登記の事由となる（会915Ⅰ）。
　登記すべき事項は，変更後の発行済株式の総数と変更の旨および効力発生日であり，登録免許税は，登記事項の変更として申請件数1件につき金3万円の定額課税となる（登免税別表24(1)ツ）。

（2） 登記すべき事項のうち発行済株式の総数の計算方法

　登記すべき事項となる変更後の発行済株式の総数は，基準日における発行済株式の総数（自己株を含む）に分割の割合を乗じて得た数となる（会184Ⅰ）。事例では，株式1株を4株の割合で分割しており，登記記録から6月26日の決議時点の発行済株式の総数が3万株であるが，基準日である3月31日時点の発行済株式の総数が2万株であるため，6月1日に増加した1万株部分は分割対象から除外される。したがって，2万株にそれに分割割合4（＝4÷1）を乗じて得た8万株（＝4×2万株）に，分割対象とならない1万株を加えた9万株が，分割後の発行済株式の総数となる。

　なお，株式の分割は，株式の併合の逆現象として，自己株式を含めて一律に株式数を増加させる効果を有する。したがって，聴取記録1で自己株式が存在する事実が示されているが，これが結果に影響を与えることはない。

（3） 一括申請する発行可能株式総数の定款変更の例外

　現に2種以上の種類株式を発行している会社を除いた会社では，株式分割の効力発生日における発行可能株式総数をその前日の発行可能株式総数に分割割合を乗じて得た数の範囲であれば，発行可能株式総数を増加させる定款変更を株主総会の決議によらないですることができる（会184Ⅱ）。事例の会社は，単一株式発行会社であり，分割割合に効力発生日の前日の発行可能株式総数を乗じて得た32万株（＝4×8万株）の範囲内で，取締役会決議をもって定款変更の決議をしているが適法である。この場合の暫定答案の判断は，**事例5**を参照せよ。

　なお，公開会社では，上記の制約のほかに4倍ルールを遵守しなければならない点に注意しなければならない（会113Ⅲ①）。

（4） 一括申請する単元株式数の定款変更の例外

　単元株式数の設定し，またはその数を増加する定款変更は，①株式分割と同時に行い，かつ，②変更の前後で株主の議決権数が減少しない場合であれば，株主総会決議によらずに行うことができる（会191）。事例では株式分割と同時に，単元株式数を100株から400株に増加する定款変更を取締役会決議で行っており，変更前100株で1議決権を付与されているところ，4倍に株式を分割し，変更後の400株で1議決権が付与されるため，上記の要件をみたし，取締役会決議で定款変更をしているが適法である。

> 【参考・添付書面】 取締役会議事録 1 通　委任状 1 通
> 法　実体構造は，決議を要素とする単独行為である（14 (5) i a）。取締役会設置会社として取締役会の決議（会 183 Ⅱ，平 18.3.31 民商 782 通）を証する取締役会議事録を添付する（法 46 Ⅱ）。

39　株式の無償割当て
【事例 19 ─株式の無償割当て─】 過問 （S57，S58，S59，S60，S61，H 1）

> 問　次の事実に基づき暫定答案を作成しなさい。
> （株式会社Ｚの登記記録）
> 公告をする方法　官報に掲載してする
> 会社成立の年月日　平成 7 年 7 月 7 日
> 単元株式数　100 株
> 発行可能株式総数　8 万株
> 発行済株式の総数　2 万株　3 万株　平成 28 年 6 月 1 日変更
> 株式の譲渡制限に関する規定
> 　当会社の株式を譲渡により取得するには，当会社の承認を要する
> 株券を発行する旨の定め　当会社の株式については，株券を発行する
> 取締役会設置会社に関する事項　取締役会設置会社
> （株式会社Ｚの平成 28 年 6 月 27 日の取締役会議事録）
> 議案　議長は，決議時の株主名簿に記載された株主に対して，払込みをさせずその所有株式数 1 株について 1 株の割合で株式（うち 1 万株は自己株式を使用する）を割り当てる株式無償割当てを行うことの可否を議場に諮ったところ，出席取締役全員一致をもって可決した。
> （聴取記録）
> 1　発行済株式の総数 3 万株のうち自己株式は 1 万株である。

登記の事由	登記すべき事項	登免税額（根拠）
株式無償割当て	平成 28 年 6 月 27 日変更 　発行済株式の総数　4 万株	金 3 万円（(1) ツ）

（1）　法律構成の判断
　事例のように株主に新たな払込みをさせず，株式 1 株について 1 株の割合で株式を無償で割り当てる場合，最低限，①株主に割り当てる株式の数，②効力発生日を決議しなければならず（会 186 Ⅰ），当該決議があれば，**株式無償割当て**を法律構成する（会 185）。

39 株式の無償割当て

ちなみに，会社法制定の際の法制審議会では，株式分割を株式無償割当てに整理統合する方向で検討を進めたが，株式分割の自己株式への効果等を考慮し，株式分割を存続させつつ，それとは別に株式無償割当てを新設した経緯があるため（立案担当者の解説48頁），株式分割との比較が重要な知識整理のポイントとなっている。

（2） 登記の事由の判断

	株式分割	株式無償割当て
増加する株式の種類	同一種類	同一または異種
自己株式への影響	分割の効力が及び増加する	自己株への割当ては不可（自己株分は発行済株式の総数が増加しない）
自己株式の交付	不可（必ず発行済株式の総数が増加する）	新株を発行せず，自己株の交付が可能（自己株式分は発行済株式の総数は増加しない）
決議機関	定款で別段の定めができる旨の規定なし	定款で別段の定めができる旨の規定あり
基準日	必須	必須ではない
発行可能株式総数の変更	分割割合以内であれば取締役会決議で変更可能	例外規定がなく，別途株主総会の定款変更決議が必要
単元株式の設定または増加変更	分割と同時に設定または変更し，定款変更前後で議決権数が減少しなければ取締役会決議で変更可能	例外規定がなく，別途株主総会の定款変更決議が必要

　株式無償割当ては，会社の選択で株主に新株を交付することも，自己株式を交付することも，これらを混在させることもできる。このうち，会社が新株を交付する場合にかぎり，「株式・資本区」の登記事項である発行済株式の総数（会911Ⅲ⑨）が，決議で定めた効力発生日に増加変更し，本店で2週間以内に変更登記の申請が必要となるため，本店での登記の事由となる（会915Ⅰ）。

　事例の場合，登記記録から発行済株式の総数は3万株であるが，聴取記録1から自己株式が1万株あるため，それを除いた2万株が無償割当ての対象となる。会社法では，自己株式を原始的に発生させないとの不文律があるため，自己株式については株式無償割当ての対象とならないからであり，これが株式分割と異なる論点の代表例となっている。

　また，株式無償割当ての対象となる2万株について，1株に1株の割合で株式を割り当てることになるが，割当てに必要となる株式数は2万株である。会社の自由選択により自己株式を使うことが可能であり，事例の場合も2万株のうち1万株は自己株式を使用するため，登記の事由となる新株分は残りの1万

株分となる。このように株式無償割当てでは，登記の事由の判断が重要であり，かつ，慎重な判断を要する論点となっている。

(3) 登記すべき事項の判断

登記すべき事項は，変更後の発行済株式の総数と変更の旨および効力発生日である。登記すべき事項となる増加後の発行済株式の総数は，株式の併合・株式の分割と異なり，自己株式には株式の無償割当てができないため，(2)で検討したとおり，株主に割り当てる2万株の株式のうち自己株式を使用する1万株を除く1万株が新株分となるため，それに登記されている発行済株式の総数3万株を加えた4万株となる。

(4) 登録免許税の判断

登録免許税は，登記事項の変更として申請件数1件につき金3万円の定額課税となる（登免税別表24(1)ツ）。

【参考・添付書面】　取締役会議事録 1 通　委任状 1 通
法　実体構造は，決議を要素とする単独行為である（14 (5) i a）。取締役会設置会社として取締役会の決議（会 186 Ⅲ本文，平 18.3.31 民商 782 通）を証する取締役会議事録（法 46 Ⅱ）を添付する。

40　株式の消却

【事例 20 ―株式の消却―】　過問　（H10，H25，H27）

問　次の事実に基づき暫定答案を作成しなさい。
（株式会社 Z の登記記録）
公告をする方法　官報に掲載してする
会社成立の年月日　平成 7 年 7 月 7 日
発行可能株式総数　800 株
発行済株式の総数　200 株
株券を発行する旨の定め　当会社の株式については，株券を発行する
取締役会設置会社に関する事項　取締役会設置会社
（株式会社 Z の平成 28 年 6 月 27 日の取締役会議事録）
議案　議長は，本日をもって自己株式 50 株の全部を消却することの可否を議場に諮ったところ，満場一致で可決した。
（聴取記録）
1　発行済株式の総数のうち 50 株は自己株式である。
2　平成 28 年 6 月 27 日，消却にかかる株式の株主名簿の記載を抹消するなど株式の失効手続を完了した。

40 株式の消却

登記の事由	登記すべき事項	登免税額（根拠）
株式の消却	平成28年6月27日変更 発行可能株式総数　150株	金3万円（(1)ツ）

　株式を消却するには，最低限，消却する自己株式の数を定める決議が必要となり，当該決議があれ，**株式の消却**を法律構成する（会178）。これにより「株式・資本区」の登記事項である発行済株式の総数ならびにその種類および種類ごとの数（会911Ⅲ⑨）が，株式失効手続の完了日に減少変更し，本店で2週間以内に変更登記の申請が必要となるため，本店での登記の事由となる（会915Ⅰ）。

　登記すべき事項は，変更後の発行済株式の総数と**変更**の旨および効力発生日である。効力発生日は，株式失効手続の終了時点であり，これを証する書面が添付書面として規定されていないため，実務では委任状にその日付を記載することになり，書式の問題では，当該日付が聴取記録等に示されることが想定される。

　ちなみに，事例の会社は，登記記録から単一株式発行会社であり，株式の譲渡制限に関する規定が設定されていないため**公開会社**となっている。事例の株式消却後の発行可能株式総数800株は，発行済株式の総数150株の4倍を超えることになるが，発行可能株式総数の定款変更により増加する場合，または非公開会社が公開会社になる場合，という会社法113条3項で規定された局面ではないため，4倍ルールは適用されず適法である。この点が株式の併合とは大きく異なる点となっている（会113Ⅲ①）。

　登録免許税は，登記事項の変更として申請件数1件につき金3万円の定額課税となる（登免税別表24(1)ツ）。

【参考・添付書面】 取締役会議事録 1通　委任状 1通

　法　実体構造は，法定手続として株式失効手続を履行する決議を要素とする単独行為である（**14**(5)ic）。ただ，株式失効手続は代表取締役の自己証明しか立証方法がなく，添付書面の規定がないため（法46Ⅰ参照），取締役会設置会社として取締役会の消却決議のみが問題となり（会178Ⅱ，平18.3.31民商782通），それを証する取締役会議事録のみを添付すれば足りることになる（法46Ⅱ）。

41　単元株式数の登記
(1)　単元株式数の設定
【事例21 —単元株式数の設定—】　過問　(H3, H10)

> 問　次の事実に基づき暫定答案を作成しなさい。
> (株式会社Zの登記記録)
> 公告をする方法　官報に掲載してする
> 発行可能株式総数　8万株
> 発行済株式の総数　2万株
> 株券を発行する旨の定め　当会社の株式については，株券を発行する
> (株式会社Zの平成28年6月27日の定時株主総会議事録)
> 　2号議案　議長は，株主管理コストを低減するため，本定時総会の終結をもって定款第7条の3として「当社の単元株式数を100株とする。」旨の定めを新設することの理由を説明し，その可否を議場に諮ったところ，満場一致をもって可決した。

登記の事由	登記すべき事項	登免税額（根拠）
単元株式数の設定	平成28年6月27日設定 　単元株式数　100株	金3万円（(1)ツ）

　単元株式数を設定すれば，株主の議決権行使単位は1株1議決権の原則が修正され，1単元の株式の数について1つの議決権が付与される。これは，議決権行使レベルで株式の併合が行われたのと実質的には同じことになる。

　単元株式数を設定する定款変更決議があれば，単元株式数の設定を法律構成する（会188，同466）。これにより，「株式・資本区」の登記事項である単元株式数（会911Ⅲ⑧）が，定款変更決議の効力発生時に発生し，本店で2週間以内に変更登記の申請が必要となるため，本店での登記の事由となる（会915Ⅰ）。

　登記すべき事項は，設定した単元株式数と設定の旨および効力発生日である。事例では決議に総会終結時に効力が発生するとの期限が付されているため効力発生日は総会終結日となる。ちなみに，単元株式数は，種類株式発行会社では種類ごとに定めなければならず（会188Ⅲ），その数は，1,000および発行済株式総数の200分の1を超えられない（会188Ⅱ，施行規34）。

　登録免許税は，登記事項の変更として申請件数1件につき金3万円の定額課税となる（登免税別表24(1)ツ）。

41　単元株式数の登記

> **【参考・添付書面】**　株主総会議事録 1 通　委任状 1 通
> 法　実体構造は，決議を要素とする単独行為である（14 (5) i a）。定款変更のための株主総会の特別決議（会 466，同 309 Ⅱ⑪）を証する株主総会議事録を添付する（法 46 Ⅱ）。

（2）単元株式数の廃止

【事例 22 ―単元株式数の廃止―】 過問 （H 6）

> 問　次の事実に基づき暫定答案を作成しなさい。
> （株式会社 Z の登記記録）
> 公告をする方法　官報に掲載してする
> 会社成立の年月日　平成 7 年 7 月 7 日
> 単元株式数　100 株
> 発行可能株式総数　8 万株
> 発行済株式の総数　2 万株
> 株券を発行する旨の定め　当会社の株式については，株券を発行する
> 取締役会設置会社に関する事項　取締役会設置会社
> （株式会社 Z の平成 28 年 6 月 27 日の取締役会議事録）
> 議案　議長は，定款第 7 条の 3 として定めを設定している単元株式数を廃止することの可否を議場に諮ったところ，出席取締役の全員一致をもって可決した。

登記の事由	登記すべき事項	登免税額（根拠）
単元株式数の廃止	平成 28 年 6 月 27 日単元株式数の定め廃止	金 3 万円（(1) ツ）

　単元株式数を廃止すれば，株主の議決権は拡大し，議決権行使レベルで株式の分割が行われたのと実質的には同じことになり，単元株式数の設定と異なり，取締役会設定会社では，取締役会で定款変更の決議をすることができる。当該定款変更決議があれば，単元株式数の廃止を法律構成する（会 195）。これにより，「株式・資本区」の登記事項である単元株式数（会 911 Ⅲ⑧）が，定款変更決議の効力発生時に消滅し，本店で 2 週間以内に変更登記の申請が必要となるため，本店での登記の事由となる（会 915 Ⅰ，平 6，平 10）。

　登記すべき事項は，単元株式数の定め廃止の旨および効力発生日であり，登録免許税は，登記事項の変更として申請件数 1 件につき金 3 万円の定額課税となる（登免税別表 24(1)ツ）。

【参考・添付書面】　取締役会議事録 1 通　委任状 1 通
法　実体構造は，決議を要素とする単独行為である（14（5）ⅰa）。取締役会設置会社として取締役会の決議のみで定款変更が可能であり（会 195），それを証する取締役会議事録（法 46Ⅱ）を添付する。

（3）　単元株式数の変更

【事例 23 ―単元株式数の変更―】 週問 （減少変更 H16，増加変更 H18）

問　次の事実に基づき暫定答案を作成しなさい。
（株式会社 Z の登記記録）
公告をする方法　官報に掲載してする
会社成立の年月日　平成 7 年 7 月 7 日
単元株式数　100 株
発行可能株式総数　8 万株
発行済株式の総数　2 万株
株券を発行する旨の定め　当会社の株式については，株券を発行する
取締役会設置会社に関する事項　取締役会設置会社
（株式会社 Z の平成 28 年 6 月 27 日の取締役会議事録）
議案　議長は，定款第 7 条の 3 に定めた単元株式数を 100 株から 50 株に変更することの可否を議場に諮ったところ，出席取締役の全員一致をもって可決した。

登記の事由	登記すべき事項	登免税額（根拠）
単元株式数の変更	平成 28 年 6 月 27 日変更 　単元株式数　50 株	金 3 万円（(1)ツ）

　単元株式数を変更する場合，増加変更は，議決権行使レベルでの株式の併合として，**(1)** の設定に準じた手続となり，減少変更は議決権行使レベルでの株式の分割となり，**(2)** の廃止に準じた手続となる。

　単元株式数を変更する定款変更決議があれば，単元株式数の変更を法律構成する（会 195）。これにより「株式・資本区」の登記事項である単元株式数（会 911Ⅲ⑧）が，定款変更の効力発生時に変更し，本店で 2 週間以内に変更登記の申請が必要となるため，本店での登記の事由となる（会 915Ⅰ）。

　登記すべき事項は，変更後の単元株式数と変更の旨および効力発生日であり，登録免許税は，登記事項の変更として申請件数 1 件につき金 3 万円の定額課税となる（登免税別表 24(1)ツ）。

【参考・添付書面】 取締役会議事録 1 通　委任状 1 通
法　実体構造は，決議を要素とする単独行為であり (14 (5) i a)。事例は単元株式数の減少変更であるため単元株式数の廃止に準じ，取締役会設置会社として取締役会の決議のみで定款変更が可能であり (会195)，それを証する取締役会議事録 (法46Ⅱ) を添付する。

42　株主名簿管理人の登記
（1）　株主名簿管理人の設置
【事例 24 ―株主名簿管理人の設置―】 過問 （H20）

問　次の事実に基づき暫定答案を作成しなさい。
（株式会社 Z の登記記録）
会社成立の年月日　平成 7 年 7 月 7 日
発行可能株式総数　8 万株
発行済株式の総数　2 万株
取締役会設置会社に関する事項　取締役会設置会社
（株式会社 Z の平成 28 年 6 月 27 日の定時株主総会議事録）
 2 号議案　議長は，定款第 7 条の 4 に「当会社は，株主名簿管理人を置く。」旨の定めを新設することの可否を議場に諮ったところ，満場一致をもって可決確定した。
（株式会社 Z の平成 28 年 6 月 27 日の取締役会議事録）
 議案　議長は，株主総会の定款変更決議に基づき，株主名簿管理人として東京都渋谷区乙町 2 番地の株式会社 B 証券（本店　東京都千代田区甲町 1 番地）の渋谷支店とすることの可否を議場に諮ったところ，出席取締役の全員一致をもって可決した。
（聴取記録）
 1　株式会社 Z と株式会社 B 証券と間で，平成 28 年 6 月 28 日，株式会社 B 証券の渋谷支店を株主名簿管理人とする委託契約を締結した。

登記の事由	登記すべき事項	登免税額（根拠）
株主名簿管理人の設置	平成 28 年 6 月 28 日設置 株主名簿管理人の氏名又は名称及び住所並びに営業所 　　東京都渋谷区乙町 2 番地 　　株式会社 B 証券渋谷支店 　　本店　東京都千代田区甲町 1 番地	金 3 万円（(1) ツ）

　株主名簿管理人を設置する決議があれば，**株主名簿管理人の設置**を法律構成する（会123）。これにより，「株式・資本区」の登記事項である株主名簿管理人

の氏名または名称および住所ならびに営業所（会911Ⅲ⑪）が，委託契約時に発生し，本店で2週間以内に変更登記の申請が必要となるため，本店での登記の事由となる（会915Ⅰ）。

登記すべき事項は，株主名簿管理人の氏名または名称および住所ならびに営業所と設置の旨および効力発生日である。事例は，株主名簿管理人の営業所が本店以外の場合の記載例であり，株主名簿管理人の本店を株主名簿管理人の営業所とした場合の記載例は，次の**(3)** となる。

登録免許税は，登記事項の変更として申請件数1件につき金3万円の定額課税となる（登免税別表24(1)ツ）。

> 【参考・添付書面】 定款 1通　取締役会議事録 1通　株主名簿管理人との間の契約を証する書面 1通　委任状 1通
>
> 法　実体構造は，立証を要する法定要件をみたしてする決議を要素とする契約である（14（5）ⅱf）。法定要件として定款の定めが必要であり（会123），それを証する定款を添付する（法64）。取締役会設置会社では取締役会の決議で委託契約の締結先を決定するため（会362Ⅱ①），取締役会議事録（法46Ⅱ）を添付する。委託契約の締結を証するため契約を証する書面（法64）を添付する。なお，事例の会社は，登記記録の会社成立年月日から旧株式会社として，取締役会設置会社と判断できることは**事例18**と同様である（整備76Ⅱ，**25**（2）②参照）。

(2) 株主名簿管理人の廃止

【事例25 ─株主名簿管理人の廃止─】

> 問　次の事実に基づき暫定答案を作成しなさい。
> （株式会社Zの登記記録）
> 発行可能株式総数　8万株
> 発行済株式の総数　2万株
> 株主名簿管理人の氏名または名称及び住所並びに営業所
> 　東京都渋谷区乙町2番地
> 　株式会社B証券渋谷支店
> 　本店　東京都千代田区甲町1番地
> （株式会社Aの平成28年6月27日の定時株主総会議事録）
> 　2号議案　議長は，定款第7条の4の株主名簿管理人の設置の定めを廃止することの可否を議場に諮ったところ，満場一致をもって可決確定した。

登記の事由	登記すべき事項	登免税額（根拠）
株主名簿管理人の廃止	平成28年6月27日株主名簿管理人株式会社B証券の廃止	金3万円（(1)ツ）

42 株主名簿管理人の登記

　株主名簿管理人の定款の定めを廃止するか，定款の定めを維持したまま株主名簿管理人との委託契約を解除していれば株主名簿管理人の廃止を法律構成する。これにより，「株式・資本区」の登記事項である株主名簿管理人の氏名または名称および住所ならびに営業所（会911Ⅲ⑪）が，定款の定め廃止時または契約解除時に消滅し，本店で2週間以内に変更登記の申請が必要となるため，本店での登記の事由となる（会915Ⅰ）。

　登記すべき事項は，株主名簿管理人の廃止の旨および効力発生日であり，登録免許税は，登記事項の変更として申請件数1件につき金3万円の定額課税となる（登免税別表24(1)ツ）。

【参考・添付書面】　株主総会議事録1通　株主リスト1通　委任状1通

　法　実体構造は，決議を要素とする単独行為である（14 (5) ⅰ a）。事例は株主名簿管理人についての定款の定め廃止しており（会466，同309Ⅱ⑪），定款変更を証する株主総会議事録（法46Ⅱ）を添付する。

（3）　株主名簿管理人の変更

【事例26 ―株主名簿管理人の変更―】

問　次の事実に基づき暫定答案を作成しなさい。
（株式会社Zの登記記録）
会社成立の年月日　平成7年7月7日
発行可能株式総数　8万株
発行済株式の総数　2万株
株主名簿管理人の氏名又は名称及び住所並びに営業所
　東京都渋谷区乙町2番地
　株式会社B証券渋谷支店
　本店　東京都千代田区甲町1番地
取締役会設置会社に関する事項　取締役会設置会社
（株式会社Zの平成28年6月27日の取締役会議事録）
議案　議長は，当会社の株主名簿管理人として株式会社B証券の渋谷支店としていたが，本日をもってその委託契約を解除し，新たに株式会社C証券の本店（東京都渋谷区丙町3番地）と株主名簿管理人としての委託契約を締結することの可否を議場に諮ったところ，満場一致をもって可決確定した。
（聴取記録）
1　株式会社Z及び株式会社C証券は，平成28年6月27日，株主名簿管理人としての委託契約を締結した。

登記の事由	登記すべき事項	登免税額（根拠）
株主名簿管理人の変更	平成28年6月27日株主名簿管理人株式会社B証券を変更 　　株主名簿管理人の氏名又は名称及び住所並びに営業所 　　　東京都渋谷区丙町3番地 　　　株式会社C証券本店	金3万円（(1)ツ）

　事例のように株主名簿管理人株式会社B証券を解任し，新たに株主名簿管理人として株式会社C証券とする決議がされた事実が示されていれば，**株主名簿管理人の変更**を法律構成する。これにより，「株式・資本区」の登記事項である株主名簿管理人の氏名または名称および住所ならびに営業所（会911Ⅲ⑪）が，変更の効力発生日（新たな株主名簿管理人との委託契約締結日）に変更し，本店で2週間以内に変更登記の申請が必要となるため，本店での登記の事由となる（会915Ⅰ）。

　登記すべき事項は，変更後の株主名簿管理人の氏名または名称および住所ならびに営業所と**変更**の旨および効力発生日である。役員等の変更と異なり，従前の株式会社B証券について廃止の登記，新たな株式会社C証券について設置の登記とを区別せず，1つの変更登記として処理できる点が特色となっている。これは，機関と履行補助者の取扱いの違いによるものと思われる。

　登録免許税は，登記事項の変更として申請件数1件につき金3万円の定額課税となる（登免税別表24(1)ツ）。

> 【参考・添付書面】　定款1通　取締役会議事録1通　株主名簿管理人との間の契約を証する書面1通　委任状1通
> 　法　実体構造は，設置と同様である（**14**(5)ⅱf）。法定要件としての定款の定めを証し（会123，法64，ハンドブック263頁），取締役会決議で委託契約の締結先を決定したことを証し（会362Ⅱ①，法46Ⅱ），委託契約の締結を証する（法64）流れとなる。なお，従前の株主名簿管理人との契約を解除する改葬以外，契約の終了事由を証する書面の添付規定は存在しないため，従前の株主名簿管理人の退任を証する書面の添付を要しない（ハンドブック264頁）。

（4）　株主名簿管理人の名称等の変更

【事例27―株主名簿管理人の名称変更―】

> 問　次の事実に基づき暫定答案を作成しなさい。

42 株主名簿管理人の登記

> （株式会社 Z の登記記録）
> 発行可能株式総数　8 万株
> 発行済株式の総数　2 万株
> 株主名簿管理人の氏名又は名称及び住所並びに営業所
> 　東京都千代田区甲町 1 番地
> 　株式会社 B 証券本店
> （聴取記録）
> 1　株式会社 B 証券は，平成 28 年 4 月 1 日，株主総会の決議で商号を株式会社 C 証券に変更し，同年 4 月 2 日に管轄商業登記所において商号変更の登記を完了させた。

登記の事由	登記すべき事項	登免税額（根拠）
株主名簿管理人の変更	平成 28 年 4 月 1 日株主名簿管理人株式会社 B 証券を変更 　株主名簿管理人の氏名又は名称及び住所並びに営業所 　　東京都千代田区甲町 1 番地 　　株式会社 C 証券本店	金 3 万円（(1)ツ）

　株主名簿管理人の名称に変更が生じれば，**株主名簿管理人の名称の変更**を法律構成する。これにより，「株式・資本区」の登記事項である株主名簿管理人の氏名または名称および住所ならびに営業所（会 911 Ⅲ⑪）が，変更の効力発生日に変更し，本店で 2 週間以内に変更登記の申請が必要となるため，本店での登記の事由となる（会 915 Ⅰ）。

　登記すべき事項は，変更後の株主名簿管理人の氏名または名称および住所ならびに営業所と**変更**の旨および効力発生日であり，登録免許税は，登記事項の変更として申請件数 1 件につき金 3 万円の定額課税となる（登免税別表 24(1)ツ）。

【参考・添付書面】　委任状 1 通
法　実体構造は，決議を要素としない法律事実である（**14**(5)ⅳj）。添付書面の規定がなく委任状以外の書面の添付を要しない（ハンドブック 265 頁）。

2-4　株式の発行に関する登記

43　募集株式の発行
(1)　通常の場合

【事例 28 —募集株式の発行・通常の場合—】 過問 （第三者割当て 10 回，株主割当 6 回）

> 問　次の事実に基づき暫定答案を作成しなさい。
> （株式会社 Z の登記記録）
> 発行可能株式総数　800 株
> 発行済株式の総数　200 株
> 資本金の額　金 1,000 万円
> 株式の譲渡制限に関する規定
> 　当会社の株式を譲渡により取得するには，当会社の承認を要する
> 取締役会設置会社に関する事項　取締役会設置会社
> 監査役設置会社に関する事項　監査役設置会社
> （株式会社 Z の平成 28 年 6 月 27 日の定時株主総会議事録）
> 　2 号議案　議長は，次の要領で募集株式を発行することの可否を議場に諮ったところ，満場一致で可決した。
> 　(1)　募集株式 200 株を発行し，B が申し込むことを条件として B にその全部を割り当てる。
> 　(2)　払込金額は 1 株について金 5 万円とし，払込取扱場所は，株式会社 X 銀行本店とする。
> 　(3)　払込期日は，平成 28 年 6 月 28 日とする。
> （聴取記録）
> 1　平成 28 年 6 月 28 日，B は募集株式数の全部について書面で申込みを行い，同日払込金額の全額を株式会社 X 銀行に払い込んだ。
> 2　定款に，割当決議を株主総会で行う旨の定めがある。
> 3　上記以外の決議は行われておらず，総株主の同意も得られていない。

登記の事由	登記すべき事項	登免税額（根拠）
募集株式の発行	平成 28 年 6 月 28 日変更 　発行済株式の総数　400 株 　資本金の額　金 2,000 万円	金 7 万円（(1)ニ）

① 法律構成と登記の事由の判断

　募集株式の発行に関する決議があれば，それが第三者割当てか株主割当てかを問わず，**募集株式の発行**を法律構成する（会 199 以下）。

　会社法における募集株式の発行は，新株発行の手続と自己株式の処分手続と

を統合したものであり，このうち，新株発行の手続を含む募集株式の発行をする場合，新株分について原則として「株式・資本区」の登記事項である発行済株式の総数（会 911 Ⅲ⑨），資本金の額（会 911 Ⅲ⑤）が，払込期日に増加変更し，本店で 2 週間以内に変更登記の申請が必要となるため，本店での登記の事由となる（会 915 Ⅰ，第三者割当てについて昭 55，平 7，平 9，平 11，平 15，平 16，平 20，平 25，平 27 登記不可，株主割当てについて昭 58，昭 63，平 9，平 13，平 14，平 19）。

他方，自己株式の処分は，新たに発行済株式の総数が変化せず，株式引受人からの払込みが行われるが，それは**その他資本剰余金**の変動原因にすぎず（差益がでればその差益分をプラス計上され，差損がでればその差損分をマイナス計上される），登記の事由とはならない。

また，新株発行と自己株式の処分とを混在させる募集株式の発行も可能であり，その場合，増加する発行済株式の総数は新株発行分が増加し，新株の割合分だけ資本金の額が増加するとともに，自己株式の処分について差損がでれば，その分を資本金等増加限度額から差し引くことになるため，慎重な検討が必要となる。

事例の募集株式の発行は，非公開会社の第三者割当てであり，自己株式の処分が行われている旨の事実は示されておらず，募集株式 200 株の全部を新株の発行と解し，事例の募集株式の発行全体を登記の事由と判断する。

② 増加する発行済株式の総数の判断

募集株式の発行では，払込期日の場合には期日までに，払込期間の場合には期間の末日までに払込金額の全額を払い込み，全額出資義務を履行しなければならず（会 208 Ⅰ），全額出資義務を怠れば，出資の履行により募集株式の株主となる権利を失うことになり（会 208 Ⅴ），この不履行分が増加する発行済株式の総数および資本金の額の判断に影響を与える。これを**打ち切り発行**という。

事例では，聴取記録 1 により B が払込期日である 6 月 28 日に募集株式全部の申込みおよび払込みを行っており，打ち切り発行の論点は問題とならず，募集株式 200 株の全部が増加するため，変更後の発行済株式の総数は **400 株**となる。

③ 増加する資本金の額の計算

増加する資本金の額は，まず，ⅰ．資本金等増加限度額を計算し（会 445 Ⅰ，計算規 14），次いで，ⅱ．募集決議で決議する資本金に計上しない額を考慮し（会 445 Ⅱ），2 段階の作業をもって決定する。

i 資本金等増加限度額の計算

資本金等増加限度額は，a. 払込みおよび給付された財産の価額から，b. 募集株式の交付費用額のうち会社が減額すると定めた額（当分の間 0 円〔計算規附則 11 ①〕）を控除し，c. 株式発行割合（交付株式総数に占める新株数の割合）を乗じた額から，d. 自己株式の処分がある場合には，自己株式処分差損を減じて計算する（計算規 14）。

事例の場合，聴取記録 1 から株式引受人 B は，募集株式の全部について払込金額として 1 株金 5 万円を払い込んでいるため，a の払い込まれた財産の価額は金 1,000 万円となり，b は 0 円であり計算上無視できることになり，c の株式発行割合は募集株式全部が新株であるため 1（＝200 株÷200 株）となり，これを乗じた額も金 1,000 万円となる。自己株式の処分が含まれていないため，自己株式処分差損の控除も問題とならず，資本金等増加限度額は**金 1,000 万円**となる。本事例のように自己株処分が混在しない場合には，資本金等増加限度額は，結果として上記 a の払込みまたは給付された財産の価額となるため，その計算は瞬時に行えるものとなっている。

ii 資本に組み入れない額

募集決議において，資本金等増加限度額の 2 分の 1 を超えない額を資本に組み入れないことを定めることができる（会 445 Ⅱ）。当該定めがある場合には，増加する資本金の額は，資本金等増加限度額から資本に組み入れない額を控除した額となる。ちなみに，資本に組み入れない額は資本準備金に計上されることとなる（会 445 Ⅲ）。

事例では，募集株式の発行決議において資本金に計上しない額が定められていないため i で計算した資本金等増加限度額の全額金 1,000 万円が増加する資本金の額となり，変更後の資本金の額は**金 2,000 万円**となる。

④ 効力発生日

払込期日を定めた場合には，払込期日の到来により変更の効力が発生し（会 209 Ⅰ①），払込期日に代えて，払込期間を定めた場合には，当該期間内に出資を履行した時に変更の効力が発生するが（会 209 Ⅰ②），払込期間の末日とし，期間内の変更をまとめて登記する便宜が認められており（会 915 Ⅱ），それによる場合には変更の原因日付は，払込期間の末日となる。

事例では，払込期日が定められているため，効力発生日は平成 28 年 6 月 28 日となる。

43　募集株式の発行

⑤　登録免許税額
i　原則である定率課税

　募集株式の発行の登録免許税は，資本の額が増加する場合には，増加した資本の額を課税標準として税率1,000分の7を乗ずる定率課税となる（登免税別表24（1）ニ）。なお，計算額が3万円未満の場合には，登録免許税額は金3万円となる（最低税額の定め）。

　また，申請書には，登録免許税額のほか，課税標準の金額を**課税標準金額**として記載しなければならない（法17Ⅱ⑥）。

　事例では，増加する資本金の額が金1,000万円であり，それに税率を乗じて得た額が金7万円となるため，登録免許税額は金7万円となる。

ii　例外である定額課税

　資本金の額が増加しない場合には，課税根拠が異なり，単なる登記事項の変更として申請件数1件について3万円の定額課税となり（登免税別表24（1）ツ），申請書に課税標準金額の記載を要しない。

【参考・添付書面】　定款1通　株主総会議事録1通　株主リスト1通　募集株式の引受けの申込みを証する書面1通　払込みがあったことを証する書面1通　資本金の額の計上を証する書面1通　委任状1通

法　実体構造は，立証を要する法定手続を履行する決議を要素とする契約であり（14（5）ⅱf），株式引受契約の締結と全額出資義務の履行となっている。
　事例は，非公開会社の第三者割当てであり，契約内容である募集事項を株主総会の特別決議で決定（会199Ⅱ，同309Ⅱ⑤）したことを証する株主総会議事録（法46Ⅱ）を添付する。
　株式引受契約の申込みは書面で行われ（会203Ⅱ），それを証する申込みを証する書面（法56①）を添付する。承諾に相当する割当てについては，募集株式が譲渡制限株式であるため，定款の定めを根拠として，株主総会の特別決議によって割当決議を行うことで株式引受契約が成立し（会204Ⅱ，同309Ⅱ⑤），上記の議事録がそれを証する書面（法46Ⅱ）を兼ねることになる。なお，事例のように割当決議は，申込みを条件とする条件付決議として行うことができる。
　全額出資義務の履行については，払込期日に払込機関に対して払込みが行われ（会208Ⅰ），払込みがあったことを証する書面（法56②）を添付する。

規　事例の会社は，登記記録から取締役会設置会社であり，定款の定めがなければ株主総会で割当決議が行えないため「定款」を添付する（登規61Ⅰ）。また，資本金の額の増加による変更登記にあたるため「資本金の額の計上に関する証明書」を添付する（登規61Ⅶ）。
　なお，事例は募集事項を取締役会決議で決定する場合ではないため募集事項の通知または公告の規定は適用されず（会201ⅢⅣ），決議と払込期日との間に2週間の

期間がなくとも株主全員の期間短縮の同意書の添付を要しない（法46Ⅰ，14（7）②ⅳ）。

（2） 自己株式の処分が含まれる場合
【事例29―募集株式の発行・自己株式の処分が含まれる場合―】

> 問　次の事実に基づき暫定答案を作成しなさい。なお，登記の申請は払込期間経過後にまとめて申請するものとする。
> （株式会社Ｚの登記記録）
> 会社成立の年月日　平成7年7月7日
> 発行可能株式総数　800株
> 発行済株式の総数　200株
> 資本金の額　金1,000万円
> 株式の譲渡制限に関する規定
> 　当会社の株式を譲渡により取得するには，当会社の承認を要する
> 取締役会設置会社に関する事項　取締役会設置会社
> （株式会社Ｚの平成28年6月27日の定時株主総会議事録）
> 議案　議長は，次の要領で募集株式を発行することの可否を議場に諮ったところ，満場一致で可決した。
> 　(1)　募集株式を200株とし，そのうち100株について自己株式を交付し，残りについて新株を発行して交付するものとし，Ｂが申し込むことを条件としてＢにその全部を割り当てる。
> 　(2)　払込金額は1株について金5万円とし，払込取扱場所は，株式会社Ｘ銀行本店とする。
> 　(3)　払込期間は，平成28年6月27日から同年6月30日までとする。
> 　(4)　資本金等増加限度額の2分の1は，資本金の額に計上せず，資本準備金とする。
> （聴取記録）
> 1　平成28年6月29日，Ｂは募集株式数の全部について書面で申込みを行い，同日払込金額の全額を株式会社Ｘ銀行に払い込んだ。
> 2　自己株式は100株であり，その帳簿価格の総額は金400万円である。
> 3　定款に，割当決議を株主総会で行う旨の定めがある。

登記の事由	登記すべき事項	登免税額（根拠）
募集株式の発行	平成28年6月30日変更 　発行済株式の総数　300株 　資本金の額　金1,250万円	金3万円（(1)ニ）

①　法律構成と登記の事由の判断
　事例の募集株式は非公開会社の第三者割当てであり，募集株式200株のうち100株について自己株式を交付するため，自己株式の処分が混在するパターン

となり，残り100株分が新株発行分として登記の事由となる。

② 増加する発行済株式の総数の判断

事例では，聴取記録1によりBが払込期間内の6月29日に募集株式全部の申込みおよび払込みを行っており，打ち切り発行の論点は問題とならず，新株発行に相当する募集株式100株分が増加するため，変更後の発行済株式の総数は **300株** となる。

③ 増加する資本金の額の計算

i 資本金等増加限度額の計算（計算式は（1）**事例28**③ i ）

事例の場合，株式引受人Bに交付する200株の全部について株式引受人Bが払込金額として1株金5万円を払い込んでいるため，aの払い込まれた財産の価額は金1,000万円となり，bの株式交付費用額は0円であり，cの株式発行割合は募集株式200株のうち新株が100株であるため **0.5** （＝100株÷200株）となり，これを乗じた額は，金500万円となる。

また，聴取記録2から自己株式100株の帳簿価格の総額は金400万円であり，1株あたり簿価は金4万円（＝金400万円÷100株）となる。払込金額が1株金5万円であるため，金4万円で仕入れた1株が金5万円で売れたことになり，1株について金1万円の **差益** がでることになるため，自己株式処分差損の控除も問題とならず，資本金等増加限度額は **金500万円** となる（なお，差益分金100万円については，その他資本剰余金に組み入れられる）。

ii 資本に組み入れない額

事例では，募集株式の発行決議の(4)で資本金等増加限度額の2分の1を資本金の額に計上しないとしているため，資本金等増加限度額金500万円のうち金250万円を資本準備金とし，残り **金250万円** が増加する資本金の額となる。

④ 登記原因年月日

事例では，募集事項の決定決議で払込期間が定められており，登記の申請は払込期間経過後にまとめて申請するものとされているため，払込期間の末日である **平成28年6月30日** を登記原因年月日と判断する。

⑤ 登録免許税額

事例は，資本の額が増加する場合として，増加した資本の額を課税標準として税率1,000分の7を乗ずる定率課税となる（登免税別表24(1)ニ）。

増加する資本金の額金250万円に上記の税率を乗じた額は金1万7,500円であり，計算額が金3万円未満であるため，登録免許税額は，最低額税額の金3

万円に修正することになる。

> 【参考・添付書面】　定款 1 通　株主総会議事録 1 通　株主リスト 1 通　募集株式の引受けの申込みを証する書面 1 通　払込みがあったことを証する書面 1 通　資本金の額の計上を証する書面 1 通　委任状 1 通
>
> 法　実体構造は，**事例 28** と同様，株式引受契約の締結と全額出資義務の履行である。
> 　　事例は，非公開会社の第三者割当てであるため，契約内容である募集事項を株主総会の特別決議で決定し（会 199 Ⅱ，同 309 Ⅱ⑤），それを証する株主総会議事録（法 46 Ⅱ）を添付する。
> 　　株式引受契約の申込みは書面で行われ（会 203 Ⅱ），それを証する書面（法 56 ①）を添付し，承諾に相当する割当てについては募集株式が譲渡制限株式であるため定款の定めを根拠として，株主総会の特別決議によって割当決議を行うことで株式引受契約が成立し（会 204 Ⅱ，同 309 Ⅱ⑤），それを証する書面（法 46 Ⅱ）は上記の議事録が兼ねることになる。
> 　　全額出資義務の履行については，払込期日に払込機関に対して払込みが行われており（会 208 Ⅰ），それを証する書面（法 56 ②）を添付する。
> 規　事例の会社は，取締役会設置会社であり，割当決議について「定款」を添付する点（登規 61 Ⅰ），「資本金の額の計上に関する証明書」を添付する点（登規 61 Ⅸ），株主全員の期間短縮の同意書の添付を要しない点は，**事例 28** と同様である。

（3）　自己株式の処分が含まれ，差損が問題となる場合

【事例 30 ─募集株式の発行・自己株式の処分差損が問題となる場合─】

> 問　次の事実に基づき暫定答案を作成しなさい。なお，登記の申請は効力発生後，もっとも早い日にするものとする。
> （株式会社 Z の登記記録）
> 会社成立の年月日　平成 7 年 7 月 7 日
> 発行可能株式総数　800 株
> 発行済株式の総数　200 株
> 資本金の額　金 1,000 万円
> 株式の譲渡制限に関する規定
> 　当会社の株式を譲渡により取得するには，当会社の承認を要する
> 取締役会設置会社に関する事項　取締役会設置会社
> （株式会社 Z の平成 28 年 6 月 27 日の定時株主総会議事録）
> 議案　議長は，次の要領で募集株式を発行することの可否を議場に諮ったところ，満場一致で可決した。
> 　(1)　募集株式を 200 株とし，そのうち 100 株について自己株式を交付し，残りについて新株を発行して交付するものとし，B が申し込むことを条件として B にその全部を割り当てる。

43 募集株式の発行

> (2) 払込金額は1株について金5万円とし、払込取扱場所は、株式会社X銀行本店とする。
> (3) 払込期間は、平成28年6月27日から同年6月30日までとする。
>
> (聴取記録)
> 1　平成28年6月29日、Bは募集株式数の全部について書面で申込みを行い、同日払込金額の全額を株式会社X銀行に払い込んだ。
> 2　自己株式は100株であり、その帳簿価格の総額は金700万円である。
> 3　定款に、割当決議を株主総会で行う旨の定めがある。

登記の事由	登記すべき事項	登免税額（根拠）
募集株式の発行	平成28年6月29日変更 　発行済株式の総数　300株 　資本金の額　金1,300万円	金3万円（(1) ニ）

① 法律構成と登記の事由の判断

事例の募集株式は非公開会社の第三者割当てであり、募集株式200株のうち100株について自己株式を交付するため、自己株式の処分が混在するパターンとなり、残り100株分が新株発行分として登記の事由となる。

② 増加する発行済株式の総数の判断

事例では、聴取記録1によりBが払込期間内の6月29日に募集株式全部の申込みおよび払込みを行っており、打ち切り発行の論点は問題とならず、新株発行に相当する募集株式100株分が増加するため、変更後の発行済株式の総数は300株となる。

③ 増加する資本金の額の計算

i　資本金等増加限度額の計算（計算式は（1）事例28③ i）

事例の場合、株式引受人Bに交付する200株の全部について株式引受人Bが払込金額として1株金5万円を払い込んでいるため、aの払い込まれた財産の価額は金1,000万円となり、bは0円であり、cの株式発行割合は募集株式200株のうち新株が100株であるため0.5（＝100株÷200株）となり、これを乗じた額は、金500万円となる。

また、聴取記録2から自己株式100株の帳簿価格の総額は金700万円であり、1株あたりの帳簿価格は金7万円（＝金700万円÷100株）となる。払込金額が1株金5万円であるため、自己株式の処分については、金7万円で仕入れた1株が金5万円でしか売れなかったことになり、1株について金2万円の差損が出ることになる。自己株式100株の処分差損は計金200万円となり、資本金等増

43　募集株式の発行

加限度額は金 300 万円（＝金 500 万円－金 200 万円）に修正されることになる。
ⅱ　資本に組み入れない額
　事例では，募集株式の発行決議で資本に組み入れない額が決議されていないため，ⅰで計算した資本金等増加限度額金 300 万円が増加する資本金の額となる。
④　効力発生日
　事例では，募集事項の決定決議で払込期間が定められている。実体上，払込みを行った時点でＢの募集株式は効力が発生し，登記の申請は効力発生後，もっとも早い日にする旨が指示されているため平成 28 年 6 月 29 日を効力発生日と判断する。
⑤　登録免許税額
　事例は，資本の額が増加する場合として，増加した資本の額を課税標準として税率 1,000 分の 7 を乗ずる定率課税となる（登免税別表 24 ⑴ ニ）。
　増加する資本金の額金 300 万円に上記の税率を乗じた額は金 2 万 1,000 円であり，計算額が金 3 万円未満であるため，登録免許税額は，最低税額の金 3 万円に修正されることになる。

【参考・添付書面】　定款 1 通　株主総会議事録 1 通　株主リスト 1 通　募集株式の引受けの申込みを証する書面 1 通　払込みがあったことを証する書面 1 通　資本金の額の計上を証する書面 1 通　委任状 1 通

法　実体構造は，事例 28 と同様，株式引受契約の締結と全額出資義務の履行である。
　事例は，非公開会社の第三者割当てであるため，契約内容である募集事項を株主総会の特別決議で決定し（会 199 Ⅱ，同 309 Ⅱ⑤），それを証する株主総会議事録（法 46 Ⅱ）を添付する。
　株式引受契約の申込みは書面で行われ（会 203 Ⅱ），それを証する書面（法 56 ①）を添付し，承諾に相当する割当てについては募集株式が譲渡制限株式であるため，定款の定めを根拠として，株主総会の特別決議によって割当決議を行うことで株式引受契約が成立し（会 204 Ⅱ，同 309 Ⅱ⑤），それを証する書面（法 46 Ⅱ）は上記の議事録が兼ねることになる。
　全額出資義務の履行については，払込期日に払込機関に対して払込みが行われ（会 208 Ⅰ），それを証する書面（法 56 ②）を添付する。
規　事例の会社は取締役会設置会社であり，割当決議について「定款」を添付する点（登規 61 Ⅰ），「資本金の額の計上に関する証明書」を添付する点（登規 61 Ⅸ），株主全員の期間短縮の同意書の添付を要しない点は事例 28 と同様である。

(4) 無増資の募集株式の発行となる場合

【事例 31 ―募集株式の発行・共通支配下会社の現物出資により無増資となる場合―】

> 問 次の事実に基づき暫定答案を作成しなさい。なお，登記の申請は払込期間経過後にまとめて申請するものとする。
> (株式会社 Z の登記記録)
> 会社成立の年月日　平成 7 年 7 月 7 日
> 発行可能株式総数　800 株
> 発行済株式の総数　200 株
> 資本金の額　金 1,000 万円
> 株式の譲渡制限に関する規定
> 　当会社の株式を譲渡により取得するには，当会社の承認を要する
> 取締役会設置会社に関する事項　取締役会設置会社
> (株式会社 Z の平成 28 年 6 月 27 日の定時株主総会議事録)
> 議案　議長は，次の要領で募集株式を発行することの可否を議場に諮ったところ，満場一致で可決した。
> 　(1) 募集株式を 100 株とし，その全部について新株を発行して交付するものとし，株式会社 Y が申し込むことを条件として株式会社 Y にその全部を割り当てる。
> 　(2) 払込金額は 1 株について金 5 万円とし，株式会社 Y のインド食堂の事業を金 500 万円と評価し，現物出資するものとする。
> 　(3) 払込期間は，平成 28 年 6 月 27 日から同年 6 月 30 日までとする。
> (聴取記録)
> 1　平成 28 年 6 月 29 日，株式会社 Y は募集株式数の全部について書面で申込みを行い，同日現物出資物であるインド食堂の事業を給付した。
> 2　株式会社 Y は株式会社 Z の親会社であり，インド食堂の事業は，株式会社 Y の帳簿上，債務超過となっている。
> 3　定款に，割当決議を株主総会で行う旨の定めがある。

登記の事由	登記すべき事項	登免税額（根拠）
募集株式の発行	平成 28 年 6 月 30 日変更 発行済株式の総数　300 株	金 3 万円（(1) ツ）

① 法律構成と登記の事由の判断

　事例の募集株式は非公開会社の現物出資による第三者割当てであり，募集株式 100 株の全部が新株発行分となり，事例の募集株式の発行全部が登記の事由となる。

② 増加する発行済株式の総数の判断

事例では，聴取記録1により株式会社Yが払込期間内の6月29日に募集株式全部の申込みおよび現物出資全部の給付を行っており，打ち切り発行の論点は問題とならず，新株発行に相当する募集株式100株分が増加するため，変更後の発行済株式の総数は 300株 となる。

③ 増加する資本金の額の計算

ⅰ 資本金等増加限度額の計算（計算式は（1）事例28③ⅰ）

事例の場合，株式引受人株式会社Yに交付する100株の払込金額は1株金5万円であり，現物出資物であるインド食堂の事業の全部を給付している。しかし，聴取記録2から株式会社Yは株式会社Zの親会社であり，共有支配下関係が認められ，その現物出資物は，評価替えを許さない趣旨で，帳簿価格でその価格を判断しなければならない。聴取記録2によればインド食堂の事業は現物出資者である株式会社Yの帳簿上債務超過となっているため，株式会社Zが募集株式の発行決議でその価格を金500万円と評価していても，給付された財産の価額は金0円となる（債務超過でありマイナス価格の財産であるが，帳簿価格は金0円とする）。

aの給付された財産の価額は金0円となり，bも0円であり，cの株式発行割合は募集株式200株の全部が新株であるため1（＝200株÷200株）となるが，これを乗じた額は，金0円となり，これが資本金等増加限度額となる。

ⅱ 資本に組み入れない額

事例では，募集株式の発行決議で資本に組み入れない額が決議されていないが，資本金等増加限度額が 金0円 であるため，増加する資本金の額はなく，無増資の募集株式の発行となる。

④ 効力発生日

事例では，募集事項の決定決議で払込期間が定められており，登記の申請は払込期間経過後にまとめて申請するものとされているため，払込期間の末日である 平成28年6月30日 を効力発生日と判断する。

⑤ 登録免許税額

事例は，無増資の募集株式の発行として，資本金の額が増加しない場合であるため，単なる登記事項の変更として，申請件数1件について3万円の定額課税となる（登免税別表24(1)ツ）。

43 募集株式の発行

> **【参考・添付書面】** 定款 1 通　株主総会議事録 1 通　株主リスト 1 通　募集株式の引受けの申込みを証する書面 1 通　委任状 1 通
>
> 法　実体構造は，**事例 28** と同様，株式引受契約の締結と全額出資義務の履行である。
> 　事例は，非公開会社の第三者割当てであるため，契約内容である募集事項を株主総会の特別決議で決定し（会 199 Ⅱ，同 309 Ⅱ⑤），それを証する株主総会議事録（法 46 Ⅱ）を添付する。
> 　株式引受契約の申込みは書面で行われ（会 203 Ⅱ），それを証する書面（法 56 ①）を添付し，承諾に相当する割当てについては募集株式が譲渡制限株式であるため定款の定めを根拠として，株主総会の特別決議によって割当決議を行うことで株式引受契約が成立し（会 204 Ⅱ，同 309 Ⅱ⑤），それを証する書面は（法 46 Ⅱ）は，上記の議事録が兼ねることになる。
> 　事例の全額出資義務の履行については，インド食堂事業の現物出資であるが，総額金 500 万円以下の少額財産は例外として検査役の調査を要せず（会 207 Ⅸ②），当該例外に該当することは登記記録および議事録から明らかであるため現物出資に関する添付書面を要しないことになる。
>
> 規　事例の会社は，登記記録から取締役会設置会社である。また，割当決議について「定款」を添付する点（登規 61 Ⅰ），株主全員の期間短縮の同意書の添付を要しない点は**事例 28** と同様であるが，無増資合併として資本金の額の増加による変更登記に該当しないため「資本金の額の計上に関する証明書」の添付を要しない（登規 61 Ⅸ）。

(5) 種類株式の発行と打ち切り発行

【事例 32 —募集株式の発行・種類株式の発行と打ち切り発行の場合—】

> 問　次の事実に基づき暫定答案を作成しなさい。
> （株式会社 Z の登記記録）
> 発行可能株式総数　800 株
> 発行済株式の総数　200 株
> 発行可能種類株式総数及び発行する各種類の株式の内容
> 　普通株式　1,000 株
> 　甲種類株式　1,000 株
> 　甲種類株式の株主は，株主総会において議決権を有しない。
> 取締役会設置会社に関する事項　取締役会設置会社
> （株式会社 Z の平成 28 年 6 月 27 日の取締役会議事録）
> 議案　議長は，次の要領で募集株式を発行することの可否を議場に諮ったところ，出席取締役の全員一致で可決した。
> 　(1)　募集株式を甲種類株式 200 株とし，当社の普通株主全員に対し，その 1 株に対して 1 株の割合で割当てを受ける権利を付与する。
> 　(2)　払込金額は 1 株について金 5 万円とし，払込取扱場所は，株式会社 X 銀行本店とする。

43　募集株式の発行

> (3) 申込期日及び払込期日は平成28年7月11日とする。
> (4) 資本金等増加限度額の2分の1は，資本金の額に計上せず，資本準備金とする。
>
> （聴取記録）
> 1　株式会社Zの株主はB（普通株式100株），C（普通株式100株）である。
> 2　平成28年7月11日，普通株主Bのみが割り当てられた募集株式数について書面で申込みを行い，払込金額の全額を株式会社X銀行に払い込んだ。
> 3　ほかに必要な決議や株主全員の同意は，得られているものとする。

登記の事由	登記すべき事項	登免税額（根拠）
募集株式の発行	平成28年7月11日変更 発行済株式の総数並びに種類及び数 　発行済株式の総数　300株 　各種の株式の数 　　普通株式　200株 　　甲種類株式　100株 資本金の額　金1,250万円	金3万円（(1)ニ）

① 法律構成と登記の事由の判断

　事例の募集株式は，一見すると株主割当てにみえるが，普通株主の全員に対して別種類の甲種類株式を割り当てており，**株主全員に対して持株比率に応じて同種の株式の割当てを受ける権利を付与する**という株主割当ての定義をみたしていないため，公開会社の第三者割当てとなる。登記記録の状態から甲種類株式はいまだ発行されておらず自己株式は存在しないため，募集株式となる甲種類株式200株全部が新株発行の対象となり，登記の事由となる。

② 増加する発行済株式の総数の判断

　事例では，聴取記録2によりBのみが払込期日に割当てを受けた募集株式全部の申込みおよび払込みを行っているにすぎず，打ち切り発行となっている。したがって，払込期日までに払い込まないCは募集株式の株主となる地位を失い（会208Ⅴ），株主Bが割当てを受けた甲種類株式100株分が増加することになり，上記暫定答案例の要領で変更後の事項を記載する。

③ 増加する資本金の額の計算

ⅰ　資本金等増加限度額の計算（計算式は（1）**事例28**③ⅰ）

　事例の場合，聴取記録2から株式引受人Bに交付する甲種類株式100株の全部について株式引受人Bが払込金額として1株金5万円を払い込んでいるため，aの払い込まれた財産の価額は金500万円となり，bは0円であり，cの株

式発行割合は募集株式である甲種類株式100株全部が新株であるため1（＝100株÷100株）となり，これを乗じた額は，金500万円となる。

また，聴取記録1から自己株式の処分が含まれていないため，自己株式処分差損の控除は問題とならず，資本金等増加限度額は金500万円となる。

ii 資本に組み入れない額

事例では，募集株式の発行決議の(4)で資本金等増加限度額の2分の1を資本金の額に計上しないとしているため，資本金等増加限度額金500万円のうち，金250万円を資本準備金とし，残り金250万円が増加する資本金の額となる。

④ 効力発生日

事例では，募集事項の決定決議で払込期日が定められているため，払込期日である平成28年7月11日を効力発生日と判断する。

⑤ 登録免許税額

事例は，資本の額が増加する場合として，増加した資本の額を課税標準として税率1,000分の7を乗ずる定率課税となる（登免税別表24(1)ニ）。

増加する資本金の額金250万円に上記の税率を乗じた額は金1万7,500円であり，計算額が金3万円未満であるため，登録免許税額は，最低税額の金3万円に修正されることになる。

【参考・添付書面】 取締役会議事録1通 募集株式の引受けの申込みを証する書面1通 払込みがあったことを証する書面1通 資本金の額の計上を証する書面1通 期間短縮の株主全員の同意書1通 委任状1通

法 実体構造は，**事例28**と同様，株式引受契約の締結と全額出資義務の履行である。

事例は，公開会社の第三者割当てであるため，契約内容である募集事項を取締役会決議で決定し（会201Ⅰ），これを証する書面として取締役会議事録（法46Ⅱ）を添付する。なお，公開会社の第三者割当てを取締役会で決議をしているが，既存株主が第三者割当てを受けており，支配株主が変動する場合ではないため株主総会の承認は問題とならず（会206の2Ⅰただし書），募集株式が譲渡制限株式ではないため持株比率維持のための種類株主総会（会199Ⅳ）も問題とならない。

株式引受契約の申込みは書面で行われ（会203Ⅱ），それを証する書面（法56①）を添付し，承諾に相当する割当てについては募集株式が譲渡制限株式ではないため，割当自由の原則により代表取締役が割り当てることで，株式引受契約が成立する。なお，割当てについては規定がないためそれを証する添付書面の添付を要しない。

全額出資義務の履行については，払込期日に払込機関に対して払込みが行われ（会208Ⅰ），それを証する書面（法56②）を添付する。

規 「資本金の額の計上に関する証明書」を添付する点（登規61Ⅸ）は**事例28**と同様

である。また，事例では，募集事項の決定決議日である6月27日と払込期日である7月11日との間に丸2週間の期間がないため，募集事項の通知または公告の期間に瑕疵があることが形式上明らかであるが（会201ⅢⅣ），聴取記録3により株主全員の同意が得られているため，期間短縮について株主全員の同意書を添付する（法46Ⅰ，**14**（7）②ⅳ）。

(6) 細目の決定を委譲された種類株式の発行

【事例33―募集株式の発行・細目の決定を委譲された種類株式の発行の場合―】

問　次の事実に基づき暫定答案を作成しなさい。
（株式会社Zの登記記録）
会社成立の年月日　平成7年7月7日
発行可能株式総数　800株
発行済株式の総数　200株
発行可能種類株式総数及び発行する各種類の株式の内容
　普通株式　1,000株
　甲種類株式　1,000株
　甲種類株式は，毎事業年度に普通株式に先立ち1株について年300円を限度とし，甲種類株式の発行に際して取締役会の定める額の剰余金の配当を受けるものとする。
（株式会社Zの平成28年6月27日の取締役会議事録）
議案　議長は，次の要領で募集株式を発行することの可否を議場に諮ったところ，出席取締役の全員一致で可決した。
　(1)　発行する甲種類株式は，毎事業年度に普通株式に先立ち1株について年300円の剰余金の配当を受けるものとする。
　(2)　募集株式を甲種類株式100株とし，Bが申込みをすることを条件としてその全部をBに割り当てる。
　(3)　払込金額は1株について金5万円とし，払込取扱場所は，株式会社X銀行本店とする。
　(4)　払込期日は平成28年7月11日とする。
（聴取記録）
1　平成28年7月11日，Bは募集株式数の全部について書面で申込みを行い，払込金額の全額を株式会社X銀行に払い込んだ。
2　Bが募集株式の株主となったとしても総株主の議決権の2分の1を超えない。また，ほかに必要な決議や株主全員の同意は，得られているものとする。

43 募集株式の発行

登記の事由	登記すべき事項	登免税額（根拠）
発行可能種類株式総数及び発行する各種類の株式内容の変更 募集株式の発行	平成28年6月27日変更 　発行可能種類株式総数及び発行する各種類の株式の内容 　　普通株式　1,000株 　　甲種類株式　1,000株 　　甲種類株式は，毎事業年度に普通株式に先立ち1株について年300円の剰余金の配当を受けるものとする。 平成28年7月11日変更 　発行済株式の総数並びに種類及び数 　　発行済株式の総数　300株 　　各種の株式の数 　　　普通株式　200株 　　　甲種類株式　100株 　資本金の額　金1,500万円	金3万5,000円 （(1)ニ） 金3万円（(1)ツ） 計金3万5,000円 （登免税18）

① 法律構成と登記の事由の判断

　事例の募集株式は，公開会社の第三者割当てによる募集株式の発行としての種類株式の発行である。登記記録から甲種類株式は，剰余金の配当についての優先株式であり，優先額について要綱を定め具体的細目の決定を取締役会等の決定に委任しているため，甲種類株式を最初に発行する時までにその具体的内容を定めている。この具体的な細目は，定款の内容とはならないが（相澤哲＝葉玉匡美＝郡谷大輔編著『論点解説　新・会社法』62頁Q83〔商事法務，2006〕，以下「会社千問」とする），発行可能種類株式総数および発行する各種類の株式の内容の一部となるため，それについての変更登記を申請しなければならない。なお，その際，発行可能種類株式総数および発行する各種類の株式の内容は，一体の登記事項であるため，一部を変更する場合でも上記の解答例のように全部の書き直しが必要となる。

　また，登記記録の状態から甲種類株式はいまだ発行されておらず自己株式は存在しないため，募集株式となる甲種類株式100株全部が新株発行の対象となり，登記の事由となる。

　なお，会社法の改正により公開会社の募集株式の引受人（特定引受人）が募集株式の株主となった場合に，引受人の全員が募集株式の株主となった場合の総株主の議決権の2分の1を超える場合（その子会社を通じて有する議決権を含める）（会206の2Ⅰ本文），引受人の情報（引受人の氏名や引受人の有することになる議決権数）を，払込期日の2週間前まで株主に通知または公告することになり

(会206 の 2 Ⅰ Ⅱ)，当該通知または公告の日から 2 週間以内に，総株主（承認決議で議決権を行使できない株主を除く）の議決権の 10 分の 1 以上を有する株主が反対の通知をすれば，当該公開会社は，払込期日の前日までに，当該特定引受人に対する募集株式の割当てまたは特定引受人との総数引受契約について株主総会の決議による承認を受けなければならない（会206 の 2 Ⅳ本文）。事例では，聴取記録 2 から上記の要件をみたさず，株主総会による承認決議は問題とならない。

② 増加する発行済株式の総数の判断

事例では，聴取記録 1 により払込期日に B が割当てを受けた募集株式全部の申込みおよび払込みを行っているため，B が割当てを受けた甲種類株式 100 株分が増加することになり，上記前提答案例の要領で変更後の事項を記載する。

③ 増加する資本金の額の計算

i 資本金等増加限度額の計算（計算式は（1）**事例28**③ i ）

事例の場合，聴取記録 1 から株式引受人 B に交付する甲種類株式 100 株の全部について株式引受人 B が払込金額として 1 株金 5 万円を払い込んでいるため，a の払い込まれた財産の価額は金 500 万円なり，b は 0 円であり，c の株式発行割合は募集株式である甲種類株式 100 株全部が新株であるため 1 （＝100 株÷100 株）となり，これを乗じた額は，金 500 万円となる。

また，上記のとおり自己株式の処分が含まれていないため，自己株式処分差損の控除は問題とならず，資本金等増加限度額は**金 500 万円**となる。

ii 資本に組み入れない額

事例では，募集株式の発行決議で資本に組み入れない額を定めていないため，資本金等増加限度額の全額が**金 500 万円**が増加する資本金の額となる。

④ 効力発生日

事例では，募集事項の決定決議で払込期日が定められているため，払込期日である「平成28年7月11日」を効力発生日と判断する。

⑤ 登録免許税額

事例は，資本の額が増加する場合として，増加した資本の額を課税標準として税率 1,000 分の 7 を乗ずる定率課税となる（登免税別表24⑴ニ）。

増加する資本金の額金 500 万円に上記の税率を乗じた額は金 3 万 5,000 円が最低税額を超えるため，当該額が募集株式の登録免許税額となる。

また，一括申請する発行可能種類株式総数および発行する各種類の株式の内

容の変更は，登記事項の変更として申請件数1件について3万円の定額課税となり（登免税別表24⑴ツ），上記とは課税根拠が異なるため，合算額金6万5,000円が登録免許税額となる（登免税18）。

【参考・添付書面】 取締役会議事録 1通　募集株式の引受けの申込みを証する書面 1通　払込みがあったことを証する書面 1通　資本金の額の計上を証する書面 1通　期間短縮の株主全員の同意書 1通　委任状 1通

法　実体構造は，**事例28**と同様，株式引受契約の締結と全額出資義務の履行である。
　　事例は，公開会社の第三者割当てであるため，契約内容である募集事項を取締役会決議で決定し（会201Ⅰ），それを証する取締役会議事録（法46Ⅱ）を添付する。なお，公開会社の第三者割当てを取締役会で決議をしているが，聴取記録2により支配株主が変動する場合ではないため株主総会の承認は問題とならない（会206の2Ⅰただし書）。また，公開会社であるため募集株式となる甲種類株式の種類株主総会（会199Ⅳ）も問題とならない。
　　株式引受契約の申込みが書面で行われ（会203Ⅱ），それを証する書面（法56①）を添付し，承諾に相当する割当てについては募集株式が譲渡制限株式ではないため，割当自由の原則により代表取締役が割り当てることで株式引受契約が成立する。割当てについて添付書面を要しない点は，**事例32**と同様である。
　　全額出資義務の履行については，払込期日に払込機関に対して払込みが行われ（会208Ⅰ），それを証する書面（法56②）を添付する。

規　「資本金の額の計上に関する証明書」を添付する点（登規61Ⅸ）は**事例28**と同様である。また，募集事項の決定決議日である6月27日と払込期日である7月11日との間に丸2週間の期間がないため（会201ⅢⅣ），期間短縮について株主全員の同意書を添付することは**事例32**と同様である（法46Ⅰ）。

44　新株予約権の行使

【事例34―新株予約権の行使―】 過問 （H12，H18，H21）

問　次の事実に基づき暫定答案を作成しなさい。なお，まとめて申請できる登記はまとめて申請するものとし，申請日は平成28年7月1日とする。
（株式会社Zの登記記録）
発行可能株式総数　800株
発行済株式の総数　200株
資本金の額　金1,000万円
株式の譲渡制限に関する規定
　　当会社の株式を譲渡により取得するには，当会社の承認を要する
第1回新株予約権
　　新株予約権の数　50個
　　新株予約権の目的である株式の種類及び数又はその算定方法
　　　普通株式500株

> 募集新株予約権の払込金額若しくはその算定方法又は払込みを要しない旨
>   無償
> 新株予約権の行使に際して出資される財産の価額又はその算定方法
>   金50万円
> 新株予約権を行使することができる期間　平成30年3月31日まで
> (株式会社Zの代表者からの聴取記録)
> 1　新株予約権者Bは，平成28年6月27日，第1回新株予約権10個を行使する意思表示を行い，同日，新株予約権の払込金額の全額を株式会社X銀行に払い込んだ。
> 2　当社は，Bに対して交付すべき株式の半分について自己株式を交付し，残りについて新株を発行して交付した。
> 3　自己株式は100株あり，その帳簿価格は金500万円である。
> 4　第1回新株予約権の内容を決定する第三者割当てによる募集新株予約権の発行決議の際に，資本金等増加限度額の2分の1を資本に組み入れない額と定めている。

登記の事由	登記すべき事項	登免税額（根拠）
第1回新株予約権の行使	平成28年6月30日変更 　発行済株式の総数　250株 　資本金の額　金1,125万円 　新株予約権の数　40個 　新株予約権の目的である株式の種類及び数 　　又はその算定方法　普通株式400株	金3万円（(1)ニ）

(1)　法律構成および登記の事由の判断

　新株予約権を行使する意思表示をした事実があれば，**新株予約権の行使**を法律構成する（会280以下）。

　新株予約権は，募集株式の発行における株式引受契約の一方予約権であるため，新株予約権が行使されれば，それにより株式引受契約が成立し，全額出資義務を履行して株式を取得することになり，その実質は，募集株式の発行と同様となる。

　しかし，新株予約権は，**新株予約権区**の登記事項であるため，会社が新株予約権の行使に対応して新株を交付するか，自己株式を交付するかにかかわらず，新株予約権の数（会911Ⅲ⑫イ）および新株予約権の目的である株式の種類および数またはその算定方法（会911Ⅲ⑫ロ）が減少変更し，登記の事由となる。

　また，募集株式の発行と同様，新株予約権者に交付する株式は，会社の自由選択で自己株式，新株，それらの混在のいずれでもよく，そのうち新株が含まれる場合，新株分について，「株式・資本区」の登記事項である発行済株式の総

44 新株予約権の行使

数が増加変更し（会911Ⅲ⑨），原則として資本金の額も増加変更することで（会911Ⅲ⑤），登記の事由となる。

　これらの効力は，全額出資義務の履行時に発生するが（会282Ⅰ），便宜，毎月末日を変更日付とし，その月の変更をまとめて登記することが可能であり（会915Ⅲ①），毎月末日を変更日付とし，上記の変更登記を本店で2週間以内に申請すれば足りることになるため，本店での登記の事由となる。この便宜措置によるか否かは当事者の自由選択であり，便宜処理によらない場合には，変更の効力が発生するごとに変更登記を申請すべきことになる（会915Ⅰ）。

　事例は，聴取記録1から新株予約権者Bが新株予約権10個を行使している事案である。登記記録から新株予約権の目的である株式の数が普通株式500株と登記されており，これは新株予約権50個全部に対応する数であるため，新株予約権1個については10株（＝500株÷50個）となり，Bは新株予約権10個の行使により，Bに交付する株式数は100株（＝10個×10株）となる。これにより新株予約権区の新株予約権の数は10個減少し，新株予約権の目的である株式の数は100株減少し，それが登記の事由となる。なお，新株予約権の全部を行使した場合には，上記の減少の登記に代えて，**年月日新株予約権全部行使**の登記を申請する（平18.4.26民商1110依命通知，平21）。

　また，聴取記録2からBに交付する100株のうち半分（50株）については自己株式を交付しているため，残り（50株）の新株発行分について発行済株式の総数が増加変更し，原則として資本金の額も増加変更するため，登記の事由となる。

（2）　増加する資本金の額の計算方法

　増加する資本金の額は，募集株式の発行と同様，まず，①資本金等増加限度額を計算し（会445Ⅰ，計算規17），②新株予約権の内容として資本金等増加限度額の2分の1を超えない額を資本金として計上しないことが可能であるため（会445Ⅱ），2段階に分けて判断する。

①　資本金等増加限度額の計算

　資本金等増加限度額は，ⅰ.**行使時における新株予約権の帳簿価額**と**行使の際に払込みまたは給付された財産の価額**の合計額から，ⅱ.募集株式の交付費用額のうち会社が減額すると定めた額（当分の間0円〔計算規附則11②〕）を控除し，ⅲ.株式発行割合（交付株式総数に占める新株数の割合）を乗じた額から，ⅳ.自己株式の処分がある場合には，自己株式処分差損を減じて計算する。

募集株式の発行との相違点は，ⅰの計算の出発点が，**行使の際に払込みまたは給付された財産の価額**に**行使時における新株予約権の帳簿価額**を加えた額となる点のみである。したがって，行使の対象となった新株予約権が無償で発行されている場合には，行使時における新株予約権の簿価は0円となるため，実質的には募集株式の発行の場合と変わらないことになる。

事例では，登記記録から募集新株予約権の払込金額は**無償**とされており，行使に際して出資される財産の価額は金50万円と登記されている。これは新株予約権1個についての出資すべき財産価額であり，事例のBは新株予約権を10個行使しているため金500万円（＝10個×50万円）が資本金等増加限度額の計算の出発点となる。株式交付費用は0円であるため，これを計算上は無視し，株式発行割合**0.5**（＝50株÷100株）を乗じて得た額は金250万円となる。

また，自己株式の処分が混在しているため，処分差損の控除が問題となる。聴取記録3から自己株式100株の帳簿価格は金500万円であり，1株あたり金5万円であり，行使に際して出資された払込金額金500万円の1株あたりの金額は金5万円であるため，差損が生じておらず，資本金等増加限度額は，上記で計算した**金250万円**となる。

② 資本に組み入れない額

聴取記録4から第1回新株予約権の内容として資本に組み入れない額が資本金等増加限度額の2分の1と定められているため，増加する資本金の額は，資本金等増加限度額金250万円の2分の1の**金125万円**となる。

なお，資本金に計上しない額の定めは，新株予約権の内容として発行決議で定められるべきものであるが（会236Ⅰ⑤），登記事項ではないため，新株予約権の内容を定めた発行決議の議事録から判断し，当該議事録が添付書面となる。

(3) 登録免許税の納付

新株予約権の行使により資本の額が増加する場合には，増加した資本の額を課税標準として税率1,000分の7を乗ずる定率課税となる（登免税別表24⑴ニ）。なお，計算額が3万円未満の場合には，登録免許税額は最低税額の金3万円となる。この場合，申請書には，登録免許税額のほか，課税標準の金額を記載しなければならない（法17Ⅱ⑥）。

他方，新株予約権の行使によっても資本の額が増加しない場合には，通常の登記事項の変更として，申請件数1件について3万円の定額課税となる（登免税別表24⑴ツ）。

事例は，新株予約権の行使により資本金の額が増加する場合であるため，増加した資本金の額金125万円を課税価格とし，税率1,000分の7を乗じて得た金8,750円が最低税額に達してしないため，登録免許税額は最低額の金3万円に修正されることになる。

【参考・添付書面】　株主総会議事録1通　株主リスト1通　新株予約権の行使が
　　　　　　　　　あったことを証する書面1通　払込みがあったことを証する書
　　　　　　　　　面1通　資本金の額の計上を証する書面1通　委任状1通

法　実体構造は，立証を要する法定手続を履行してする決議を要素しない意思表示であり（14⑸ⅲⅰ），新株予約権の行使と全額出資義務の履行となっている。
　　Bの新株予約権の行使の意思表示により株式引受契約が成立するため（会280），それを証する書面（法57①）を添付し，当該契約に基づく全額出資義務を履行することになるため（会281Ⅰ），それを証する書面（法57②）を添付する。事例では，資本に組み入れない額が募集新株予約権の発行決議で定められており，当該決議は，非公開会社の第三者割当てとして株主総会の特別決議で決定されているため（会238Ⅱ，同309Ⅱ⑥），株主総会議事録（法46Ⅱ）をも添付しなければならない。

規　資本金の額の増加による変更の登記に該当するため「資本金の額の計上に関する証明書」を添付しなければならない（登規61Ⅸ）。

45　取得請求権付株式の取得と引換えにする株式の発行

【事例35―取得請求権付株式の取得と引換えにする株式の発行―】 過問 （H21）

問　次の事実に基づき暫定答案を作成しなさい。なお，まとめて申請できる登記はまとめて申請するものとし，申請日は平成28年7月1日とする。
（株式会社Zの登記記録）
発行可能株式総数　800株
発行済株式の総数並びに種類及び数
　　発行済株式の総数　200株
　　　各種の株式の数
　　　　普通株式　180株
　　　　甲種類株式　20株
資本金の額　金1,000万円
発行可能種類株式総数及び発行する各種類の株式の内容
　　普通株式　800株
　　甲種類株式　800株
　　甲種類株式の株主は，株主総会において議決権を有しない。甲種類株式は，普通株式に対し，毎事業年度ごと1株について金50円の剰余金の優先配当を受ける。

45　取得請求権付株式の取得と引換えにする株式の発行

> 　普通株式の株主は，いつでも当会社に対し，普通株式1株に対して甲種類株式1株と引換えに普通株式の取得を請求できる。
> 株式の譲渡制限に関する規定
> 　当会社の株式を譲渡により取得するには，当会社の承認を要する
> （株式会社Zの代表者からの聴取記録）
> 1　Bは，平成28年6月27日，普通株式50株について取得請求の意思表示をした。
> 2　当社は，Bに対して甲種類株式を新たに発行して交付した。

登記の事由	登記すべき事項	登免税額（根拠）
取得請求権付株式の取得と引換えにする株式の発行	平成28年6月30日変更 発行済株式の総数並びに種類及び数 　発行済株式の総数　250株 　各種の株式の数 　　普通株式　180株 　　甲種類株式　70株	金3万円（(1)ツ）

（1）　法律構成の判断および登記の事由の判断

　取得対価を株式とする取得請求権付種類株式の取得請求の意思表示の事実が示されていれば，**取得請求権付株式の取得と引換えにする株式の発行**を法律構成する（会166以下）。

　株主が取得請求権を行使すれば，会社は対価と引換えに取得請求権付株式を取得しなければならない。会社の取得請求権付株式の取得は，自己株式の取得であるため，登記の事由とはならない。

　これに対して，対価である株式の交付は，会社の自由選択により新株を交付することも，自己株式を交付することも，これらを混在させることも可能である。このうち，対価である株式に新株が含まれる場合のみ「株式・資本区」の登記事項である発行済株式の総数ならびにその種類および種類ごとの数（会911Ⅲ⑨）が増加変更し，登記の事由となる。ただし，この場合の株式の発行は，実質的には株式の転換であり，株主からの新たな出資を伴うものではないため，資本金の額は増加変更せず（計算規15Ⅰ①），資本金の額は登記すべき事項とはならない。

　この変更の効力は，取得請求権の行使時に発生するが（会167），便宜，毎月末日を変更日付とし，その月の変更をまとめて登記することが可能であり（会915Ⅲ②），毎月末日を変更日付とし，上記の変更登記を本店で2週間以内に申請すれば足りることになるため，本店での登記の事由となる。この便宜措置による

46 取得条項付株式の取得と引換えにする株式の発行

か否かは当事者の自由選択であり，この便宜処理によらない場合には，変更の効力が発生するごとに変更登記を申請すべきことになる（会915Ⅰ）。

（2） 登記すべき事項の判断

登記すべき事項は，変更後の発行済株式の総数ならびにその種類および種類ごとの数と変更の旨および効力発生日である。事例では，登記記録から普通株式が取得請求権付株式であることが判断できる。聴取記録1からBが普通株式50株の取得請求の意思表示をしており，聴取記録2から新たに甲種類株式を発行してBに交付しているため，取得請求の対象となった普通株式50株に対応する対価である甲種類株式50株が増加（登記記録から普通株式1株の対価は甲種類株式1株）することになる。実体上，甲種類株式の取得請求日の平成28年6月27日に効力が生じているが，事例ではまとめて申請できる登記はまとめて申請する旨の指示があるため，便宜措置により請求日の属する月の末日である同年6月30日を登記原因年月日と判断する。

（3） 登録免許税の判断

登録免許税は，資本金の額が増加変更しないため，通常の登記事項の変更として，申請件数1件について3万円の定額課税となる（登免税別表24(1)ツ）。

【参考・添付書面】 取得請求があったことを証する書面 1通　委任状 1通
　法　実体構造は，決議を要素しない意思表示であり（**14**(5)ⅲg），取得請求権付株式の取得請求の意思表示（会166）を証する書面（法58）を添付する。

46　取得条項付株式の取得と引換えにする株式の発行

【事例36―取得条項付株式の取得と引換えにする株式の発行―】

問　次の事実に基づき暫定答案を作成しなさい。
（株式会社Zの登記記録）
公告をする方法　官報に掲載してする
会社成立の年月日　平成7年7月7日
発行可能株式総数　800株
発行済株式の総数並びに種類及び数
　　発行済株式の総数　200株
　　　各種の株式の数
　　　　普通株式　180株
　　　　甲種類株式　20株
資本金の額　金1,000万円

> 発行可能種類株式総数及び発行する各種類の株式の内容
>   普通株式　800株
>   甲種類株式　800株
>   甲種類株式の株主は，株主総会において議決権を有しない。甲種類株式は，普通株式に対し，毎事業年度ごと1株について金50円の剰余金の優先配当を受ける
>   当会社は，当会社が別に定める日が到来したときに，普通株式の全部又は一部について，甲種類株式1株と引換えに普通株式1株を取得することができる
> 株券を発行する旨の定め　当会社の株式については，株券を発行する
> 株式の譲渡制限に関する規定
>   当会社の株式を譲渡により取得するには，当会社の承認を要する
> 取締役会設置会社に関する事項　取締役会設置会社
> (株式会社Ｚの平成28年6月27日の取締役会議事録)
> 議案　議長は，本日をもって普通株式を有する株主の6株に1株の割合で普通株式を一部取得し，対価として甲種類株式を新たに発行して交付することの可否を諮ったところ，出席取締役の全員一致で可決した。
> (聴取記録)
> 1　平成28年5月25日，取得条項付株式である普通株式を同年6月27日に取得するため，普通株式の株券を提供すべき旨を官報に公告し，かつ，株主に通知した。
> 2　平成28年6月28日，普通株式6株に対し1株の割合で普通株式を取得する旨を株主全員に対して通知した。なお，登録株式質権者は存在しない。
> 3　当社の株主は，BCDが各60株ずつ保有している普通株式の株主であり，Eが20株を保有している甲種類株式の株主である。

登記の事由	登記すべき事項	登免税額（根拠）
取得条項付株式の取得と引換えにする株式の発行	平成28年7月13日変更 　発行済株式の総数並びに種類及び数 　　発行済株式の総数　230株 　　各種の株式の数 　　　普通株式　180株 　　　甲種類株式　50株	金3万円（(1)ツ）

(1)　法律構成の判断および登記の事由の判断

　取得対価を株式とする取得条項付株式の取得事由が発生した事実（定款で会社が定める日を一定の事由に代える定めがあれば，取得決議）が示されていれば，**取得条項付株式の取得と引換えにする株式の発行**を法律構成する（会168以下）。

　取得事由が発生すれば，会社は対価と引換えに取得条項付株式を取得できることになるが，取得条項付株式の取得は，自己株式の取得であるため，登記の事由とはならない。

他方，対価である株式の交付は，会社の自由選択で新株でも，自己株式でも，これらを混在させることもできる。このうち，対価である株式に新株が含まれる場合には，「株式・資本区」の登記事項である発行済株式の総数ならびにその種類および種類ごとの数（会911Ⅲ⑨）が，原則として一定の事由の発生日（定款で会社が定める日を一定の事由に代える定めがあれば取得決議で定めた取得日）に増加変更し，その変更登記を本店で2週間以内に申請しなければならず（会915Ⅰ），本店での登記の事由となる。

なお，この場合の株式の発行は，実質的には株式の転換であり，株主からの新たな出資を伴うものではないため，資本金の額は増加変更せず（計算規15Ⅰ②），資本金の額は登記すべき事項とはならない。

（2） 登記すべき事項の判断

登記すべき事項は，変更後の発行済株式の総数ならびにその種類および種類ごとの数と変更の旨および効力発生日である。変更の効力発生日は，定款の定めに基づく一部取得の場合には，一部取得の通知または公告から2週間を経過した日と一定の事由が生じた日（決議で定めた取得日を含む）のいずれか遅い日となる（会170Ⅰ括弧書①②，同Ⅱ）。

事例では，登記記録から普通株式が会社で定める日を一定の事由に代える定めがあり，一部取得が許容された取得条項付株式であることがわかる。事例は普通株式6株に対して1株の割合の一部取得であり，会社による普通株式30株（＝180株÷6株）の取得対価である甲種類株式として，会社は取締役会決議で新株を発行するとしているため，甲種類株式が30株増加し（登記記録から普通株式1株の取得対価は甲種類株式1株），変更後の甲種類株式は**50株**となる。

また，効力発生日は，取締役会決議で定めた取得日が平成28年6月27日であるが，聴取記録2から翌6月28日に一部取得にかかる通知を株主にしており，起算日を6月29日とし（民140本文），2週間後の応当日の前日に期間が満了するため（民143Ⅱ本文），その翌日の期間経過日が，取得日よりも遅れるため平成28年7月13日の期間経過日を登記原因年月日となる。

（3） 登録免許税の判断

登録免許税は，資本金の額が増加変更しないため，通常の登記事項の変更として，申請件数1件について3万円の定額課税となる（登免税別表24(1)ツ）。

【参考・添付書面】 取締役会議事録 1通　株券提供公告をしたことを証する書面 1

通　委任状 1 通
<u>法</u>　実体構造は，立証を要する法定手続を履行する決議を要素とする単独行為である（14（5）ⅰc）。
　事例では，一定の事由に代わる取得決議（会107Ⅱ③ロ，同108Ⅱ⑥イ）と一部取得の決議（会107Ⅱ③ハ，同108Ⅱ⑥イ）を取締役会で行っており（会168Ⅰ本文，会170ⅠⅡ本文），それを証する取締役会議事録（法46Ⅱ）を添付する。事例では株主等に一部取得の通知を行い（会170ⅢⅣ），そこから2週間の期間経過日が効力発生日となっているが（会170Ⅰ括弧書①②，Ⅱ），当該通知または公告は併用の局面ではないため添付書面は規定されていない。
　それとは別に，事例の会社は登記記録から株券発行会社であるため，株券提供の通知および公告をしなければならず（会219Ⅰ本文④），株券提供公告をしたことを証する書面（法59Ⅰ②）を添付する。

47　全部取得条項付種類株式の取得と引換えにする株式の発行

【事例37 ─ 全部取得条項付種類株式の取得と引換えにする株式の発行─】

問　次の事実に基づき暫定答案を作成しなさい。
(株式会社Zの登記記録)
公告をする方法　官報に掲載してする
発行可能株式総数　8,000株
発行済株式の総数並びに種類及び数
　　発行済株式の総数　2,000株
　　　各種の株式の数
　　　　全部取得条項付株式　2,000株
資本金の額　金1億円
発行可能種類株式総数及び発行する各種類の株式の内容
　　普通株式　8,000株　全部取得条項付株式　8,000株
　当会社の全部取得条項付株式は，株主総会の決議によりその全部を取得することができる。その際，株主に交付する対価は，取得決議時の会社財産の状況をふまえて定める。
株券を発行する旨の定め　当会社の株式については，株券を発行する
株式の譲渡制限に関する規定
　当会社の株式を譲渡により取得するには，当会社の承認を要する
(株式会社Zの平成28年6月27日の定時株主総会議事録)
議案　議長は，本決議をもって全部取得条項付株式1株を取得するのと引換えに普通株式0.01株を発行して交付することで全部取得条項付株式の全部を取得する理由を詳細に説明し，その可否を諮ったところ，満場一致で可決確定した。
(聴取記録)

47　全部取得条項付種類株式の取得と引換えにする株式の発行

1　平成28年5月25日，全部取得条項付株式を同年6月27日に取得するため，全部取得条項付株式の株券を提供すべき旨を官報に公告し，かつ，株主に通知した。なお，株主への通知は，取得価格決定の申立てのための全部取得条項付種類株式を取得する旨の通知を兼ねている。
2　平成28年6月28日，全部取得条項付株式100株に対し普通株式1株の割合で全部取得条項付株式を取得する旨を株主全員に対して通知した。なお，登録株式質権者は存在しない。
3　当社の全部取得条項付株式の株主及び持株数は，Bが1,000株，Cが500株，Dが300株，EFGHが各50株を保有している。
4　事前開示及び事後開示の手続は適法に行われている。

登記の事由	登記すべき事項	登免税額（根拠）
全部取得条項付種類株式の取得と引換えにする株式の発行	平成28年6月27日変更 　発行済株式の総数並びに種類及び数 　　発行済株式の総数　2,020株 　　各種の株式の数 　　　普通株式　20株 　　　全部取得条項付株式　2,000株	金3万円（(1) ツ）

(1)　法律構成の判断および登記の事由の判断

　取得対価を株式とする全部取得条項付種類株式の取得決議があれば，**全部取得条項付種類株式の取得と引換えにする株式の発行**を法律構成する（会171以下）。

　全部取得条項付株式は，対価と引換えに会社が取得決議により全部取得条項付種類株式の全部を取得できることになる。会社の全部取得条項付株式の取得は，自己株式の取得であるため，登記の事由とはならない。

　他方，対価である株式の交付は，会社の自由選択で新株を交付することも，自己株式を交付することも，これらを混在させることもできる。このうち，対価である株式に新株が含まれる場合，「株式・資本区」の登記事項である発行済株式の総数ならびにその種類および種類ごとの数（会911Ⅲ⑨）が，取得決議で定めた取得日に増加するため，上記の変更登記を本店で2週間以内に申請しなければならず（会915Ⅰ），本店での登記の事由となる。

　なお，この場合の株式の発行は，実質的には株式の転換であり，株主からの新たな出資を伴うものではないため，資本金の額は増加変更せず（計算規15Ⅰ③），資本金の額は登記すべき事項とはならない。

(2)　登記すべき事項の判断

　登記すべき事項は，変更後の発行済株式の総数ならびにその種類および種類

ごとの数と変更の旨および効力発生日である。事例では，株主総会議事録の記載から全部取得条項付株式1株に対して普通株式0.01株を発行して対価とする全部取得決議が行われているため，対価である普通株式の20株（＝2,000株×0.01）が増加変更することになる。なお，聴取記録3から株主EFGHに付与する株式は1株未満の端数（0.5株＝50株×0.01）となるが，これらはあわせて売却され売却代金が株主に交付されるため（会234），変更後の発行済株式の総数に対して影響を与えるものとはならない。

なお，事例では，聴取記録4から事前開示（会171の2），事後開示（会173の2）が適法に行われている。これは，全部取得条項付種類株式の取得は，キャッシュ・アウトの手段としては，組織再編に比して情報開示の規律が十分ではないとの指摘を受け，会社法の一部改正で導入された手続である。

(3) 登録免許税の判断

登録免許税は，資本金の額が増加変更しないため，通常の登記事項の変更として，申請件数1件について3万円の定額課税となる（登免税別表24(1)ツ）。

【参考・添付書面】 株主総会議事録1通 株主リスト1通 株券提供公告をしたことを証する書面1通 委任状1通

法 実体構造は，立証を要する法定手続を履行する決議を要素とする単独行為である（14（5）ⅰｃ）。株主総会の特別決議による取得決議（会171Ⅰ，同309Ⅱ③）を証するため株主総会議事録（法46Ⅱ）を添付する。また，株券発行会社として株券提供の通知および公告（会219Ⅰ本文③）を証する株券提供公告をしたことを証する書面（法60・同59Ⅰ②）を添付する。

---

48 取得条項付新株予約権の取得と引換えにする株式の発行

【事例38―取得条項付新株予約権の取得と引換えにする株式の発行―】

問　次の事実に基づき暫定答案を作成しなさい。
（株式会社Ｚの登記記録）
公告をする方法　官報に掲載してする
会社成立の年月日　平成7年7月7日
発行可能株式総数　800株
発行済株式の総数　200株
資本金の額　金1,000万円
株式の譲渡制限に関する規定

48 取得条項付新株予約権の取得と引換えにする株式の発行

　当会社の株式を譲渡により取得するには，当会社の承認を要する
第1回新株予約権
　新株予約権の数　50個
　新株予約権の目的である株式の種類及び数又はその算定方法
　　普通株式 500株
　募集新株予約権の払込金額若しくはその算定方法又は払込みを要しない旨
　　無償
　新株予約権の行使に際して出資される財産の価額又はその算定方法
　　金50万円
　新株予約権を行使することができる期間　平成30年3月31日まで
　会社が新株予約権を取得することができる事由及び取得の条件
　　当会社は，当会社が別に定める日が到来したときに，第1回新株予約権の全部又は一部について新株予約権1個について普通株式10株と引換えに取得することができる。
取締役会設置会社に関する事項　取締役会設置会社
（株式会社Zの平成28年6月27日の取締役会議事録）
議案　議長は，本決議をもって第1回新株予約権を2個について1個の割合で一部取得し，対価として普通株式を新たに発行して交付すること及び資本金等増加限度額の2分の1を増加する資本金の額とすることの可否を諮ったところ，出席取締役の全員一致で可決した。
（聴取記録）
1　第1回新株予約権の発行決議では，新株予約権証券を発行する旨を決議していない。
2　平成28年6月28日，第1回新株予約権を2個について1個の割合で取得する旨を第1回新株予約権者に対して通知した。なお，登録新株予約権質権者は存在しない。
3　当社の第1回新株予約権者は，BCDEFの5名であり，各自10個の新株予約権を保有している。
4　第1回新株予約権の取得時の価額は，新株予約権1個について金50万円である。

登記の事由	登記すべき事項	登免税額（根拠）
取得条項付新株予約権の取得と引換えにする株式の発行	平成28年7月13日変更　発行済株式の総数　450株　資本金の額　金1,625万円	金4万3,700円（(1)ニ）

（1）法律構成および登記の事由の判断

　取得対価を株式とする取得条項付新株予約権の取得事由が発生した事実（新株予約権の内容として会社が定める日を一定の事由に代える定めがあれば，取得決議）が示されていれば，**取得条項付新株予約権の取得と引換えにする株式の発行**を法律構成する（会273以下）。

取得事由が発生すれば，会社は対価と引換えに取得条項付新株予約権を取得できることになるが，会社の取得条項付新株予約権の取得は，自己新株予約権の取得であるため，登記の事由とはならず，新株予約権区に関する登記は，問題とならない。

　他方，対価である株式の交付は，会社の自由選択で新株を交付することも，自己株式を交付することも，これらを混在させることもできる。このうち，対価である株式に新株が含まれる場合，「株式・資本区」の登記事項である発行済株式の総数（会911Ⅲ⑨），資本金の額（会911Ⅲ⑤）が，原則として一定の事由の発生日（新株予約権の内容として会社が定める日を一定の事由に代える定めがあれば取得決議で定めた取得日）に増加変更し（会275Ⅰ①），上記の変更登記を本店で2週間以内に申請しなければならず（会915Ⅰ），本店での登記の事由となる。

（2）　増加する発行済株式の総数

　事例では，登記記録から新株予約権の内容として会社の定める日に一部取得ができる第1回新株予約権について，6月27日の取締役会決議で，2個につき1個の割合で決議時に第1回新株予約権を一部取得する旨の決議がされている。登記記録からその対価が新株予約権1個に対して普通株式10株であり，取得する第1回新株予約権25個（＝50個÷2）に対応して普通株式250株が新たに発行され，発行済株式の総数が増加変更することになる。

　事例の効力発生日は，聴取記録2から一部取得のための通知が平成28年6月28日に新株予約権者にされているため，その翌日である6月29日を起算日とし（民140本文）2週間後の応当日の前日に2週間の期間が満了するため（民143Ⅱ本文），期間経過日であるその翌日7月13日が取得決議よりも遅い日となり，その日が効力発生日となる（会275Ⅰ括弧書①②）。

（3）　増加する資本金の額の計算方法

　これまでの株式の取得と引換えにする株式の発行（**事例35**の取得請求権付株式，**事例36**の取得条項付株式，**事例37**の全部取得条項付株式）と異なり，取得条項付新株予約権の取得と引換えにする株式の発行では，資本金の額が増加変更する。これは，株式の取得の場合と異なり対価である株式の交付を単なる株式転換としてとらえることできず，取得条項付新株予約権を出資して株式を発行する一種の現物出資と同様の現象として理解することになるからである。

　増加する資本金の額は，これまでの募集株式の発行（**事例28**）や新株予約権

48 取得条項付新株予約権の取得と引換えにする株式の発行

の行使（**事例34**）と同様，①資本金等増加限度額を計算し（会445Ⅰ，計算規18），②資本金等増加限度額の2分の1を超えない額を資本金として計上しないことが認められるため（会445Ⅱ），2段階に分けて判断する。

① 資本金等増加限度額の計算

資本金等増加限度額は，ⅰ．取得時における取得条項付新株予約権の価額（取得条項付新株予約権付社債の場合には社債を含む）から，ⅱ．株式の交付費用額のうち会社が減額すると定めた額を控除し（当分の間は0円：計算規附則11③），ⅲ．株式発行割合（交付株式総数に占める新株数の割合）を乗じた額から，ⅳ．自己株式処分差損を減じて計算する。

考え方の基本は，新株予約権の行使と同じであるが，行使時の新株予約権の帳簿価格ではなく，取得時の取得条項付新株予約権の価額が計算の基礎となり，当該価額は，一般的には時価をベースに算定されることになる。

事例では，聴取記録4に第1回新株予約権の取得時の価額が1個について金50万円であることが示されており，第1回新株予約権25個が取得の対象となるため，ⅰ．の価額は金1,250万円（＝50万円×25個）となり，ⅱ．は0円であるため計算上無視し，対価である株式が全部新株であるため，株式発行割合**1**を乗じて得た**金1,250万円**が資本金等増加限度額となる。対価の株式が全部新株であるため，自己株式の処分差損は問題となる余地がなく，それを控除することも不要である。

② 資本に組み入れない額

資本金の額に計上しない額は，新株予約権の行使の場合とは異なり，新株予約権の発行決議で新株予約権の内容として決議されるのではなく，それとは別個に取締役会設置会社では，取締役会決議で，非取締役会設置会社では，取締役の過半数によって決定することができる。

事例では，平成28年6月26日の取締役会決議で資本金等増加限度額の2分の1を増加する資本金の額と決議しているため，上記で計算した資本金等増加限度額金1,250万円の半分である**金625万円**が増加する資本金の額となる。

（4） 登録免許税の納付

増加した資本の額を課税標準として税率1,000分の7を乗ずる定率課税となる（登免税別表24(1)ニ）。なお，計算額が3万円未満の場合には，登録免許税額は，最低税額の金3万円となる。定率課税の場合，申請書には，登録免許税額のほか，課税標準の金額を記載しなければならない（法17Ⅱ⑥）。

他方，自己株式処分差損が大きい等の理由により，資本の額が増加しない場合には，通常の登記事項の変更として，申請件数1件について3万円の定額課税となる（登免税別表24(1)ツ）。

事例では，増加する資本金の額が金625万円であり，これに税率1,000分の7を乗じて得た金4万3,750円に100円未満の端数があるため，それを切り捨てた金4万3,700円が登録免許税額となる（国税通則法119Ⅰ）。

> 【参考・添付書面】 取締役会議事録 1通　資本金の額の計上に関する証明書 1通　委任状 1通
>
> 法　実体構造は，立証を要する法定手続を履行する決議を要素とする単独行為である（14（5）ⅰc）。
>
> 　事例では，一定の事由に代わる取得決議（会236Ⅰ⑦ロ）と一部取得の決議（会236Ⅰ⑦ハ）を取締役会で行っており（会273Ⅰ本文，同274ⅠⅡ本文），それを証する取締役会議事録（法46Ⅱ）を添付する。事例では，新株予約権者に一部取得の通知（会274ⅢⅣ）を行っており，当該通知から2週間を経過した日に効力発生日が修正されているが（会275Ⅰ括弧書①②），当該通知または公告は併用の局面ではないため添付書面は規定されていない。また，上記の取締役会議事録は，資本に組み入れない額を証する書面を兼ねることになる。
>
> 　なお，事例の会社は聴取記録1から新株予約権証券を発行する旨を新株予約権の内容として決議しておらず，事例の新株予約権は「証券発行新株予約権」（会249③ニ）ではないため，証券提供の通知および公告（会293Ⅰ本文①の2）は問題とならず，それを証する書面も規定がないため不要である。
>
> 規　資本金の額の増加による変更登記に該当するため，「資本金の額の計上に関する証明書」（登規61Ⅸ）を添付しなければならない。

2-5　新株予約権の発行に関する登記

49　募集新株予約権の発行

（1）　通常の場合

【事例39 —募集新株予約権の発行—】

> 問　次の事実に基づき暫定答案を作成しなさい。
> （株式会社Zの登記記録）
> 発行可能株式総数　800株
> 発行済株式の総数　200株
> 資本金の額　金1,000万円
> 株式の譲渡制限に関する規定　当会社の株式を譲渡により取得するには，当会

49 募集新株予約権の発行

社の承認を要する
取締役会設置会社に関する事項　取締役会設置会社
監査役設置会社に関する事項　監査役設置会社
（株式会社Ｚの平成 28 年 6 月 27 日の定時株主総会議事録）
議案　議長は，次の要領で第 1 回募集新株予約権を発行することの可否を議場に諮ったところ，満場一致で可決した。
　(1)　募集新株予約権の数は 50 個とし，Ｂが申し込むことを条件としてＢにその全部を割り当てる。
　(2)　募集新株予約権の目的たる株式の種類及び数又はその算定方法は，普通株式 500 株とする。
　(3)　募集新株予約権の払込金額若しくはその算定方法又は払込みを要しない旨は，無償とする。
　(4)　募集新株予約権の行使に際して出資される財産の価額又はその算定方法は，金 50 万円とする。
　(5)　募集新株予約権を行使することができる期間は，平成 30 年 3 月 31 日までとする。
　(6)　募集新株予約権の行使の条件は，以下のとおりとする。
　　　　この新株予約権は，取締役の地位を失った時は，行使することができない。
　(7)　募集新株予約権の割当日は，平成 28 年 7 月 1 日とする。
（聴取記録）
1　平成 28 年 6 月 29 日，Ｂは募集新株予約権の引受けの申込みを書面で行っている。
2　定款に，割当決議を株主総会で行う旨の定めがある。
3　上記以外の決議は行われておらず，総株主の同意も得られていない。

登記の事由	登記すべき事項	登免税額（根拠）
募集新株予約権の発行	平成 28 年 7 月 1 日発行 第 1 回新株予約権 　新株予約権の数　50 個 　新株予約権の目的たる株式の種類及び数又はその算定方法　普通株式 500 株 　新株予約権の払込金額若しくはその算定方法又は払込みを要しない旨　無償 　新株予約権の行使に際して出資される財産の価額又はその算定方法　金 50 万円 　新株予約権を行使することができる期間　平成 30 年 3 月 31 日まで 　新株予約権の行使の条件　この新株予約権は，取締役の地位を失った時，行使することができない	金 9 万円（(1)ヌ）

募集新株予約権の発行に関する決議があれば，**募集新株予約権の発行**を法律

構成する（会238以下）。

募集新株予約権の発行は，募集株式の発行と異なり自己新株予約権の処分手続を含まず，発行する新株予約権について，「新株予約権区」の登記事項（会911Ⅲ⑫表参照）が，**割当日**に発生する（会245）。したがって，上記の変更登記を本店で2週間以内に申請しなければならないため（会915Ⅰ），本店での登記の事由となる。

登記すべき事項は，発行する新株予約権（登記事項は下記の表参照）と**発行**の旨および効力発生日であり，登録免許税は，申請件数1件につき金9万円の定額課税となる（登免税別表24(1)ヌ）。

募集事項の内容（会238）		登記事項 会911Ⅲ⑫
募集新株予約権の数		○
募集新株予約権の内容（会236）	① 当該新株予約権の目的である株式の数（種類株式発行会社にあっては，株式の種類および種類ごとの数）またはその数の算定方法	○
	② 当該新株予約権の行使に際して出資される財産の価額またはその算定方法	○
	③ 金銭以外の財産を当該新株予約権の行使に際してする出資の目的とするときは，その旨ならびに当該財産の内容および価額	○
	④ 当該新株予約権を行使することができる期間	○
	⑤ 新株予約権の行使条件	○
	⑥ 取得条項付新株予約権については，次に掲げる事項 ⅰ 一定の事由が生じた日に会社が新株予約権を取得する旨およびその事由 ⅱ 会社が別に定める日が到来することをもってⅰの事由とするときは，その旨 ⅲ ⅰの事由が生じた日に新株予約権の一部を取得することとするときは，その旨および取得する新株予約権の一部の決定の方法 ⅳ 新株予約権を取得するのと引換えに新株予約者に対して株式，他の新株予約権その他の財産を交付するときは，その内容等	○
募集新株予約権と引換えに金銭の払込みを要しないこととする場合にはその旨		○
有償発行の場合には，募集新株予約権の払込金額またはその算定方法		○

【参考・添付書面】　定款1通　株主総会議事録1通　株主リスト1通　募集新株予約権の引受けの申込みを証する書面1通　委任状1通

　法　実体構造は，決議を要素とする契約であり（**14**(5)ⅱd），新株予約権引受契約の

締結である。新株予約権は債権であって株式ではないため全額出資義務は課せられていないが、有償発行で割当日前に払込期日を定めている場合には、払込みがなければ新株予約権者とはなれないため（ハンドブック329頁）、払込みの履行を証明することが必要となる。

事例は、非公開会社の第三者割当てであるため、契約内容である募集事項を株主総会の特別決議で決定（会238Ⅱ、同309Ⅱ⑥）したことを証する株主総会議事録（法46Ⅱ）を添付する。新株予約権引受契約の申込みは書面で行われ（会242ⅡⅢ）、それを証する書面（法65①）を添付し、承諾に相当する割当てについては、募集新株予約権の目的たる株式が譲渡制限株式であるため、定款の定めを根拠として、株主総会の特別決議によって割当決議を行うことで引受契約が成立する（会243Ⅱただし書、法46Ⅱ）。上記の議事録はこれを証する書面を兼ねることになる。なお、割当決議は、申込みを条件とする条件付決議として行うことができる。

事例は、無償発行であるため、払込みの履行は問題とならない。

規　事例の会社は、登記記録から取締役会設置会社であり、定款の定めがなければ株主総会で割当決議が行えないため「定款」を添付する（登規61Ⅰ）。

なお、事例は公開会社の第三者割当ての募集事項を取締役会決議で決定する場合ではないため募集事項の通知または公告の規定は適用されず（会240ⅡⅢ）、決議と割当日との間に2週間の期間がなくとも株主全員の期間短縮の同意書の添付を要しない（法46Ⅰ、**14**(7) ②ⅳ）。

（2）　新株予約権付社債の発行

新株予約権付社債の発行に関する決議があれば、新株予約権付社債の発行を法律構成する（会236Ⅱ）。

新株予約権付社債では、新株予約権部分のみが（**1**）と同様に本店での登記の事由となり、（**1**）の要領で処理することになるが、登記の事由は（**1**）と異なり「新株予約権付社債の発行」と記載する（平14.3.29民商724通、ハンドブック333頁）。

50　新株予約権の無償割当て
【事例40─新株予約権の無償割当て─】

> 問　次の事実に基づき暫定答案を作成しなさい。
> （株式会社Ｚの登記記録）
> 会社成立の年月日　平成7年7月7日
> 発行可能株式総数　800株
> 発行済株式の総数　200株
> 資本金の額　金1,000万円
> 株式の譲渡制限に関する規定
> 　当会社の株式を譲渡により取得するには、当会社の承認を要する

> 取締役会設置会社に関する事項　取締役会設置会社
> （株式会社Zの平成28年6月27日の取締役会議事録）
> 議案　議長は，決議時の株主名簿に記載された株主に対して，その所有株式数10株について1個の割合で次の内容の第1回新株予約権株式を割り当てる新株予約権無償割当てを行うことの可否を議場に諮ったところ，出席取締役全員一致をもって可決した。
> (1)　新株予約権の数は20個とする。
> (2)　新株予約権の目的たる株式の種類及び数又はその算定方法は，普通株式200株とする。
> (3)　新株予約権の払込金額若しくはその算定方法又は払込みを要しない旨は，無償とする。
> (4)　新株予約権の行使に際して出資される財産の価額又はその算定方法は，金50万円とする。
> (5)　新株予約権を行使することができる期間は，平成30年3月31日までとする。
> (6)　会社が新株予約権を取得することができる事由及び取得の条件
> 　　　当会社は，当会社が別に定める日が到来したときに，第1回新株予約権の全部又は一部について新株予約権1個について普通株式10株と引換えに取得することができる。
> （聴取記録）
> 1　平成28年6月27日の株主及び持株数は，Bは100株，CD各50株である。
> 2　株主の割当通知は，平成28年6月28日に行われている。

登記の事由	登記すべき事項	登免税額（根拠）
新株予約権の無償割当て	平成28年6月27日発行 第1回新株予約権 　新株予約権の数　20個 　新株予約権の目的たる株式の種類及び数又はその算定方法　普通株式200株 　新株予約権の払込金額若しくはその算定方法又は払込みを要しない旨　無償 　新株予約権の行使に際して出資される財産の価額又はその算定方法　金50万円 　新株予約権を行使することができる期間　平成30年3月31日まで 　会社が新株予約権を取得することができる事由及び取得の条件　当会社は，当会社が別に定める日が到来したときに，第1回新株予約権の全部又は一部について新株予約権1個について普通株式10株と引換えに取得することができる	金9万円（(1)ヌ）

50　新株予約権の無償割当て

（1）法律構成および登記の事由の判断

事例のように株主に対して新株予約権を無償で割り当てる旨の決議があれば，**新株予約権無償割当て**を法律構成する（会277）。

新株予約権無償割当ては，会社の選択で株主に新規の新株予約権を交付するか，自己新株予約権を交付することが可能である。株式と異なり，新株予約権は，発行ごとに種類が異なることになる建前があるため，新規の新株予約権と自己新株予約権を混在させることはできず，株式無償割当てよりも単純な構造となっている。

このうち，会社が新たに新株予約権を発行して株主に交付する場合，「新株予約権区」の登記事項が（会911Ⅲ⑫），決議で定めた効力発生日に発生し，本店で2週間以内に変更登記の申請が必要となるため，本店での登記の事由となる（会915Ⅰ）。

（2）登記すべき事項

登記すべき事項は，発行する新株予約権と**発行**の旨および効力発生日である。株式無償割当てと同様，自己株式への新株予約権の割当てができないため，自己株式の有無をチェックし，登記事項を判断するのがポイントとなっている。事例では，聴取記録1で自己株式は存在しないため，株主全員が持株比率に応じて割当てを受けられることになる。

なお，会社法の一部改正により，聴取記録2の割当通知は，割当ての効力発生日後遅滞なく，かつ，新株予約権の行使期間の末日の2週間前までにしなければならないと改正されている（会279ⅡⅢ）。当該改正は，割当通知の時期にかかわらず，新株予約権の行使期間を開始できるようにすることで，新株予約権無償割当てを用いた資金調達方法（ライツ・オファリング）に必要な期間の短縮を狙ったものである。

（3）登録免許税額

登録免許税は，申請件数1件につき金9万円の定額課税となる（登免税別表24(1)ヌ）。

【参考・添付書面】 取締役会議事録 1通　委任状 1通

法　実体構造は，決議を要素とする単独行為である（**14**(5)ⅰa）。取締役会設置会社では取締役会の決議のみであり（会278Ⅲ），それを証する取締役会議事録（法46Ⅱ）を添付する。

51　取得請求権付株式の取得と引換えにする新株予約権の発行
(1)　最初の請求の場合
【事例41―取得請求権付株式の取得と引換えにする新株予約権の発行・最初の請求―】

問　次の事実に基づき暫定答案を作成しなさい。なお，まとめて申請できる登記はまとめて申請するものとし，申請日は平成28年7月1日とする。
（株式会社Zの登記記録）
発行可能株式総数　800株
発行済株式の総数並びに種類及び数
　発行済株式の総数　200株
　　各種の株式の数
　　　普通株式　200株
資本金の額　金1,000万円
発行可能種類株式総数及び発行する各種類の株式の内容
　普通株式　800株
　甲種類株式　800株
　甲種類株式の株主は，株主総会において議決権を有しない。甲種類株式は，普通株式に対し，毎事業年度ごと1株について金50円の剰余金の優先配当を受ける。
　普通株式の株主は，いつでも当会社に対し，普通株式1株に対して第1回新株予約権0.1個と引換えに普通株式の取得を請求できる。
株式の譲渡制限に関する規定
　当会社の株式を譲渡により取得するには，当会社の承認を要する
（株式会社Zの代表者からの聴取記録）
1　Bは，平成28年6月27日，普通株式50株について取得請求の意思表示をした。
2　当社は，Bに対して第1回新株予約権を新たに発行して交付した。
3　普通株式の対価である第1回新株予約権の内容は，定款に次のように定められている。
　(1)　新株予約権の数は50個とする。
　(2)　新株予約権の目的たる株式の種類及び数又はその算定方法は，甲種類株式500株とする。
　(3)　新株予約権の払込金額若しくはその算定方法又は払込みを要しない旨は，無償とする。
　(4)　新株予約権の行使に際して出資される財産の価額又はその算定方法は，金50万円とする。
　(5)　新株予約権を行使することができる期間は，平成30年3月31日までとする。

51　取得請求権付株式の取得と引換えにする新株予約権の発行

登記の事由	登記すべき事項	登免税額（根拠）
取得請求権付株式の取得と引換えにする新株予約権の発行	平成28年6月30日発行 第1回新株予約権 　新株予約権の数　5個 　新株予約権の目的たる株式の種類及び数又はその算定方法　甲種類株式　50株 　新株予約権の払込金額若しくはその算定方法又は払込みを要しない旨　無償 　新株予約権の行使に際して出資される財産の価額又はその算定方法　金50万円 　新株予約権を行使することができる期間　平成30年3月31日まで	金9万円（(1)ヌ）

① 法律構成および登記の事由の判断

　取得対価を新株予約権とする取得請求権付種類株式の取得請求の意思表示がされた事実が示されていれば、**取得請求権付株式の取得と引換えにする新株予約権の発行**を法律構成する（会166以下）。

　株主が取得請求権を行使すれば、会社は対価と引換えに取得請求権付株式を取得しなければならない。このうち、会社の取得請求権付株式の取得は、自己株式の取得であるため、登記の事由とはならない。

　他方、対価である新株予約権の交付は、会社の自由選択で、新規の新株予約権を発行して交付するか、自己新株予約権を交付するかのいずれかとなる。このうち、新規の新株予約権を発行して交付する場合にかぎり、「新株予約権区」の登記事項（会911Ⅲ⑫）が発生する。

　この変更の効力は、取得請求権の行使時に発生するが（会167）、便宜、毎月末日を変更日付とし、その月の変更をまとめて登記することが可能であり（会915Ⅲ②）、毎月末日を変更日付とし、上記の変更登記を本店で2週間以内に申請すれば足りることになるため、本店での登記の事由となる。この便宜措置によるか否かは当事者の自由選択であり、この便宜処理によらない場合には、変更の効力が発生するごとに変更登記を申請すべきことになる（会915Ⅰ）。

② 登記すべき事項

　最初の請求の登記すべき事項は、発行する新株予約権と**発行**の旨および効力発生日となる（2回目以後の請求の登記事項は、下記（**2**）を参照）。

　事例では、登記記録からいまだ新株予約権が発行されていないため最初の請求として、対価である第1回新株予約権の発行登記を申請する。登記記録から

普通株式が取得請求権付株式であり、その対価は普通株式1株について第1回新株予約権を0.1個交付するものとなっており、聴取記録1からBが普通株式50株の取得請求をしているため、第1回新株予約権は5個（＝50株×0.1個）発行される。また、その目的たる株式の種類および数は、第1回新株予約権50個に対して甲種類株式500株であるため、新株予約権1個あたり10株（＝500株÷50個）となり、甲種類株式50個（＝5個×10株）となる。

事例では、まとめて申請できるものはまとめて申請する旨が指示されているため、①の便宜措置を使い登記原因年月日を平成28年6月30日に修正する。

③ 登録免許税額

最初の請求の新株予約権の発行登記の登録免許税は、申請件数1件につき金9万円の定額課税となる（登免税別表24(1)ヌ）。

【参考・添付書面】 取得請求があったことを証する書面1通　一定の分配可能額が存在する事実を証する書面1通　定款1通　委任状1通

法　実体構造は、立証を要する法定要件をみたしてする決議を要素とする意思表示であり（14(5)ⅲh）、取得請求権付株式の取得請求の意思表示（会166）を証する書面を添付する（法58）。

規　対価が株式ではないため取得請求権付株式の取得を株式転換としてとらえることができず（**事例35**参照）、有償の自己株式の取得となる。この場合、財源規制が問題となり、登記すべき事項につき会社に一定の純資産額が存在することを要する場合に該当するため「一定の分配可能額が存在する事実を証する書面」（登規61Ⅹ）を添付しなければならない。

また、対価が新株予約権の場合、取得請求権付株式の内容には重複公示を避けるために「第1回新株予約権」の要領で対価を特定できる程度の登記しかされない。その結果、最初の請求で発行される新株予約権の内容は登記記録から明らかにならず、最初の請求による発行は、定款の定めがなければなしえない登記として「定款」（登規61Ⅰ）を添付することになる。

（2）2回目以後の請求の場合

【事例42―取得請求権付株式の取得と引換えにする新株予約権の発行・最初以外の請求―】

問　次の事実に基づき暫定答案を作成しなさい。なお、まとめて申請できる登記はまとめて申請するものとし、申請日は平成28年8月3日とする。
（株式会社Zの登記記録）
発行可能株式総数　800株
発行済株式の総数並びに種類及び数

51　取得請求権付株式の取得と引換えにする新株予約権の発行

　　発行済株式の総数　200 株
　　　各種の株式の数
　　　　普通株式　200 株
　資本金の額　金 1,000 万円
　発行可能種類株式総数及び発行する各種類の株式の内容
　　普通株式　800 株
　　甲種類株式　800 株
　　甲種類株式の株主は，株主総会において議決権を有しない。甲種類株式は，普通株式に対し，毎事業年度ごと 1 株について金 50 円の剰余金の優先配当を受ける。
　　普通株式の株主は，いつでも当会社に対し，普通株式 1 株に対して第 1 回新株予約権 0.1 個と引換えに普通株式の取得を請求できる。
　株式の譲渡制限に関する規定
　　当会社の株式を譲渡により取得するには，当会社の承認を要する
　新株予約権区
　　第 1 回新株予約権
　　　新株予約権の数　5 個
　　　新株予約権の目的たる株式の種類及び数又はその算定方法　甲種類株式 50 株
　　　以下省略
（株式会社 Z の代表者からの聴取記録）
1　C は，平成 28 年 7 月 29 日，普通株式 100 株について取得請求の意思表示をした。
2　当社は，C に対して第 1 回新株予約権を新たに発行して交付した。
3　普通株式の対価である第 1 回新株予約権の内容は，定款に次のように定められている。
　(1)　新株予約権の数は 50 個とする。
　(2)　新株予約権の目的たる株式の種類及び数又はその算定方法は，甲種類株式 500 株とする。
　(3)　新株予約権の払込金額若しくはその算定方法又は払込みを要しない旨は，無償とする。
　(4)　新株予約権の行使に際して出資される財産の価額又はその算定方法は，金 50 万円とする。
　(5)　新株予約権を行使することができる期間は，平成 30 年 3 月 31 日までとする。

登記の事由	登記すべき事項	登免税額（根拠）
取得請求権付株式の取得と引換えにする新株予約権の発行	平成 28 年 7 月 31 日変更 第 1 回新株予約権 　新株予約権の数　15 個 　新株予約権の目的たる株式の種類及び数又はその算定方法　甲種類株式　150 株	金 3 万円（(1) ツ）

51 取得請求権付株式の取得と引換えにする新株予約権の発行

① 法律構成および登記の事由の判断

同一の種類の取得請求権付株式についての2回目以後の請求の場合，原則的には新株予約権の発行となるはずである。しかし，発行ごとに新株予約権の種類が異なると理解するのが新株予約権であるため，これでは1つの取得請求権付株式の対価でありながら，新株予約権の種類が異なる不都合が生じ，一定内容の新株予約権を取得対価とする会社の意図にも反することになる。そのため，先例は，例外的にこれを最初の請求で発行した新株予約権についての新株予約権の数および当該新株予約権の目的である株式の数の増加変更の登記として処理することを認めている（平18.3.31民商782通）。

この変更の効力は，取得請求権の行使時に発生するが，便宜，毎月末日を変更日付とし，その月の変更をまとめて登記することが可能であり（会915Ⅲ②），毎月末日を変更日付とし，本店で2週間以内に申請すれば足りることになるため，本店での登記の事由となる。

なお，この便宜処理によらない場合には，変更の効力が発生するごとに変更登記を申請すべきことになる（会915Ⅰ）。

② 登記すべき事項

登記すべき事項は，変更後の新株予約権の数，新株予約権の目的たる株式の種類および数またはその算定方法と変更の旨および効力発生日である。事例では，聴取記録1から，Cが取得請求権付株式である普通株式100株の取得請求をしているため新株予約権が10個（＝100株×0.1個）増加し，これに対応する新株予約権の目的たる株式の種類および数が100株（＝10個×100株）増加することになる。また，まとめて申請できる登記はまとめて申請する旨の指示があるため，上記①の便宜措置により登記原因年月日を平成28年7月31日に修正することになる。

③ 登録免許税額

2回目以後の登録免許税は，登記事項の変更として申請件数1件につき金3万円の定額課税となる（登免税別表24(1)ツ）。

【参考・添付書面】 取得請求があったことを証する書面 1通 一定の分配可能額が存在する事実を証する書面 1通 委任状 1通

法 実体構造は，立証を要する法定要件をみたしてする決議を要素としない意思表示となり（**14**(5)ⅲh），取得請求権付株式の取得請求の意思表示（会166）を証する書面（法58）を添付する。

52 取得条項付株式の取得と引換えにする新株予約権の発行

> 規 有償の自己株式の取得として財源規制が問題となるため,「一定の分配可能額が存在する事実を証する書面」(登規61 X)を添付しなければならない点は,**事例41**と同様である。しかし,2回目以後の請求はすでに発行登記がされている状態を前提としての変更登記となるため,新株予約権の内容を明らかにする「定款」(登規61 I)の添付は不要である。

52　取得条項付株式の取得と引換えにする新株予約権の発行

【事例43―取得条項付株式の取得と引換えにする新株予約権の発行―】

問　次の事実に基づき暫定答案を作成しなさい。
(株式会社Zの登記記録)
公告をする方法　官報に掲載してする
会社成立の年月日　平成7年7月7日
発行可能株式総数　800株
発行済株式の総数並びに種類及び数
　発行済株式の総数　200株
　　各種の株式の数
　　　普通株式　180株
　　　甲種類株式　20株
資本金の額　金1,000万円
発行可能種類株式総数及び発行する各種類の株式の内容
　普通株式　800株　甲種類株式　800株
　甲種類株式の株主は,株主総会において議決権を有しない。甲種類株式は,普通株式に対し,毎事業年度ごと1株について金50円の剰余金の優先配当を受ける
　当会社は,当会社が別に定める日が到来したときに,普通株式の全部又は一部について,第2回新株予約権0.1個と引換えに普通株式1株を取得することができる
株券を発行する旨の定め　当会社の株式については,株券を発行する
株式の譲渡制限に関する規定
　当会社の株式を譲渡により取得するには,当会社の承認を要する
取締役会設置会社に関する事項　取締役会設置会社
(株式会社Zの平成28年6月27日の取締役会議事録)
議案　議長は,本日をもって普通株式を有する株主の6株に1株の割合で普通株式を一部取得し,対価として第2回新株予約権を新たに発行して交付することの可否を諮ったところ,出席取締役の全員一致で可決した。
(聴取記録)
1　平成28年5月25日,取得条項付株式である普通株式を同年6月27日に取得するため,普通株式の株券を提供すべき旨を官報に公告し,かつ,株主に通

知した。
2　平成28年6月28日，普通株式6株に対し1株の割合で普通株式を取得する旨を株主全員に対して通知した。なお，登録株式質権者は存在しない。
3　当社の株主は，ＢＣＤが各60株ずつ保有している普通株式の株主であり，Ｅが20株を保有している甲種類株式の株主である。
4　普通株式の対価である第2回新株予約権の内容は，定款に次のように定められている。
　(1)　新株予約権の数は50個とする。
　(2)　新株予約権の目的たる株式の種類及び数又はその算定方法は，甲種類株式500株とする。
　(3)　新株予約権の払込金額若しくはその算定方法又は払込みを要しない旨は，無償とする。
　(4)　新株予約権の行使に際して出資される財産の価額又はその算定方法は，金50万円とする。
　(5)　新株予約権を行使することができる期間は，平成30年3月31日までとする。

登記の事由	登記すべき事項	登免税額（根拠）
取得条項付株式の取得と引換えにする新株予約権の発行	平成28年7月13日発行 第2回新株予約権 　新株予約権の数　3個 　新株予約権の目的たる株式の種類及び数又はその算定方法　甲種類株式　30株 　新株予約権の払込金額若しくはその算定方法又は払込みを要しない旨　無償 　新株予約権の行使に際して出資される財産の価額又はその算定方法　金50万円 　新株予約権を行使することができる期間　平成30年3月31日まで	金9万円（(1)ヌ）

(1)　法律構成および登記の事由の判断

　取得対価を新株予約権とする取得条項付株式の取得事由が発生した事実（定款で会社が定める日を一定の事由に代える定めがあれば，取得決議）が示されていれば，**取得条項付株式の取得と引換えにする新株予約権の発行**を法律構成する（会168以下）。

　取得事由が発生すれば，会社は対価と引換えに取得条項付株式を取得できることになる。会社の取得条項付株式の取得は，自己株式の取得であるため，登記の事由とはならない。

　他方，対価である新株予約権の交付は，**事例41**および**事例42**の取得請求権

52 取得条項付株式の取得と引換えにする新株予約権の発行

付株式と同様，会社の自由選択で，新規の新株予約権を発行して交付するか，自己新株予約権を交付するかのいずれかとなる。このうち新規の新株予約権を発行して交付する場合にかぎり，「新株予約権区」の登記事項（会911Ⅲ⑫）が，原則として一定の事由の日（定款で会社が定める日を一定の事由に代える定めがあれば取得決議で定めた取得日）に発生し，その変更登記を本店で2週間以内に申請しなければならないため（会915Ⅰ），本店での登記の事由となる。

（2） 登記すべき事項

登記すべき事項は，前記取得請求権と同様，最初の取得については，発行する新株予約権と**発行**の旨および効力発生日となり，2回目以後の取得については，変更後の新株予約権の数，新株予約権の目的たる株式の種類および数またはその算定方法と**変更**の旨および効力発生日となる。

事例は，登記記録からまだ対価である第2回新株予約権が発行されていない状態であるため，最初の取得となり，取締役会の決議から普通株式6株について1株の割合の一部取得であるため普通株式30株（＝180株÷6株）が取得対象となる。登記記録からこれにより対価である第2回新株予約権は3個（＝30株×0.1個）発行され，それに対応する第2回新株予約権の目的たる株式の種類および数は新株予約権50個に対して500株であるため新株予約権1個あたり10株（＝500株÷50個）となり，30株（＝3個×10株）となる。

また，変更の効力発生日は，定款の定めに基づく一部取得であり，聴取記録2から一部取得のための通知を平成28年6月28日に行っているため6月29日を起算日とし（民140本文），2週間後の応当日の前日が2週間の期間満了日となるため（民143Ⅱ本文），それが経過した平成28年7月13日が同年6月27日の取得決議よりも遅れることになり，効力発生日を平成28年7月13日に修正する（会170Ⅰ括弧書①②，同Ⅱ）。

（3） 登録免許税額

最初の取得については，発行登記として，申請件数1件につき金9万円の定額課税となる（登免税別表24(1)ヌ）。また，2回目以後の登録免許税は，登記事項の変更として金3万円の定額課税となる（登免税別表24(1)ツ）。

事例は，最初の取得であるため発行登記として登録免許税は金9万円となる。

【参考・添付書面】 取締役会議事録1通　株券提供公告をしたことを証する書面1通　一定の分配可能額が存在する事実を証する書面1通　定款1通　委任状1通

> 法 実体構造は，立証を要する法定手続を履行する決議を要素とする単独行為である（14（5）ｉｃ）。
> 　事例では，一定の事由に代わる取得決議（会107Ⅱ③ロ，同108Ⅱ⑥イ）と一部取得の決議（会107Ⅱ③ハ，同108Ⅱ⑥イ）を取締役会で行っているため（会168Ⅰ本文，会170ⅠⅡ本文），それを証する取締役会議事録（法46Ⅱ）を添付する。事例では株主等に一部取得の通知を行い（会170ⅢⅣ），当該通知から2週間を経過した日に効力発生日が修正されているが（会170Ⅰ括弧書①②，Ⅱ），当該通知または公告は併用の局面ではないため添付書面は規定されていない。
> 　それとは別に，事例の会社は登記記録から株券発行会社であるため，株券提供の通知および公告をしなければならず（会219Ⅰ本文④），株券提供公告をしたことを証する書面（法67Ⅰ・同59Ⅰ②）を添付する。
> 規 取得条項付株式の取得は，有償の自己株式の取得となるため，「一定の分配可能額が存在する事実を証する書面」（登規61Ⅹ）を添付しなければならない点，最初の取得では発行される新株予約権の内容が登記記録から明らかにならず「定款」（登規61Ⅰ）を添付すべき点は**事例41**と同様である。

53　全部取得条項付種類株式の取得と引換えにする新株予約権の発行

【事例44―全部取得条項付種類株式の取得と引換えにする新株予約権の発行―】

> 問　次の事実に基づき暫定答案を作成しなさい。
> （株式会社Ｚの登記記録）
> 公告をする方法　官報に掲載してする
> 発行可能株式総数　8,000株
> 発行済株式の総数並びに種類及び数
> 　発行済株式の総数　2,000株
> 　　各種の株式の数
> 　　　全部取得条項付株式　2,000株
> 資本金の額　金1億円
> 発行可能種類株式総数及び発行する各種類の株式の内容
> 　普通株式　8,000株
> 　全部取得条項付株式　8,000株
> 　当会社の全部取得条項付株式は，株主総会の決議によりその全部を取得することができる。その際，株主に交付する対価は，取得決議時の会社財産の状況をふまえて定める。
> 株券を発行する旨の定め　当会社の株式については，株券を発行する
> 株式の譲渡制限に関する規定　当会社の株式を譲渡により取得するには，当会社の承認を要する
> （株式会社Ｚの平成28年6月27日の定時株主総会議事録）
> 議案　議長は，本決議をもって全部取得条項付株式100株を取得するのと引換

えに普通株式1株及び次の内容の第3回新株予約権1個を交付することで全部取得条項付株式の全部を取得する理由を詳細に説明し，その可否を諮ったところ，満場一致で可決確定した。
第3回新株予約権
(1) 新株予約権の数は20個とする。
(2) 新株予約権の目的たる株式の種類及び数又はその算定方法は，普通株式2,000株とする。
(3) 新株予約権の払込金額若しくはその算定方法又は払込みを要しない旨は，無償とする。
(4) 新株予約権の行使に際して出資される財産の価額又はその算定方法は，金500万円とする。
(5) 新株予約権を行使することができる期間は，平成30年3月31日までとする。

（聴取記録）
1　平成28年5月25日，全部取得条項付株式を同年6月27日に取得するため，全部取得条項付株式の株券を提供すべき旨を官報に公告し，かつ，株主に通知した。なお，株主への通知は，取得価格決定の申立てのための全部取得条項付種類株式を取得する旨の通知を兼ねている。
2　平成28年5月28日，全部取得条項付株式100株に対し普通株式1株の割合で全部取得条項付株式を取得する旨を株主全員に対して通知した。なお，登録株式質権者は存在しない。
3　当社の全部取得条項付株式の株主及び持株数は，Bが1,000株，Cが500株，Dが300株，EFGHが各50株を保有している。
4　事前開示及び事後開示の手続は適法に行われている。

登記の事由	登記すべき事項	登免税額（根拠）
全部取得条項付種類株式の取得と引換えにする株式の発行 全部取得条項付種類株式の取得と引換えにする新株予約権の発行	平成28年6月27日変更 　発行済株式の総数並びに種類及び数 　　発行済株式の総数　2,020株 　　各種の株式の数 　　　普通株式　20株 　　　全部取得条項付株式　2,000株 平成28年6月27日発行 第3回新株予約権 　新株予約権の数　20個 　新株予約権の目的たる株式の種類及び数又はその算定方法　普通株式2,000株 　新株予約権の払込金額若しくはその算定方法又は払込みを要しない旨　無償 　新株予約権の行使に際して出資される財産の価額又はその算定方法　金500万円 　新株予約権を行使することができる期間 　平成30年3月31日まで	金3万円（(1)ツ） 金9万円（(1)ヌ） 計金12万円 （登免税18）

53　全部取得条項付種類株式の取得と引換えにする新株予約権の発行

（1）　法律構成および登記の事由の判断

　取得対価を新株予約権とする全部取得条項付株式の取得決議があれば，**全部取得条項付株式の取得と引換えにする新株予約権の発行**を法律構成する（会171以下）。

　全部取得条項付種類株式の取得決議により対価と引換えに会社が，全部取得条項付種類株式の全部を取得できることになる。会社の全部取得条項付種類株式の取得は，自己株式の取得であるため，登記の事由とはならない。

　他方，対価である新株予約権の交付は，会社の自由選択により新規の新株予約権を発行して交付するか，自己新株予約権を交付するかのいずれかとなる。このうち，新規の新株予約権を発行して交付する場合，「新株予約権区」の登記事項（会911Ⅲ⑫）が，取得決議で定めた取得日に発生し，変更登記を本店で2週間以内に申請しなければならず，本店での登記の事由となる（会915Ⅰ）。

（2）　登記すべき事項

　登記すべき事項は，発行する新株予約権と**発行**の旨および効力発生日である。取得請求権付株式や取得条項付株式と異なり，全部取得条項付種類株式では，性質上，一部取得の概念がなく，2回目以後の取得の登記は問題とならない。

　事例では，取得決議において全部取得条項付種類株式100株を取得するのと引換えに普通株式1株および第3回新株予約権1個を対価と定めているため普通株式が20株（＝2,000株÷100株）発行され，第3回新株予約権の20個全部が発行されることになる。

（3）　登録免許税額

　登録免許税は，新株予約権の発行として，申請件数1件につき金9万円の定額課税となる（登免税別表24(1)ヌ）。

　事例では，普通株式の発行に伴う登記事項の変更として，申請件数1件について3万円の定額課税も問題となり（登免税別表24(1)ツ），これらの課税根拠の異なる登記を一括申請するため合算額である金12万円が登録免許税額となる（登免税18）。

【参考・添付書面】　株主総会議事録1通　株主リスト1通　株券提供公告をしたことを証する書面1通　一定の分配可能額が存在する事実を証する書面1通　委任状1通

　法　実体構造は，立証を要する法定手続を履行する決議を要素とする単独行為（**14**（5）ⅰc）と立証を要する法定要件をみたしてする決議を要素とする単独行為（**14**（5）ⅰ

ｂ）の複合である。株主総会の特別決議による取得決議（会171Ⅰ，同309Ⅱ③）を証するため株主総会議事録（法46Ⅱ）を添付する。また，株券発行会社として株券提供の通知および公告（会219Ⅰ本文③）を証する株券提供公告をしたことを証する書面（法60・同59Ⅰ②）を添付する。

　規　全部取得条項付種類株式の取得は，有償の自己株式の取得となるため，「一定の分配可能額が存在する事実を証する書面」（登規61Ⅹ）を添付することは**事例41**と同様である。しかし，発行される新株予約権の内容は，取得決議である株主総会議事録から明らかであるため「定款」（登規61Ⅰ）の添付を要しない。

54　取得条項付新株予約権の取得と引換えにする新株予約権の発行
【事例45 ―取得条項付新株予約権の取得と引換えにする新株予約権の発行―】

問　次の事実に基づき暫定答案を作成しなさい。
（株式会社Ｚの登記記録）
公告をする方法　官報に掲載してする
会社成立の年月日　平成7年7月7日
発行可能株式総数　800株
発行済株式の総数　200株
資本金の額　金1,000万円
株式の譲渡制限に関する規定
　当会社の株式を譲渡により取得するには，当会社の承認を要する
第1回新株予約権
　新株予約権の数　50個
　新株予約権の目的である株式の種類及び数又はその算定方法
　　普通株式500株
　募集新株予約権の払込金額若しくはその算定方法又は払込みを要しない旨
　　無償
　新株予約権の行使に際して出資される財産の価額又はその算定方法
　　金50万円
　新株予約権を行使することができる期間　平成28年3月31日まで
　会社が新株予約権を取得することができる事由及び取得の条件
　　当会社は，当会社が別に定める日が到来したときに，第1回新株予約権の全部又は一部について新株予約権1個について第4回新株予約権1個と引換えに取得することができる。
取締役会設置会社に関する事項　取締役会設置会社
（株式会社Ｚの平成28年6月27日の取締役会議事録）
　議案　議長は，本決議をもって第1回新株予約権を2個について1個の割合で一部取得し，対価として第4回新株予約権を新たに発行して交付することの可否を諮ったところ，出席取締役の全員一致で可決した。

54　取得条項付新株予約権の取得と引換えにする新株予約権の発行

(聴取記録)
1　第1回新株予約権の発行決議では、新株予約権証券を発行する旨を決議していない。
2　平成28年6月28日、第1回新株予約権を2個について1個の割合で取得する旨を第1回新株予約権者に対して通知した。なお、登録新株予約権質権者は存在しない。
3　当社の第1回新株予約権者は、ＢＣＤＥＦの5名であり、各自10個の新株予約権を保有している。
4　第1回新株予約権の発行決議は、第三者割当てとして株主総会の決議をもって行われており、第4回新株予約権の内容は次のとおり決議されている。
　(1)　新株予約権の数は50個とする。
　(2)　新株予約権の目的たる株式の種類及び数又はその算定方法は、普通株式600株とする。
　(3)　新株予約権の払込金額若しくはその算定方法又は払込みを要しない旨は、無償とする。
　(4)　新株予約権の行使に際して出資される財産の価額又はその算定方法は、金50万円とする。
　(5)　新株予約権を行使することができる期間は、平成30年3月31日までとする。

登記の事由	登記すべき事項	登免税額（根拠）
取得条項付新株予約権の取得と引換えにする新株予約権の発行	平成28年7月13日発行 第4回新株予約権 　新株予約権の数　25個 　新株予約権の目的たる株式の種類及び数又はその算定方法　普通株式300株 　新株予約権の払込金額若しくはその算定方法又は払込みを要しない旨　無償 　新株予約権の行使に際して出資される財産の価額又はその算定方法　金50万円 　新株予約権を行使することができる期間　平成30年3月31日まで	金9万円（(1)ヌ)

(1)　法律構成および登記の事由の判断

　取得対価を新株予約権とする取得条項付新株予約権の取得事由が発生した事実（新株予約権の内容として会社が定める日を一定の事由に代える定めがあれば、取得決議）が示されていれば、**取得条項付新株予約権の取得と引換えにする新株予約権の発行**を法律構成する（会273以下）。
　取得事由が発生すれば、会社は対価と引換えに取得条項付新株予約権を取得する。取得条項付新株予約権の取得は、自己新株予約権の取得であるため、登

第2章　暫定答案の判断　　175

54　取得条項付新株予約権の取得と引換えにする新株予約権の発行

記の事由とはならない。

　他方，対価である新株予約権は，会社の自由選択により新規の新株予約権を発行して交付するか，自己新株予約権を交付するかのいずれかとなる。このうち，新規の新株予約権を発行して交付する場合にかぎり，「新株予約権区」の登記事項が（会911Ⅲ⑫），一定の事由の発生日（新株予約権の内容として会社が定める日を一定の事由に代える定めがあれば取得決議で定めた取得日）に発生し，その変更登記を本店で2週間以内に申請しなければならないため，本店での登記の事由となる（会915Ⅰ）。

（2）　登記すべき事項

　登記すべき事項は，前記取得条項付株式と同様，最初の取得については，発行する新株予約権と発行の旨および効力発生となり，2回目以後の取得については，変更後の新株予約権の数，新株予約権の目的たる株式の種類および数またはその算定方法と変更の旨および効力発生日となる。

　事例は，登記記録からいまだ対価である第4回新株予約権が発行されていない状態であるため，最初の取得となる。取締役会の決議から第1回新株予約権を2個について1個の割合の一部取得であるため第1回新株予約権25個（＝50個÷2個）が取得対象となる。登記記録からこれにより対価である第4回新株予約権は25個（＝25個×1個）が発行され，それに対応する第4回新株予約権の目的たる株式の種類および数は，新株予約権50個に対して600株であるため新株予約権1個あたり12株（＝600株÷50個）となり，300株（＝25個×12株）となる。

　また，変更の効力発生日は，第1回新株予約権の内容に基づく一部取得であり，聴取記録2から一部取得のための通知を平成28年6月28日に行っているため，6月29日を起算日とし（民140本文），2週間後の応当日の前日に期間が満了し（民143Ⅱ本文），経過日である平成28年7月13日が同年6月27日の取得決議よりも遅れるため，効力発生を平成28年7月13日に修正する（会275Ⅰ括弧書①②）。

（3）　登録免許税額

　最初の取得については，発行登記として，申請件数1件につき金9万円の定額課税となる（登免税別表24⑴ヌ）。また，2回目以後の登録免許税は，登記事項の変更として申請件数1件につき金3万円の定額課税となる（登免税別表24⑴ツ）。

事例は，最初の取得であるため発行登記として登録免許税は金9万円となる。

【参考・添付書面】　株主総会議事録1通　株主リスト1通　取締役会議事録1通
委任状1通

法　実体構造は，立証を要する法定手続を履行する決議を要素とする単独行為である（14（5）ⅰｃ）。

　事例では，一定の事由に代わる取得決議（会236Ⅰ⑦ロ）と一部取得の決議（会236Ⅰ⑦ハ）を取締役会で行っており（会273Ⅰ本文，同274ⅠⅡ本文），それを証する取締役会議事録（法46Ⅱ）を添付する。事例では新株予約権者に一部取得の通知を行い（会274ⅢⅣ），当該通知から2週間を経過した日に効力発生に修正されているが（会275Ⅰ括弧書①②），当該通知または公告は併用の局面ではないため添付書面は規定されていない。

　対価である第4回新株予約権の内容は，取得対象となる第1回新株予約権の発行決議の際に新株予約権の内容として決議されており，事例の会社は登記記録から非公開会社であり，聴取記録4から第三者割当ての募集新株予約権の発行として決議されているため，発行決議の株主総会議事録を添付する（会238Ⅱ，同309Ⅱ⑥，法46Ⅱ，定款を添付する**事例41**と**事例43**と比較）。

　なお，事例の会社は聴取記録1から新株予約権証券を発行する旨を新株予約権の内容として決議しておらず，事例の新株予約権は「証券発行新株予約権」（会249③ニ）ではないため，証券提供の通知および公告（会293Ⅰ①の2）は問題とならず，それを証する書面も規定がないため不要である。

規　取得条項付新株予約権の対価として新株予約権を発行しても資本金の額は増加しないため「資本金の額の計上に関する証明書」（登規61Ⅸ）の添付を要せず（**事例38**と比較），取得条項付新株予約権の取得は単なる債権の取得であり，財源規制が適用されないため「一定の分配可能額が存在する事実を証する書面」（登規61Ⅹ）の添付も要しない（**事例41**から**事例44**までと比較）。

2-6　新株予約権に関するそのほかの登記

55　新株予約権の消却

【事例46──新株予約権の消却──】

問　次の事実に基づき暫定答案を作成しなさい。
（株式会社Ｚの登記記録）
会社成立の年月日　平成7年7月7日
発行可能株式総数　800株
発行済株式の総数　200株
資本金の額　金1,000万円
株式の譲渡制限に関する規定　当会社の株式を譲渡により取得するには，当会社の承認を要する

55　新株予約権の消却

> 第１回新株予約権
> 　新株予約権の数　50個
> 　新株予約権の目的である株式の種類及び数又はその算定方法
> 　　普通株式 500 株
> 　募集新株予約権の払込金額若しくはその算定方法又は払込みを要しない旨
> 　　無償
> 　新株予約権の行使に際して出資される財産の価額又はその算定方法
> 　　金 50 万円
> 　新株予約権を行使することができる期間　平成 30 年 3 月 31 日まで
> 取締役会設置会社に関する事項　取締役会設置会社
> （株式会社Ｚの平成 28 年 6 月 27 日の取締役会議事録）
> 議案　議長は，本決議をもって自己新株予約権となっている第１回新株予約権 25 個を消却することの可否を諮ったところ，出席取締役の全員一致で可決した。
> （聴取記録）
> 1　平成 28 年 6 月 27 日に，新株予約権消却にかかる新株予約権原簿など新株予約権の失効手続を完了している。

登記の事由	登記すべき事項	登免税額（根拠）
第１回新株予約権の消却	平成 28 年 6 月 27 日第１回新株予約権を変更 　新株予約権の数　25 個 　新株予約権の目的である株式の種類及び数又はその算定方法　普通株式 250 株	金 3 万円（(1)ツ）

　新株予約権を消却する決議があれば，**新株予約権の消却**を法律構成する（会 276）。これにより，消却対象となる新株予約権が絶対的に消滅し，「新株予約権区」の登記事項である新株予約権の数（会 911 Ⅲ⑫イ），新株予約権の目的である株式の数，種類株式発行会社ではその種類および種類ごとの数（会 911 Ⅲ⑫ロ・同 236 Ⅰ①）が，新株予約権失効手続の完了日に減少変更し，本店で 2 週間以内に変更登記の申請が必要となるため，本店での登記の事由となる（会 915 Ⅰ）。

　登記すべき事項は，変更後の新株予約権の数，新株予約権の目的である株式の種類および数またはその算定方法と**変更**の旨および効力発生日である。ただし，全部消却となる場合の登記すべき事項は，「平成○年○月○日第○回新株予約権全部消却」と記載する（平 18.4.26 民商 1110 依命通知）。事例では，取締役会の決議で第１回新株予約権 25 個の消却を決定しているため，変更後の第１回新株予約権の数は 25 個（＝50 個－25 個）が減少し，変更後の新株予約権の目的たる株式の種類および数は普通株式 250 株（＝25 個×〔500 株÷50 個〕）となり，

効力発生日は聴取記録1の新株予約権の失効手続の完了日である平成28年6月27日となる。

登録免許税は，登記事項の変更として申請件数1件につき金3万円の定額課税となる（登免税別表24(1)ツ）。

> 【参考・添付書面】 取締役会議事録 1通　委任状 1通
> 法 実体構造は，法定手続として新株予約権失効手続を履行する決議を要素とする単独行為であるが，新株予約権失効手続は代表取締役の自己証明しか立証方法がなく，添付書面の規定がない（法46Ⅰ参照）。結果として取締役会設置会社としての取締役会の消却決議のみとなり（会276Ⅱ，14(5)ⅰa），それを証する取締役会議事録（法46Ⅱ）を添付する。

56　新株予約権の消滅
(1)　新株予約権の消滅
【事例47―新株予約権の行使条件をみたせないことによる消滅―】

> 問　次の事実に基づき暫定答案を作成しなさい。
> （株式会社Zの登記記録）
> 発行可能株式総数　800株
> 発行済株式の総数　200株
> 資本金の額　金1,000万円
> 株式の譲渡制限に関する規定
> 　当会社の株式を譲渡により取得するには，当会社の承認を要する
> 取締役B　取締役C　取締役D　平成27年6月28日重任
> 代表取締役　B　　　　　　　平成27年6月28日重任
> 第1回新株予約権
> 　新株予約権の数　50個
> 　新株予約権の目的である株式の種類及び数又はその算定方法
> 　　普通株式 500株
> 　募集新株予約権の払込金額若しくはその算定方法又は払込みを要しない旨
> 　　無償
> 　新株予約権の行使に際して出資される財産の価額又はその算定方法
> 　　金50万円
> 　新株予約権を行使することができる期間　平成28年3月31日まで
> 　新株予約権の行使の条件　新株予約権を付与された役員が退任すれば，その者は新株予約権を行使できない。
> 取締役会設置会社に関する事項　取締役会設置会社
> （聴取記録）

> 1　第1回新株予約権は，取締役Bが30個，取締役C及びDが各10個を保有している。
> 2　平成28年6月27日に取締役Dは死亡し，親族から死亡届が同年7月1日付けで提出されている。

登記の事由	登記すべき事項	登免税額（根拠）
取締役の変更 第1回新株予約権の消滅	平成28年6月27日取締役D死亡 平成28年6月27日第1回新株予約権の変更 　新株予約権の数　40個 　新株予約権の目的である株式の種類及び数又はその算定方法　普通株式400株	金1万円（(1)カ） 金3万円（(1)ツ） 計金4万円 （登免税18）

① **法律構成および登記の事由の判断**

　新株予約権が行使できなくなった事実が示されていれば，**新株予約権の消滅**を法律構成する（会287）。これにより「新株予約権区」の登記事項である新株予約権の数（会911Ⅲ⑫イ），新株予約権の目的である株式の数，種類株式発行会社ではその種類および種類ごとの数（会911Ⅲ⑫ロ・同236Ⅰ①）が，新株予約権が行使できなくなった時点で減少変更し，本店で2週間以内に変更登記の申請が必要となるため，本店での登記の事由となる（会915Ⅰ）。

② **登記すべき事項**

　登記すべき事項は，変更後の新株予約権の数，新株予約権の目的である株式の種類および数またはその算定方法と**変更**の旨および効力発生日である。ただし，全部消滅となる場合の登記すべき事項は，「平成○年○月○日第○回新株予約権全部消滅」と記載する。

　事例は，聴取記録から新株予約権者である取締役Dが死亡し退任することで，登記記録に登記されている第1回新株予約権の行使条件がみたせなくなり，新株予約権が行使できなくなるため，取締役Dが保有する新株予約権10個が消滅する。第1回新株予約権の数は40個（＝50個－10個）となり，新株予約権の目的たる株式の数は400株（＝40個×(500株÷50個)）となるため，取締役Dの死亡による退任登記と新株予約権の消滅の登記を一括申請することになる。

③ **登録免許税額**

　新株予約権の消滅の登録免許税は，登記事項の変更として申請件数1件につき金3万円の定額課税となる（登免税別表24(1)ツ）。事例では，課税根拠の異なる取締役Dの退任登記と一括申請するため（登免税別表24(1)カ，資本金の額が1

億円以下で1万円），合算額金4万円が登録免許税額となる（登免税18）。

> **【参考・添付書面】** 死亡届1通　委任状1通
> 法　実体構造は，決議を要素としない法律事実である（14（5）ⅳj）。添付書面の規定がないため委任状のみを添付すれば足りる。事例では，取締役Dの死亡による退任登記と一括申請するため退任を証する死亡届を添付することになる（法54Ⅳ）。

（2）新株予約権の放棄

【事例48 ―新株予約権の放棄による消滅―】

問　次の事実に基づき暫定答案を作成しなさい。
（株式会社Zの登記記録）
発行可能株式総数　800株
発行済株式の総数　200株
資本金の額　金1,000万円
株式の譲渡制限に関する規定
　当会社の株式を譲渡により取得するには，当会社の承認を要する
第1回新株予約権
　新株予約権の数　50個
　新株予約権の目的である株式の種類及び数又はその算定方法
　　普通株式500株
　募集新株予約権の払込金額若しくはその算定方法又は払込みを要しない旨
　　無償
　新株予約権の行使に際して出資される財産の価額又はその算定方法
　　金50万円
　新株予約権を行使することができる期間　平成30年3月31日まで
（聴取記録）
1　Dは，代表取締役Bに対し，平成28年6月27日到達の書面をもってに第1回新株予約権50個全部を放棄する意思表示をした。

登記の事由	登記すべき事項	登免税額（根拠）
第1回新株予約権の放棄	平成28年6月27日第1回新株予約権全部放棄	金3万円（(1)ツ）

　新株予約権を放棄する意思表示がされた事実が示されていれば，**新株予約権の放棄**を法律構成する（会287）。新株予約権の放棄は，新株予約権の消滅の典型であり，放棄にかかる新株予約権は消滅するため，**(1)**と同様，本店で2週間以内に変更登記の申請が必要となり，本店での登記の事由となる（会915Ⅰ）。
　事例のように全部放棄となる場合の登記すべき事項は，「平成○年○月○日

第○回新株予約権全部放棄」と記載する。

登録免許税は，登記事項の変更として申請件数1件につき金3万円の定額課税となる（登免税別表24(1)ツ）。

> 【参考・添付書面】 委任状1通
> 法 実体構造は，決議を要素としない意思表示のみであり（14(5)ⅳj），添付書面の規定がないため，委任状のみを添付すれば足りる。

(3) 新株予約権の行使期間満了

【事例 49 ── 新株予約権の行使期間満了 ─】

問　次の事実に基づき暫定答案を作成しなさい。登記の申請日は平成28年7月1日とする。
（株式会社Zの登記記録）
発行可能株式総数　800株
発行済株式の総数　200株
資本金の額　金1,000万円
株式の譲渡制限に関する規定
　当会社の株式を譲渡により取得するには，当会社の承認を要する
第1回新株予約権
　新株予約権の数　50個
　新株予約権の目的である株式の種類及び数又はその算定方法
　　普通株式500株
　募集新株予約権の払込金額若しくはその算定方法又は払込みを要しない旨
　　無償
　新株予約権の行使に際して出資される財産の価額又はその算定方法
　　金50万円
　新株予約権を行使することができる期間　平成28年6月30日まで

登記の事由	登記すべき事項	登免税額（根拠）
第1回新株予約権の行使期間満了	平成28年7月1日第1回新株予約権の行使期間満了	金3万円（(1)ツ）

　新株予約権の行使期間が満了していれば，**新株予約権の行使期間満了**を法律構成する（会287）。新株予約権の行使期間満了も，新株予約権の消滅の典型であり，行使期間満了日の翌日（行使期間の経過時）を効力発生日として，変更登記を本店で2週間以内に申請しなければならず，本店での登記の事由となる（会915Ⅰ）。

登記すべき事項は，新株予約権の**行使期間満了**の旨および効力発生日である。効力発生日は，行使期間の経過日（期間満了日の翌日）である。事例では，登記記録から平成28年6月30日が行使期間の満了日となるため，効力発生日は翌7月1日となる。

登録免許税は，登記事項の変更として申請件数1件につき金3万円の定額課税となる（登免税別表24(1)ツ）。

> 【参考・添付書面】　委任状　1通
>
> 法　実体構造は，決議を要素としない法律事実のみであり（14 (5) iv j），添付書面の規定がないため，委任状のみを添付すれば足りる。

57　新株予約権の内容変更

登記の事由	登記すべき事項	登免税額（根拠）
新株予約権の行使をすることができる期間の変更	平成28年6月30日第1回新株予約権の変更 新株予約権を行使することができる期間 平成○年○月○日まで	金3万円（(1)ツ）

たとえば，新株予約権の行使期間を延長する決議があれば，**新株予約権を行使することができる期間の変更**を法律構成する（会236 I ④参照）。解釈上，変更決議を行い，新株予約権者全員の同意を得れば，新株予約権の内容を変更することが可能と解されており（ハンドブック352頁），「新株予約権区」の登記事項である新株予約権の行使期間（会911 Ⅲ ⑫ロ・同236 I ④）が変更し，変更登記を本店で2週間以内に申請しなければならず，本店での登記の事由となる（会915 I）。

登記すべき事項は，変更後の新株予約権の行使期間と**変更**の旨および効力発生日であり，登録免許税は，登記事項の変更として申請件数1件につき金3万円の定額課税となる（登免税別表24(1)ツ）。

> 【参考・添付書面】　株主総会議事録　1通　株主リスト　1通　新株予約権者全員の同意書　1通　委任状　1通
>
> 法　実体構造は，立証を要する要件をみたしてする決議を要素とする単独行為である（14 (5) i b）。新株予約権の発行決議機関の変更決議を証する議事録（法46 Ⅱ）のほか，原則として新株予約権者全員の同意が必要と解されているため同意を証する書面を添付する（法46 I）。ただ，新株予約権の行使期間の延長のように新株予約権者

> に不利益とならない変更では，同意を要せず，同意書の添付は不要と解されている（ハンドブック353頁）。

2－7 純資産の部の計数変更に関する登記

58 準備金の資本組入れ

【事例50―準備金の資本組入れ―】 過問 （S57，H1，H4，H7）

> 問　次の事実に基づき暫定答案を作成しなさい。
> （株式会社Ｚの登記記録）
> 発行可能株式総数　800株
> 発行済株式の総数　200株
> 資本金の額　金9,000万円
> 取締役会設置会社に関する事項　取締役会設置会社
> （株式会社Ｚの平成28年6月27日の定時株主総会議事録）
> 2号議案　議長は，当社が営む事業について入札要件をみたすため，平成28年7月1日をもって，資本準備金2,000万円，利益準備金1,000万円の合計金3,000万円を減少し，その全額を資本金の額に組み入れることの可否を諮ったところ，満場一致をもって可決確定した。

登記の事由	登記すべき事項	登免税額（根拠）
準備金の資本組入れ	平成28年7月1日変更 　資本金の額　金1億2,000万円	金21万円（(1)ニ）

　準備金の全部または一部を減少し，それを資本に組み入れる決議があれば，**準備金の資本組入れ**を法律構成する（会448Ⅰ）。これにより「株式・資本区」の登記事項である資本金の額（会911Ⅲ⑤）が，決議で定めた効力発生日に増加変更し，本店で2週間以内に変更登記の申請が必要となるため，本店での登記の事由となる（会915Ⅰ）。

　登記すべき事項は，変更後の資本金の額と変更の旨および効力発生日である。事例では，組入決議に期限が付されているため，効力発生日が期限到来時の平成28年7月1日に修正される。

　登録免許税は，増加した資本金の額を課税標準として税率1,000分の7を乗ずる定率課税となる（登免税別表24(1)ニ）。なお，計算額が3万円未満の場合には，登録免許税額は，最低税額の金3万円となる。また，定率課税であるため，

申請書には，登録免許税額のほか，課税標準の金額を**課税価格**として記載する（法17Ⅱ⑥）。事例では，課税標準が増加する資本金の額金3,000万円となり，それに上記の税率を乗じて得た額が金21万円が登録免許税額となる。

> 【参考・添付書面】 株主総会議事録1通　減少にかかる準備金の額が計上されていたことを証する書面1通　委任状1通
>
> 法　実体構造は，立証を要する法定要件をみたしてする決議を要素とする単独行為である（14（5）ⅰｂ）。
> 　　株主総会の普通決議でする組入れ（会448Ⅰ，同309Ⅰ）を証するため株主総会議事録を添付する（法46Ⅱ）。また，準備金の組入れは科目の振替えであり，減少させる準備金が計上されていること（計算規25Ⅰ①）を証する書面（法69）を添付する。
> 規　資本金の額が増加する変更登記として添付を要求される「資本金の額の計上に関する証明書」（登規61Ⅸ）は，商業登記法69条の書面と同趣旨であるため補完・補充の必要がなく添付を要しない。

59　剰余金の資本組入れ

【事例51 ―剰余金の資本組入れ―】　過問　（S59, S60, H5, H11）

> 問　次の事実に基づき暫定答案を作成しなさい。
> （株式会社Ｚの登記記録）
> 発行可能株式総数　800株
> 発行済株式の総数　200株
> 資本金の額　金1,000万円
> 取締役会設置会社に関する事項　取締役会設置会社
> （株式会社Ｚの平成28年6月27日の定時株主総会議事録）
> 2号議案　議長は，本決議をもって，その他資本剰余金400万円を減少し，その全額を資本金の額に組み入れることの可否を諮ったところ，満場一致をもって可決確定した。

登記の事由	登記すべき事項	登免税額（根拠）
剰余金の資本組入れ	平成28年6月27日変更 資本金の額　金1,400万円	金3万円（(1)ニ）

剰余金の額を減少し，資本金の額を増加させる決議があれば，**剰余金の資本組入れ**を法律構成する（会450Ⅰ）。これにより「株式・資本区」の登記事項である資本金の額（会911Ⅲ⑤）が，決議で定めた効力発生日に増加変更し，本店で2週間以内に変更登記の申請が必要となるため，本店での登記の事由となる（会915Ⅰ）。

登記すべき事項は，変更後の資本金の額と変更の旨および効力発生日である。事例では決議に条件・期限が付されていないため効力発生日は，決議の日となる。

登録免許税は，増加した資本金の額を課税標準として税率1,000分の7を乗じる定率課税となる（登免税別表24(1)ニ）。なお，計算額が3万円未満の場合には，最低税額の金3万円となる。事例では，課税標準が増加する資本金の額金400万円となり，それに上記の税率を乗じて得た額が金28,000円であり，最低税額に達しておらず，登録免許税額は最低税額の金3万円に修正されることになる。

> 【参考・添付書面】 株主総会議事録1通　株主リスト1通　減少にかかる剰余金の額が計上されていたことを証する書面1通　委任状1通
>
> 法　実体構造は，立証を要する法定要件をみたしてする決議を要素とする単独行為である（14(5)ⅰｂ）。
> 　　株主総会の普通決議でする組入れ（会450Ⅱ，同309Ⅰ）を証するため株主総会議事録（法46Ⅱ）を添付する。また，剰余金の組入れは科目の振替えであり，減少させる剰余金が計上されていること（計算規25Ⅰ②）を証する書面（法69）を添付する。
>
> 規　「資本金の額の計上に関する証明書」（登規61Ⅶ）の添付が不要なのは**事例50**と同様である。

60　資本金の額の減少

(1)　通常の場合

【事例52—資本金の額の減少—】 過問 （H10，H23，H25）

> 問　次の事実に基づき暫定答案を作成しなさい。
> （株式会社Ｚの登記記録）
> 公告をする方法　官報に掲載してする
> 発行可能株式総数　800株
> 発行済株式の総数　200株
> 資本金の額　金1,000万円
> 取締役会設置会社に関する事項　取締役会設置会社
> （株式会社Ｚの平成28年6月27日の株主総会議事録）
> 議案　議長は，本決議をもって，資本金の額を金400万円減少することの可否を諮ったところ，満場一致をもって可決確定した。
> （聴取記録）
> 1　平成28年5月25日に減少する資本金の額，官報に決算公告を掲載した日

付と頁数，債権者は，公告掲載の翌日から１か月以内に異議を述べることができる旨を公告し，知れている債権者に催告した。
2　異議を述べた債権者はいなかった。

登記の事由	登記すべき事項	登免税額（根拠）
資本金の額の減少	平成28年6月27日変更 　資本金の額　金600万円	金3万円（(1)ツ）

　資本金の額を減少する決議があれば，**資本金の額の減少**を法律構成する（会447）。これにより，「株式・資本区」の登記事項である資本金の額（会911Ⅲ⑤）が，決議で定めた効力発生日に減少変更し，本店で２週間以内に変更登記の申請が必要となるため，本店での登記の事由となる（会915Ⅰ）。

　登記すべき事項は，変更後の資本金の額と**変更**の旨および効力発生日である。効力発生日までに債権者保護手続が終了していなければ，効力発生日前に効力発生日の変更が必要となり（会449Ⅶ），変更された効力発生日に効力が発生する（平23）。また，資本金の額の減少では，事例のように減少する資本金の額を決議するため（会447Ⅰ①），変更前の資本金の額から減少する資本金の額を控除した額が変更後の資本金の額となる点に注意しなければならない。

　登録免許税は，登記事項の変更として申請件数１件につき金３万円の定額課税となる（登免税別表24(1)ツ）。

【参考・添付書面】　株主総会議事録 １通　株主リスト １通　公告および催告をしたことを証する書面 ２通　異議を述べた債権者はいなかった
委任状 １通

法　実体構造は，立証を要する法定手続を履行してする決議を要素とする単独行為である（**14**(5)ⅰc）。
　　株主総会の特別決議による資本減少決議（会447Ⅰ，同309Ⅱ⑨柱書）を証するため株主総会議事録（法46Ⅱ）を添付する。また，債権者保護のために異議申述期間を官報で公告し，かつ，知れている債権者には個別に催告したこと（会449Ⅱ）を証する書面（法70）を添付する。事例のように異議を述べた債権者がいなかった場合には，債権者の承認がみなされ（会449Ⅳ），弁済等の措置が不要となるため，添付書面欄に異議を述べた債権者のいない旨を記載するか，上申書を添付する（ハンドブック230頁）。

規　資本金の額の減少による変更登記として「資本金の額の計上に関する証明書」（登規61Ⅸ）の添付が問題となるが，登記簿から減少する資本金の額が効力発生日における資本金の額を超えないこと（会447Ⅱ）を確認できるため，当該証明書の添付は不要である（平18.3.31民商782通達）。

（2） 株式の発行と同時にする資本金の額の減少
【事例53―株式の発行と同時にする資本金の額の減少―】

> 問　次の事実に基づき暫定答案を作成しなさい。
> （株式会社Zの登記記録）
> 公告をする方法　官報に掲載してする
> 会社成立の年月日　平成7年7月7日
> 発行可能株式総数　800株
> 発行済株式の総数　200株
> 資本金の額　金1,000万円
> 取締役会設置会社に関する事項　取締役会設置会社
> （株式会社Zの平成28年6月27日の取締役会議事録）
> 議案　議長は，次の要領の株主割当てによる募集株式の発行を行い，その効力発生と同時に資本金の額を金400万円減少することの可否を諮ったところ，出席取締役の全員一致をもって可決確定した。
> 　(1)　株主の有する株式2株に1株の割合で募集株式を引き受ける権利を付与し，募集株式100株を発行する。
> 　(2)　払込金額は1株について金4万円とし，払込取扱場所は，株式会社X銀行本店とする。
> 　(3)　申込期日及び払込期日は，平成28年7月12日とする。
> （聴取記録）
> 1　株主及び持株数は，B100株，C100株である。
> 2　平成28年7月12日，B及びCは，割当てを受けた募集株式について書面で引受けの申込みを行い，同日払込金額の全額を株式会社X銀行に払い込んだ。
> 3　平成28年5月25日に減少する資本金の額，官報に決算公告を掲載した日付と頁数，債権者は，公告掲載の翌日から1か月以内に異議を述べることができる旨を公告し，知れている債権者に催告した。
> 4　異議を述べた債権者はいなかった。

登記の事由	登記すべき事項	登免税額（根拠）
資本金の額の減少 募集株式の発行	平成28年7月12日変更 　資本金の額　金600万円 同日変更 　資本金の額　金1,000万円 　発行済株式の総数　300株	金3万円（(1) ツ） 金3万円（(1) ニ） 計金6万円 （登免税18）

　資本金の額の減少は，原則として株主総会が決議するが（会447Ⅰ），株式の発行と同時に資本金の額を減少し，減少の効力発生日後の資本金の額が効力発生前の資本金の額を下回らない場合には，取締役会設置会社であれば取締役会が，非取締役会設置会社であれば取締役が資本金の額の減少を決定できる（会

447Ⅲ)。この実質は，株式の発行による払込資本の一部を配当拘束のかからないその他資本剰余金に変更するものにすぎないため，決議権限の例外が認められているのである（立案担当者の解説128頁）。

　事例の場合，取締役会の決議で株主割当てによる募集株式の発行を決議し，その効力発生と同時に資本金の額金1,000万円のうち金400万円を減少することを決議しており，当該募集株式の発行では，増加する資本金の額が金400万円であり，減少の効力発生後の資本金の額が効力発生前の資本金の額を下回らないという要件をみたすことになる。したがって，事例の資本金の額の減少を取締役会で決議していることは上記の例外に該当し適法である。

　この場合の登記すべき事項は，上記の暫定答案例のようにまず資本金の額の減少についての変更登記を記載し（**事例52**参照），次いで募集株式の発行による変更登記を記載する（**事例28**参照）。

　登録免許税は，登記事項の変更として申請件数1件につき金3万円と（登免税別表24(1)ツ），増加する資本金の額金400万円に税率1,000分の7を乗じて得た金2万8,000円が金3万円未満であるため，最低額税額の金3万円（登免税別表24(1)ニ）を合算した金6万円となる（登免税18）。

【参考・添付書面】　取締役会議事録1通　公告および催告をしたことを証する書面2通　異議を述べた債権者はいなかった　募集株式の引受けの申込みを証する書面1通　払込みがあったことを証する書面1通　資本金の額の計上を証する書面1通　委任状1通

　法　実体構造は，立証を要する法定手続を履行してする決議を要素とする単独行為（14(5)ⅰc）と決議を要素とする契約（14(5)ⅱf）との複合である。

　募集株式の発行については**事例28**と同様，株式引受契約の締結と全額出資義務の履行である。事例は，公開会社の株主割当てであり，契約内容である募集事項を取締役会の決議で決定（会202Ⅲ③）したことを証する取締役会議事録（法46Ⅱ）を添付する。事例は，取締役会の決議で資本金の額を減少できる例外に該当するため上記の議事録が減資決議を証する書面を兼ねることとなる。

　債権者保護のために異議申述期間を官報で公告し，知れている債権者には個別に催告したこと（会449Ⅱ）を証するための書面（法70）を添付する。事例のように異議を述べた債権者がいなかった場合には，添付書面欄に異議を述べた債権者がいない旨を記載する点は**事例52**と同様である。

　また，株式の発行の株式引受契約の申込みは書面で行われ（会203Ⅱ），それを証する書面（法56①）を添付し，株主割当てであるため，承諾に相当する割当てを行うまでもなく株式引受契約が成立し，全額出資義務の履行については，払込期日に払込機関に対して払込みが行われ（会208Ⅰ），それを証する書面（法56②）を添付する。

> 規　「資本金の額の計上に関する証明書」については，事例52で説明したとおり資本金の額の減少については添付を要しないが，資本金の額の増加による変更登記となる株式の発行について規定どおり添付することになる（登規61Ⅸ）。
> 　なお，決議から申込期日までの間に2週間の期間があるためいわゆる失権予告付催告（会241Ⅳ）について株主全員の期間短縮の同意書の添付を要しない（法46Ⅰ）。
> 　また，会社法448条3項の株式の発行と同時にする準備金の額の減少の場合と異なり，会社法447条3項に該当することを証する書面を添付すべき旨の規定は存在せず（登規61Ⅺ参照），当該書面の添付を要しない。

2-8　役員等の就任登記

61　役員等の就任の意義

　会社法上，**役員**とは必要機関である取締役，任意機関である監査役および会計参与をいう（会329Ⅰ）。会計監査人は，機関ではあるが役員ではないため，これを含める場合には，**役員等**との表現を用いる（会423Ⅰ，施行規2Ⅱ㉞）。

　役員等と会社は法的にみて委任契約関係にある（会330）。役員等と会社との間に新たに委任契約が成立する法律関係を**就任**という。任意機関が就任するには，任意機関の設置に関する定款の定めが必要となる（会326Ⅱ）。

　就任の効力発生日は，契約の申込みに相当する選任決議と承諾に相当する被選任者の就任承諾の双方が認められる時点である。

　ただし，選任決議に条件または期限が付されている場合には，就任日が，上記の時点と条件成就または期限到来時のいずれか遅いほうの日付に修正される。予選は，前任者の退任を条件とした**条件付選任**であり，即時に就任を承諾したとしても，就任の効力は前任者が退任し条件が成就した時点で生じることになる。

62　役員等の就任

（1）　取締役の選任

【事例54―取締役の選任―】　過問　（H27他30回）

> 問　次の事実に基づき暫定答案を作成しなさい。
> （株式会社Zの登記記録）
> 会社成立の年月日　平成7年7月7日
> 資本金の額　金1,000万円

> 取締役A　取締役B　取締役C　平成27年6月28日重任
> 東京都千代田区甲町1番地
> 　代表取締役A　　　　　　　　　　平成27年6月28日重任
> 取締役会設置会社に関する事項　取締役会設置会社
> （株式会社Zの平成28年6月27日の定時株主総会議事録）
> 2号議案　議長は，経営強化のための取締役1名を増員し，取締役としてD（東京都千代田区甲町4番地）を選任することの可否を議場に諮ったところ，満場一致で可決した。被選任者は，席上，即時に就任を承諾した。

登記の事由	登記すべき事項	登免税額（根拠）
取締役の変更	平成28年6月27日次の者就任　　取締役　D	金1万円（(1)カ）

　取締役は，所有と経営の分離のもと，会社経営（業務執行）の意思決定とその執行を担当する株式会社の必要的機関であり（会326Ⅰ），取締役の氏名は「役員区」の登記事項とされている（会911Ⅲ⑬）。

　取締役の選任決議があれば，**取締役の変更**を法律構成する。取締役が就任すれば，役員区の登記事項が発生し，本店で2週間以内に変更登記の申請が必要となるため，本店での登記の事由となる（会915Ⅰ，昭54，昭56，昭57，昭60，昭61，平1，平3，平2，平6，平7，平8，平9，平10，平11，平12，平14，平15，平16，平18，平19，平20，平21〔2回〕，平23〔2回〕，平24〔2回〕，平25，平26，平27）。

　登記すべき事項は，取締役の資格および氏名と**就任**の旨および効力発生日である。事例の会社は，会社成立年月日から会社法の施行前（平18.5.1前）に成立している旧株式会社であり，定款には「取締役会をおく旨の定め」があるものとみなされ（整備76Ⅱ），会社法施行後に当該定款の定めを廃止した事実が示されていないため，取締役会設置会社と判断できる（**25（2）**②）。したがって，取締役に就任したDは，単に取締役の増員にすぎず，各自代表取締役として代表取締役の就任登記の申請を要しない。

　登録免許税は，役員変更として申請件数1件につき金3万円の定額課税となる（登免税別表24(1)カ）。ただし，中小企業保護の観点から資本金の額が金1億円以下の会社については申請件数1件について金1万円の定額課税となる。

　事例では，登記記録から申請時の資本金の額は金1億円以下であり，登録免許税額は金1万円となる。

【参考・添付書面】　株主総会議事録１通　株主リスト１通　就任承諾書は株主総会議事録の記載を援用する　本人確認証明書１通　委任状１通

法　実体構造は，決議を要素とする契約である（14（5）ⅱｄ）。申込みに相当する株主総会の特殊の普通決議による選任決議（会329Ⅰ，同341）を証するため株主総会議事録（法46Ⅱ）を添付する。承諾に相当する被選任者の就任承諾については，被選任者Ｄの就任承諾が席上でなされ，その旨と氏名および住所とがともに議事録に記載されているため（登規61Ⅶ），株主総会議事録の記載を就任承諾書として援用することができる（法54Ⅰ，14（8）①）。

規　取締役の就任による変更の登記を申請する場合，原則として就任承諾書に氏名および住所を記載し，それを証する本人確認証明書（公文書または当該取締役が原本に相違ない旨を記載した謄本）を添付しなければならない（登規61Ⅴ，14（7）②ⅲ）。ただし，再任の場合（登規61Ⅶ括弧書），下記の印鑑証明書（登規61ⅣⅥ）を添付する場合（登規61Ⅶただし書）には，例外的に添付を要しない。事例のＤは再任でなく，印鑑証明書を添付する場合ではないため原則どおり本人確認証明書を添付することになる。

なお，就任承諾書についての印鑑証明書は，取締役会設置会社として代表取締役について適用されるため添付の対象とならず（登規61Ⅴ），単なる取締役の増員であり，代表取締役の選定を意味しないため，選定議事録の印鑑証明書の添付も要しないことになる（登規61Ⅵ）。

（２）　代表取締役の選定

①　各自代表取締役

【事例55 ─各自代表取締役となる取締役の選任─】

問　次の事実に基づき暫定答案を作成しなさい。
（株式会社Ｚの登記記録）
会社成立の年月日　平成23年４月１日
資本金の額　金1,000万円
株式の譲渡制限に関する規定
　当会社の株式を譲渡により取得するには，当会社の承認を要する
取締役Ａ　　　　　　　　　平成27年６月28日重任
東京都千代田区甲町１番地
　代表取締役Ａ　　　　　　平成27年６月28日重任
（株式会社Ｚの平成28年６月27日の定時株主総会議事録）
２号議案　議長は，経営強化のための取締役１名を増員し，取締役としてＤ（東京都千代田区甲町４番地）を選任することの可否を議場に諮ったところ，満場一致で可決した。被選任者は，席上，即時に就任を承諾した。
（聴取記録）
１　上記の株主総会議事録には，議長及び出席取締役としてＡＤが記名し，Ａは登記所届出印を押印し，Ｄは市区町村長へ届け出ている実印を押印している。

登記の事由	登記すべき事項	登免税額（根拠）
取締役，代表取締役の変更	平成28年6月27日次の者就任 　　取締役　　D 　　東京都千代田区乙町2番地 　　代表取締役　D	金1万円（(1)カ）

　代表取締役は，会社のために対外行為を代表して行う必要的機関であり（会326Ⅰ），代表取締役の氏名および住所は「役員区」の登記事項とされている（会911Ⅲ⑭）。

　代表取締役は，会社を代表する取締役と定義され（会47Ⅰ括弧書），原則として取締役には会社の代表権があるため（会349Ⅰ本文），取締役を選任すれば，それは同時に代表取締役の選定を意味する。この場合の代表取締役は「各自代表取締役」とよばれている。これにより役員区の登記事項が発生し，本店で2週間以内に変更登記の申請が必要となるため，本店での登記の事由となる（会915Ⅰ）。

　登記すべき事項は，取締役の資格，氏名，代表取締役の資格，氏名および住所と**就任**の旨および効力発生日である。事例の会社は，登記記録の会社成立年月日から会社法の施行後に設立された会社であり，株式の譲渡制限に関する規定が登記されていることから非公開会社であり，任意機関である取締役会を設置した特別の事実が示されていないため，取締役会を設置していない会社と判断することができる。このような会社は取締役が原則どおり代表権を行使することになるため，Dが取締役に就任すれば，会社を代表する取締役として代表取締役の定義をみたし，同時に代表取締役にも就任することになり（会47Ⅰ括弧書），取締役の就任登記のほか，代表取締役の就任登記をあわせて申請しなければならないことになる（法24⑨）。

　登録免許税は，役員変更として申請件数1件につき金3万円（資本金の額金1億円以下の会社は1万円）の定額課税となる（登免税別表24(1)カ）。事例の会社の申請時の資本金の額は登記記録から1億円以下であるため登録免許税額は金1万円となる。

　【参考・添付書面】　株主総会議事録　1通　株主リスト　1通　就任承諾書は株主総会議事録の記載を援用する　印鑑証明書　1通　委任状　1通
　法　実体構造は，決議を要素とする契約である（**14**(5)ⅱd）。申込みに相当する株主総会の普通決議による選任決議（会329Ⅰ，同341）を証するため株主総会議事録（法

46Ⅱ）を添付する。承諾に相当する被選任者の就任承諾について，事例では被選任者Ｄの就任承諾が席上でなされ，その旨および氏名・住所が議事録に記載され，聴取記録1からＤが実印を押印しているため（登規61Ⅳ），株主総会議事録の記載を就任承諾書として援用することができる（法54Ⅰ，**14**（8）①）。

規 就任による変更登記を申請する場合，取締役会設置会社は代表取締役の就任承諾書を対象とし，取締役会を設置していない会社は取締役の就任承諾書を対象とし，原則として就任承諾書に実印（市区町村長に届け出ている印鑑）を押印し，それに対応する印鑑証明書を添付しなければならない（登規61Ⅳ，**14**（7）②ⅲ）。ただし，再任の場合には，例外的に印鑑証明書の添付を要しない（登規61Ⅳ括弧書）。事例のＤは再任でないため原則どおり取締役の就任承諾書の印鑑証明書を添付しなければならない。

また，代表取締役の就任による変更登記を申請する場合，事例のように株主総会で代表取締役を選定した場合であれば，議長と出席取締役とが議事録に実印を押印し，それに対応する印鑑証明書を添付しなければならない（登規61Ⅵ①，**14**（7）②ⅲ）。ただし，変更前の代表取締役が法20条の登記所届出印を押印している場合には例外として印鑑証明書の添付を要しない（登規61Ⅵ柱書ただし書）。事例では，聴取記録1で代表取締役Ａが届出印を押印しているため選定議事録の印鑑証明書の添付は不要となる。

なお，取締役の就任による変更登記の申請として本人確認証明書の添付が問題となるが（登規61Ⅶ，**事例54**参照），上記就任承諾書の印鑑証明書を添付するため，例外に該当し本人確認証明書の添付を要しない（登規61Ⅶただし書）。

② 取締役会決議による代表取締役の選定

【**事例56** ─代表取締役の選定─】 過問 （H27 他 23 回）

問 次の事実に基づき暫定答案を作成しなさい。
（株式会社Ｚの登記記録）
会社成立の年月日　平成7年7月7日
資本金の額　金1,000万円
取締役Ａ　取締役Ｂ　取締役Ｃ　平成27年6月28日重任
東京都千代田区甲町1番地
　代表取締役Ａ　　　　　　　　平成27年6月28日重任
取締役会設置会社に関する事項　取締役会設置会社
（株式会社Ｚの平成28年6月27日の取締役会議事録）
議案　議長は，経営強化のための代表取締役1名を増員し，代表取締役としてＣ（東京都千代田区甲町3番地）を選任することの可否を議場に諮ったところ，出席取締役の全員一致により可決した。被選任者は，席上，即時に就任を承諾した。
（聴取記録）
1　上記の取締役会には，ＢＣのみが取締役として出席し，議事録に所定の記名押印をしている。

登記の事由	登記すべき事項	登免税額（根拠）
代表取締役の変更	平成28年6月27日次の者就任 東京都千代田区甲町3番地 　　代表取締役　C	金1万円（(1)カ）

i　代表取締役選定の意義と代表のメカニズム

　株式会社は，代表取締役を定款もしくは株主総会の決議で選定（直接選定）しまたは取締役会決議もしくは定款の定めに基づく取締役の互選で選定（間接選定）することができる（会349Ⅰただし書，Ⅲ，同362Ⅱ③）。

　直接選定によって取締役ABCのうち代表取締役にAを選定した場合，これは選定されない取締役BCが取締役として有している代表権を剥奪制限することを意味し，選定された取締役Aは，取締役と会社の委任契約のほかに会社との契約締結を要しないため代表取締役として就任承諾の概念はない。

　他方，取締役会の選定決議に代表される間接選定によって代表取締役Aを選定した場合，定款の定め（取締役会設置会社の定めまたは互選の定め）により，取締役に選任された時点ではだれが代表権を行使することになるか否かが不明である。そこで，被選定者を保護するために代表権行使のための委任契約を観念し，申込みに相当する取締役会の選定決議（または取締役の互選）のほか，承諾に相当する被選定者の就任承諾によって被選定者が代表権を行使する取締役として代表取締役に就任する。これを実務通説は，旧有限会社法の解釈を引き継ぎ，取締役と代表取締役の地位が分化するものと解釈している（詳解商業登記下巻45頁，ハンドブック386頁）。

　しかし，この解釈は，定款の定めを廃止した場合，既存の代表取締役がその地位を失わないことを論理的に説明できない。また，指名委員会等設定会社において執行役と代表執行役の地位分化を前提とし「執行役が1人のときは，その者が代表執行役に選定されたものとする」旨のみなし規定を設けているのに対し（会420Ⅰ），取締役と代表取締役との関係ではみなし規定が設けられていない理由も説明できないという理論的な難点がある。むしろ，条文（法47Ⅰ括弧書の定義）に忠実に取締役と代表取締役とは地位一体であり，選定方法にかかわらず，結果として代表取締役は取締役として有する代表権（会349Ⅰ本文）を行使するものと理解すべきである。

ii　法律構成および登記の事由の判断

　直接選定，間接選定，いずれかの方法で代表取締役を選定していれば，代表

取締役の変更を法律構成する。これにより役員区の登記事項が発生し、本店で2週間以内に変更登記の申請が必要となるため、本店での登記の事由となる（会915Ⅰ、昭54、昭56、昭63、平1、平2、平6、平7、平8、平9、平10、平11、平12、平14、平15、平18、平19、平20、平21、平23、平24〔2回のうち1回は直接選定〕、平25、平27）。

iii 登記すべき事項

登記すべき事項は、代表取締役の資格、氏名および住所と**就任**の旨および効力発生日である。事例は、会社成立年月日から旧株式会社であり、**事例54**と同様に取締役会設置会社と判断できる（整備76Ⅱ、**25（2）**②）。事例は、取締役会設置会社の間接選定による代表取締役の増員であり、単に代表取締役の就任登記を申請すれば足りる。

iv 登録免許税額

登録免許税は、役員変更として申請件数1件につき金3万円（資本金の額金1億円以下の会社は1万円）の定額課税となる（登免税別表24(1)カ）。

事例の会社の申請時の資本金の額は登記記録から金1億円以下であるため、登録免許税は金1万円となる。

【参考・添付書面】　取締役会議事録1通　就任承諾書は取締役会議事録の記載を援用する　印鑑証明書2通　委任状1通

法　実体構造は、決議を要素とする契約である（**14**（5）ⅱd）。事例の会社は取締役会設置会社であるため間接選定となり、申込みに相当する取締役会の選定決議（会362Ⅱ③）を証するため取締役会議事録（法46Ⅱ）を添付する。承諾に相当する被選定者の就任承諾について、事例では、被選定者Cの就任承諾が席上でなされ、その旨が議事録に記載され、聴取記録1からCが実印を押印していると解釈できるため（登規61Ⅳ）、取締役会議事録の記載を就任承諾書として援用することができる（法54Ⅰ、**14**（8）①）。

規　代表取締役の就任による変更登記を申請する場合であり、被選定者Cは再任ではないため就任承諾書の印鑑証明書を添付しなければならない（登規61ⅣⅤ、**14**（7）②ⅲ）。

　また、代表取締役の就任による変更登記を申請する場合であり、聴取記録1から代表取締役Aが登記所届出印を押印していないため、原則どおり出席取締役BCの選定議事録に押印した印鑑についての印鑑証明書2通を添付しなければならない（登規61Ⅵ③、**14**（7）②ⅲ）。上記被選定者Cが議事録に実印を押印していたと解釈したのはこのような事情があるからである。

　なお、取締役の就任による変更登記の申請ではないため本人確認証明書の添付は問題とならない（登規61Ⅶ）。

(3) 監査役の選任

① 通常の場合

【事例57―監査役設置会社の定め設定および監査役の就任―】

過問 (H27 他 24 回)

> 問 次の事実に基づき暫定答案を作成しなさい。
> (株式会社Zの登記記録)
> 会社成立の年月日　平成23年4月1日
> 資本金の額　金1,000万円
> 株式の譲渡制限に関する規定
> 　当会社の株式を譲渡により取得するには，当会社の承認を要する
> 取締役A　　　　　　　　　　　平成27年6月28日重任
> 東京都千代田区甲町1番地
> 　代表取締役A　　　　　　　　平成27年6月28日重任
> (株式会社Zの平成28年6月27日の定時株主総会議事録)
> 2号議案　議長は，取締役の監視を強化するため定款第8条の2として「当会社には，監査役を設置する。」旨の定めを新設し，監査役としてF（東京都千代田区甲町6番地）を選任することの可否を議場に諮ったところ，満場一致で可決した。被選任者は，席上，即時に就任を承諾した。

登記の事由	登記すべき事項	登免税額（根拠）
監査役の変更	平成28年6月27日監査役F就任	金1万円（(1) カ）
監査役設置会社の定め設定	平成28年6月27日監査役設置会社の定め設定	金3万円（(1) ツ） 計金4万円

i 監査役の意義等

　監査役は，会社の業務執行系統から独立性を有する者が取締役の業務執行を監査するための任意機関である（会326Ⅱ）。監査役設置会社である旨（会911Ⅲ⑰柱書）が「会社状態区」の登記事項とされ，監査役の氏名（会911Ⅲ⑰ロ）のほか，会社法の改正により新たに監査役の監査の範囲を会計に関するものに限定する旨（会911Ⅲ⑰ロ）が，「役員区」の登記事項となっている。

　ただし，取締役会設置会社，会計監査人設置会社では，監査役の設置義務が課せられている（会327Ⅱ本文，同Ⅲ）。また，取締役会設置会社であっても非公開会社については，監査役に代えて会計参与を設置することが認められている（会327Ⅱただし書，平19）。他方，会社法の改正により指名委員会等設定会社（旧名称「委員会設置会社」）だけでなく，監査等委員会設置会社も監査役を設置することはできない（会327Ⅳ）。

ii 監査役の就任

監査役の選任決議があれば，**監査役の変更**を法律構成する。監査役の選任により監査役が就任すれば，役員区の登記事項が発生し，本店で2週間以内に変更登記の申請が必要となるため，本店での登記の事由となる（会915Ⅰ，昭54，昭56，昭59，平60，昭61，平1，平3，平6，平8，平10，平11，平14，平15，平16，平18，平20〔2回〕，平21，平23〔2回〕，平24〔2回〕，平25，平27）。

登記すべき事項は，監査役の資格，氏名と**就任**の旨および効力発生日であり，登録免許税は，役員変更として申請件数1件につき金3万円（資本金の額金1億円以下の会社は1万円）の定額課税となる（登免税別表24(1)カ）。

iii 監査役設置会社の定め設定

監査役は任意機関であるため，すでに監査役設置会社の定めが登記されている場合を除いて，監査役設置会社の定め設定の決議を確認しなければならず，当該決議がされていれば，**監査役設置会社の定め設定**を法律構成する。定款に当該定めが設定されれば，会社状態区の登記事項が発生し，本店で2週間以内に変更登記の申請が必要となるため，本店での登記の事由となる（会915Ⅰ，平25，平27）。

登記すべき事項は，監査役設置会社の定めと**設定**の旨および効力発生日であり，登録免許税は，登記事項の変更として申請件数1件につき金3万円の定額課税となる（登免税別表24(1)ツ）。

iv 一括申請

事例の会社は，会社成立年月日から会社法下で設立された会社であり，新たに監査役設置会社の定めを設定し，監査役としてFを選任しているため，監査役設置会社の定め設定と監査役の就任登記をあわせて申請しなければならない（法24⑨）。登録免許税は課税根拠が異なる2つの登記を一括申請する場合であるため役員変更分1万円（資本金の額が1億円以下）と登記事項の変更分3万円を合算した金4万円が登録免許税額となる（登免税18）。

【参考・添付書面】　株主総会議事録1通　株主リスト1通　就任承諾書は株主総会議事録の記載を援用する　本人確認証明書1通　委任状1通

法　実体構造は，立証を要する法定要件をみたしてする決議を要素とする契約である（14(5)ⅱe）。監査役設置会社の定めを設定する定款変更の株主総会の特別決議（会466，同309Ⅱ⑪）を証するため株主総会議事録（法46Ⅱ）を添付する。申込みに相当する株主総会の普通決議による選任決議（会329Ⅰ，同341）を証する書面は上記

の議事録が兼ねることになる。承諾に相当する被選任者の就任承諾について，事例では被選任者Ｆの就任承諾が席上でなされ，その旨および氏名・住所が議事録に記載されているため（登規61Ⅶ），株主総会議事録の記載を就任承諾書として援用することができる（法54Ⅰ，**14（8）①**）。

規　監査役の就任による変更登記を申請する場合であり，被選任者Ｆは再任ではなく（登規61Ⅶ括弧書），印鑑証明書を添付する場合でもないため（登規61Ⅶただし書），原則どおり本人確認証明書を添付する（登規61Ⅴ参照**事例54**参照，**14（7）②ⅲ**）。

なお，任意機関の定款の定めは定款変更の株主総会議事録で証明するものと整理されており，「定款」（登規61Ⅰ）を添付する余地はない。

② 監査役の権限限定の定めの登記

【事例58 ―監査役の変更と監査の範囲を限定する旨の定款の定め―】 改正先例

問　次の事実に基づき暫定答案を作成しなさい。
（株式会社Ｚの登記記録）
会社成立の年月日　平成７年７月７日
資本金の額　金１億円　金２億円　平成27年２月１日変更
株式の譲渡制限に関する規定
　当会社の株式を譲渡により取得するには，当会社の承認を要する
取締役Ａ　取締役Ｂ　取締役Ｃ　平成27年６月28日重任
東京都千代田区甲町１番地
　代表取締役Ａ　　　　　　　　平成27年６月28日重任
監査役Ｅ　　　　　　　　　　　平成24年６月28日重任
取締役会設置会社に関する事項　取締役会設置会社
監査役設置会社に関する事項　　監査役設置会社
（株式会社Ｚの平成28年６月27日の定時株主総会議事録）
２号議案　議長は，監査役Ｅが本定時総会の終結時に任期満了により退任するため，後任監査役としてＥを再選することの可否を議場に諮ったところ，満場一致で可決した。被選任者は席上，即時に就任を承諾した。
（聴取記録）
１　会社法や整備法により定款に定めがあるとみなされた定款事項については，それを反映した定款が存在している。

登記の事由	登記すべき事項	登免税額（根拠）
監査役の変更 監査役の監査の範囲を会計に関するものに限定する旨の定款の定めがある旨	平成28年６月27日監査役Ｅ重任 監査役の監査の範囲を会計に関するものに限定する旨の定款の定めがある	金３万円（(1)カ）

i 監査役の権限限定に関する定めを登記とする改正

非公開会社では、監査役会設置会社および会計監査人設置会社である場合を除いて、定款で監査役の監査の範囲を会計に関するものに限定する旨の定めをおくことが可能であり（会389Ⅰ）、当該定めを設ければ、監査役が存在していても会社法上の監査役設置会社ではないことになる。この監査範囲限定の定款の定めは、会社法の改正で「役員区」の登記事項に追加されている（会911Ⅲ⑰イ）。

ii 会社法施行の際に監査役の監査範囲の限定に関する定めがみなされた会社の経過措置

旧株式会社は、委員会設置会社を除いて定款には**監査役を設置する旨の定め**があるものとみなされ（整備76Ⅱ）、登記官が職権で監査役設置会社の定めの登記をしている（整備136 Ⅻ①②）。したがって、会社法の施行後にみなし定款の定めを廃止していないかぎり当該定めが現存していることになる。

ただし、会社法施行時の資本金の額が1億円以下の非公開会社（平18.5.1の会社法施行時点で株式の全部が譲渡制限株式である会社）は、旧小会社として監査役の監査の範囲を会計に関するものに限定する旨の定款の定めがあるものとみなされるため（整備53）、定款の定めを確認するまでもなく、平成18年5月1日に定款で監査役の監査の範囲を会計に関するものに限定する旨の定めをおいている会社として判断しなければならない。

この改正登記事項の経過措置は、改正会社法の施行（平27.5.1）の際に現に監査役の監査の範囲を会計に関するものに限定する旨の定款の定めがある会社は、改正会社法施行後、最初に監査役が就任し、または退任するまでの間は、監査役の監査の範囲を会計に関するものに限定する旨の登記を要しないとされている（附則22Ⅰ）。これは、改正会社法施行後、最初の監査役の変更とともに監査役の監査の範囲を会計に関するものに限定する旨の定めを登記しなければならないことを意味する。

iii 事例の検討

事例の会社は、会社成立の年月日から旧株式会社であり、現在の資本金の額は平成27年2月1日の増資により金2億円となっているが、会社法施行時の額は金1億円である。また、単一株式発行会社で全株式が譲渡制限株式であるため、非公開会社であり、会社法施行時点である平成18年5月1日時点で整備法により定款で監査役の監査の範囲を会計に関するものに限定する旨の定めが

設定されたとみなされた会社である（整備53）。

事例では，平成28年6月27日の監査役Eの重任が改正会社法施行後，最初の監査役の就任または退任にあたるため，監査役の変更登記にあわせて監査役の監査の範囲を会計に関するものに限定する旨の定め設定の登記を申請しなければならない（会附則22Ⅰ）。

この場合の監査役の監査範囲限定の定めの登記すべき事項は，**監査役の監査の範囲を会計に関するものに限定する旨の定款の定めがある旨**のみであり，登記記録例によれば**設定**の旨および効力発生日は登記すべき事項とされていない（平27.2.6民商14号依命通知第1節第6の1）。

登録免許税は，役員区の登記事項であるため役員変更として申請件数1件につき金3万円（資本金の額金1億円以下の会社は1万円）の定額課税となる（登免税別表24(1)カ）。事例の場合，申請時の資本金の額が金1億円超であるため，登録免許税額は金3万円となる。

【参考・添付書面】　定款1通　株主総会議事録1通　株主リスト1通　就任承諾書は株主総会議事録の記載を援用する　委任状1通

法　実体構造は，立証を要する法定要件をみたしてする決議を要素とする契約である（14 (5) ⅱ e）。事例の会社は，会社成立年月日から旧株式会社として定款に監査役設置会社の定めがあるものとみなされ（整備76Ⅱ），登記官が職権で監査役設置会社の定めの登記をしているため（整備136 ⅩⅡ①②），監査役設置会社の定め設定の登記申請は不要である。

　申込みに相当する株主総会の普通決議による選任決議（会329Ⅰ，同341）を証する株主総会議事録（法46Ⅱ）を添付する。承諾に相当する被選任者の就任承諾について，事例では被選任者Eの就任承諾が席上でなされ，その旨が議事録に記載されているため，上記議事録の記載を就任承諾書として援用することができる（法54Ⅰ，14 (8) ①）。なお，Eは再任であるため本人確認証明書の添付を要せず，議事録に氏名および住所の記載がなくとも援用が可能である点に注意を要する。

　前任者としての退任登記の退任を証する書面（法54Ⅳ）は，改選議事録に退任者と退任時期が明示されているため，先例により当該議事録のみとなる（平18.3.31民商782通，昭53.9.18民四5003回，ハンドブック419頁）。

　また，監査役の権限限定の定めは，整備法53条によりみなされたものであるため，定款変更決議の株主総会議事録は存在しないが，聴取記録1からみなされた定款の定めを反映した定款が存在するため，「定款」を添付することになる（平27.2.6民商13号通第2部第9の4 (2)）。

規　監査役の就任による変更登記を申請する場合であるが，被選任者Eは再任であるため，例外的に本人確認証明書の添付を要しない（登規61Ⅶ括弧書，**事例54**参照，14 (7) ②ⅲ）。

③ 監査役の権限限定の定め廃止

【事例59 ―非公開会社から公開会社への移行に伴う権限限定の定め廃止―】

問　次の事実に基づき暫定答案を作成しなさい。
(株式会社Zの登記記録)
会社成立の年月日　平成7年7月7日
資本金の額　金1億円
株式の譲渡制限に関する規定　当会社の株式を譲渡により取得するには，当会社の承認を要する
取締役A　取締役B　取締役C　平成27年6月28日重任
東京都千代田区甲町1番地
　代表取締役A　　　　　　　　平成27年6月28日重任
監査役D　　　　　　　　　　　平成27年6月28日重任
取締役会設置会社に関する事項　取締役会設置会社
監査役設置会社に関する事項　監査役設置会社
(以下略)
(株式会社Zの平成28年2月1日の臨時株主総会議事録)
1号議案　議長は，本株主総会の終結時に定款第6条の株式の譲渡制限に関する規定を廃止し，それにあわせて整備法53条によりみなされた定款の定めを廃止することの可否を議場に諮ったところ，満場一致で可決した。
2号議案　議長は，取締役及び監査役の全員が本株主総会の終結と同時に任期満了により退任するため，取締役及び監査役の全員を再選することの可否を議場に諮ったところ，満場一致で可決した。被選任者は，席上即時に就任を承諾した。
(株式会社Zの平成28年2月1日の取締役会議事録)
議案　議長は，代表取締役の後任者としてAを再選定することの可否を議場に諮ったところ，出席取締役全員の一致で可決した。被選定者は，席上即時に就任を承諾した。
(聴取記録)
1　上記の取締役会議事録には，出席取締役としてAが登記所届出印を押印している。
2　当社の事業年度は，毎年4月1日から翌年3月31日までの1年1期である。
3　監査役Dの平成27年6月28日におけるの重任の登記の際に，あわせて申請すべき登記はすべて申請し，その登記が完了している。

登記の事由	登記すべき事項	登免税額（根拠）
株式の譲渡制限に関する規定の廃止	平成28年2月1日株式の譲渡制限に関する規定の廃止	金3万円（(1)ツ）
取締役，代表取締役，監査役の変更	平成28年2月1日次の者重任　　取締役A　取締役B　取締役C	金1万円（(1)カ）計金4万円（登免税18）

監査役の監査の権限を会計に関するものに限定する旨の定款の定め廃止	東京都千代田区甲町1番地 　　代表取締役　A 　　監査役D 平成28年2月1日監査役の監査の範囲を会計に関するものに限定する旨の定款の定め廃止

i　事例の検討

　監査役の監査の範囲を会計に関するものに限定する旨の定款の定めは，非公開会社（非大会社）にかぎって定めることができるものである。したがって，事例のように株式の譲渡制限に関する規定を廃止することで非公開会社から公開会社に移行する場合，上記の定款の定めは失効することになる（立案担当者の解説112頁）。しかし，この考え方は疑義が生じやすいとする有力な批判があるため（ハンドブック450頁），実務的には，事例のように定款の定めを明確化するため，明示で権限限定の定めを廃止する決議を行うことになるものと考えられる。

　また，事例の会社は，会社成立年月日から旧株式会社であり，株式の譲渡制限に関する規定が設けられており，かつ，会社法施行時の資本金の額が1億円以下であるため旧小会社として整備法53条により監査役の権限限定の定款の定めがみなされている。聴取記録3には監査役Dの重任登記の際に，あわせて申請すべき登記は，すべて申請に登記が完了している旨が示されている。この指示は，監査役Dの平成27年6月28日付け重任登記が，会社法の一部改正法の施行後（平27.5.1）最初の監査役の変更となり，その際に定款にみなされた監査役の権限限定の定めが登記されたことを示すものであり，事例は監査役の権限限定の定め廃止の登記を省略することができない場合であることを明確にするためのものである（下記iiの例外参照）。

　事例は，株式の譲渡制限に関する規定を廃止することで非公開会社から公開会社へ移行するものであり，当該登記にあわせて取締役，監査役の任期満了に伴う改選，代表取締役の資格喪失退任に伴う改選が問題となる（詳細は，**事例9**②を参照）。

【参考・添付書面】　株主総会議事録1通　株主リスト1通　取締役会議事録1通
　　　　　　　　就任承諾書は株主総会議事録および取締役会議事録の記載を援用する　委任状1通
　法　株式の譲渡制限に関する規定の廃止および監査役の権限限定の定めを廃止するための株主総会の特別決議（会466，同309Ⅱ⑪）を証する株主総会議事録を添付する（法46Ⅱ）。当該議事録は取締役および監査役全員の退任を証する書面（法54Ⅳ）を

兼ねることになる。また，当該議事録は，取締役および監査役全員の再選決議を証する書面となるだけでなく，全員が席上就任を承諾しその旨が議事録に記載されているため取締役，監査役の就任承諾を証する書面として援用できることになる（法54Ⅰ）。

また，代表取締役を取締役会で選定したことを証する取締役会議事録を添付する（法46Ⅱ）。再選定された代表取締役が席上就任を承諾しており，それが議事録に記載されているため当該議事録を代表取締役の就任承諾書として援用できることになる（法54Ⅰ）。

規　取締役，監査役の就任による変更登記を申請する場合であるが，全員が再任であるため例外として本人確認証明書の添付を要しない（登規61Ⅶ括弧書）。また，代表取締役の就任による変更登記を申請する場合であるが，再任であるため例外として就任承諾書の印鑑証明書の添付を要しない（登規61Ⅳ括弧書）。さらに，聴取記録1で代表取締役を選定する取締役会議事録に変更前の代表取締役Aが届出印を押印しているため例外として選定議事録の印鑑証明書の添付も要しない（登規61Ⅵただし書）。

ⅱ　監査役の権限限定の廃止の登記を要しない例外

これまで述べたとおり，改正会社法の施行の際に現に監査役の監査の範囲を会計に関するものに限定する旨の定款の定めがある会社は，改正会社法施行後，最初に監査役が就任し，または退任する際に，監査役の権限限定の定めを登記すれば足りることになる（会附則22Ⅰ）。

たとえば，平成28年6月に開催される定時株主総会が，改正会社法施行後，最初に監査役が任期満了による退任する定時総会であるとした場合，当該定時総会で監査役設置会社の定めを廃止すれば，本来，監査役の監査の範囲を会計に関するものに限定する旨の定款の定めがある旨および当該定め廃止の登記をあわせて申請すべきことになる。

しかし，この場合，便宜，監査役の監査の範囲を会計に関するものに限定する旨の定めがある旨および当該定め廃止の登記申請を省略し，監査役設置会社の定め廃止および監査役の任期満了による退任登記のみを申請すれば足りると解されている（法務省HPの取締役会設置会社の定め，監査役設置会社の定めおよび監査役の監査の範囲を会計に関するものに限定する旨の定めの廃止ならびに株式譲渡制限の定めの変更をする場合の様式例中，登記の事由の朱書き部分参照）。これは公示の実益，申請人および登記事務の負担軽減を考慮した便宜措置と思われる。

この取扱いは，改正会社法施行後，最初に監査役が変更する株主総会の機会であれば（監査役の権限限定の定めの登記がなされていない状況であれば），株式の譲渡制限に関する規定を廃止し，公開会社から非公開会社に移行する機会に監

査役設置会社の定めを廃止する場合や，監査役の権限限定の定めを廃止して，取締役等の会社に対する責任の免除に関する定款の定めを設定する定款変更決議をした場合にも，監査役の監査の範囲を会計に関するものに限定する旨の定款の定めがある旨および当該定め廃止の登記の申請を省略できることになろう。

（4） 会計参与の選任

【事例 60 ―会計参与設置会社の定め設定と会計参与の就任―】

過問 （H19）

> 問　次の事実に基づき暫定答案を作成しなさい。
> （株式会社 Z の登記記録）
> 会社成立の年月日　平成 7 年 7 月 7 日
> 資本金の額　金 1,000 万円
> （株式会社 Z の平成 28 年 6 月 27 日の定時株主総会議事録）
> 2 号議案　議長は，会計帳簿の正確性をより高めるために定款第 8 条の 3 として「当会社には，会計参与を置く。」旨の定めを新設し，会計参与として税理士法人 Y 税務を選任することの可否を議場に諮ったところ，満場一致で可決した。
> （聴取記録）
> 1　税理士法人 Y 税務の代表社員 X から，選任された場合には就任承諾する旨および書類等備置場所を主たる事務所のある東京都千代田区丁町 4 番地とする旨が記載された文書が提出されている。
> 2　当社の本店所在地の管轄登記所と税理士法人 Y 税務の管轄登記所は，異なっている。

登記の事由	登記すべき事項	登免税額（根拠）
会計参与の変更 会計参与設置会社の定め設定	平成 28 年 6 月 27 日次の者就任 　会計参与　税理士法人 Y 税務 　（書類等備置場所）東京都千代田区丁町 4 番地 平成 28 年 6 月 27 日会計参与設置会社の定め設定	金 1 万円（(1) カ） 金 3 万円（(1) ツ） 計金 4 万円 （登免税 18）

① 会計参与の意義

会計参与は，取締役と共同して計算書類等を作成し，その事務所に計算書類等を備え置き，株主および債権者の閲覧・謄写請求に応じることで（会 374, 同 376, 同 378, 施行規 103），計算書類の虚偽記載や改ざんを抑止し，計算書類の正確さを確保するための任意機関である。

会計参与は，自然人であれば税理士または公認会計士，法人であれば税理士

法人または監査法人（有限責任監査法人を含む）に限定されているが（会333Ⅰ），どのような機関設計であっても設置ができる柔軟性をもっている。

会計参与設置会社である旨が「会社状態区」の，会計参与の氏名（名称）および書類等備置場所が「役員区」の登記事項とされている（会911Ⅲ⑯）。なお，会計参与の場合，書類等備置場所が登記事項とされているのは，会計監査人とは異なる大きな特色となっている。

② 会計参与の就任

会計参与の選任決議があれば，**会計参与の変更**を法律構成する。会計参与が就任すれば，役員区の登記事項が発生し，本店で2週間以内に変更登記の申請が必要となるため，本店での登記の事由となる（会915Ⅰ）。

登記すべき事項は，会計参与の資格，氏名または名称，書類等備置場所と**就任**の旨および効力発生日であり，登録免許税は，役員変更として申請件数1件につき金3万円（資本金の額金1億円以下の会社は1万円）の定額課税となる（登免税別表24⑴カ）。事例では，申請時点の資本金の額が1億円以下であるため登録免許税額は金1万円となる。

③ 会計参与設置会社の定め設定

会計参与は，任意機関であるため，すでに会計参与設置会社の定めが登記されている場合を除いて，会計参与設置会社の定め設定の決議を確認しなければならない。当該決議がされていれば，**会計参与設置会社の定め設定**を法律構成する。定款に当該定めが設定されれば，会社状態区の登記事項が発生し，本店で2週間以内に変更登記の申請が必要となるため，本店での登記の事由となる（会915Ⅰ，平19）。

登記すべき事項は，会計参与設置会社の定めと**設定**の旨および効力発生日であり，登録免許税は，登記事項の変更として申請件数1件につき金3万円の定額課税となる（登免税別表24⑴ツ）。

④ 事例の検討

事例は，新たに会計参与設置会社の定めを設定し，会計参与として税理士法人Y税務を選任しているため，会計参与設置会社の定め設定と会計参与の就任登記をあわせて申請しなければならない（法24⑨）。課税根拠の異なる複数の登記を一括申請することになるため，合算額金4万円が登録免許税額となる（登免税18）。

【参考・添付書面】　株主総会議事録１通　株主リスト１通　就任承諾書１通　委任状１通　登記事項証明書　添付省略（会社法人等番号○○○○-○○-○○○○○○）

法　実体構造は，立証を要する法定要件をみたしてする決議を要素とする契約である（14（5）ⅱ e）。会計参与設置会社の定めを設定する定款変更の株主総会の特別決議（会466，同309Ⅱ⑪）を証する株主総会議事録（法46Ⅱ）を添付する。申込みに相当する株主総会の普通決議による選任決議（会329Ⅰ，同341）を証する書面は上記議事録が兼ねることになる。承諾に相当する被選任者の就任承諾について，事例では聴取記録１から就任承諾を証する書面を添付することになる（法54Ⅱ①）。

　また，事例で会計参与に選任されたのは税理士法人Ｙ税務であり，聴取記録２から主たる事務所の管轄登記所が株式会社Ｚと異なるため，法人の存在と就任承諾した者の権限を確認するため登記事項証明書を添付することになる（法54Ⅱ②）。当該登記事項証明書は，会社法人等番号を記載すれば登記事項証明書の添付を省略できることになる（法19の3，登規36の3）。

（5）　会計監査人の選任

【事例61─会計監査人設置会社の定め設定と会計監査人の就任─】　過問　（S61，H11）

問　次の事実に基づき暫定答案を作成しなさい。
（株式会社Ｚの登記記録）
会社成立の年月日　平成７年７月７日
資本金の額　金４億円　金５億円　平成28年２月１日変更
株式の譲渡制限に関する規定
　当会社の株式を譲渡により取得するには，当会社の承認を要する
取締役Ａ　取締役Ｂ　取締役Ｃ　平成27年６月28日重任
東京都千代田区甲町１番地
　代表取締役Ａ　　　　　　　　平成27年６月28日重任
監査役Ｄ　　　　　　　　　　　平成25年６月28日重任
取締役会設置会社に関する事項　取締役会設置会社
監査役設置会社に関する事項　　監査役設置会社
（株式会社Ｚの平成28年６月27日の定時株主総会議事録）
２号議案　議長は，大会社への移行に伴い新たに設置義務が生じたため定款第８条の４として「当会社には，会計監査人を設置する。」旨の定めを新設し，監査法人Ｗ会計を会計監査人に選任することの可否を議場に諮ったところ，満場一致で可決した。
（聴取記録）
１　上記の株主総会の１号議案では，資本金の額が金５億円と計上された貸借対照表が承認されている。
２　監査法人Ｗ会計から，選任された場合には就任を承諾する旨及び職務執行者を代表社員であるＸとする旨が記載された文書が提出されており，当社の

本店所在地の管轄登記所と監査法人 W 会計の管轄登記所は異なっている。
3　当社の事業年度は，毎年 4 月 1 日から翌年 3 月 31 日までの 1 年 1 期である。

登記の事由	登記すべき事項	登免税額（根拠）
会計監査人の変更 会計監査人設置会社の定め設定	平成 28 年 6 月 27 日次の者就任 　会計監査人　監査法人 W 会計 平成 28 年 6 月 27 日会計監査人設置会社の定め設定	金 3 万円（(1) カ） 金 3 万円（(1) ツ） 計金 6 万円 （登免税 18）

① 会計監査人の意義

　会計監査人は，会計専門家が会計監査を行うことで，監査の実をあげるため会社の計算書類およびその附属明細書等を監査し，監査報告を作成する任意機関である（会 337 Ⅰ，同 396，同 326 Ⅱ）。

　ただし，大会社では，会計監査人の設置が義務づけられており（会 328，平 23），指名委員会等設置会社および監査等委員会設置会社でも会計監査人の設置が義務づけられている（会 327 Ⅴ）。いずれも内部統制システムによる組織的な監査を行うため，内部統制システムの構築には，計算書類の適正性・信頼性の確保の観点から会計監査人が重要な役割を果たすからである。

　会計監査人設置会社である旨が「会社状態区」の，会計監査人の氏名（名称）が「役員区」の登記事項とされている（会 911 Ⅲ⑲）。

② 会計監査人の就任

　会計監査人の選任決議があれば，**会計監査人の変更**を法律構成する。会計監査人の選任により会計監査人が就任すれば，役員区の登記事項が発生し，本店で 2 週間以内に変更登記の申請が必要となるため，本店での登記の事由となる（会 915 Ⅰ，通常の選任につき昭 61，平 11，みなし再選につき平 16，平 20，平 23）。

　登記すべき事項は，会計監査人の資格，氏名または名称と**就任**の旨および効力発生日であり，登録免許税は，役員変更として申請件数 1 件につき金 3 万円（資本金の額 1 億円以下の会社は 1 万円）の定額課税となる（登免税別表 24⑴カ）。事例では，申請時点の資本金の額が 1 億円超であるため登録免許税額は金 3 万円となる。

③ 会計監査人設置会社の定め設定

　会計監査人は，任意機関であるため，すでに会計監査人設置会社の定めが登記されている場合を除いて，会計監査人設置会社の定め設定の決議を確認しなければならず，当該決議がされていれば，**会計監査人設置会社の定め設定**を法

律構成する。定款に当該定めが設定されれば，会社状態区の登記事項が発生し，本店で2週間以内に変更登記の申請が必要となるため，本店での登記の事由となる（会915Ⅰ）。

登記すべき事項は，会計監査人設置会社の定めと設定の旨および効力発生日であり，登録免許税は，登記事項の変更として申請件数1件につき金3万円の定額課税となる（登免税別表24(1)ツ）。

④　事例の検討

事例の会社は，登記記録から定時総会での貸借対照表の承認により大会社に移行し，会計監査人の設定義務を負うことになり（会328），当該定時総会で新たに会計監査人設置会社の定めを設定し，会計監査人として監査法人W会計を選任しているため，会計監査人設置会社の定め設定と会計監査人の就任登記をあわせて申請しなければならない（法24⑨）。課税根拠の異なる複数の登記を一括申請することになるため，合算額金6万円が登録免許税額となる。

> 【参考・添付書面】　株主総会議事録1通　株主リスト1通　就任承諾書1通　委任状1通　登記事項証明書　添付省略（会社法人等番号○○○○-○○-○○○○○○）
>
> 法　実体構造は，立証を要する法定要件をみたしてする決議を要素とする契約である（14（5）ⅱe）。会計監査人設置会社の定めを設定する定款変更の株主総会の特別決議（会466，同309Ⅱ⑪）を証する株主総会議事録（法46Ⅱ）を添付する。申込みに相当する株主総会の通常の普通決議による選任決議（会329Ⅰ，同309Ⅰ）は，上記の議事録が兼ねることになる。承諾に相当する被選任者の就任承諾について，事例では聴取記録2から就任承諾書（法54Ⅱ①）を添付する。
>
> 事例で会計監査人に選任されたのは監査法人W会計であり，聴取記録2から管轄登記所が株式会社Zと異なるため法人の存在と就任承諾した者の権限を確認するため登記事項証明書を添付することになる（法54Ⅱ②）。当該登記事項証明書は，会社法人等番号を記載すれば登記事項証明書の添付を省略できることになる（法19の3，登規36の3）。

2-9　役員等の退任登記

63　役員等の退任の意義

役員等と会社の委任契約が終了する法律関係を総称して退任という。退任原因には，民法651条の解除自由の原則に基づき役員等が行う解除である辞任，会社が行う解除である解任，民法653条の委任契約の終了事由である役員等の

死亡，**破産手続開始決定**，民法の特則である欠格事由に該当したことによる**資格喪失**（会331Ⅰ等，昭57.7.20民四4455通），任期制度による**任期満了**（会332等）がある。

64　役員等の任期満了
（1）　総説

役員等には，株主に信任投票の機会を与えることが株主の監督是正権の適正行使に資するため，任期制度が採用されており，任期が満了すれば委任契約は終了し，役員等は退任する。

	取締役	会計参与	監査役	会計監査人
①法定任期（通常の取締役等）	選任後2年以内の最終の事業年度に関する定時総会の終結の時まで（会332Ⅰ）	同左（会334Ⅰ）	選任後4年以内の最終の事業年度に関する定時総会の終結の時まで（会336Ⅰ）	選任後1年以内の最終の事業年度に関する定時総会の終結の時まで（会338Ⅰ）
②（監査等委員以外の取締役等）	選任後1年以内の最終の事業年度に関する定時総会の終結の時まで（監査等委員である取締役以外の取締役につき会332Ⅲ，指名委員会等設置会社の取締役につき会332Ⅵ）			
任期伸長	非公開会社では，定款で，選任後10年以内の最終の事業年度に関する定時総会の終結の時までに伸長可能（会332Ⅱ）。ただし，監査等委員会設置会社と指名委員会等設定会社は除外（会332Ⅱ括弧書）	同左（会334Ⅱ）	同左（会336Ⅱ）	伸長不可
任期短縮	定款または選任決議で補欠取締役の任期を前任者の任期満了時に短縮可能（会332Ⅰただし書）。ただし，監査等委員である取締役は除外（会332Ⅳ）		定款で補欠監査役の任期を前任者の任期満了時に短縮可能（会336Ⅲ）	短縮不可
任期短縮の制約	定款で補欠監査等委員である取締役の任期を前任者の任期満了時に短縮可能（会332Ⅴ）	不適用		

（2）　法律構成および登記の事由の判断

たとえば，取締役が任期満了する事実が示されていれば，**取締役の変更**を法律構成する。これにより「役員区」の登記事項である取締役の氏名（会911Ⅲ⑬）が，任期満了時に消滅し，本店で2週間以内に変更登記の申請が必要となるため，本店での登記の事由となる（会915Ⅰ）。

ただし，①任期満了による退任によって，②取締役が欠け，または会社法もしくは定款で定める員数に欠員する場合には，退任した取締役が権利義務取締

役となる（会346Ⅰ）。権利義務取締役は，委任契約中の登記を流用して公示するため，退任の登記事項は，不発生と解釈し（最判昭43.12.24），権利義務関係が解消されるまで登記の事由とはならない（法24⑩）。これは，他の役員である会計参与，監査役にも妥当する。

しかし，会計監査人は，機関ではあるが役員ではないため，権利義務制度が適用されず，任期満了により退任すれば，欠員の有無にかかわらず退任登記の申請が可能である。これによる不都合は，仮会計監査人を選任することで対応する（会346Ⅳ，下記暫定答案例参照）。

登記の事由	登記すべき事項	登免税額（根拠）
仮会計監査人の変更	平成○年7月2日就任 　　仮会計監査人　海野幸子	金3万円（(1)カ）

(3) 任期満了日の判断方法

取締役の法定任期を例として，任期満了日の判断方法を説明する。任期満了日を判断するには，前提として，①任期の定め（増員・補欠者の任期修正規定，任期の変更を含む），②事業年度（その変更を含む），③定時総会の開催期間，④権利義務役員を判断するため役員の員数，⑤定款変更による任期満了の有無といった前提情報を把握しなければならない。

ここでは，①定款に任期の定めがなく，②事業年度が毎年4月1日から翌年3月31日までの年1期であり，③定時総会の開催期間が事業年度の末日の翌日から3か月以内で，④役員の員数に定めがなく，⑤定款変更による任期満了は問題とならない場合を前提として，平成26年6月28日に選任決議された取締

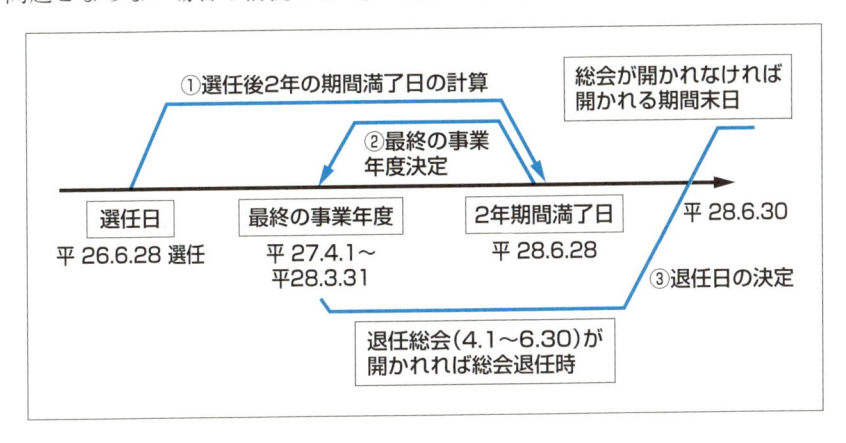

```
①選任後2年の期間満了日の計算          総会が開かれなければ
                                        開かれる期間末日
              ②最終の事業
              年度決定

選任日         最終の事業年度      2年期間満了日        平28.6.30
平26.6.28 選任  平27.4.1～          平28.6.28
               平28.3.31                          ③退任日の決定

              退任総会(4.1～6.30)が
              開かれれば総会退任時
```

役Aを例として説明する。

任期満了日の判断は，作業を①退任総会の特定と②退任日の決定の2つに分けて行う。

① 退任総会の特定

まず，選任後2年の期間満了日を計算し，期間満了日にもっとも近い過去側の終了した事業年度を（以下「最終の事業年度」という）を把握し，退任する定時総会を決定する。

i 選任後2年の期間満了日の計算

取締役Aについては，任期開始日である選任決議日の翌日である平成26年6月29日を起算日とし（民140本文，昭38.12.10民甲3190局長認可），その日付の年に2年を足した平成28年6月29日が2年後の応当日となり，2年の期間満了日は，応当日の前日である平成28年6月28日（24時）となる（民143Ⅱ本文）。

これが正規の期間計算の方法であるが，役員等の任期についてはその性質上，期間の末日が休日の場合の期間満了日の順延措置が問題とならないため（民142参照），便宜，任期始期（選任決議日）である平成26年6月28日に2年を加えた平成28年6月28日をただちに**判断基準日**として判断して差し支えない。

ii 最終の事業年度の把握

上記により計算した選任後2年の期間満了日を**判断基準日**として，基準日からみてすでに完了している事業年度のうち直近のものを**最終の事業年度**といい，最終の事業年度にかかる定時総会が，取締役が退任すべき定時総会となる。上記の例では，平成28年6月28日が基準日であるため，最終の事業年度は，平成28年3月31日を末日とする事業年度となり，この最終の事業年度にかかる平成28年に開催される定時総会が，取締役Aの退任総会となる。

② 退任日の決定

i 定時総会が開催期間内に開催された場合

上記により退任する定時総会が特定できたら，会社法の定めに従い当該定時総会の終結時が任期の満了時点となる（会332Ⅰ，昭54，昭60，昭61，平3，平7，平11，平12，平18，平19，平20，平21，平26，平27）。

ii 定時総会が開催期間内に開催されない場合

ただし，退任する定時総会がまったく開かれないか，または定款所定の定時総会の開催期間内に開催されない場合，取締役の任期は定款所定の定時総会の

開催期間の末日（24時）まで伸長され，その時点で任期が満了する（昭38.5.18民甲1356号回，昭56，平1）。

> 【参考・添付書面】　原則は，定款1通　株主総会議事録1通　株主リスト1通
> 　　　　　　　　　　委任状1通
> 法　実体構造は，決議を要素としない法律事実のみである（**14**（5）ⅳj）。退任による変更登記として退任を証する書面を添付する（法54Ⅳ）。任期満了による退任の場合，立証対象は①任期始期，②任期終期，③任期の定め等（事業年度，定時総会の開催期間を含む）である。このうち①の任期始期は選任決議日を明らかにする株主総会議事録であるが，選任決議日と就任の日が事業年度の末日をまたぐ場合を除いては添付を要しないと解されている（ハンドブック419頁）。②の任期終期は，任期満了により退任する定時総会の議事録でこれを証するため，当該株主総会議事録と③を証する定款が原則的な退任を証する書面の内容となる。
> 　　ただし，上記②ⅱのように退任する定時総会が開催されていない場合には，先例により定時総会の開催期間の末日が任期満了による退任日となるため定時総会の議事録の添付は無意味となり，定款のみに修正され，例外として定款のみを添付するパターンが考えられることになる。
> 　　また，任期満了により退任する定時総会の議事録に「取締役Aは，本定時総会の終結をもって任期満了退任するので……」の記載があれば，先例により当該議事録のほか，選任時を証する議事録や定款の添付を要しないとされているため（平18.3.31民商782通，昭53.9.18民四5003回，ハンドブック419頁），株主総会議事録のみに修正され，例外的に改選の株主総会議事録のみを添付するパターンが考えられることになる。

（4）任期満了日の判断のポイント

① 任期の始期

任期の開始時は，常に選任決議日であり，登記記録から読み取れる就任日，重任日とは異なる。問題で選任決議日について指示があれば，それに従い，指示がなければ，就任または重任日に選任決議が行われたとして任期始期をとらえることになる。

【事例62―選任決議日の指定による任期始期の修正―】　過問
（S54，S59，S60，H8，H10）

> 　監査役Eが平成24年7月1日就任と登記されている場合，監査役Eの任期満了日を判断しなさい。
> （聴取記録）
> 1　定款に任期の定めはない。
> 2　定款に事業年度が7月1日から翌年6月30日までと定められている。
> 3　定款に定時総会の開催期間の定めなし。定時総会は毎年9月28日に開催し

ている。
4 定款に員数の定めはない。
5 監査役Eは，平成24年6月29日の臨時株主総会で選任されている。

任期計算表						
	対象者	任期始期	判断基準日	最終事業年度	退任日	
原	監査役E	H24.7.1 就任	H28.7.1	H28.6.30	H28 総会	×
修	決議日の指定	H24.6.29 修正	H28.6.29	H27.6.30	H27.9.28	○

事例62は，選任決議日が事業年度の末日より前に指示されている問題である。監査役Eは，平成24年7月1日就任として登記されているが，選任決議日が<u>平成24年6月29日</u>と指示されているため，指示された選任決議日を任期始期として，4年後の応当日である平成28年6月29日（24時）を判断基準日とすれば，最終の事業年度は平成27年6月30日を末日とする事業年度となる。

当該事業年度にかかる定時総会が毎年の9月28日という定時総会の開催期間内に開催されているため<u>平成27年9月28日</u>開催の定時総会の終結時にすでに任期満了により退任していることになる（平8）。

② 補欠役員の任期始期の修正

唯一の監査役Bが任期中に辞任し，後任者Cが監査役に就任すれば，監査役Cは，補欠監査役となる。定款に補欠監査役の任期を「前任者の任期の満了すべきとき」までとする定めがあれば（会336Ⅲ），監査役Cの任期は，前任者Bの任期満了すべき時までに修正される（平1，取締役につき平12，平26）。しかし，定款の定めがなければ，監査役Cは，通常の法定任期となる（平7，平20）。

i 補欠取締役の処理

【**事例63**―補欠取締役の任期始期の修正―】 過問 （H12，H26）

取締役ABDの任期満了日を判断しなさい。なお，平成28年7月1日を申請日とする。
（登記記録）※ほかに取締役は存在しない
取締役A 平成26年5月25日重任
取締役B 平成26年5月25日重任
取締役C 平成26年5月25日重任 平成27年5月25日辞任
取締役D 平成27年5月25日就任
（聴取記録）
1 定款に補欠又は増員により選任された取締役の任期は，他の在任取締役の任期が満了すべきときまで，補欠により選任された監査役の任期は，前任の

監査役の任期が満了すべきときまでとする定めがある。なお，任期中に退任した者の後任は，補欠として選任している。
2　定款に事業年度が4月1日から翌年3月31日までと定められている。
3　定款に定時総会の開催期間の定めはないが，当社は，定時総会を毎年5月25日に開催している。
4　定款に役員の員数の定めはないが，当社は取締役会設置会社である。

任期計算表						
	対象者	任期始期	判断基準日	最終事業年度	退任日	
1	取締役A	H26.5.25 重任	H28.5.25	H28.3.31	H28.5.25	○
2	取締役B	同	同	同	同	○
3	取締役C	H26.5.25 重任 H27.5.25 辞任				—
原	取締役D	H27.5.25 就任	H29.5.25	H29.3.31	H29総会	×
修	補欠修正	H26.5.25 修正	H28.5.25	H28.3.31	H28.5.25	○

事例63は，補欠取締役についての任期修正の問題である。登記記録から取締役が3名の状況で，取締役Cが任期満了前の平成27年5月25日に辞任より退任し，取締役Dの就任登記が同日付けで登記されており，聴取記録1より，取締役Dは補欠として選任された取締役と判断し，定款の補欠取締役の任期の修正規定を適用する。

この場合の取締役Dの任期の計算は，辞任で退任した取締役Cと同様となるため，任期の始期は，取締役Cの重任登記がされた平成26年5月25日に修正され，2年後の応当日である平成28年5月25日（24時）を判断基準日とし，最終の事業年度は，平成28年3月31日を末日とする事業年度となる。

当該事業年度にかかる定時総会は，毎年**5月25日**に開催されているため，取締役Dは，平成28年5月25日開催の定時総会の終結時に任期満了により退任する（平12）。

なお，取締役A，Bについても同様の計算となる。

ⅱ　補欠取締役の処理

【事例64 ―補欠監査役の任期始期の修正―】 過問 （H1）

監査役Fの任期満了日を判断しなさい。なお，申請日は平成28年7月1日とする。
（登記記録）※ほかに監査役は存在しない。

監査役E　平成24年6月25日重任　平成26年8月15日死亡
監査役F　平成26年9月10日就任
(聴取記録)
1　定款第20条に取締役の任期について法定任期と同内容の定めのほか、補欠又は増員により就任した取締役の任期は、他の取締役の任期の満了すべき時までとする定めがあり、監査役の任期について法定任期の同内容の定めのほか、任期満了前に退任した監査役の補欠として選任された監査役の任期は、退任した監査役の任期の満了すべき時までとする定めがある。なお、任期中に退任した者の後任は、常に補欠として選任している。
2　定款第25条に事業年度が毎年4月1日から翌年3月31日までの年1期と定められている。
3　定款第15条に定時総会の開催時期が事業年度末日の翌日から3月以内に招集する旨の定めがあり、平成28年の定時総会は平成28年7月2日に開催されている。
4　定款に役員の員数に関する定めはない。

	任期計算表					
	対象者	任期始期	判断基準日	最終事業年度	退任日	
	監査役E	H24.6.25重任 H26.8.15死亡				
原	監査役F	H26.9.10就任	H30.9.10	H30.3.31	H30総会	×
修	補欠修正	H24.6.25修正	H28.6.25	H28.3.31	H28.6.30	○

事例64は、補欠監査役の任期修正を問う問題である。登記記録によれば、監査役Eが任期満了前の平成26年8月15日に死亡により退任し、監査役Fが、その後の平成26年9月10日付けで就任登記を受けており、聴取記録1より、監査役Fは、補欠監査役となり、定款の補欠監査役の任期修正の定めが適用されることになる。

この場合の任期計算は、前任者である監査役Eと同様となるため、Eが平成24年6月25日重任の登記をしており、選任決議日について特段の事実が示されていないため、重任の日に選任決議が行われたものと判断し、その日を任期始期とする。4年後の応当日である平成28年6月25日（24時）を基準時として、最終の事業年度は平成28年3月31日を末日とする事業年度となる。

聴取記録3からそれにかかる定時総会が平成28年7月2日に開催されているが、定款で定める定時総会の開催期間内に開催されていないため、定時総会の開催期間の末日である平成28年6月30日（24時）までが監査役Fの任期となり、その時点で任期満了退任する（平1）。

③ 任期または事業年度に変更がある場合

　任期または事業年度の変更があれば，変更後の任期（平21，平25，平27），変更後の事業年度（平16，平20，平23）を適用して上記の計算を行う。計算の結果，過去にさかのぼって任期が満了していることになる場合には，任期または事業年度の変更時点で任期満了したものと解釈する（平21，平25，平27）。なお，定款変更前に，すでに変更前の任期，事業年度によって任期満了により退任している場合があるので，その検討を怠ることはできない（平27）。

　同様に，会計監査人について1年以内に完了する事業年度が存在しないことになる場合も，事業年度の変更時点で任期満了したものと解釈する（玉井由紀江「相談事例」『登記インターネット』106号116頁，ハンドブック467頁注）。

　ただし，事業年度を変更した後に会計監査人を選任（重任）した場合には，会社の意思は当該会計監査人に変更後の事業年度の終了まで職務を託す意図であることを考慮し，変更後の事業年度が1年以内に終了しない場合であっても，当該事業年度に関する定時総会の終結時に任期が満了する（平21.12.17東京法務局通知）。

i　任期の変更の処理

【事例65―任期の変更―】 過問 （H21選任日の指定含む，H25，H27変更前の任期満了含む）

　　取締役A，B，Cの任期満了日を判断しなさい。なお，申請日は平成28年7月1日とする。
（登記記録）※他に取締役は存在しない。
取締役A　平成26年6月28日重任
取締役B　平成27年6月28日就任
取締役C　平成28年4月1日就任
（聴取記録）
1　平成27年6月28日の定時総会で，定時総会の終結時から取締役の任期を法定任期から選任後1年以内に終了する事業年度のうち最終のものに関する定時株主総会の終結の時までに変更している。
2　定款に事業年度が4月1日から翌年3月31日までと定められている。
3　定款に定時総会の開催期間の定めはないが，毎年6月28日に定時総会を開催している。
4　定款に役員の員数の定めはないが，当社は取締役会設置会社である。
5　取締役Cは，平成28年3月29日開催の臨時総会で選任決議されている。

64 役員等の任期満了

任期計算表						
	対象者	任期始期	判断基準日	最終事業年度	退任日	
	取締役A	H26.6.28 重任	H27.6.28	H27.3.31× 遡及退任不可	H27.6.28 定款変更時	○
	取締役B	H27.6.28 就任	H28.6.28	H28.3.31	H28.6.28	○
原	取締役C	H28.4.1 就任×	H29.4.1	H29.3.31	H29 総会	×
修	選任日の指定	H28.3.29○	H29.3.29	H28.3.31	H28.6.28	○

事例65は，取締役の任期の短縮変更による任期修正の問題である。取締役Aについては，平成26年6月28日の重任日を選任決議日と判断し，変更後の任期を適用し，1年後の応当日である平成27年6月28日（24時）を判断基準日とし，最終の事業年度は平成27年3月31日を末日とする事業年度となる。当該事業年度にかかる定時総会が取締役Aの退任総会となるが，任期を変更する場合，さかのぼって任期が満了するような変更は許されず，この場合，定款変更の効力発生時点で任期が満了すると解することになる。したがって，聴取記録1の定款変更の効力が生じる平成27年6月28日の定時総会の終結時に取締役Aの任期がすでに満了していたことになる。

取締役Bは，平成27年6月28日就任日を選任決議日と判断し，選任決議日から1年後の応当日である平成28年6月28日（24時）を判断基準日とし，最終の事業年度は平成28年3月31日を末日とする事業年度となり，当該事業年度にかかる定時総会が退任総会となる。当該総会は聴取記録3から平成28年6月28日に開催されているため，当該定時総会の終結時に取締役Bの任期が満了する。

取締役Cについては，選任決議日が平成28年3月29日と指示されているため，1年後の応当日である平成29年3月29日（24時）を判断基準日として，最終の事業年度は上記取締役Bと同様，平成28年3月31日を末日とする事業年度となる。したがって，平成28年6月28日に開催された定時総会の終結時に取締役Cの任期が満了する（平21）。

ii 事業年度の変更の処理

【事例66―事業年度の変更―】 過問 （H16，H20，H23）

取締役A，監査役E，会計監査人Hの任期満了日を判断せよ。
（登記記録）

> 取締役Ａ　平成26年3月28日重任
> 監査役Ｅ　平成25年3月28日重任
> 会計監査人Ｈ　平成27年3月28日重任
> （聴取記録）
> 1　定款に任期の定めはない。
> 2　平成27年9月28日の臨時総会で，事業年度を1月1日から12月31日までから4月1日から翌年3月31日までに変更し，最初の事業年度は平成27年1月1日から平成28年3月31日までと定めている。
> 3　定款に定時総会の開催期間の定めはないが，平成28年の定時総会は，平成28年6月28日に開催されている。
> 4　定款に役員等の員数の定めはない。

任期計算表						
	対象者	任期始期	判断基準日	最終事業年度	退任日	
1	取締役Ａ	H26.3.28重任	H28.3.28	H26.12.31	H27.9.28	○
3	監査役Ｅ	H25.3.28重任	H29.3.28	H28.3.31	H28.6.28	○
1	会計監査人Ｈ	H27.3.28重任	H28.3.28	なし	H27.9.28	○

事例66は，事業年度の変更による任期修正の問題である。取締役Ａは，平成26年3月28日重任として登記されており，選任決議日が指示されていないため，同日を任期始期とし，2年後の応当日である平成28年3月28日（24時）を判断基準日とする。変更後の事業年度を適用すると，2年以内に変更後の最初の事業年度が終了しないため，事業年度変更前の平成26年12月31日を末日とする事業年度が最終の事業年度となる。定款変更前に遡及して任期満了する不都合が生ずるため，聴取記録2の臨時総会で定めた事業年度の変更の効力発生時点である平成27年9月28日に任期満了により退任していたことになる。

監査役Ｅは，平成25年3月28日重任として登記されており，選任決議日が指示されていないため，同日を任期始期とし，4年後の応当日である平成29年3月28日（24時）を判断基準日とする。変更後の事業年度を適用すると，最終の事業年度が平成28年3月31日を末日とする事業年度となる。したがって，聴取記録3から当該事業年度にかかる平成28年6月28日の定時総会で任期満了により退任することになる。

会計監査人Ｈは，平成27年3月28日重任として登記されており，選任決議日について別段の事実がないため，同日を任期始期とし，1年後の応当日である平成28年3月28日（24時）を判断基準日とし，最終の事業年度を判断する

と，変更後の最初の事業年度の末日が平成28年3月31日であり，1年以内に完了する最終の事業年度が存在しない。したがって，聴取記録2の臨時総会における事業年度の変更の効力発生時点である平成27年9月28日に任期満了により退任していたことになる（平16）。

④ 後任者の就任と権利義務関係の解消

　任期満了により退任する役員（取締役，監査役，会計参与）が会社法または定款に定める員数に欠員し，員数をみたす後任者が選任されていなければ，退任する役員は権利義務役員となり（会346），権利義務関係が解消されないかぎり任期満了による退任登記を申請できない（最判昭43.12.24，平8，平15）。後任者の選任決議がされたが，当該決議が定足数をみたさない場合（平11），後任者の選任決議が否決された場合（平23）も同様である。

　また，任期満了により退任する役員の後任者が選任されていれば，就任登記の登記の事由となる。しかし，その就任が員数をみたす後任者の就任でない場合には，権利義務関係が解消されず，任期満了による退任登記は申請できない（平10）。員数をみたす後任者が選任されたが就任承諾を留保している者がいれば，就任承諾までは同様の結論となる（平6）。

　ただし，員数をみたさない後任者が，退任する役員と同一人である場合には，その者について重任登記または任期満了による退任登記を申請することができる（吉野太人「最近の商業・法人登記実務の諸問題（その2）」『登記インターネット』118号28～31頁，吉野太人「最近の商業・法人登記実務の諸問題（その1）」『登記インターネット』117号26頁）。

i 単純なパターン

【事例67 ─権利義務関係の判断その1─】 過問 （H6，類似S60，H19）

　次の役員のうち退任登記を申請することができる者がいるか否かを判断しなさい。
（登記記録）
取締役A　　　平成26年6月29日重任
取締役B　　　平成26年6月29日重任
取締役C　　　平成26年6月29日重任
取締役D　　　平成27年6月28日就任
代表取締役A　平成26年6月29日重任
監査役E　　　平成24年6月29日重任

（聴取記録）
1 定款に任期の定めはない。
2 定款に事業年度が4月1日から翌年3月31日と定められている。
3 定款に定時総会の開催期間の定めはない。
4 定款に取締役4名を置く旨の定めがある。当社は，取締役会設置会社である。
5 取締役Bが平成28年6月16日付けで辞任する旨の申出をしており，平成28年6月25日の定時総会では役員の改選をしていない。

任期計算表						
	対象者	就任日	判断基準日	最終事業年度	退任日	
1	代表取締役A	H26.6.29重任	H28.6.29	H28.3.31	H28.6.25	×
2	取締役B	同	同	同	H28.6.16辞任	×
3	取締役C	同	H28.6.29	H28.3.31	H28.6.25	×
4	取締役D	H27.6.28就任	H29.6.28	H29.3.31	H29総会	―
1	監査役E	H24.6.29重任	H28.6.29	H28.3.31	H28.6.25	×

事例67は，取締役および監査役がともに権利義務者となるか否かを問う問題である。取締役ABCは，平成26年6月29日重任として登記されており，選任決議日の指示がないため同日を起算日とし，2年後の応当日である平成28年6月29日を判断基準日とし，最終の事業年度は，平成28年3月31日を末日とする事業年度となる。したがって，当該事業年度にかかる平成28年6月25日の定時総会の終結時に，本来，任期満了により退任する。

このうち取締役Bは，「平成28年6月16日付で辞任する」旨の申出を行っており，辞任の効力発生時点で，任期中であるため，辞任は実体上，適法である。しかし，聴取記録4には，定款に「取締役4名をおく」旨の定めがあるため，取締役Bの辞任による退任で，定款で定める員数に欠員するため，取締役Bは，辞任の効力発生時に権利義務取締役となり，辞任による退任登記を申請することができない。

その後，取締役ACも平成26年6月25日の定時総会の終結時に任期満了により退任することになるが，この退任により定款の員数に欠員が生じることになり権利義務取締役となる。聴取記録5から平成28年の定時総会では取締役の改選をしていないため，これら権利義務関係は解消せず，取締役ABCの退任登記を申請することはできない。

なお，取締役Aは，代表取締役を兼任しているため，①取締役が任期満了に

より退任した時点で代表取締役を資格喪失により退任し、②代表取締役を欠き、③取締役として権利義務者であり前提資格を有するため、権利義務代表取締役となり（会351），代表取締役Aについても退任登記を申請することはできない。

監査役Eは、平成24年6月29日重任として登記されており、選任決議日の指定はないため、同日を起算日とし、4年後の応当日である平成28年6月29日（24時）を判断基準時とし、最終の事業年度は平成28年3月31日を末日とする事業年度となる。したがって，当該事業年度にかかる定時総会の開催期間内に開催された平成28年6月25日の定時総会で任期満了により退任する。それにより監査役を欠くことになるため，権利義務監査役となり，員数をみたす後任者が選任されていないため，任期満了による退任登記を申請することができない。

なお，取締役Dは，上記と同様の手法で任期計算すると，平成29年の定時総会まで任期を有するため，そもそも退任登記の登記の事由が発生しておらず，退任登記の対象とならない。

ⅱ　複雑なパターン

【事例68―権利義務関係の判断その2―】 過問 （H23改）

次の役員等のうち退任登記を申請することができる者がいるか否かを判断しなさい。
（登記記録）
取締役A　　　平成27年2月20日重任
取締役B　　　平成27年2月20日重任
取締役C　　　平成27年5月1日就任
取締役D　　　平成28年1月1日就任
代表取締役A　平成27年2月20日重任
監査役E　　　平成25年2月20日重任
監査役（社外監査役）F　　平成25年2月20日重任
監査役（社外監査役）G　　平成25年2月20日重任　平成26年2月20日辞任
監査役（社外監査役）H　　平成26年2月20日就任
会計監査人J　平成28年2月18日重任
（聴取記録）
1　定款に任期の定めはない。
2　平成28年2月18日の定時総会で，事業年度を変更し，変更後の最初の事業年度を平成28年1月1日から同年4月30日まで，次の事業年度は，同年5月1日から平成29年4月30日までとしている。
3　定款に定時総会の開催期間の定めはない。
4　定款に取締役の員数を4名以上置く旨の定めがある。当社は取締役会設置

会社，かつ，監査役会設置会社である。
5　事業年度の変更後初めての定時総会は，平成28年6月12日に開催され，当該定時総会の終結時において監査役会設置会社の定めを廃止する決議をしているが，役員等の改選をしていない。
6　取締役Cは平成27年2月20日に選任決議され，取締役Dは平成27年10月31日に選任決議され，監査役Hが平成26年2月20日に選任決議された監査役Gの辞任に伴う補欠監査役である。

任期計算表						
	対象者	任期始期	判断基準日	最終事業年度	退任日	
1	代表取締役A	H27.2.20 重任	H29.2.20	H28.4.30	H28.6.12	×
2	取締役B	同	同	同	同	×
3	取締役C	H27.5.1 就任 H27.2.20 選任（修）	H29.2.20 修	同	同	×
4	取締役D	H28.1.1 就任 H27.10.31 選任（修）	H29.10.31 修	H29.4.30	H29 総会	—
1	監査役E	H25.2.20 重任	H29.2.20	H28.4.30	H28.6.12	○
2	社外監査役F	同	同	同	同	○
3	<u>社外監査役G</u>	同, H26.2.20 辞任				
3	社外監査役H	H26.2.20 就任	H30.2.20	H29.4.30	H29 総会	—
1	会計監査人J	H28.2.18 重任	H29.2.18	H28.4.30	H28.6.12	○

事例68は，監査役会を廃止することで監査役の退任が権利義務に該当するか否かを主な論点とする問題である。

取締役Cの選任決議日の指定により取締役ABCは，平成26年2月20日が任期の始期となり，2年後の応当日である平成28年2月20日（24時）を判断基準日とし，最終の事業年度は事業年度変更後の最初の事業年度である平成28年4月30日を末日とする事業年度となる。当該事業年度にかかる定時総会が，定時総会の開催期間内（最長3か月を補充解釈）に開催されているため平成28年6月12日の定時総会の終結時に取締役ABCは同時に任期満了により退任する。この退任により聴取記録4の定款で定める取締役の員数（4名以上）に欠員するため，取締役ABCは権利義務取締役となり（会346），任期満了による退任登記を申請することができない。

監査役Eおよび社外監査役Fは，平成25年2月20日重任として登記されており，選任決議日の指定はないため同日を任期始期とし，4年後の応当日で

ある平成29年2月20日（24時）を判断基準日とし，最終の事業年度は上記取締役と同じ平成28年4月30日を末日とする事業年度となる。したがって，当該事業年度にかかる平成28年6月12日開催の定時総会の終結時に任期満了により退任する。監査役会であれば，法定員数が監査役3人以上であるため（会335Ⅲ），監査役3名のうち2名の退任は，法定員数に欠員する退任となり，監査役Eおよび社外監査役Fは権利義務監査役となる（会346）。

他方，社外監査役Hは，聴取記録6から社外監査役Gが平成26年2月20日に辞任した日に社外監査役に就任しており，Gの補欠監査役と判断できる。しかし，**事例68**では，補欠監査役の任期を前任者の任期の満了すべき時までに修正する定款の定めがないため，社外監査役Hの任期始期は選任決議日である平成26年2月20日から修正せずに，4年後の応当日である平成30年2月20日が判断基準日となり，最終の事業年度は平成29年4月30日となる。したがって，平成29年の定時総会まで任期が存続することになる。

さて，**事例68**では，平成27年6月12日に事業年度変更後はじめての定時総会を開催し，当該定時総会終結時に監査役会設置会社の定めを廃止している。これにより，監査役会の法定員数が適用されなくなり，上記のとおり社外監査役Hが在任しているため，監査役を欠くことにならず，監査役Eおよび社外監査役Fは，権利義務監査役から解放され，平成28年6月12日任期満了による退任の登記を申請することが可能となる。

会計監査人Jについては，1年後の応当日である平成29年2月18日（24時）を判断基準日とし，最終の事業年度は平成28年4月30日を末日とする事業年度変更後の最初の事業年度となる。したがって，当該事業年度にかかる平成28年6月12日開催の定時総会に任期満了により退任することになり，聴取記録5から当該定時総会では，会計監査人について特段の決議を行っていないため，再選がみなされ（会338Ⅱ），就任承諾の事実を確認するまでもなく，定時総会終結時に重任となる（平23）。

以上の検討から監査役EFおよび会計監査人Jの退任登記が可能と判断できることになる。

⑤　他の資格への影響

　　代表取締役兼取締役が，取締役を任期満了により退任すれば，同時に代表取締役を資格喪失により退任する。この場合，権利義務者となるか否かは，資格別に検討しなければならない。ただし，取締役として権利義務者とならない場

合には，代表取締役を欠員しても前提資格を欠くため，代表取締役の権利義務者にはならない。

(5) 定款変更による任期満了

　会社法は，一定の定款変更に伴って役員等の任期が満了する旨を規定しており，この点が旧法にない会社法独自の特色となっている。この場合の退任原因は任期満了であるため，原則として役員がこの退任により欠けるか，員数に欠員が生じれば，権利義務役員となり（会346），権利義務関係が解消されないかぎり，退任登記ができない点は，通常の任期満了と同様である。

① 役員（取締役，会計参与，監査役）に共通の任期を満了させる定款変更

　株式の譲渡制限に関する規定を廃止することで会社が非公開会社から**公開会社**に移行する場合，株式の譲渡制限に関する規定の廃止の効力発生時に役員全員（取締役，監査役，会計参与）の任期が満了する（**事例59**，**事例80**，会332Ⅶ③，同334Ⅰ，同336Ⅳ④，平16，平24）。非公開会社にかぎって任期の伸長が許されているため（会332Ⅱ，同334Ⅰ，同336Ⅱ），移行時にこれを調整する趣旨である。

　ただし，監査等委員会設置会社および指名委員会等設置会社では，非公開会社から公開会社に移行する場合であっても，役員等の任期は満了しない（会332Ⅶ③括弧書）。非公開会社であっても監査等委員会設置会社および指名委員会等設置会社では，任期を伸長することができず（会332Ⅱ括弧書），任期を調整する必要がないからである。

　同様に，会計監査人は，公開会社の移行により任期が満了することはない。非公開会社でも任期を伸長することができず，調整の必要がないからである（会338ⅠⅢ参照）。

② 取締役に固有の任期を満了させる定款変更

　監査等委員会設置会社または指名委員会等設置会社をおく旨の定款の定めを設定する場合，または監査等委員会設置会社または指名委員会等設置会社をおく旨の定款の定めを廃止する場合には，定款変更時に取締役の任期は満了する（**事例82**，**事例83**，会332Ⅶ①②）。取締役の役割が異なり，改選の必要性があるからである。

③ 監査役に固有の任期を満了させる定款変更
i 監査役設置会社の定め廃止

【事例69 ―非公開会社における監査役の会計参与への置換え―】
過問 （H19）

問　次の事実に基づき暫定答案を作成しなさい。
（株式会社Ｚの登記記録）
会社成立の年月日　平成20年4月1日
資本金の額　金1億円
株式の譲渡制限に関する規定
　当会社の株式を譲渡により取得するには，当会社の承認を要する。
取締役Ａ　取締役Ｂ　取締役Ｃ　平成27年6月28日重任
東京都千代田区甲町1番地
　代表取締役Ａ　　　　　　　　平成27年6月28日重任
監査役Ｅ　　　　　　　　　　　平成28年6月26日重任
取締役会設置会社に関する事項　取締役会設置会社
監査役設置会社に関する事項　　監査役設置会社
（株式会社Ｚの平成28年9月1日の臨時株主総会議事録）
1号議案　議長は，本株主総会の終結時に定款第8条の監査役設置会社の定めを廃止し，新たに定款第8条に「当会社には，会計参与を置く」旨の定めを新設することの可否を議場に諮ったところ，満場一致で可決した。
2号議案　議長は，会計参与として税理士Ｆを選任することの可否を議場に諮ったところ，満場一致で可決した。被選任者は，席上即時に就任を承諾した。
（聴取記録）
1　会計参与に選任されたＦの書類等備置場所を東京都千代田区甲町5番地である。

登記の事由	登記すべき事項	登免税額（根拠）
会計参与，監査役の変更 監査役設置会社の定め廃止 会計参与設置会社の定め設定	平成28年9月1日監査役Ｅは任期満了により退任 同日次の者就任 　会計参与Ｆ 　（書類等備置場所）東京都千代田区甲町5番地 平成28年9月1日監査役設置会社の定め廃止 同日会計参与設置会社の定め設定	金1万円（(1)カ) 金3万円（(1)ツ) 計金4万円 (登免税18)

　事例のように監査役設置会社の定めを廃止すれば，定款変更時に監査役全員の任期が満了する（会336Ⅳ①）。監査役の存在根拠が失われるからである。この場合，事の性質上，監査役を欠くことになっても権利義務監査役とはならな

い。

　事例の会社は単一株式発行会社で株式の譲渡制限に関する規定を設定している非公開会社である。事例は，取締役会設置会社として監査役の設置義務を負う会社が，監査役を会計参与に置き換えるものであるため，監査役設置会社の定め廃止，監査役の任期満了による退任登記，会計参与設置会社の定め設定，会計参与の就任登記はあわせて申請しなければならない（法24⑨）。

> 【参考・添付書面】　株主総会議事録1通　株主リスト1通　就任承諾書は株主総会議事録の記載を援用する　委任状1通
>
> 法　監査役設置会社の定めを廃止し，会計参与設置会社の定め設定の定款変更の株主総会の特別決議（会466，同309Ⅱ⑪）を証する株主総会議事録を添付する（法46Ⅱ）。当該議事録は会計参与の選任を証する書面を兼ねるだけでなく，監査役の任期満了による退任を証する書面（法54Ⅳ）を兼ねている。選任された会計参与は，席上就任を承諾し，その旨が議事録に記載されているため当該議事録を就任承諾書として援用できることになる（法54Ⅰ）。

ii　権限限定の定め廃止

　監査役の監査の範囲を会計に関するものに限定する旨の定めを廃止すれば，定款変更時に監査役全員の任期が満了する（**事例59**，会336Ⅳ③）。監査役の権限が異なるため，新権限に相応しい監査役を改選すべきだからである（平10，平15，平21）。

iii　監査役を設置しない機関設計の採用

　監査等委員会設置会社または指名委員会等設置会社をおく旨の定款の定めを設定する場合，定款変更時に監査役全員の任期が満了する（会336Ⅳ②）。監査等委員会設置会社，指名委員会等設置会社のいずれにも監査役を設置することができないからである（会327Ⅳ）。

④　会計参与に固有の任期を満了させる定款変更

i　会計参与設置会社の定め廃止

【事例70 ―会計参与設置会社の定め廃止―】

> 問　次の事実に基づき暫定答案を作成しなさい。
> （株式会社Ｚの登記記録）
> 会社成立の年月日　平成7年7月7日
> 資本金の額　金3億円
> 取締役Ａ　取締役Ｂ　取締役Ｃ　平成27年6月28日重任

```
東京都千代田区甲町１番地
  代表取締役 A                    平成27年6月28日重任
  会計参与 F（書類等備置場所）東京都千代田区乙町２番地
                                  平成28年6月26日重任
  監査役 E                        平成27年6月28日重任
  会計参与設置会社に関する事項　会計参与設置会社　平成26年6月26日設定
（株式会社Ｚの平成28年9月1日の臨時株主総会議事録）
  議案　議長は，本株主総会の終結時に定款第８条の２の会計参与設置会社の定
        めを廃止することの可否を議場に諮ったところ，満場一致で可決した。
```

登記の事由	登記すべき事項	登免税額（根拠）
会計参与の変更	平成28年9月1日会計参与Fは任期満了により退任	金3万円（(1) カ）
会計参与設置会社の定め廃止	平成28年9月1日会計参与設置会社の定め廃止	金3万円（(1) ツ） 計金6万円 （登免税18）

　事例のように会計参与設置会社の定めを廃止すれば，定款変更時に会計参与全員の任期が満了する（会334Ⅱ）。会計参与の存在根拠が失われるからである。この場合，会計参与設置会社の定め廃止の登記と会計参与の任期満了による退任登記はあわせて申請しなければならない（法24⑨）。

> 【参考・添付書面】　株主総会議事録１通　株主リスト１通　委任状１通
> 法　会計参与設置会社の定め廃止の定款変更の株主総会の特別決議（会466，同309Ⅱ⑪，法46Ⅱ）を証する株主総会議事録を添付する（法46Ⅱ）。当該議事録は会計参与の任期満了による退任を証する書面（法54Ⅳ）を兼ねている。

ⅱ　取締役の規定が準用されることによる事由

　監査等委員会設置会社または指名委員会等設置会社をおく旨の定款の定めを設定する場合，またはその定款の定めを廃止する場合には，定款変更時に会計参与の任期は満了する（会334Ⅰ・同332Ⅶ①②）。会計参与には，取締役の任期の規定が準用されているからである。

⑤　会計監査人に固有の任期を満了させる定款変更

【事例71 ─公開非大会社への移行に伴う会計監査人設置会社の定め廃止─】

> 問　次の事実に基づき暫定答案を作成しなさい。
> （株式会社Ｚの登記記録）

64 役員等の任期満了

> 会社成立の年月日　平成7年7月7日
> 資本金の額　金5億円　金4億円　平成28年3月1日変更
> 取締役B　取締役C　取締役D　平成27年6月28日重任
> 東京都千代田区甲町1番地
> 　代表取締役B　　　　　　　　平成27年6月28日重任
> 監査役E　監査役（社外監査役）F　監査役（社外監査役）G
> 　　　　　　　　　　　　　　　平成27年6月28日就任
> 会計監査人　監査法人W会計　平成27年6月28日重任
> 取締役会設置会社に関する事項　取締役会設置会社
> 監査役設置会社に関する事項　監査役設置会社
> 監査役会設置会社に関する事項　監査役会設置会社
> 会計監査人設置会社に関する事項　会計監査人設置会社
> （株式会社Ｚの平成28年6月26日の定時株主総会議事録）
> 2号議案　議長は，決議に先立って貸借対照表が報告されたことにより当社は
> 　　　　公開・非大会社へ移行することになるため，定款第8条の4の「当社
> 　　　　には，会計監査人を置く。」旨の定めを廃止することの可否を議場に諮っ
> 　　　　たところ，満場一致で可決した。
> （聴取記録）
> 1　当社の事業年度は，毎年4月1日から翌年3月31日までの1年1期である。

登記の事由	登記すべき事項	登免税額（根拠）
会計監査人の変更 会計監査人設置会社の定め廃止	平成28年6月26日会計監査人監査法人W会計は任期満了により退任 平成28年6月26日会計監査人設置会社の定め廃止	金3万円（(1)カ) 金3万円（(1)ツ) 計金6万円 (登免税18)

　事例のように会計監査人設置会社の定めを廃止すれば，定款変更時に会計監査人全員の任期が満了する（会338Ⅲ，平23）。会計監査人の存在根拠が失われるからである。この場合，会計監査人設置会社の定め廃止の登記と会計監査人の任期満了による退任登記はあわせて申請しなければならない（法24⑨）。

> 【参考・添付書面】　株主総会議事録1通　株主リスト1通　委任状1通
> 法　会計監査人設置会社の定め廃止の定款変更の株主総会の特別決議（会466，同309Ⅱ⑪，法46Ⅱ）を証する株主総会議事録を添付する（法46Ⅱ）。当該議事録は会計監査人の任期満了による退任を証する書面（法54Ⅳ）を兼ねている。

（6）重任

　同一人が同一役職に再選され，任期満了による退任と就任とが時間的間隔なく生じる場合，退任登記を省略し，特殊な就任登記である重任の登記をするこ

第2章　暫定答案の判断　229

とになる。この定義から，同一人の予選を伴う再選を行わないかぎり，重任は起こりえないことになる（**事例 80**，平 27 参照）。

これに対して，代表取締役の場合，同一日に取締役を任期満了退任したことによる資格喪失と代表取締役の再選定が行われていれば，便宜，**重任**が認められている（**事例 80**）。

また，会計監査人については，任期満了退任する定時総会で，特段の決議がなされていなければ，みなし再選となり（会 338 Ⅱ），基本通達により就任承諾の有無を確認するまでもなく（平 18.3.31 民商 782 通達），**重任**となる（**事例 80**，平 16，平 20，平 23）。

65　役員等の辞任
（1）　法律構成および登記の事由の判断

取締役が辞任の意思表示をしていれば，**取締役の変更**を法律構成する。これにより「役員区」の登記事項である取締役の氏名（会 911 Ⅲ⑬）が，辞任の効力発生時点で消滅し，本店で 2 週間以内に変更登記の申請が必要となるため，本店での登記の事由となる（会 915 Ⅰ）。

ただし，辞任の効力発生時点において取締役が権利義務取締役であれば，辞任は無効となるため，登記の事由とはならない（平 23，平 27）。

また，辞任により取締役が欠け，または会社法もしくは定款で定める員数に欠員する場合には，辞任した取締役が権利義務取締役となる（会 346 Ⅰ）。この場合，退任の登記事項は，不発生となり（最判昭 43.12.24），権利義務関係が解消されるまで登記の事由とはならない（法 24 ⑩，昭 60）。これは，他の役員である会計参与，監査役にも妥当する（監査役につき平 13）。

しかし，会計監査人は役員ではなく，権利義務制度が適用されないため，辞任により退任すれば，欠員の有無にかかわらず，退任登記を申請しなければならない（平 23）。

（2）　判断のポイント
①　辞任の効力発生時

辞任の意思表示には，期限または条件を付けることができるため，この場合の辞任の効力発生時は，辞任の意思表示が受領権限者に受領された時と期限到来時または条件成就時のいずれか遅い時となる（昭 59，昭 60，平 3，平 4，平 20，平 24）。

② 他の資格への影響

代表取締役兼取締役が，取締役を辞任すれば，同時に代表取締役を資格喪失により退任する。この場合，権利義務者となるか否かは，資格別に検討する（昭59，平4）。

ただし，取締役として権利義務者とならない場合には，代表取締役を欠員しても前提資格がないため，代表取締役の権利義務者とはならない（平19）。

【事例72 ―取締役，監査役，会計監査人の辞任―】 過問 （S59，H4，H19）

> 問　次の事実に基づき暫定答案を作成しなさい。申請日は平成28年4月1日とする。
> （株式会社Ｚの登記記録）
> 会社成立の年月日　平成7年7月7日
> 資本金の額　金3億円
> 取締役Ａ　取締役Ｂ　取締役Ｃ　取締役Ｄ
> 　以上4名　平成27年6月28日重任
> 東京都千代田区甲町1番地
> 　代表取締役Ａ
> 東京都千代田区乙町2番地
> 　代表取締役Ｂ　以上2名　平成27年6月28日重任
> 監査役Ｆ　平成27年6月28日重任
> 会計監査人　監査法人Ｗ会計　　平成27年6月28日重任
> 取締役会設置会社に関する事項　取締役会設置会社
> 監査役設置会社に関する事項　監査役設置会社
> 会計監査人設置会社に関する事項　会計監査人設置会社
> （聴取記録）
> 1　Ａは，平成28年3月1日に，同年3月31日をもって取締役を辞任する旨の意思表示をした。なお，辞任届には，Ａが市区町村長に届け出ている実印が押印されている。
> 2　Ｆは，平成28年3月31日に監査役を辞任する意思表示をした。
> 3　監査法人Ｗ会計の代表社員Ｙは，平成28年3月31日に会計監査人を辞任する意思表示をした。
> 4　定款には，役員等の員数の定めはなく，代表取締役の全員が登記所に印鑑の届出をしている。

登記の事由	登記すべき事項	登免税額（根拠）
取締役，代表取締役，会計監査人の変更	平成28年3月31日取締役Ａ辞任 同日代表取締役Ａは資格喪失により退任 同日会計監査人監査法人Ｗ会計辞任	金3万円（(1)カ）

65 役員等の辞任

　事例では，聴取記録1にAが取締役を平成28年3月31日に辞任する旨の期限付き意思表示をした事実が示されている。辞任の効力は，期限が到来する3月31日（0時）時点で発生し，当該時点で取締役Aは，任期中であり，実体上適法に辞任することができる。

　聴取記録4によれば，定款に役員等の員数の定めがなく，事例の会社は取締役会設置会社であり，Aの退任により法定員数の3名に欠員が生じないため（会331Ⅴ），辞任したAは権利義務取締役とならず（会346Ⅰ），適法に辞任による退任登記を申請することができる。

　また，登記記録から辞任したAは代表取締役を兼ねる取締役であり，取締役の辞任の効力が生じた時点で代表取締役を資格喪失により退任する。取締役について権利義務に該当しないため，代表取締役として権利義務代表取締役とならず（会351Ⅰ），適法に資格喪失による退任登記を申請することができる。

　さらに，聴取記録2から監査役Fが平成28年3月31日に監査役を辞任する意思表示をした事実が示されている。当該意思表示が到達した時点で辞任の効力が発生し，当該時点で監査役Fは任期中であり，実体上適法に辞任をすることができる。ただし，辞任により監査役を欠くことになるため，辞任したFは権利義務監査役となり（会346Ⅰ），辞任による退任の登記事項は，不発生となり（最判昭43.12.24），辞任による退任登記を申請することができない。

　加えて，聴取記録3から監査法人W会計の代表社員Yが平成28年3月31日に会計監査人を辞任する意思表示をした事実が示されている。当該意思表示が到達した時点で辞任の効力が発生し，当該時点で会計監査人である監査法人W会計は任期中であり，実体上適法に辞任をすることができる。辞任により会計監査人を欠くことになるが，会計監査人は役員とは異なり，権利義務制度（会346Ⅰ）は適用されないため，適法に辞任による退任登記を申請することができる。

【参考・添付書面】　辞任届2通　印鑑証明書1通　委任状1通

法　実体構造は，決議を要素としない辞任の意思表示のみであり（14（5）ⅲ g），退任による変更登記を申請する場合として退任を証する書面を添付する（法54Ⅳ）。退任を証する書面は，Aの取締役の辞任届と監査法人W会計の会計監査人の辞任届の計2通である。

規　代表取締役もしくは代表執行役または取締役もしくは執行役（登記所に印鑑を提出した者にかぎる。以下「代表取締役など」という）の辞任の場合，原則として当該代表取締役等が辞任を証する書面に押印した「印鑑」につき印鑑証明書を添付しな

ければならない（登規 61 Ⅷ本文）。ただし，当該印鑑と当該代表取締役等が登記所に提出している印鑑とが同一であるときは例外的に印鑑証明書の添付は不要となる（登規 61 Ⅷただし書）。この規定により代表取締役等の辞任届には実印か届出印のいずれかを押印しなければならないことになる。

事例の取締役 A は，印鑑の届出をしている代表取締役などに該当し，辞任届に商業登記法 20 条の届出印を押印していないため，原則どおり辞任届の印鑑について印鑑証明書の添付が必要となる。

66 役員等の解任

（1） 法律構成および登記の事由の判断

取締役を解任する決議があれば，取締役の変更を法律構成する。これにより「役員区」の登記事項である取締役の氏名（会 911 Ⅲ⑬）が，解任決議の効力発生時に消滅し，本店で 2 週間以内に変更登記の申請が必要となるため，本店での登記の事由となる（会 915 Ⅰ）。

ただし，解任の効力発生時点で，解任対象者が権利義務取締役である場合には，実体上，解任が無効となるため，解任は登記の事由とならない（平 15）。

これに対して，任期中の解任による退任は，辞任と異なり権利義務役員とならないため，解任により取締役が欠け，または会社法もしくは定款で定める員数に欠員する場合でも，退任登記を申請することが可能である。これは，ほかの役員等である会計参与，監査役，会計監査人にも妥当する。

（2） 判断のポイント

代表取締役兼取締役が，取締役を解任されれば，同時に代表取締役を資格喪失により退任する。解任による退任は権利義務者とならないため，代表取締役が欠ける場合であっても退任登記を申請できることになる。

【事例 73―取締役，監査役の解任―】 過問 （代表取締役につき H 9 ，取締役につき H15）

問　次の事実に基づき暫定答案を作成しなさい。
（株式会社 Z の登記記録）
会社成立の年月日　平成 7 年 7 月 7 日
資本金の額　金 1 億円
取締役 A　取締役 B　取締役 C　以上 3 名　平成 27 年 6 月 28 日重任
東京都千代田区甲町 1 番地
　代表取締役 A
東京都千代田区乙町 2 番地

代表取締役 B　以上 2 名　平成 27 年 6 月 28 日重任
監査役 D　平成 27 年 6 月 28 日重任
取締役会設置会社に関する事項　取締役会設置会社
監査役設置会社に関する事項　監査役設置会社
(株式会社 Z の平成 28 年 6 月 27 日の定時株主総会議事録)
2 号議案　議長は，取締役 B および監査役 D が当社の顧客情報の漏洩に関与し，
　　　　　所在不明となっており業務に支障が生じているため，これらの者を解
　　　　　任することの可否を議場に諮ったところ，満場一致で可決した。
(聴取記録)
1　定款には，役員等の員数の定めはない。

登記の事由	登記すべき事項	登免税額（根拠）
取締役，代表取締役，監査役の変更	平成 28 年 6 月 27 日取締役 B 解任 同日代表取締役 B は資格喪失により退任 同日監査役 D 解任	金 1 万円（(1) カ）

　事例では，平成 28 年 6 月 27 日の株主総会で取締役 B および監査役 D を解任決議している。解任の効力は，解任決議の成立により発生し，当該時点で取締役 B および監査役 D は，任期中であり，実体上適法に解任することができる。解任の場合，それによって法令で定める取締役の員数に欠員しても（会 331 V），監査役を欠くことになったとしても権利義務役員には該当しないため（会 346 I），適法に解任による退任登記を申請することができる。

　また，登記記録から解任された取締役 B は代表取締役を兼ねる取締役であり，取締役の解任の効力が生じた時点で代表取締役を資格喪失により退任する。取締役と同様，代表取締役として権利義務代表取締役とならないため（会 351 I），適法に資格喪失による退任登記を申請することができる。

【参考・添付書面】　株主総会議事録 1 通　委任状 1 通
法　実体構造は，決議を要素とする単独行為であり (14 (5) i a)，退任による変更登記を申請する場合として退任を証する書面を添付する（法 54 Ⅳ）。退任を証する書面は，取締役および監査役を解任した解任決議を証する株主総会議事録となる。

67　役員等の死亡

(1) 法律構成および登記の事由の判断

　取締役が死亡すれば，取締役の変更を法律構成する。これにより「役員区」の登記事項である取締役の氏名（会 911 Ⅲ⑬）が，取締役の死亡時点で消滅し，

本店で2週間以内に変更登記の申請が必要となるため、本店での登記の事由となる（会915Ⅰ、監査役につき平23）。

死亡による退任によっては、権利義務取締役とならないため、退任により取締役が欠け、または会社法もしくは定款で定める員数に欠員する場合でも、退任登記を申請することになる。これは、他の役員等である会計参与、監査役、会計監査人にも妥当する。

(2) 判断のポイント

① 権利義務役員の死亡

任期満了または辞任によって退任し、権利義務役員となった後に死亡した場合、それにより権利義務関係が解消されるため、死亡による退任登記ではなく、任期満了または辞任による退任登記を申請すべきことになる（平11）。

② 他の資格への影響

代表取締役兼取締役が、死亡すれば、取締役および代表取締役を同時に退任する。死亡による退任は権利義務者とならないため、代表取締役が欠ける場合であっても退任登記は可能である。

【事例74─取締役の死亡、権利義務監査役の死亡─】 過問 （H11、H23）

問 次の事実に基づき暫定答案を作成しなさい。申請日は平成28年7月7日とする。
（株式会社Zの登記記録）
会社成立の年月日　平成7年7月7日
資本金の額　金3億円
取締役A　取締役B　取締役C　取締役D
　以上4名　平成27年6月28日重任
東京都千代田区甲町1番地
　代表取締役A
東京都千代田区乙町2番地
　代表取締役B　以上2名　平成27年6月28日重任
監査役E　平成24年6月28日重任
（聴取記録）
1　Aは、平成28年6月30日に死亡し、親族から同年7月5日付の死亡届が提出されている。
2　Eは、平成28年7月1日に死亡し、親族から同年7月6付の死亡届が提出されている。
3　当会社の事業年度は、4月1日から翌年3月31日までであり、定時総会の

67 役員等の死亡

> 開催時期が事業年度末日の翌日から3か月以内に招集する旨の定めがあるが平成28年の定時株主総会は事情によりいまだ開催されていない。

登記の事由	登記すべき事項	登免税額（根拠）
取締役，代表取締役，監査役の変更	平成28年6月30日代表取締役である取締役A死亡 同日監査役Eは任期満了により退任	金3万円（(1)カ）

　事例では，聴取記録1および登記記録から平成28年6月30日に代表取締役を兼ねる取締役Aが死亡している。死亡時点において，代表取締役兼取締役Aは，任期中であり，死亡による退任登記を申請すべきことになる。なお，辞任や解任と異なり，死亡の場合，代表取締役と取締役とを同時に退任することになるため，登記すべき事項は上記様式例の要領で記載する。

　また，聴取記録2および登記記録から平成28年7月1日に監査役Eが死亡している。監査役Eは，登記記録から平成24年6月28日に重任しており，選任決議日の指定がないため同日を任期始期とし，4年後の応当日である平成28年6月28日を判断基準日として最終の事業年度をとらえると，聴取記録3から平成28年3月31日を末日とする事業年度となる。当該事業年度にかかる平成28年の定時株主総会は，開催期間内に開催されておらず，監査役Eは同年6月30日（24時）まで任期が伸長し，その時点で任期満了退任する（昭38.5.18民甲1356号回）。これにより監査役を欠くことになるため，権利義務監査役となる（会346Ⅰ）。本来，権利義務監査役として平成28年6月30日任期満了による退任登記を申請することはできないが，同年7月1日の死亡により監査役Eの権利義務関係は解消され，同年6月30日任期満了による退任登記の申請が可能となる。

【参考・添付書面】　定款1通　死亡届2通　委任状1通

法　実体構造は，決議を要素としない法律事実としての死亡のみであり（**14**（5）ⅳj），退任による変更登記を申請する場合として退任を証する書面を添付する（法54Ⅳ）。退任を証する書面は，Aの死亡届と権利義務関係を解消させる監査役Eの死亡届の計2通である。監査役Eについては，権利義務関係が解消されたことにより任期満了による退任登記を申請することになる。聴取記録3から退任すべき定時総会が開催されていないため退任を証する書面は例外的に「定款」のみとなる（**64**（3）末尾の参考・添付書面参照）。

68　役員等の資格喪失

（1）　法律構成および登記の事由の判断

　取締役が欠格事由に該当すれば，取締役の変更を法律構成する。これにより「役員区」の登記事項である取締役の氏名（会911Ⅲ⑬）が，欠格事由の該当時点で消滅し，本店で2週間以内に変更登記の申請が必要となるため，本店での登記の事由となる（会915Ⅰ，平25）。

　欠格事由に該当したことによる退任によっては，権利義務取締役とならないため，退任により取締役が欠け，または会社法もしくは定款で定める員数に欠員する場合でも，退任登記を申請することになる。これは，他の役員等である会計参与，監査役，会計監査人にも妥当する。

（2）　判断のポイント

①　権利義務役員の欠格事由該当

　任期満了または辞任によって退任し，権利義務役員になった後に欠格事由に該当した場合，それにより権利義務関係が解消されるため，資格喪失による退任登記ではなく，任期満了または辞任による退任登記を申請すべきことになる。

②　他の資格への影響

　代表取締役兼取締役が，取締役の欠格事由に該当すれば，代表取締役を資格喪失により退任する。欠格事由に該当することでの退任では，権利義務役員とならないため，代表取締役が欠ける場合であっても退任登記を申請する。

役員等の欠格事由の比較		
取締役および監査役	会計参与	会計監査人
①　法人，成年被後見人，被保佐人 ②　会社法秩序の犯歴者は，罰金・執行猶予者含み，2年間の待機期間あり ③　上記以外の犯歴者は，禁固以上の処刑であり，執行猶予者を除く	①　監査法人，税理士法人可能 ②　会社または子会社の取締役，監査役，もしくは執行役または支配人そのほかの使用人不可 ③　業務の停止処分を受け，その停止の期間を経過しない者不可 ④　税理士法43条の規定により同法2条2項に規定する税理士業務を行うことができない者不可	①　監査法人可能 ②　公認会計士法の規定により会社法435条2項に規定する計算書類について監査をすることができない者不可（会計監査人と会計参与の兼職は欠格事由） ③　会社の子会社もしくはその取締役，会計参与，監査役もしくは執行役から公認会計士もしくは監査法人の業務以外の業務により継続的な報酬を受けている者またはその配偶者である者不可 ④　監査法人でその社員の半数以上が上記に該当する場合不可

【事例75】―取締役の欠格事由該当，権利義務監査役の欠格事由該当―　過問（H25）

問　次の事実に基づき暫定答案を作成しなさい。申請日は平成28年7月7日とする。
（株式会社Ｚの登記記録）
会社成立の年月日　平成7年7月7日
資本金の額　金1億円
取締役Ａ　取締役Ｂ　取締役Ｃ　取締役Ｄ
　以上4名　平成27年6月28日重任
東京都千代田区甲町1番地
　代表取締役Ａ
東京都千代田区乙町2番地
　代表取締役Ｂ　以上2名　平成27年6月28日重任
監査役Ｅ　　　平成24年6月28日重任
（聴取記録）
1　取締役Ａは，当社の子会社である株式会社Ｘの取締役でもあったが，会社法964条の虚偽文書行使等の罪により罰金50万円の判決を受け，当該判決は平成28年6月28日に確定したため，同日，罰金を支払った。
2　監査役Ｅは，管轄家庭裁判所において保佐開始の審判を受け，当該審判が平成28年7月4日に確定し，成年後見登記が完了している。
3　当会社の事業年度は，4月1日から翌年3月31日までであり，定款に定時総会の開催時期が事業年度末日の翌日から3月以内に招集する旨の定めがあるが，平成28年の定時株主総会は事情によりいまだ開催されていない。

登記の事由	登記すべき事項	登免税額（根拠）
取締役，代表取締役，監査役の変更	平成28年6月28日取締役Ａ資格喪失 同日代表取締役Ａは資格喪失により退任 平成28年6月30日監査役Ｅ任期満了により退任	金1万円（(1)カ）

　事例では，聴取記録1および登記記録から平成28年6月28日に代表取締役を兼ねる取締役Ａが会社法上の罪により罰金の判決が確定し，即日に罰金の支払いをすることで執行が終了したが，2年の待機期間が経過せず，欠格事由に該当している（会331Ⅰ③）。欠格事由に該当した時点において，代表取締役兼取締役Ａは任期中であり，取締役について**資格喪失**による退任登記を申請し，代表取締役についても辞任や解任と同様，**資格喪失による退任**登記を申請すべきことになる。
　また，聴取記録2および登記記録から平成28年7月4日に監査役Ｅは保佐

開始の審判が確定し，欠格事由に該当している。監査役Eは，登記記録から平成24年6月28日に重任しており，選任決議日の指定がないため同日を任期始期とし，4年後の応当日である平成28年6月28日を判断基準日として最終の事業年度をとらえると，聴取記録3から平成28年3月31日を末日とする事業年度となる。聴取記録3から当該事業年度にかかる平成28年の定時株主総会は，開催期間内に開催されていないため監査役Eは同年6月30日（24時）までが任期となり，その時点で任期満了退任する（昭38.5.18民甲1356号回）。当該退任で監査役を欠くことになるため，権利義務監査役となり（会346Ⅰ），本来，権利義務監査役として平成28年6月30日任期満了による退任登記を申請することはできない。しかし，同年7月4日の欠格事由への該当により監査役Eの権利義務関係は解消され，同年6月30日任期満了による退任登記の申請が可能となっている。

【参考・添付書面】　定款1通　判決書謄本および確定証明書2通　登記事項証明書1通　委任状1通

法　実体構造は，決議を要素としない法律事実としての欠格事由該当であり（**14**(5)ⅳj），退任による変更登記を申請する場合として退任を証する書面を添付する（法54Ⅳ）。取締役Aについては判決書謄本と確定証明書であり，監査役Eについては権利義務関係を解消させる保佐開始決定を証する成年後見登記の登記事項証明書である。監査役Eについては，権利義務関係が解消されたことにより任期満了による退任登記を申請することになるが，聴取記録3から退任すべき定時総会が開催されていないため退任を証する書面は例外的に「定款」のみとなる（**64**(3)末尾の参考・添付書面参照）。

69　役員等の破産手続開始決定

(1)　法律構成および登記の事由の判断

　取締役について破産手続開始決定がされれば，取締役の変更を法律構成する。これにより「役員区」の登記事項である取締役の氏名（会911Ⅲ⑬）が，破産手続開始決定時（確定は不要）に消滅し（会330，民653②），本店で2週間以内に変更登記の申請が必要となるため，本店での登記の事由となる（会915Ⅰ，平20）。会社法は，破産手続開始決定を受け，復権しない者を欠格事由から除外しているが，破産手続開始決定は，委任契約の終了事由として役員等の退任事由となっている（会330，民653②）。

　しかし，破産手続開始決定は，欠格事由ではないため，復権しない者を取締

役または監査役に選任したとしても当該選任決議は適法である。

破産手続開始決定による退任によっては権利義務取締役とならないため，退任により取締役が欠け，または会社法もしくは定款で定める員数に欠員する場合でも，退任登記を申請することが可能である。これは，他の役員等である会計参与，監査役，会計監査人にも妥当する。

（2） 判断のポイント

① 権利義務役員の欠格事由該当

任期満了または辞任によって退任し権利義務役員となった後に破産手続開始決定を受けた場合，それにより権利義務関係が解消されるため，退任を原因とした退任登記ではなく，任期満了または辞任による退任登記を申請すべきことになる。ただ，この点について，権利義務役員が破産手続開始決定を受けても権利義務関係が解消しないとする見解もあるため，今後の解釈動向に注意すべきである。

② 他の資格への影響

代表取締役兼取締役が，破産手続開始決定を受ければ，代表取締役を資格喪失により退任する。この退任によって権利義務取締役とはならないため，代表取締役が定款の員数に欠ける場合であっても退任登記を申請する（平20参照）。なお，代表取締役が欠ける場合申請権限を有する者が不在となるため，仮代表取締役の選任が必要となる。

【事例76 ―取締役の破産―】 過問 （H20）

問　次の事実に基づき暫定答案を作成しなさい。
（株式会社Ｚの登記記録）
会社成立の年月日　平成7年7月7日
資本金の額　金1億円
取締役Ａ　取締役Ｂ　取締役Ｃ　平成27年6月28日重任
東京都千代田区甲町1番地
　代表取締役Ａ　　　　　　　　平成27年6月28日重任
監査役Ｄ　　　　　　　　　　　平成27年6月28日重任
（株式会社Ｚの平成28年6月27日の定時株主総会議事録）
2号議案　議長は，取締役Ｂが平成28年6月1日東京地方裁判所において破産手続開始決定を受け退任したため，その後任者を選任する必要があり，後任者としてＢを再選することの可否を議場に諮ったところ，満場一致で可決した。被選任者は，席上，即時に就任を承諾した。
（聴取記録）
1　定款には，役員等の員数の定めはない。

登記の事由	登記すべき事項	登免税額（根拠）
取締役の変更	平成 28 年 6 月 1 日取締役 B 退任 平成 28 年 6 月 27 日次の者就任 　取締役 B	金 1 万円（(1) カ）

　事例では，平成 28 年 6 月 27 日の株主総会議事録から取締役 B が同年 6 月 1 日，東京地方裁判所において破産手続開始決定を受けたことがわかる。これにより取締役 B と会社の間の委任契約は終了し，<u>退任</u>を原因とする退任登記の申請が必要となる。破産による退任は欠格事由ではないが，権利義務取締役とならず，取締役会設置会社の法定員数に欠員が生じる場合であっても退任登記の申請は何ら制約されない（会 331 V 参照）。

　また，定時株主総会の議事録から取締役 B の退任により取締役の法定員数に欠員が生じるため，後任者として B を再選しているが，破産は欠格事由ではないため，当該選任決議は適法であり，取締役 B の就任による変更登記を申請することになる。

【参考・添付書面】　破産手続開始決定書謄本 1 通　株主総会議事録 1 通　株主リスト 1 通　就任承諾書は株主総会議事録の記載を援用する　委任状 1 通

法　実体構造は，決議を要素としない法律事実としての破産手続開始決定であり（14 (5) iv j），退任による変更登記を申請する場合として退任を証する書面を添付する（法 54 Ⅳ）。退任を証する書面は，破産手続開始決定書謄本である。破産手続開始決定は確定を要せずに効力が発生するため確定証明書の添付は不要である。
　また，後任取締役として上記で退任する B を再び取締役に選任しているため就任による変更登記の申請も必要となる。申込みに相当する株主総会の選任決議（会 329 Ⅰ，同 341）を証するため株主総会議事録を添付する（法 46 Ⅱ）。再選された被選任者 B は席上即時に就任承諾をなし，その旨が当該議事録に記載されているため，就任承諾書は議事録の記載を援用する。

規　取締役の就任による変更登記を申請する場合であるが，就任する取締役は再任と解釈できるため例外的に本人確認証明書の添付を要しない（登規 61 Ⅶ）。

2−10　機関設計にかかる登記

70　機関設計にかかる登記

　役員等の変更登記の最後に，総合かつ応用的な位置づけをもつ機関設計にかかる登記を説明する。

（1）取締役会設置会社

① 取締役会設置会社の定め設定

【事例77 ―取締役会設置会社の定め設定と代表取締役の選定方式の新設等―】 過問 （H25，H27）

> 問　次の事実に基づき暫定答案を作成しなさい。
> （株式会社Ｚの登記記録）
> 会社成立の年月日　平成23年4月1日
> 資本金の額　金1,000万円
> 株式の譲渡制限に関する規定
> 　当会社の株式を譲渡により取得するには，当会社の承認を要する
> 取締役Ａ　　　　　　　　　　平成27年6月28日重任
> 東京都千代田区甲町1番地
> 　代表取締役Ａ　　　　　　　平成27年6月28日重任
> 監査役Ｆ　　　　　　　　　　平成27年6月28日就任
> 監査役設置会社に関する事項　監査役設置会社　平成27年6月28日設定
> （株式会社Ｚの平成28年6月27日の定時株主総会議事録）
> 2号議案　議長は，当社への安心感のある投資を実現するため定款第8条の3として「当会社には，取締役会を置く。」旨の定めを新設し，取締役としてＢ（東京都千代田区甲町2番地）及びＣ（東京都千代田区甲町3番地）を選任することの可否を議場に諮ったところ，満場一致で可決した。被選任者は，席上，即時に就任を承諾した。
> （株式会社Ｚの平成28年6月28日の取締役会議事録）
> 議案　議長は，代表取締役として取締役Ａを再選定することの可否を諮ったところ，出席取締役の全員一致をもって可決した。被選定者は，席上，即時に就任を承諾した。

登記の事由	登記すべき事項	登免税額（根拠）
取締役の変更 取締役会設置会社の定め設定	平成28年6月27日次の者就任 　取締役Ｂ　取締役Ｃ 平成28年6月27日取締役会設置会社の定め設定	金1万円（（1）カ） 金3万円（（1）ワ） 計金4万円

ⅰ　取締役会設置会社の意義

取締役会とは，取締役3名以上で構成される会議体であり，会社の業務執行の意思決定をする任意機関である（会326Ⅱ）。ただし，公開会社（会327Ⅰ①），監査役会設置会社（会327Ⅰ②），監査等委員会設置会社（会327Ⅰ③），指名委員会等設置会社（会327Ⅰ④）では，取締役会の設置義務が課せられている。

取締役会設置会社である旨が「会社状態区」の登記事項とされている（会911

Ⅲ⑮)。

ⅱ 取締役会設置会社の定め設定

取締役会の定めを設定する決議があれば，**取締役会設置会社の定め設定**の法律関係を法律構成する。定款に当該定めが設定されれば，会社状態区の登記事項が発生し，本店で2週間以内に変更登記の申請が必要となるため，本店での登記の事由となる（会915Ⅰ，平25）。

登記すべき事項は，取締役会設置会社の定めと**設定**の旨および効力発生日であり，登録免許税は，役員変更とも登記事項の変更とも異なる課税区分であり，申請件数1件につき金3万円の定額課税となる（登免税別表24(1)ワ）。

ⅲ あわせて申請すべき登記

取締役会の取締役の法定員数は3人以上であるため（会331Ⅴ），取締役の法定員数にみたない会社では，法定員数をみたす取締役を増員しその就任による変更登記（**事例54**）を申請しなければならない（法24⑨）。

また，取締役会設置会社は，原則として監査役の設置義務を負うため（会337Ⅱ），監査役をおいていない会社では，監査役設置会社の定め設定および監査役の就任による変更登記（**事例57**）をあわせて申請しなければならない（法24⑨）。ただし，非公開会社・非大会社では，監査役の設置に代えて，会計参与を設置することが可能であるため（会327Ⅱただし書），その場合には会計参与設置会社の定め設定および会計参与の就任による変更登記（**事例60**）をあわせて申請すべきことになる（法24⑨）。

ⅳ 代表取締役の選定方式の新設

さて，取締役会設置会社の定款の定めは，代表取締役の**選定強制規定**と解されており，当該定款の定めをすれば，必ず代表取締役の選定が必要となる。各自代表取締役の会社では，当該定款の定めは代表取締役の**選定方式の新設**となり，すでに代表取締役を選定していた会社では，代表取締役の**選定方式の変更**となる。

いずれの場合も対応のルールは共通しており，①選定方式を定款で定めた時点では既存の取締役，代表取締役の地位・権限には何らの変化も生じない。②新たな選定方式により従前の代表取締役を再選定すれば，再選定された代表取締役はその地位・権限に変化がなく，登記の事由とはならない。しかし，従前の代表取締役で再選定されない者は，**退任**を原因として代表取締役の退任登記が必要となり，従前の取締役で新たに代表取締役に選定された者は，代表取締

役の就任による変更登記が必要となり，これらについても本店での登記の事由となり，取締役会設置会社の定め設定の登記とあわせて申請しなければならない登記となる（法24⑨）。

ただし，取締役の改選の機会に選定方式の新設または変更が行われる場合には，上記のルールは適用されず，取締役の改選に伴い代表取締役も資格喪失退任するため，従前の代表取締役を再選定した場合において，重任の要件をみたすならば重任の登記を申請することになる（平25，平27）。

v 事例の検討

事例の会社は，会社成立年月日から会社法施行後に成立した会社であり，株式の譲渡制限に関する規定が設定されているため非公開会社であり，取締役会を設けていない各自代表取締役の会社と判断できる。当該会社が取締役会設置会社の定めを設定すれば，取締役会の取締役の法定員数である3人以上をみたす取締役の増員が必要となり，事例では取締役としてBおよびCを増員している。

また，代表取締役の選定方式の新設に該当するため，取締役会設置会社の定めを設定した6月27日には既存の取締役および代表取締役の地位および権限は変化しないが，翌6月28日の取締役会で代表取締役として従前のAを選定しており，それによりAの地位・権限には変化が生じないため，代表取締役の選定は登記の事由とはならず，結果として増員取締役の就任による変更登記と取締役会設置会社の定め設定による登記を申請すれば足りることになる。

登録免許税は，取締役会設置会社の定め設定が役員変更とは別の課税根拠であるため，役員変更分と取締役会設置会社の定め設定分を合算した金4万円となる。

【参考・添付書面】　株主総会議事録1通　株主リスト1通　就任承諾書は株主総会議事録の記載を援用する　本人確認証明書2通　委任状1通

法　取締役会設置会社の定めを設定する定款変更の株主総会の特別決議（会466，同309Ⅱ⑪）を証する株主総会議事録（法46Ⅱ）を添付する。当該議事録は，増員取締役の選任を証する書面を兼ねている。増員取締役は，席上就任を承諾し，その旨および氏名・住所が議事録に記載されているため当該議事録を就任承諾書として援用できることになる（法54Ⅰ，登規61Ⅶ）。

なお，代表取締役については登記の事由にならないため，従前の代表取締役Aを再選定した取締役会議事録，代表取締役の就任承諾書，印鑑証明書等の添付を要しないことになる（ハンドブック402頁）。

> 規 取締役の就任による変更の登記を申請する場合であり，増員取締役のBCは再任でなく，印鑑証明書を添付する場合でもないため原則どおり本人確認証明書2通を添付しなければならない（登規61Ⅶ，**14**（7）②ⅲ）。なお，本人確認証明書を添付すべき場合であるため，上記したとおり議事録に氏名および住所の記載がなければ議事録の記載を，就任承諾を証する書面として援用できない。

② 代表取締役の選定方式の新設または変更

【事例78 ― 代表取締役の選定方式の変更―】

問　次の事実に基づき暫定答案を作成しなさい。
（株式会社Zの登記記録）
会社成立の年月日　平成23年4月1日
資本金の額　金1,000万円
株式の譲渡制限に関する規定
　　当会社の株式を譲渡により取得するには，当会社の承認を要する
取締役A　取締役B　取締役C
東京都千代田区甲町1番地
　　代表取締役A
東京都千代田区甲町2番地
　　代表取締役B　　　　　　以上，平成27年6月28日重任
監査役F　平成26年6月28日就任
監査役設置会社に関する事項　監査役設置会社　平成26年6月28日設定
（株式会社Zの平成28年6月27日の定時株主総会議事録）
2号議案　議長は，定款第8条を「当会社は，取締役の互選により代表取締役を選定する。」旨の定めから「当会社には，取締役会を置く。」に変更することの可否を議場に諮ったところ，満場一致で可決した。
（株式会社Zの平成28年6月28日の取締役会議事録）
議案　議長は，代表取締役として取締役A及び取締役C（東京都千代田区甲町3番地）を選定することの可否を諮ったところ，出席取締役の全員一致をもって可決した。被選定者は，席上，即時に就任を承諾した。
（聴取記録）
1　取締役会議事録には，Aが登記所届出印を押印しているため，BCは実印を押印していない。

登記の事由	登記すべき事項	登免税額（根拠）
代表取締役の変更 取締役会設置会社の定め設定	平成28年6月28日代表取締役B退任 同日次の者就任 　東京都千代田区甲町3番地 　　代表取締役　C 平成28年6月27日取締役会設置会社の定め設定	金1万円（(1)カ) 金3万円（(1)ワ) 計金4万円

株主総会議事録の記載から事例の会社は，変更前の定款で取締役の互選で代表取締役を選定していた会社であり，登記記録から取締役ABCのうちABを代表取締役に選定していたことがわかる。事例では，平成28年6月27日の株主総会で当該定款の定めを変更し，取締役会設置会社の定めを設定しているため，これは代表取締役の選定方式の変更に該当する。

選定方式の変更では，6月27日の定款変更時点では，既存の取締役および代表取締役の地位・権限にはいっさいの影響が生じないが，翌6月28日の取締役会で，変更後の選定方式である取締役会決議によって従前の代表取締役ABCうちAを再選定し，新たにCを代表取締役に選定し，間接選定であるため被選定者が就任承諾をすることで選定の効力が生じた時点で既存の取締役および代表取締役に選定方式変更の影響が生じることになる。

まず，従前の代表取締役のうち代表取締役に再選定されたAについては，その地位・権限に変化がなく，当該選定は登記の事由とはならない。

他方，代表取締役に再選定されない従前の代表取締役Bは，退任を原因として代表取締役の退任登記の申請が必要となり，新たに代表取締役に選定されたCは，就任による変更登記の申請が必要となり，これらが選定方式の変更による登記の登記の事由となる。これら退任および就任は，変更後の選定方式による代表取締役の選定ではじめて効果が生じるものであり，変更の日付は，定款変更が行われた6月27日ではなく，変更後の選定方式による選定の効力が生じた6月28日となる点に注意しなければならない（選定方式の新設または変更に対応するためのルールは**事例77，事例78**を参照）。

【参考・添付書面】　株主総会議事録1通　株主リスト1通　取締役会議事録1通
　　　　　　　　　就任承諾書1通　印鑑証明書1通　委任状1通

法　取締役会設置会社の定めを設定する定款変更の株主総会の特別決議（会466，同309Ⅱ⑪）を証する株主総会議事録（法46Ⅱ）を添付する。新たに代表取締役に選定されたCの選定決議を証するため取締役会議事録を添付し，間接選定であるためCの代表取締役としての就任承諾書を添付する。なお，Cは取締役会の席上就任を承諾しその旨が議事録に記載されているが，当該議事録に実印を押印していないため議事録を就任承諾書としては援用できない（登規61Ⅴ）。これら代表取締役の選定を証する書面が代表取締役に選定されなかった代表取締役Bの退任を証する書面を兼ねることになる。

　なお，代表取締役に再選定されたAは，登記の事由とならないため，Aについての添付書面は問題とならない（ハンドブック402頁）。

規　代表取締役の就任による変更の登記を申請する場合であり，代表取締役Cは再任ではないため原則どおり就任承諾書の印鑑について印鑑証明書1通を添付する（登

規61ⅣⅤ）。
　なお，選定議事録の印鑑証明書については，変更前の代表取締役であるＡが届出印を押印しているため例外として添付を要しない（登規61Ⅵただし書）。

③　取締役会設置会社の定め廃止（代表取締役の選定方式の廃止を含む）
【事例79―取締役会設置会社の定め廃止と選定方式の廃止―】
過問　（H26）

問　次の事実に基づき暫定答案を作成しなさい。
（株式会社Ｚの登記記録）
会社成立の年月日　平成7年7月7日
資本金の額　金2億円
株式の譲渡制限に関する規定
　当会社の株式を譲渡により取得するには，当会社の承認を要する
取締役Ａ　取締役Ｂ　取締役Ｃ　平成27年6月28日重任
東京都千代田区甲町1番地
　代表取締役Ａ　　　　　　　平成27年6月28日重任
監査役Ｄ　　　　　　　　　　平成26年6月28日重任
取締役会設置会社に関する事項　取締役会設置会社
監査役設置会社に関する事項　監査役設置会社
（株式会社Ｚの平成28年6月27日の定時株主総会議事録）
2号議案　議長は，経営を合理化するため取締役会設置会社の定款の定めを廃止することの可否を議場に諮ったところ，満場一致で可決した。
（聴取記録）
1　上記の議事録には，Ａが議長及び出席取締役として登記所届出印を押印している。
2　Ｂの住所は，東京都千代田区甲町2番地であり，Ｃの住所は，東京都千代田区甲町3番地である。

登記の事由	登記すべき事項	登免税額（根拠）
代表取締役の変更 取締役会設置会社の定め廃止	平成28年6月27日次の者代表権付与 　東京都千代田区甲町2番地 　　代表取締役　Ｂ 　東京都千代田区甲町3番地 　　代表取締役　Ｃ 平成28年6月27日取締役会設置会社の定め廃止	金3万円（(1)カ） 金3万円（(1)ワ） 計金6万円

ⅰ　取締役会設定会社の定め廃止
　取締役会の定めを廃止する決議があれば，**取締役会設置会社の定め廃止**を法

律構成する。これにより，会社状態区の登記事項が消滅するため，本店で2週間以内に変更登記の申請が必要となるため，本店での登記の事由となる（会915Ⅰ）。

登記すべき事項は，取締役会設置会社の定め**廃止**の旨および効力発生日であり，登録免許税は，登記事項の変更とも役員変更とも異なる課税区分であり，申請件数1件につき金3万円の定額課税となる（登免税別表24(1)ワ）。

ii 代表取締役の選定方式の変更との区別

さて，取締役会設置会社の定めを廃止するとともに，その後の代表取締役を定めれば，代表取締役の**選定方式の変更**となり，②（**事例78**）で述べたとおり，従前の代表取締役で再選定されない者は，**退任**を原因として代表取締役の退任登記が必要となり，従前の取締役で新たに代表取締役に選定された者は，代表取締役の就任登記が必要となるため，これらについても本店での登記の事由となる。

iii 代表取締役の選定方式の廃止

これに対して，取締役会設置会社の定めを廃止する際に，その後の代表取締役を定めていない場合は，代表取締役の**選定方式の廃止**となる。この場合，会社法349条1項ただし書の規定が解かれ，1項本文の規定が適用され，取締役の全員に代表権が付与されることになる。これにより，従前の代表取締役は，その地位・権限が変化せず，登記の事由とならないが，代表取締役でない取締役は，**代表権付与**を原因として代表取締役の登記を申請すべきことになり，本店での登記の事由となる。

iv 事例の検討

事例の会社は，取締役会設置会社である。定時株主総会で取締役会設置会社の定めを廃止し，その後の代表取締役について何らの措置もとっていないため，代表取締役の選定方式の廃止となり，会社法349条1項の適用により取締役の全員に代表権が付与される。従前の代表取締役Aは，従前から取締役として有する代表権を行使してきたためその地位・権限に変化はなく，登記の事由とはならないが，会社を代表しない取締役BおよびCは，代表権付与による代表取締役の登記を申請しなければならず，それを取締役会設置会社の定め廃止の登記とあわせて申請すべきことになる（法24⑨）。

登録免許税は取締役会設置会社の定め廃止分（金3万円）と役員変更分（資本金の額が1億円超として金3万円）という課税根拠の異なる登記を一括申請する

ため合算額金 6 万円の納付が必要となる（登免税 18）。

> 【参考・添付書面】　株主総会議事録 1 通　委任状 1 通
> 法　取締役会設置会社の定めを廃止する定款変更の株主総会の特別決議（会 466，同 309 Ⅱ ⑪）を証する株主総会議事録（法 46 Ⅱ）を添付する。取締役 B および C に対する代表権付与は，取締役会設置会社の定めを廃止することによる法定効果であり，新たに代表取締役を選定したわけではないため選定議事録（法 46 Ⅱ）や就任承諾書（法 54 Ⅰ）を添付する余地はない。
> 　なお，代表取締役 A は，登記の事由とならないため，A についての添付書面は問題とならない。
> 規　代表取締役の就任による変更の登記を申請する場合ではないため，就任承諾書の印鑑証明書（登規 61 Ⅳ Ⅴ），選定議事録の印鑑証明書（登規 61 Ⅵ）の添付は問題とならない。

（2）　監査役会設置会社

① 監査役会設置会社の定め設定

【事例 80 ─公開大会社への移行に伴う監査役会設置会社の定め設定─】 過問 （S61，H20，H21）

> 問　次の事実に基づき暫定答案を作成しなさい。
> （株式会社 Z の登記記録）
> 会社成立の年月日　平成 7 年 7 月 7 日
> 資本金の額　金 4 億円　金 5 億円　平成 28 年 2 月 1 日変更
> 株式の譲渡制限に関する規定
> 　当会社の株式を譲渡により取得するには，当会社の承認を要する
> 取締役 A　取締役 B　取締役 C　平成 27 年 6 月 28 日重任
> 東京都千代田区甲町 1 番地
> 　代表取締役 A　　　　　　　　平成 27 年 6 月 28 日重任
> 監査役 E　　　　　　　　　　　平成 25 年 6 月 28 日重任
> 会計監査人　監査法人 W 会計　平成 27 年 6 月 28 日就任
> （株式会社 Z の平成 28 年 6 月 27 日の定時株主総会議事録）
> 2 号議案　議長は，本定時総会の終結時に定款第 6 条の株式の譲渡制限に関する規定を廃止し，これにより当社は公開・大会社へ移行するため，定款第 8 条の 4 として「当会社には，監査役会を置く。」旨の定めを新設することの可否を議場に諮ったところ，満場一致で可決した。
> 3 号議案　議長は，取締役及び監査役の全員が本定時総会の終結と同時に任期満了により退任するため，取締役及び監査役の全員を再選し，かつ，社外監査役として F（東京都千代田区甲町 6 番地）及び G（東京都千代田区甲町 7 番地）を選任することの可否を議場に諮ったところ，満場一致で可決した。被選任者は，席上即時に就任を承諾した。
> （株式会社 Z の平成 28 年 6 月 27 日の取締役会議事録）

議案　議長は，代表取締役の後任者としてAを再選定することの可否を議場に諮ったところ，出席取締役全員の一致で可決した。被選定者は，席上即時に就任を承諾した。
（聴取記録）
1　上記の取締役会議事録には，出席取締役としてAが登記所届出印を押印している。
2　監査法人W会計の主たる事務所は，当会社の管轄登記所の管内に存在する。
3　当社の事業年度は，毎年4月1日から翌年3月31日までの1年1期である。

登記の事由	登記すべき事項	登免税額（根拠）
株式の譲渡制限に関する規定の廃止 取締役，代表取締役，監査役，会計監査人の変更 監査役会設置会社の定め設定	平成28年6月27日株式の譲渡制限に関する規定の廃止 平成28年6月27日次の者重任 　取締役A　取締役B　取締役C 　東京都千代田区甲町1番地 　　代表取締役　A 　監査役E 　会計監査人　監査法人W会計 同日次の者就任 　監査役（社外監査役）F　監査役（社外監査役）G 平成28年6月27日監査役会設置会社の定め設定	金3万円（(1)ツ） 金3万円（(1)カ） 金3万円（(1)ワ） 計金9万円 （登免税18）

i　監査役会設置会社の意義

　監査役会は，監査役3名以上で，うち半数以上が社外監査役でなければならず，かつ，常勤監査役1名を選定しなければならない会議体であり（会390Ⅲ），役割分担によって監査報告を作成することが許容された監査の充実を図るための任意機関である（会326Ⅱ）。ただし，公開・大会社では，監査役会の設置義務が課せられている（会328Ⅰ，平20，平23）。

　監査役会設置会社である旨が「会社状態区」の，社外監査役である旨が「役員区」の登記事項とされている（会911Ⅲ⑱）。会社法改正により社外監査役を登記する唯一の根拠制度となっている。

ii　監査役会設置会社の定め設定

　監査役会の定めを設定する決議があれば，**監査役会設置会社の定め設定**を法律構成する。これにより会社状態区および役員区の登記事項が発生し，本店で2週間以内に変更登記の申請が必要となるため，本店での登記の事由となる（会915Ⅰ）。

登記すべき事項は，監査役会設置会社の定めと**設定**の旨および効力発生日であり，登録免許税は，取締役会設置会社の登記と同様，登記事項の変更，役員変更とは課税区分が異なる申請件数1件につき金3万円の定額課税となる（登免税別表24(1)ワ）。

iii あわせて申請すべき登記

監査役設置会社の監査役の法定員数は3人以上であり，うち半数以上が社外監査役でなければならないため（会335Ⅲ），これらの要件をみたさない場合には，あわせて法定員数をみたす監査役の就任による変更登記（**事例57**），社外監査役である旨の登記を申請しなければならない（法24⑨）。

また，監査役会を設置しようとする会社が監査役設置会社でなければ，監査役設置会社であることが当然の前提であるため，監査役設置会社である旨の登記（**事例57**）をあわせて申請しなければならない（法24⑨）。

さらに，監査役会設置会社は，それに伴って取締役会設置義務が生じるため（会327Ⅰ②），取締役会設置会社である旨の登記およびそれに関連する登記（**事例77**）をあわせて申請しなければならない（法24⑨）。

iv 事例の検討

事例は，非公開・非大会社が，平成28年6月27日の定時総会で同年2月1日に資本金の額が金4億円から金5億円に増加変更した旨を計上した貸借対照表を承認したことで非公開・非大会社から非公開・大会社に移行し，さらに，当該定時総会の終結時に株式の譲渡制限に関する規定を廃止する期限付きの定款変更をしたことで，非公開・大会社から公開・大会社に移行する状況であり，それに伴って監査役会設置義務が生じるため，監査役会設置会社の定めを設定する事案である。

非公開会社から公開会社への移行であるため，取締役および監査役の全員が上記定款変更の効力発生時である定時総会の終結時に任期満了により退任し（会332Ⅶ③，会336Ⅳ④），事例では全員が予選を伴って再選されているため重任による変更登記の申請が必要となっている。当然，代表取締役を兼ねるAも同時点で代表取締役を資格喪失により退任し，同日に取締役会で再選定されたことで重任による変更登記の申請が必要となっている。

また，監査役会設置会社は，監査役の法定員数が3人以上，うち半数以上は社外監査役である必要があり（会335Ⅲ），事例では，既存監査役Eを再選するだけでなく，社外監査役としてFおよびGを選任しているため，その就任によ

る変更登記の申請が必要となっている。

　さらに，非大会社から大会社に移行することで会計監査人の設置義務が生じることになるが（会328），事例の会社ではすでに会計監査人の登記がされており，会計監査人である監査法人Ｗ会計について，定時総会で特段の決議がされていないため，再選がみなされ（会338Ⅱ），先例により就任承諾の確認をせずに重任による変更登記の申請が必要となっている。

【参考・添付書面】　株主総会議事録１通　株主リスト１通　取締役会議事録１通　就任承諾書は株主総会議事録および取締役会議事録の記載を援用する　本人確認証明書２通　委任状１通

法　株式の譲渡制限に関する規定廃止のための定款変更の株主総会の特別決議（会466，同309Ⅱ⑪）を証する株主総会議事録（法46Ⅱ）を添付する。当該議事録は，取締役および監査役の全員再選および増員社外監査役の選任を証する書面を兼ねているだけでなく，取締役および監査役の全員の任期満了による退任を証する書面（法54Ⅳ）を兼ねている。再任となる取締役および監査役は，席上即時に就任を承諾しその旨が議事録に記載されているため，議事録を就任承諾書として援用することができる。また，増員社外監査役は，席上就任を承諾しその旨および氏名・住所が議事録に記載されているため，当該議事録を増員社外監査役の就任承諾書としても援用できる（法54Ⅰ，登規61Ⅶ）。なお，みなし再選により重任となる会計監査人については，上記の定時株主総会議事録が退任を証する書面を兼ねており，監査法人の存在を証する登記事項証明書（法54Ⅱ②）は，聴取記録２から申請会社の管轄登記所と主たる事務所の管轄登記所が同一であるため添付を要しない。

　代表取締役については，選定決議を証する取締役会議事録を添付する（法46Ⅱ）。再任となる被選定者は席上即時に就任を承諾しそれが議事録に記載されているため就任承諾書として議事録の記載を援用することができる。なお，社外監査役の社外性に関しては規定がないため添付書面の添付を要しない。

規　増員社外監査役ＦおよびＧの就任による変更登記を申請する場合であり，これらの者は再任でなく，下記の印鑑証明書を添付する場合でもないため，原則どおり本人確認証明書２通を添付する（登規61Ⅶ，**14**（7）②ⅲ）。

　なお，代表取締役の就任による変更登記を申請する場合であるが，代表取締役は再任であるため就任承諾書の印鑑証明書は例外として添付を要せず（登規61Ⅱ括弧書），聴取記録１から変更前の代表取締役Ａが登記所届出印を押印しているため，例外として選定議事録の印鑑証明書の添付も要しない（登規61Ⅵただし書）。

---

② 監査役会設置会社の定め廃止

【事例81 ── 公開非大会社への移行に伴う監査役会設置会社の定め廃止 ──】 過問 （H23）

問　次の事実に基づき暫定答案を作成しなさい。

(株式会社Ｚの登記記録)
会社成立の年月日　平成7年7月7日
資本金の額　金5億円　金4億円　平成28年3月1日変更
取締役Ａ　取締役Ｂ　取締役Ｃ　平成27年6月28日重任
東京都千代田区甲町１番地
　代表取締役Ａ　　　　　　　　平成27年6月28日重任
監査役Ｅ　監査役（社外監査役）Ｆ　監査役（社外監査役）Ｇ
　　　　　　　　　　　　　　　平成26年6月28日重任
会計監査人　監査法人Ｗ会計　　平成27年6月28日重任
取締役会設置会社に関する事項　取締役会設置会社
監査役設置会社に関する事項　監査役設置会社
監査役会設置会社に関する事項　監査役会設置会社
会計監査人設置会社に関する事項　会計監査人設置会社
(株式会社Ｚの平成28年6月27日の定時株主総会議事録)
2号議案　議長は、決議に先立って貸借対照表が報告されたことにより当社は公開・非大会社へ移行することになるため、定款第8条の4の「当会社には、監査役会を置く。」旨の定めを廃止することの可否を議場に諮ったところ、満場一致で可決した。
(聴取記録)
1　監査法人Ｗ会計の主たる事務所は、当会社の管轄登記所の管内に存在する。
2　当社の事業年度は、毎年4月1日から翌年3月31日までの1年1期である。

登記の事由	登記すべき事項	登免税額（根拠）
監査役、会計監査人の変更 監査役会設置会社の定め廃止	平成28年6月27日監査役（社外監査役）Ｆ及びＧにつき監査役会設置会社の定め廃止により変更 　監査役Ｆ　監査役Ｇ 同日会計監査人監査法人Ｗ会計重任 平成28年6月27日監査役会設置会社の定め廃止	金3万円（(1)カ) 金3万円（(1)ワ) 計金6万円 （登免税18)

i　監査役会設置会社の定め廃止と関連登記

　監査役会の定めを廃止する決議があれば、**監査役会設置会社の定め廃止**を法律構成する。これにより、「会社状態区」の登記事項が消滅し、「役員区」の登記事項である社外監査役である旨を抹消しなければならない。したがって、本店で2週間以内に変更登記の申請が必要となるため、本店での登記の事由となる（会915Ⅰ）。

　なお、会社法の改正で、社外監査役である旨の登記は、監査役会設置会社である場合（会911Ⅲ⑱）に限定されることになり、監査役会設置会社の定め廃止

の登記を申請する場合には，社外監査役である旨の抹消登記の申請は必須となる。

登記すべき事項は，監査役会設置会社の定め<u>廃止</u>の旨および効力発生日のほか，社外監査役である旨の抹消であり（様式例の書き方に注目），登録免許税は，登記事項の変更や役員変更とは課税区分が異なる申請件数1件につき金3万円の定額課税となり（登免税別表24(1)ワ），社外監査役である旨の抹消は役員変更として申請件数1件につき金3万円（資本金の額が金1億円以下の会社は金1万円）の定額課税となる（登免税別表24(1)カ）。

ii 事例の検討

事例の会社は，登記記録から平成28年3月1日に資本金の額が金5億円から金4億円に減少変更した旨が計上された貸借対照表が定時総会に報告されたことで，公開大会社から公開非大会社に移行する。これにより監査役会設置義務が解かれるため（会328Ⅰ），監査役会設置会社の定めを廃止した事案となっている。上記のとおり，社外監査役について社外監査役である旨の抹消登記の申請をあわせて申請しなければならない。

【参考・添付書面】 株主総会議事録1通　株主リスト1通　委任状1通

法　監査役会設置会社の定めを廃止する定款変更の株主総会の特別決議（会466，同309Ⅱ⑪）を証する株主総会議事録（法46Ⅱ）を添付する。社外監査役の旨の抹消についての添付書面は，特に規定がない。

（3） 監査等委員会設置会社

① 監査等委員会設置会社の定め設定

【事例82―監査役会設置会社から監査等委員会設置会社への移行―】

問　次の事実に基づき暫定答案を作成しなさい。なお，申請日は平成28年7月1日とする。
（株式会社Zの登記記録）
会社成立の年月日　平成7年7月7日
資本金の額　金5億円
取締役A　取締役B　取締役C　平成27年6月28日重任
東京都千代田区甲町1番地
　代表取締役A　　　　　　　平成27年6月28日重任
監査役E　監査役（社外監査役）F　監査役（社外監査役）G

　　　　　　　　　　　　　　　平成27年6月28日重任
会計監査人　監査法人W会計　平成27年6月28日重任
取締役会設置会社に関する事項　取締役会設置会社
監査役設置会社に関する事項　監査役設置会社
監査役会設置会社に関する事項　監査役会設置会社
会計監査人設置会社に関する事項　会計監査人設置会社
(株式会社Zの平成28年6月27日の定時株主総会議事録)
2号議案　議長は，本定時株主総会の終結をもって定款第8条の「当会社には，監査役を置く。」旨の定め，定款第8条の2の「当会社には，監査役会を置く。」旨の定めを廃止し，新たに定款第8条に「当会社には，監査等委員会を置く。」旨の定めを設けることの可否を議場に諮ったところ，満場一致で可決した。
3号議案　議長は，取締役の全員が本株主総会の終結時に任期満了により退任するため，後任取締役としてAを選任することの可否を議場に諮ったところ，満場一致をもって可決した。被選任者は席上，即時に就任を承諾した。
4号議案　議長は，監査等委員となる社外取締役としてH（東京都千代田区甲町8番地），J（東京都千代田区甲町9番地），K（東京都千代田区甲町10番地）を選任することの可否を議場に諮ったところ，満場一致をもって可決した。被選任者は席上，即時に就任を承諾した。
(株式会社Zの平成28年6月27日の取締役会議事録)
議案　議長は，代表取締役の後任者としてAを再選定することの可否を議場に諮ったところ，出席取締役全員の一致で可決した。被選定者は，席上即時に就任を承諾した。
(聴取記録)
1　上記の取締役会議事録には，出席取締役としてAが登記所届出印を押印している。
2　監査法人W会計の主たる事務所は，当会社の管轄登記所の管内に存在する。
3　当社の事業年度は，毎年4月1日から翌年3月31日までの1年1期である。

登記の事由	登記すべき事項	登免税額（根拠）
取締役，監査役，代表取締役，会計監査人の変更 監査役設置会社の定め廃止 監査役会設置会社の定め廃止 監査等委員会設置会社の定め設定	平成28年6月27日次の者任期満了により退任 　取締役B　取締役C　監査役E 　監査役（社外監査役）F　監査役（社外監査役）G 同日次の者重任 　取締役A 　東京都千代田区甲町1番地 　　代表取締役　A 　会計監査人　監査法人W会計 同日次の者就任	金3万円（(1)カ） 金3万円（(1)ツ） 金3万円（(1)ワ） 計金9万円 （登免税18）

	取締役・監査等委員（社外取締役）H 取締役・監査等委員（社外取締役）J 取締役・監査等委員（社外取締役）K 平成28年6月27日監査役設置会社の定め廃止 同日監査役会設置会社の定め廃止 同日監査等委員会設置会社の定め設定	

i 監査等委員会設置会社の意義

　監査等委員会は，監査等委員である取締役3人以上，うち過半数が社外取締役で構成され（会331Ⅵ），取締役の職務執行の監査および監査報告書の作成等を行い（会399の2Ⅲ①），監査等委員会が選定する監査等委員が，監査等委員会設置会社の業務および財産の状況の調査権限（会399の3Ⅰ）等を有する一方，各監査等委員は，取締役の違法行為の差止請求権（会399の6）等を有する任意機関である（会326Ⅱ）。この点では，監査役制度の置換えのようにみえるが，監査等委員会に監査等委員である取締役以外の取締役の選解任および報酬の意見陳述権を付与（会342の2Ⅳ，同361Ⅵ）することで，指名委員会等設置会社の指名委員会や報酬委員会のような決定権こそないものの指名委員会や報酬委員会に準ずる機能が期待されており，指名委員会等設置会社と監査役設置会社との間にある第三の制度として位置づけられる機関設計となっている（岩原紳作「『会社法制の見直しに関する要綱案』の解説Ⅰ」『商事法務』1975号7〜8頁）。

　監査等委員会設置会社では，原則として，業務執行の決定の取締役に対する決定の委任が認められる範囲は，監査役設置会社の取締役会から取締役へ委任できる範囲と同範囲となっている（会399の13Ⅳ，同362Ⅳ）。ただし，取締役の過半数が社外取締役であるか，または定款で重要な業務執行の決定の取締役への委任に関する事項（会399の13Ⅵ）を定めれば**執行と監督が制度的に分離**し，常に執行と監督とが分離している指名委員会等設置会社の取締役会決議による執行役への業務執行の委任と同じ範囲において，取締役会の決議により重要な業務執行の全部または一部を取締役に委任できることになる（会399の13ⅤⅥ）。

　監査等委員会設置会社では，①その旨（会911Ⅲ㉒柱書），②監査等委員である取締役およびそれ以外の取締役の氏名（会911Ⅲ㉒イ），③取締役のうち社外取締役であるものについては，社外取締役である旨（会911Ⅲ㉒ロ），④重要な業務執行の決定の取締役への委任に関する事項（会399の13Ⅵ）について定款

の定めがあるときは、その旨（会911Ⅲ㉒ハ）が登記事項となっている。

ⅱ 事例の検討

　事例の会社は、登記記録から株式の譲渡制限に関する規定が登記されておらず、資本金の額が金5億円であるため公開大会社である。公開大会社は、監査役会設置義務を負うことになるが（会328Ⅰ）、これを監査等委員会設置会社に置き換えることが可能であり、事例は、平成28年6月27日定時株主総会における監査役会設置会社を監査等委員会設置会社に置き換える事案である。

　この場合、監査等委員会設置会社は、指名委員会等設置会社と同様に監査役をおくことができないため（会327Ⅳ）、監査役会設置会社だけでなく、監査役設置会社の定めを廃止しなければならず、それに伴い既登記の監査役の全員が定款変更の効力発生時である定時総会の終結時に任期満了により退任する（会336Ⅳ①②）。この任期満了による退任は、ことの性質上、権利義務監査役に該当する余地はないため、必ず監査役設置会社の定め廃止とあわせて申請しなければならない（法24⑨）。

　また、監査等委員会設置会社の定めを設定する場合、既存の取締役は当該定款変更の効力発生時点で任期満了により退任する（会332Ⅶ①）。事例では、定時総会の3号議案でAのみが取締役として再選されており、取締役Aについて重任登記を申請する。取締役Aが任期満了により退任する時点で代表取締役Aは資格喪失により退任し、同日に開催された取締役会においてAが代表取締役に再選定されているため、代表取締役Aについても重任登記を申請する。

　さらに、監査等委員会設置会社では、他の取締役とは別に監査等委員となる取締役を選任しなければならず（会329Ⅱ）、事例では、4号議案として監査等委員となる取締役であり、かつ、社外取締役としてHJKを選任しており、その就任登記を申請する。これにより取締役AHJK4名のうち過半数が社外取締役となるため、定款に重要な業務執行の決定の取締役への委任に関する事項を定めるまでもなく、事例の会社は執行と監督とが制度的に分離し、取締役会は、その決議をもって重要な業務執行の決定を取締役に委任することが可能となる（会399の13Ⅴ）。その関係もあって事例では、登記事項となる重要な業務執行の決定を取締役に委任する定款の定めは決議されていない（会399の13Ⅵ、会911Ⅲ㉒ハ）。

　なお、これに関連して、事例のように取締役の過半数が社外取締役であるか、定款に重要な業務執行の決定を取締役に委任する定款の定めをした場合には、

特別取締役の議決の定めができないことになり（会373Ⅰ第2括弧書），すでに特別取締役の議決の定めをしている会社では，あわせて特別取締役の議決の定めの廃止および特別取締役の退任登記の申請が必要となるが，事例では，特別取締役の決議の定めは登記されておらず，それらの登記申請は問題とならない。

　登録免許税は，監査役会設定会社の定め廃止および監査等委員会設置会社の定め設定が，登記事項の変更や役員変更と異なる課税区分となり，申請件数1件について金3万円の定額課税となり（登免税別表24(1)ワ），監査役設置会社の定め廃止が登記事項の変更として申請件数1件について金3万円の定額課税となり（登免税別表24(1)ツ），それ以外の登記が役員変更登記として資本金の額が1億円超であるため申請件数1件について金3万円の定額課税となる（登免税別表24(1)カ）。これらは課税根拠が異なるため，合算額金9万円が登録免許税額となる（登免税18）。

【参考・添付書面】　株主総会議事録1通　株主リスト1通　取締役会議事録1通
　　　　　　　　　　就任承諾書は株主総会議事録および取締役会議事録の記載を援用する　本人確認証明書3通　委任状1通

法　監査役設置会社および監査役会設置会社の定めを廃止し，監査等委員会を設置するための定款変更の株主総会の特別決議（会466，同309Ⅱ⑪）を証する株主総会議事録（法46Ⅱ）を添付する。当該議事録は，監査等委員である取締役，それ以外の取締役の選任を証する書面を兼ねるだけでなく，取締役および監査役の全員の任期満了による退任を証する書面（法54Ⅳ）を兼ねている。再任となる取締役は，席上即時に就任を承諾しその旨が議事録に記載されているため，当該議事録を就任承諾書として援用することができる。また，監査等委員である取締役は，席上就任を承諾しその旨および氏名・住所が議事録に記載されているため，当該議事録を就任承諾書として援用することができる（法54Ⅰ，登規61Ⅶ）。なお，みなし再選により重任となる会計監査人については，上記の定時株主総会議事録が退任を証する書面を兼ねており，監査法人の存在を証する登記事項証明書（法54Ⅱ②）は，聴取記録2から申請会社の管轄登記所と主たる事務所の管轄登記所が同一であるため添付を要しない。
　　代表取締役については，選定決議を証する取締役会議事録を添付する（法46Ⅱ）。再任となる被選定者は席上即時に就任を承諾しそれが議事録に記載されているため就任承諾書として当該議事録の記載を援用することができる。なお，社外取締役の社外性に関しては規定がないため添付書面の添付を要しない。

規　監査等委員である取締役HJKの就任による変更登記を申請する場合であり，これらの者は再任でなく，下記の印鑑証明書を添付する場合でもないため，原則通り本人確認証明書3通を添付する（登規61Ⅶ，**14**（7）②ⅲ）。
　　なお，代表取締役の就任による変更登記を申請する場合であるが，代表取締役は再任であるため就任承諾書の印鑑証明書は例外として添付を要せず（登規61Ⅳ括弧書），聴取記録1から変更前の代表取締役Aが登記所届出印を押印しているため，例

外として選定議事録の印鑑証明書の添付も要しない（登規 61 Ⅵただし書）。

② 監査等委員会設置会社の定め廃止
【事例 83 ― 監査等委員会設置会社から監査役設置会社への移行―】

問　次の事実に基づき暫定答案を作成しなさい。
（株式会社 Z の登記記録）
会社成立の年月日　平成 7 年 7 月 7 日
資本金の額　金 3 億円　金 1 億円　平成 28 年 2 月 1 日変更
取締役 A　取締役・監査等委員（社外取締役）B　取締役・監査等委員（社外取締役）C　取締役・監査等委員（社外取締役）D
　　　　　　　　　　　　　　　　平成 27 年 6 月 28 日就任
東京都千代田区甲町 1 番地
　代表取締役 A　　　　　　　　平成 27 年 6 月 28 日重任
会計監査人　監査法人 W 会計　　平成 27 年 6 月 28 日重任
取締役会設置会社に関する事項　取締役会設置会社
監査等委員会設置会社に関する事項　監査等委員会設置会社
会計監査人設置会社に関する事項　会計監査人設置会社
（株式会社 Z の平成 28 年 3 月 1 日の臨時株主総会議事録）
1 号議案　議長は，事業規模を縮小することに伴い本株主総会の終結をもって定款第 8 条の「当会社には，監査等委員会を置く。」旨の定め及び定款第 8 条の 2 の「当社には，会計監査人を置く。」旨の定めを廃止し，新たに定款第 8 条に「当会社には，監査役を置く。」旨の定めを設けることの可否を議場に諮ったところ，満場一致で可決した。
2 号議案　議長は，取締役の全員が本株主総会の終結時に任期満了により退任するため，後任取締役として A, B, C を再選することの可否を議場に諮ったところ，満場一致をもって可決した。被選任者は席上，即時に就任を承諾した。
3 号議案　議長は，2 号議案の効力発生を条件として監査役として監査等委員である取締役（社外取締役）であった D（東京都千代田区甲町 4 番地）を選任することの可否を議場に諮ったところ，満場一致をもって可決した。被選任者は席上，即時に就任を承諾した。
（株式会社 Z の平成 28 年 3 月 1 日の取締役会議事録）
議案　議長は，代表取締役の後任者として A を再選定することの可否を議場に諮ったところ，出席取締役全員の一致で可決した。被選定者は，席上即時に就任を承諾した。
（聴取記録）
1　上記の取締役会議事録には，出席取締役として A が登記所届出印を押印している。
2　当社の事業年度は，毎年 4 月 1 日から翌年 3 月 31 日までの 1 年 1 期である。

登記の事由	登記すべき事項	登免税額（根拠）
取締役，監査役，代表取締役，会計監査人の変更 監査等委員会設置会社の定め廃止 会計監査人設置会社の定め廃止 監査役設置会社の定め設定	平成28年3月1日次の者任期満了により退任 　取締役・監査等委員（社外取締役）B 　取締役・監査等委員（社外取締役）C 　取締役・監査等委員（社外取締役）D 　会計監査人　監査法人W会計 同日次の者就任 　取締役B　取締役C　監査役D 同日次の者重任 　取締役A 　東京都千代田区甲町1番地 　　代表取締役　A 平成28年3月1日監査等委員会設置会社の定め廃止 同日会計監査人設置会社の定め廃止 同日監査役設置会社の定め設定	金1万円（(1)カ） 金3万円（(1)ツ） 金3万円（(1)ワ） 計金7万円 （登免税18）

　事例は，登記記録から公開会社で監査等委員会設置会社がその定めを廃止し，監査役設置会社に移行する事案である。

　監査等委員会設置会社の定めを廃止すれば，その定款変更の効力発生時点で取締役全員の任期が満了する（会332Ⅶ②）。監査等委員の資格と取締役の資格は一体であり分化していないため，それにより監査等委員も任期満了により退任する。事例では，臨時総会の1号議案で臨時総会の終結時に監査等委員会設置会社である旨の定めを廃止しており，取締役のうちABCを再選している。取締役Aについては，臨時総会の終結時に重任することになるが，BおよびCについては，従前が監査等委員である取締役であったため，重任とならず，その地位の任期満了による退任と新たな取締役の就任の登記を分けて申請しなければならない（平27.2.6民商13通，日本司法書士会連合会商業登記・企業法務推進委員会編『平成26年改正　会社法商業登記理論・実務と書式』98頁（LABO, 2015）。以下「改正実務と書式」として引用）。なお，BおよびCは，社外取締役の要件をみたす者であるが，社外取締役である旨の登記をする根拠がなくなるため，社外取締役である旨の定めを登記することはできず，単なる取締役としての就任登記を申請する。

　代表取締役Aについては，取締役Aが任期満了により退任する時点で資格喪失により退任し，取締役会議事録により同日に代表取締役に再選定されているため，重任登記を申請する。

　事例の会社は，監査等委員会設置会社として取締役会設置会社であり（会327

Ⅰ③），かつ，登記記録から株式の譲渡制限に関する規定が登記されていないため公開会社として，監査等委員会設置会社の定め廃止に伴い監査役の設置義務が発生する（会327Ⅱ本文）。事例では，臨時総会の1号議案で監査役設置会社の定めを設定している。また，これに伴い臨時総会の3号議案で監査等委員である取締役であったDを監査役に選任している。したがって，監査役設置会社の定め設定のほか，Dについての監査等委員である取締役の任期満了による退任登記および監査役の就任登記をあわせて申請しなければならない（法24⑨）。

　登録免許税は，監査等委員会設置会社の定め廃止が，登記事項の変更や役員変更と異なる課税区分となり，申請件数1件について金3万円の定額課税となり（登免税別表24⑴ワ），監査役設置会社の定め設定が登記事項の変更として申請件数1件について金3万円の定額課税となり（登免税別表24⑴ツ），それ以外の登記が役員変更登記として資本金の額が1億円以下であるため申請件数1件について金1万円の定額課税となる（登免税別表24⑴カ）。これらは課税根拠が異なるため，合算額金7万円が登録免許税額となる（登免税18）。

【参考・添付書面】　株主総会議事録1通　株主リスト1通　取締役会議事録1通　取締役BおよびCの就任承諾書2通　他の者の就任承諾書は株主総会議事録および取締役会議事録の記載を援用する　本人確認証明書1通　委任状1通

法　監査等委員会設定会社の定め廃止，会計監査人設置会社の定め廃止，監査役設置会社の定め設定の株主総会の特別決議（会466，同309Ⅱ⑪）を証する株主総会議事録（法46Ⅱ）を添付する。当該議事録は，取締役および監査役の選任を証する書面を兼ねるだけでなく，監査等委員である取締役，それ以外の取締役，会計監査人の任期満了による退任を証する書面（法54Ⅳ）を兼ねている。再任となる取締役Aは，席上即時に就任を承諾しその旨が議事録に記載されているため，議事録を就任承諾書として援用することができる。また，監査等委員である取締役から通常の取締役に選任されるBおよびCは席上就任を承諾しているものの議事録に氏名・住所が記載されていないため議事録の記載を就任承諾書として援用できない。他方，監査等委員である取締役から監査役に選任されるDは，席上就任を承諾しその旨および氏名・住所が議事録に記載されているため，当該議事録を就任承諾書として援用することができる（法54Ⅰ，登規61Ⅶ）。

　代表取締役については，選定決議を証する取締役会議事録を添付する（法46Ⅱ）。再任となる被選定者は席上即時に就任を承諾しそれが議事録に記載されているため就任承諾書として議事録の記載を援用することができる。

規　監査等委員である取締役から取締役に選任されたBおよびC，監査役に選任されたDの就任による変更登記を申請する場合であり，BおよびCについては同じ「取締役」に選任されており再任であるが，Dは監査役に選任されており再任とはならない。下記の印鑑証明書を添付する場合でもないため，監査役Dにつき本人確認証明

書1通を添付する（登規61Ⅶ），監査等委員である取締役以外の取締役から取締役に再任されたAについては例外に該当し添付を要しない。

　また，代表取締役の就任による変更登記を申請する場合であるが，代表取締役は再任であるため就任承諾書の印鑑証明書は例外として添付を要せず（登規61Ⅳ括弧書），聴取記録1から変更前の代表取締役Aが登記所届出印を押印しているため，例外として選定議事録の印鑑証明書の添付も要しない（登規61Ⅵただし書）。

③　監査等委員会設置会社の変更

【事例84 ―監査等委員以外の取締役の改選，重要な業務執行決定の委任の定め―】

問　次の事実に基づき暫定答案を作成しなさい。
（株式会社Zの登記記録）
会社成立の年月日　平成7年4月1日
資本金の額　金3億円
取締役A　取締役・監査等委員B　取締役・監査等委員（社外取締役）C　取締役・監査等委員（社外取締役）D　取締役・監査等委員（社外取締役）E
　　　　　　　　　　　　　　　平成27年6月28日就任
東京都千代田区甲町1番地
　代表取締役A　　　　　　　　平成27年6月28日重任
会計監査人　監査法人W会計　　平成27年6月28日重任
（以下略）
（株式会社Zの平成28年6月27日の定時株主総会議事録）
2号議案　議長は，Cが取締役・監査等委員を本定時総会の終結時に辞任する旨の辞任届を受領していることを報告し，また，本定時総会の終結をもって取締役Aが任期満了により退任するため，後任取締役としてAを再選し，監査等委員である取締役以外の業務執行をする取締役としてC（東京都千代田区甲町3番地）を選任し，定款第8条に第2項として，重要な業務執行の決定の取締役への委任に関する事項を設けることについての可否を議場に諮ったところ，満場一致で可決した。被選任者は，席上即時に就任承諾した。
（株式会社Zの平成28年6月27日の取締役会議事録）
議案　議長は，代表取締役の後任者としてAを再選定し，業務執行取締役としてCを選定することの可否を議場に諮ったところ，出席取締役全員の一致で可決した。被選定者は，席上即時に就任承諾した。
（聴取記録）
1　上記の取締役会議事録には，出席取締役としてAが登記所届出印を押印している。
2　監査法人W会計の主たる事務所は，当会社の管轄登記所の管内に存在する。
3　当社の事業年度は，毎年4月1日から翌年3月31日までの1年1期である。

登記の事由	登記すべき事項	登免税額（根拠）
取締役，代表取締役，会計監査人の変更 重要な業務執行の決定の取締役への委任についての定め設定	平成28年6月27日取締役・監査等委員（社外取締役）C辞任 同日取締役C就任 同日次の者重任 　取締役　A 　東京都千代田区甲町1番地 　　代表取締役　A 　会計監査人　監査法人W会計 平成28年6月27日設定 　重要な業務執行の決定の取締役への委任に関する事項 　重要な業務執行の決定の取締役への委任についての定款の定めがある	金3万円（(1)カ） 金3万円（(1)ツ） 計金6万円 （登免税18）

i　監査等委員である取締役Cの辞任とそれに関連する登記

　事例は，監査等委員会設置会社の変更登記を問うものである。監査等委員である取締役の任期は，選任後2年以内に終了する事業年度のうち最終のものに関する定時株主総会の終結の時までであるが，そのほかの取締役の任期は，選任後1年以内に終了する事業年度のうち最終のものに関する定時株主総会の終結の時までと規定されている（会332Ⅲ）。これを前提として，平成28年6月27日の定時総会の議事録によれば，まず，議長により監査等委員である取締役Cから定時総会の終結時に辞任する旨の辞任届を受領していることが報告されている。登記記録によればCは平成27年6月28日に就任しているため，平成29年の定時総会まで任期があり辞任は適法に行える。また，定款に員数の定めがある旨の事実がないため，Cが退任したとしても取締役会の法定員数に欠員せず，3人以上の監査等委員で構成される監査等委員会にも欠員が生じないため権利義務役員とはならず退任登記が可能と判断できる。

　また，事例では，辞任するCを監査等委員である取締役以外の取締役として選任している。監査等委員である取締役は，監査役にならい自社もしくはその子会社の業務執行取締役もしくは支配人そのほかの使用人または子会社の会計参与（法人の場合には職務執行の社員）もしくは執行役を兼ねることができないとの兼任禁止が規定されている（会331Ⅲ）。したがって，事例の監査等委員である取締役以外の取締役への選任決議は兼任禁止規定に抵触し，監査役の兼任禁止と同様に，前職である監査等委員である取締役を辞めることを条件とした条件付決議と解釈する。上記で検討したとおりCは監査等委員である取締役を

適法に辞任できるため，監査等委員である取締役以外の取締役への選任決議は条件が成就し適法に就任による変更登記を申請できることになる。なお，監査等委員である取締役以外の取締役に就任するCは，同日に行われた取締役会で業務執行取締役に選定されているため社外取締役として登記することはできず，また，業務執行取締役である旨は登記事項ではないため単なる取締役として登記することになる。

さて，Cの辞任と業務執行取締役への就任により変更後の社外取締役の数（2名）が取締役総数（5名）の過半数ではなくなるため，執行と監督の制度的分離の状態を維持するには，定款に重要な業務執行の決定の取締役への委任に関する事項を定めることが必要となり，事例では定時総会の2号議案で当該定款の定めを設ける定款変更決議をしており，定め設定の登記の申請が必要となる。

ii それ以外の登記と登録免許税の検討

次いで，監査等委員である取締役以外の取締役Aが本定時総会の終結時に任期満了により退任するため，同一人について予選を伴う再選決議が行われ，即に就任承諾がされているため，定時総会の終結時に重任し，取締役の重任による変更登記を申請することになる。この取締役Aは，代表取締役を兼任しているため，その時点で代表取締役を資格喪失により退任するが，同日の取締役会で代表取締役に再選定されているため，代表取締役としても重任による変更登記を申請できることになる。

加えて，会計監査人も監査等委員である取締役以外の取締役と同様に任期が1年であり，任期が満了するはずの平成28年6月27日の定時総会で別段の決議がされていないため再選決議がみなされ（会338Ⅱ），就任承諾を確認するまでもなく重任による変更登記の申請が必要となる。

登録免許税は，役員等の変更分が資本金の額が1億円超であるため申請件数1件について金3万円の定額課税となり（登免税別表24(1)カ），重要な業務執行の決定の取締役への委任についての定めの設定が登記事項の変更として申請件数1件について金3万円の定額課税となり（登免税別表24(1)ツ），その合算額金6万円が登録免許税額となる（登免税18）。

【参考・添付書面】 株主総会議事録 1通　株主リスト 1通　取締役会議事録 1通
　　　　　　　　就任承諾書は株主総会議事録および取締役会議事録の記載を援用する　辞任届 1通　委任状 1通
　法　監査等委員である取締役Cの辞任は，定時総会の席上で行われたものではないた

め，議事録の記載を辞任を証する書面として援用できず，辞任届を添付する。
　重要な業務執行の決定の取締役への委任についての定めを設定する定款変更の株主総会の特別決議（会466，同309Ⅱ⑪）を証する株主総会議事録（法46Ⅱ）を添付する。当該議事録は，取締役ＡおよびＣの選任を証する書面を兼ねるだけでなく，先例により取締役Ａの任期満了による退任を証する書面（法54Ⅳ，昭53.9.18民四5003回，ハンドブック419頁）を兼ねるものとなっている。再任となる取締役Ａは，席上即時に就任を承諾しその旨が議事録に記載されているため，議事録を就任承諾書として援用することができる。また，取締役Ｃについても，席上即時に就任を承諾しその旨および氏名・住所が議事録に記載されているため，議事録を就任承諾書として援用することができる。なお，みなし再選により重任となる会計監査人については，上記の定時株主総会議事録が退任を証する書面を兼ねており，監査法人の存在を証する登記事項証明書（法54Ⅱ②）は，聴取記録2から申請会社の管轄登記所と主たる事務所の管轄登記所が同一であるため添付を要しない（法54Ⅱ②ただし書）。
　代表取締役については，選定決議を証する取締役会議事録を添付する（法46Ⅱ）。再任となる被選定者は席上即時に就任を承諾しそれが議事録に記載されているため就任承諾書として議事録の記載を援用することができる。

規　取締役の就任による変更登記を申請する場合であり，取締役Ａおよび取締役Ｃは再任となり，例外として本人確認証明書の添付を要しない（登規61Ⅶ）。
　また，代表取締役の就任による変更登記を申請する場合であるが，再任であるため就任承諾書の印鑑証明書は例外として添付を要せず（登規61Ⅰ括弧書），聴取記録1から変更前の代表取締役Ａが登記所届出印を押印しているため，例外として選定議事録の印鑑証明書の添付も要しない（登規61Ⅵただし書）。

（4）特別取締役の議決の定め

① 特別取締役の議決の定め設定

【事例85 ― 特別取締役の議決の定め設定 ―】 過問 （H21）

> 問　次の事実に基づき暫定答案を作成しなさい。
> （株式会社Ｚの登記記録）
> 会社成立の年月日　平成7年7月7日
> 資本金の額　金3億円
> 取締役Ａ　取締役Ｂ　取締役Ｃ　取締役Ｄ　取締役Ｅ　取締役Ｆ
> 　　　　　　　　平成27年6月28日重任
> 東京都千代田区甲町1番地
> 　代表取締役Ａ　　　平成27年6月28日重任
> 監査役Ｇ　　　　　　平成27年6月28日重任
> 取締役会設置会社に関する事項　取締役会設置会社
> 監査役設置会社に関する事項　監査役設置会社
> （株式会社Ｚの平成28年6月27日の取締役会議事録）
> 議案　議長は，特別取締役の議決の定めを設定し，特別取締役としてＡＢＣを
> 　　　選定することの可否を議場に諮ったところ，取締役全員の一致で可決した。

70　機関設計にかかる登記

> 被選定者は，席上即時に就任を承諾した。
> （聴取記録）
> 1　取締役Ｆは，社外取締役の要件をみたしている。

登記の事由	登記すべき事項	登免税額（根拠）
取締役，特別取締役の変更 特別取締役の議決の定め設定	取締役Ｆは社外取締役である 平成28年6月27日次の者就任 　特別取締役Ａ　特別取締役Ｂ　特別取締役Ｃ 平成28年6月27日特別取締役の議決の定め設定	金3万円（（1）カ） 金3万円（（1）ツ） 計金6万円 （登免税18）

ⅰ　特別取締役の議決の定めの意義

　特別取締役による議決の定めは，取締役6人以上で（会373Ⅰ①），取締役のうち社外取締役1人以上（会373Ⅰ②）が存在する会社において，取締役会決議で選定した3人以上の特別取締役のうち，議決に加わることができる者の過半数が出席し，その過半数をもって，重要な財産の処分および譲受け（会362Ⅳ①），多額の借財（会362Ⅳ②）について議決できることとすることで，迅速な意思決定を可能とするための取締役会決議要件の特則である（会373Ⅰ）。

　特別取締役による議決の定めが「会社状態区」の登記事項であり，特別取締役の氏名，社外取締役である旨が「役員区」の登記事項とされている（会911Ⅲ㉑）。

ⅱ　特別取締役の議決の定め設定の登記

　取締役会の特別取締役の議決の定めを設定し，特別取締役を選定する決議があれば，**特別取締役の議決の定め設定**，**特別取締役の変更**，**取締役の変更**を法律構成する。

　特別取締役の議決の定めが設定され，特別取締役が選定されれば，会社状態区および役員区の登記事項が発生し，本店で2週間以内に変更登記の申請が必要となるため，本店での登記の事由となる（会915Ⅰ，平21）。

　なお，取締役6人以上が存在せず，社外取締役についてその旨の登記がなされていなければ，特別取締役の議決の定め設定とあわせて増員取締役の就任の登記，社外取締役の旨の登記をあわせて申請しなければならない（法24⑨）。

　登記すべき事項は，特別取締役の議決の定めと**設定**の旨および効力発生日，社外取締役である旨，特別取締役の資格および氏名と**就任**の旨および効力発生日である。

登録免許税は，特別取締役の議決の定めについては，登記事項の変更として申請件数1件につき金3万円の定額課税となり（登免税別表24(1)ツ），それ以外の登記は役員変更登記として事例の会社では資本金の額が1億円超であるため申請件数1件について金3万円の定額課税となる（登免税別表24(1)カ）。課税根拠が異なる登記の一括申請となるため登録免許税はその合算額となる（登免税18）。

> 【参考・添付書面】　取締役会議事録 1通　就任承諾書は取締役会議事録の記載を援用する　委任状 1通
> 法　特別取締役の議決の定めを決議した取締役会議事録を添付する（法46Ⅱ）。当該議事録が特別取締役の選定決議を証する議事録を兼ねており，被選定者が席上承諾をなしその旨が議事録に記載されているため就任承諾書は当該議事録を援用できることになる。なお，社外取締役の要件をみたすことを証する添付書面は規定がないため添付を要しない。

② 特別取締役の議決の定め廃止

【事例86 ―特別取締役の議決の定め廃止―】

> 問　次の事実に基づき暫定答案を作成しなさい。
> （株式会社Ｚの登記記録）
> 会社成立の年月日　平成7年7月7日
> 資本金の額　金1億円
> 取締役Ａ　取締役Ｂ　取締役Ｃ　取締役（社外取締役）Ｄ
> 　　　　　　　　　　　　　　　　　　　　平成27年6月28日重任
> 取締役Ｅ　取締役（社外取締役）Ｆ　　　平成26年6月28日就任
> 特別取締役Ａ　特別取締役Ｂ　特別取締役Ｃ　平成26年6月28日就任
> 東京都千代田区甲町1番地
> 　代表取締役Ａ　平成27年6月28日重任
> 監査役Ｇ　平成27年6月28日重任
> （中略）
> 特別取締役に関する事項　特別取締役による議決の定めがある
> 　　　　　　　　　　　　　　　　　　　　平成26年6月28日設定
> （株式会社Ｚの平成28年6月27日の定時株主総会議事録）
> 2号議案　議長は，本定時総会の終結時をもって取締役Ｅ及びＦが任期満了により退任するため，退職慰労金として金○○円を支払うことの可否を議場に諮ったところ，満場一致で可決した。
> （株式会社Ｚの平成28年6月27日の取締役会議事録）
> 議案　議長は，特別取締役の議決の定めを廃止することの可否を議場に諮ったところ，出席取締役全員の一致で可決した。
> （聴取記録）

1 取締役E及びFの後任者の選任はされていない。
2 定款には，取締役の員数の定めはない。

登記の事由	登記すべき事項	登免税額（根拠）
取締役，特別取締役の変更 特別取締役の議決の定め廃止	平成28年6月27日次の者任期満了により退任 　取締役E　取締役（社外取締役）F 同日次の者退任 　特別取締役A　特別取締役B　特別取締役C 同日取締役（社外取締役）Dにつき特別取締役の議決の定め廃止により変更 　取締役D 平成28年6月27日特別取締役の議決の定め廃止	金1万円（(1)カ） 金3万円（(1)ツ） 計金4万円 （登免税18）

　事例では，取締役会の特別取締役の議決の定めを廃止する決議があるため，**特別取締役の議決の定め廃止**，**特別取締役の変更**，**取締役の変更**を法律構成する。

　これにより「会社状態区」の登記事項である特別取締役の議決の定めが消滅し，「役員区」の登記事項である特別取締役が退任し，ほかに登記の根拠が存しないかぎり，社外取締役である旨を抹消しなければならず，本店で2週間以内に変更登記の申請が必要となるため，本店での登記の事由となる（会915Ⅰ）。

　なお，会社法の改正により，社外取締役である旨が登記事項となるのは，①特別取締役の議決の定めがある場合（会911Ⅲ㉑ハ），②監査等委員会設置会社である場合（会911Ⅲ㉒ロ），③指名委員会等設置会社である場合（会911Ⅲ㉓イ）の3局面に限定されている。事例の会社は，監査等委員会設置会社や指名委員会等設置会社への移行局面ではないため，社外取締役の旨の抹消登記が必須となっている。

　登記すべき事項は，特別取締役の議決の定めの**廃止**の旨および効力発生日，退任する特別取締役の資格および氏名と**退任**の旨および効力発生日，取締役Dについての特別取締役の議決の定め廃止により社外取締役である旨の抹消の登記である（書き方が複雑なので注意）。また，事例では，取締役Eと社外取締役Fが定時総会の終結時に任期満了により退任しているため，その退任登記もあわせて申請することになる。なお，聴取記録2から事例の会社では，定款に員数の定めがなく，取締役EおよびFが退任しても取締役会設置会社としての取

締役の法定員数に欠員しないため，退任するEおよびFは権利義務取締役とならず，退任登記は何ら制約されない。

登録免許税は，特別取締役の議決の定めについては，登記事項の変更として申請件数1件につき金3万円の定額課税となり（登免税別表24(1)ツ），それ以外の登記は役員変更登記として事例の会社では資本金の額が1億円以下であるため申請件数1件について金1万円の定額課税となり（登免税別表24(1)カ），それらの合算額金4万円が登録免許税額となる（登免税18）。

> 【参考・添付書面】　株主総会議事録 1 通　株主リスト 1 通　取締役会議事録 1 通
> 　　　　　　　　　委任状 1 通
> 法 特別取締役の議決の定めを廃止する決議をした取締役会議事録を添付する（法46Ⅱ）。当該議事録が特別取締役の退任を証する書面（法54Ⅳ）を兼ねることになる。なお，株主総会議事録は，取締役EおよびFの任期満了による退任を証する書面であり（法54Ⅳ，昭53.9.18民四5003回，ハンドブック419頁），任期満了により退任する旨の文言があるため，当該議事録を添付すれば定款の添付を要しない。

2－11　役員等のそのほかの登記

71　役員等の氏名（名称）または住所の変更（更正）

（1）　変更登記の法律構成と登記の事由の判断

　代表取締役が住所を移転していれば，代表取締役の住所変更を法律構成する。これにより「役員区」の登記事項である代表取締役の住所（会911 Ⅲ⑭）が住所移転時に変更し，本店で2週間以内に変更登記の申請が必要となるため，本店での登記の事由となる（会915Ⅰ）。これは，役員等の登記事項となっている氏名（名称）の変更についても同様に妥当する。

　ただし，役員等が重任する場合には，これら氏名（名称）または住所の変更登記の申請を省略することができるため，登記の事由とはならない。なお，会計監査人が監査法人または有限責任監査法人である場合には，登記事項証明書が添付書面となる関係もあり，重任登記のほか，名称変更の登記を申請するのが実務の取扱いとなっている（金子登志雄『ずばり解説！株式と機関』178頁〔東京司法書士協同組合，2013〕）。

（2）　更正登記の法律構成と登記の事由の判断

　代表取締役の住所が誤って登記されていたことが判明すれば，錯誤を法律構

71 役員等の氏名（名称）または住所の変更（更正）

成する。これにより「役員区」の登記事項である代表取締役の住所（会911Ⅲ⑭）が登記の時点から実体と一致していないことになる。したがって，更正登記を本店所在地の登記所に対して申請しなければならず，本店所在地における登記の事由となる（法132Ⅰ）。これは，役員等の登記事項となっている氏名（名称）の変更についても同様に妥当する。

ただし，役員等が重任する場合には，これら氏名（名称）または住所の更正登記の申請を省略することができるため，登記の事由とはならない。

【事例87 ―取締役の氏名の更正登記，代表取締役の重任の際の住所変更登記の省略―】

問　次の事実に基づき暫定答案を作成しなさい。
（株式会社Ｚの登記記録）
会社成立の年月日　平成7年7月7日
資本金の額　金3億円
株式の譲渡制限に関する規定
　当会社の株式を譲渡により取得するには，当会社の承認を要する
取締役Ａ　平成26年6月28日重任
取締役Ｂ　取締役Ｃ　取締役Ｄ　平成27年6月28日重任
東京都千代田区甲町1番地
　代表取締役Ａ　　　　　　　　平成26年6月28日重任
監査役Ｅ　　　　　　　　　　　平成27年6月28日重任
取締役会設置会社に関する事項　取締役会設置会社
監査役設置会社に関する事項　監査役設置会社
（株式会社Ｚの平成28年6月27日の定時株主総会議事録）
2号議案　議長は，取締役Ａが本定時総会の終結時に任期満了により退任するため，Ａを取締役に再選することの可否を議場に諮ったところ，満場一致で可決した。被選任者は，席上，即時に就任を承諾した。
（株式会社Ｚの平成28年6月27日の取締役会議事録）
議案　議長は，代表取締役の後任者としてＡを再選定することの可否を議場に諮ったところ，出席取締役全員の一致で可決した。被選定者は，席上即時に就任を承諾した。
（聴取記録）
1　代表取締役Ａは，平成28年4月1日，住所を「東京都千代田区乙町2番地」に移転している。
2　取締役Ｄの氏名は，本来，「Ｙ」であり，誤って「Ｄ」と登記していた。取締役Ｙは，平成28年6月28日に死亡し，親族からの死亡届が提出されている。
3　上記の取締役会議事録には，出席取締役としてＡが登記所届出印を押印している。

71 役員等の氏名（名称）または住所の変更（更正）

登記の事由	登記すべき事項	登免税額（根拠）
錯誤 取締役，代表取締役の変更	取締役Ｄの氏名を次のとおり更正 　取締役Ｙ 平成28年6月27日次の者重任 　取締役Ａ 　東京都千代田区乙町2番地 　代表取締役Ａ 平成28年6月28日取締役Ｙ死亡	金2万円（(1)ネ） 金3万円（(1)カ） 計金5万円 （登免税18）

　事例では，代表取締役兼取締役Ａが平成28年6月27日の定時総会の終結時に取締役を重任し，取締役の任期満了退任時点で資格喪失退任する日に取締役会で代表取締役に再選定され重任している。

　聴取記録1によれば，代表取締役Ａは重任前の平成28年4月1日に住所を移転し，本来，住所の変更登記を申請すべきであるが，代表取締役を重任しているため，便宜，変更後の住所をもって重任の登記を申請することが可能である。

　これに対して，聴取記録2によれば，取締役Ｄの氏名は本来，「Ｙ」であり，錯誤により誤った氏名で登記されている。また，取締役Ｙは平成28年6月28日の任期中に死亡し，その退任登記を申請しなければならないが，上記の重任の場合とは異なり，錯誤による氏名の更正登記を省略することはできず，錯誤による更正登記を死亡による退任登記とあわせて申請することになる。

【参考・添付書面】　株主総会議事録1通　株主リスト1通　取締役会議事録1通
　　　　　　　　就任承諾書は株主総会議事録および取締役会議事録の記載を援用する。死亡届1通　委任状1通

法　氏名・住所等の変更の実体構造は，決議を要素としない法律事実として氏名や住所の変更であり（14 (5)ⅳj），添付書面の規定がないためそれを証する書面の添付を要しない。また，氏名・住所の更正の登記についても錯誤または遺漏を証する書面の添付を要しない（法132Ⅱただし書）。氏名・住所等は役員等を特定するための要素であるが，それが実体と一致していなくとも，ただちに役員等の登記が無効または不存在とはならないからである。
　　事例では，取締役Ａの再選の決議を証するための株主総会議事録を添付する（法46Ⅱ）。当該議事録は取締役Ａの任期満了による退任を証する書面を兼ねるだけでなく（法54Ⅳ），議事録には再任となる取締役Ａが席上就任承諾をした旨が記載されているため取締役としての就任承諾書として援用することができる（法54Ⅰ）。
　　また，代表取締役Ａの再選定を証するため取締役会議事録を添付する（法46Ⅱ）。当該議事録には再任となる代表取締役Ａが席上就任承諾した旨が記載されているため代表取締役の就任承諾書として援用することができる（法54Ⅰ）。
　　さらに，事例では，取締役Ｙの死亡による退任登記を申請するため退任を証する

72 役員等の会社に対する責任の免除に関する規定の設定

書面として死亡届を添付することになる。

規　取締役の就任による変更登記を申請する場合であるが，取締役Aは再任であるため例外的に本人確認証明書の添付を要しない（登規61Ⅶ括弧書）。また，代表取締役の就任による変更登記を申請する場合であるが，代表取締役Aは再任であるため例外的に就任承諾書の印鑑証明書の添付を要せず（登規61Ⅳ括弧書），聴取記録3から変更前の代表取締役Aが取締役会議事録に商業登記法20条の登記所届出印を押印しているため例外として選定議事録の印鑑証明書の添付も不要である（登規61Ⅵただし書）。

72　役員等の会社に対する責任の免除に関する規定の設定

【事例88―取締役等の会社に対する責任の免除に関する規定の設定―】 過問 （H19）

> 問　次の事実に基づき暫定答案を作成しなさい。
> （株式会社Zの登記記録）
> 会社成立の年月日　平成7年7月7日
> 資本金の額　金3億円
> 取締役A　取締役B　取締役C　平成27年6月28日重任
> 東京都千代田区甲町1番地
> 　代表取締役A　　　　　　　　平成27年6月28日重任
> 監査役E　　　　　　　　　　　平成27年6月28日重任
> 取締役会設置会社に関する事項　取締役会設置会社
> 監査役設置会社に関する事項　　監査役設置会社
> （株式会社Zの平成28年6月27日の定時株主総会議事録）
> 2号議案　議長は，下記の定款の定めを設けることについての可否を議場に諮ったところ，満場一致で可決した。
> 　　　取締役等の会社に対する責任の免除に関する規定
> 　　　　当会社は，会社法第426条の規定により，取締役会の決議をもって，同法第423条の行為に関する取締役（取締役であった者を含む。）の責任を法令の限度において免除することができる。

登記の事由	登記すべき事項	登免税額（根拠）
取締役等の会社に対する責任の免除に関する規定の設定	平成28年6月27日設定 取締役等の会社に対する責任の免除に関する規定 　当会社は，会社法第426条の規定により，取締役会の決議をもって，同法第423条の行為に関する取締役（取締役であった者を含む。）の責任を法令の限度において免除することができる。	金3万円（(1)ツ）

事例のように取締役が2人以上いる監査役設置会社であるか，もしくは監査等委員会設置会社または指名委員会等設置会社において役員等の責任の免除に関する規定を設定する定款変更決議があれば，役員等の会社に対する責任の免除に関する規定の設定を法律構成する（会426Ⅰ）。ちなみに，事例の会社は，登記記録の会社成立年月日から旧株式会社であるが，資本金の額が1億円超であり，株式の譲渡制限に関する規定の登記もされていない公開会社であるため，整備法53条は適用されず，会社法上の監査役設置会社である。

これにより，「役員責任区」の登記事項である役員等の責任の免除に関する規定（会911Ⅲ㉔）が，定款変更決議の効力発生時に発生し，本店で2週間以内に変更登記の申請が必要となるため，本店での登記の事由となる（会915Ⅰ，平19）。

登記すべき事項は，役員等の責任の免除に関する規定と設定の旨および効力発生日であり，登録免許税は，登記事項の変更として申請件数1件につき金3万円の定額課税となる（登免税別表24(1)ツ）。

【参考・添付書面】　株主総会議事録1通　株主リスト1通　委任状1通
法　実体構造は，決議を要素とする単独行為である（14 (5) i a）。定款変更として株主総会の特別決議（会466，同309Ⅱ⑪）を証するため株主総会議事録（法46Ⅱ）を添付する。

73　非業務執行取締役等の会社に対する責任制限に関する規定の設定

【事例89―非業務執行取締役等の会社に対する責任の制限に関する規定の設定―】　過問　（H19）

問　次の事実に基づき暫定答案を作成しなさい。
（株式会社Zの登記記録）
会社成立の年月日　平成7年7月7日
資本金の額　金3億円
取締役A　取締役B　取締役C　平成27年6月28日重任
東京都千代田区甲町1番地
　代表取締役A　　　　　　　　平成27年6月28日重任
監査役E　　　　　　　　　　　平成27年6月28日重任
取締役会設置会社に関する事項　取締役会設置会社
監査役設置会社に関する事項　　監査役設置会社

73 非業務執行取締役等の会社に対する責任制限に関する規定の設定

> （株式会社Zの平成28年6月27日の定時株主総会議事録）
> 　2号議案　議長は，下記の定款の定めを設けることについての可否を議場に諮ったところ，満場一致で可決した。
> 　　　　　非業務執行取締役等の会社に対する責任の制限に関する規定
> 　　　　　　当会社は，会社法第427条の規定により，非業務執行取締役，監査役との間に，同法第423条の行為による賠償責任を限定する契約を締結することができる。ただし，当該契約に基づく賠償責任の限度額は，金500万円以上であらかじめ定めた金額又は法令が規定する額のいずれか高い額とする。

登記の事由	登記すべき事項	登免税額（根拠）
非業務執行取締役等の会社に対する責任の制限に関する規定の設定	平成28年6月27日設定 非業務執行取締役等の会社に対する責任の制限に関する規定 　当会社は，会社法第427条の規定により，非業務執行取締役，監査役との間に，同法第423条の行為による賠償責任を限定する契約を締結することができる。ただし，当該契約に基づく賠償責任の限度額は，金500万円以上であらかじめ定めた金額又は法令が規定する額のいずれか高い額とする。	金3万円（(1)ツ）

　事例のように非業務執行取締役，すべての監査役のほか，会計参与，会計監査人（これらを「非業務執行取締役等」という）の責任制限に関する規定を設定する定款変更決議があれば，**非業務執行取締役等の会社に対する責任制限に関する規定の設定**を法律構成する（会427Ⅰ）。

　これにより，「役員責任区」の登記事項である非業務執行取締役等の会社に対する責任制限に関する規定（会911Ⅲ㉕）が，定款変更決議の効力発生時に発生し，本店で2週間以内に変更登記の申請が必要となるため，本店での登記の事由となる（会915Ⅰ，平19）。

　なお，会社法の改正により非業務執行取締役等であれば，定款で定めた責任制限に関する規定に基づく責任限定契約を締結することができるようになったため，責任制限に関する規定は，社外取締役や社外監査役である旨を登記する登記根拠ではなくなり，当該定款の定めとともに社外の旨の登記を申請する必要はないことになる。

　登記すべき事項は，非業務執行取締役等の会社に対する責任制限に関する規定と**設定**の旨および効力発生日であり，登録免許税は，登記事項の変更として

申請件数1件につき金3万円の定額課税となる（登免税別表24(1)ツ）。

　会社法改正の経過措置として，取締役，会計参与，監査役，執行役または会計監査人の改正法施行日前の行為に基づく責任の一部の免除および当該責任の限度に関する契約については，なお従前の例によることになる（附則16）。

　また，改正法施行の際に現に責任限定の定めに従って社外役員であるの旨を登記している取締役，監査役については，登記されている取締役または監査役の任期中にかぎり，社外役員であるの旨の抹消登記をすることを要しないとされている（附則22Ⅱ）。

【参考・添付書面】　株主総会議事録 1 通　株主リスト 1 通　委任状 1 通
法　実体構造は，決議を要素とする単独行為である（**14**（5）ⅰa）。定款変更として株主総会の特別決議（会 466，同 309 Ⅱ⑪）を証するため株主総会議事録（法 46 Ⅱ）を添付する。

---

2 – 12　本店，支店，支配人の登記

74　本店の移転

　本店の移転については，管轄登記所の管轄区域内の本店移転と管轄区域外への本店移転とを場合分けする。商業登記は，登記所ごとに登記を申請しなければならず，申請の個数が異なるからである。

（1）管轄内移転

【事例 90 ―管轄内の本店移転―】　過問　（H 4，H13）

問　次の事実に基づき暫定答案を作成しなさい。
（株式会社 Z の登記記録）
商号　株式会社 Z
本店　東京都千代田区甲町1番地
公告をする方法　官報に掲載してする
会社成立の年月日　平成7年7月1日
取締役 A　取締役 B　取締役 C　平成27年6月28日重任
東京都千代田区甲町1番地
　代表取締役 A　　　　　　　　平成27年6月28日重任
監査役 E　　　　　　　　　　　平成27年6月28日重任
支配人に関する事項　東京都千代田区甲町3番地
　　　　　　　　　　C
　　　　　　　　　営業所　東京都千代田区甲町1番地

74 本店の移転

> 取締役会設置会社に関する事項　取締役会設置会社
> 監査役設置会社に関する事項　監査役設置会社
> (株式会社Ｚの平成28年6月27日の取締役会議事録)
> 議案　議長は，当社の創立記念日である平成28年7月1日をもって本店を東京都千代田区乙町2番地に移転することの可否を議場に諮ったところ，出席取締役全員一致をもって可決した。
> (聴取記録)
> 1　定款の本店所在地は東京都千代田区と定められている。
> 2　本店移転の作業は，平成28年6月30日までに完了している。

登記の事由	登記すべき事項	登免税額（根拠）
本店移転 支配人をおいた営業所の移転	平成28年7月1日本店移転 　本店　東京都千代田区乙町2番地 同日東京都千代田区甲町1番地の支配人Cを置いた営業所移転 　支配人Cを置いた営業所 　　東京都千代田区乙町2番地	金3万円（(1)ヲ） 金3万円（(1)ツ） 計金6万円 （登免税18）

① 本店の移転

　事例のように本店を現在の管轄登記所の管轄区域内で移転する決議があれば，**管轄内の本店移転**を法律構成する（会362Ⅳ④）。

　これにより「商号区」の登記事項である本店所在場所（会911Ⅲ③）が，決議で定めた日に移転する。したがって，変更登記を本店で2週間以内に申請（会915Ⅰ）し，支店で3週間以内に申請（会930Ⅲ）しなければならず，本店移転は，本店および支店の双方における登記の事由となる。

　登記すべき事項は移転後の本店所在場所と**本店移転**の旨および効力発生日である。本店移転の効力発生日は，決議で定めた日である。決議で**7月1日頃に移転する**と定めた場合には，その日の前後1日から2日の間に現実に本店を移転していればその日を決議で定めた移転日として判断することができる（昭41.2.7民四75回）。同様に，決議で移転する期間を定めている場合も，期間内に移転していれば，移転した日を決議で定めた移転日とする申請は受理される（「質疑応答」『登記研究』254号73頁）。事例では，本店移転決議に期限を付しているため，期限が到来する平成28年7月1日が本店移転の効力発生日と判断できることになる。

　登録免許税は，本店の数1か所につき金3万円の定額課税となる（登免税別表24(1)ヲ）。この課税標準である本店の数1か所というのは，管轄外の本店移

転では管轄ごとに本店移転の登記を申請しなければならず、それを想定したものである。

② 同時申請する登記

事例のように本店に支配人をおいている場合、支配人をおいた営業所は本店移転に伴って当然に移転するため、登記簿の論理的な整合性を保つため旧所在地分の申請と支配人の営業所移転の登記を同時申請しなければならず（登規58）、当該法律関係は支配人についての登記の事由にもなる。

登記すべき事項は、移転後の支配人をおいた営業所と営業所移転の旨および効力発生日であり、登録免許税は登記事項の変更として申請件数1件について金3万円の定額課税となる（登免税別表24(1)ツ）。

【参考・添付書面】　取締役会議事録 1通　委任状 1通

法　実体構造は、決議を要素とする単独行為である（14(5) i a）。取締役会設置会社では取締役会による決議（会362Ⅳ④）を証するため取締役会議事録（法46Ⅱ）を添付する。

また、会社の支配人の営業所移転については支配人をおいた本店または支店の移転登記と同時申請するため、添付書面の規定が設けられていない（法45）。

さて、会社法の改正で新たな機関設計として認められた監査等委員会設置会社では、取締役の過半数が社外取締役であるか、または定款に重要な業務執行の決定の取締役への委任に関する事項を定めれば、執行と監督とが制度的に分離し、取締役会の決議により重要な業務執行の全部または一部を取締役に委任できることになる（会399の13Ⅴ本文、Ⅵ、事例82、事例84参照）。支店その他の重要な組織（本店を含むと解釈）の設置・変更・廃止（会399の13Ⅳ④）、支配人のその他の重要な使用人の選任および解任（会399の13Ⅳ③）は、取締役会の決議により取締役に委任できる重要な業務執行の典型例となっている。かりに、支店設置が取締役会決議で取締役に委任されていれば、委任決議をした取締役会議事録および取締役の決定を証する書面が支店移転の添付書面となる（法46Ⅳ）。

（2）管轄外移転

【事例91 ─管轄外の本店移転─】　過問　（H23，H26）

問　次の事実に基づき暫定答案を作成しなさい。第1欄には、旧所在地分の申請書を記載し、第2欄には新所在地分の申請書を記載し、第2欄の登記すべき事項には、商号区及び登記記録区に登記する事項を記載するものとする。
（株式会社Ｚの登記記録）
商号　株式会社Ｚ
本店　東京都千代田区甲町1番地
公告をする方法　官報に掲載してする

74　本店の移転

> 会社成立の年月日　平成7年7月7日
> 取締役A　取締役B　取締役C　　　平成27年6月28日重任
> 東京都千代田区甲町1番地
> 　代表取締役A　　　　　　　　　平成27年6月28日重任
> 監査役E　　　　　　　　　　　　平成27年6月28日重任
> 支配人に関する事項　東京都千代田区甲町3番地
> 　　　　　　　　　　C
> 　　　　　　　営業所　東京都千代田区甲町1番地
> 取締役会設置会社に関する事項　取締役会設置会社
> 監査役設置会社に関する事項　監査役設置会社
> （株式会社Zの平成28年6月27日の定時株主総会議事録）
> 2号議案　議長は，本店移転のため，定款第2条の本店所在地を「東京都千代田区」から「大阪府大阪市」に変更することの可否を議場に諮ったところ，満場一致で可決した。
> （株式会社Zの平成28年6月27日の取締役会議事録）
> 議案　議長は，当社の創立記念日である平成28年7月1日をもって本店を大阪府大阪市乙町2番地に移転することの可否を議場に諮ったところ，出席取締役全員一致をもって可決した。
> （聴取記録）
> 1　定款の本店所在地は東京都千代田区と定められている。
> 2　本店移転の作業は，平成28年6月30日までに完了している。

第1欄　登記の事由	登記すべき事項	登免税額（根拠）
本店移転 支配人をおいた営業所の移転	平成28年7月1日本店移転 　本店　大阪府大阪市乙町2番地 同日東京都千代田区甲町1番地の支配人Cを置いた営業所移転 　支配人Cを置いた営業所 　大阪府大阪市乙町2番地	金3万円（(1)ヲ） 金3万円（(1)ツ） 計金6万円 （登免税18）

第2欄　登記の事由	登記すべき事項	登免税額（根拠）
本店移転	商号　株式会社Z 本店　大阪府大阪市乙町2番地 公告をする方法　官報に掲載してする 会社成立の年月日　平成7年7月7日 登記記録に関する事項　平成28年7月1日東京都千代田区甲町1番地から本店移転	金3万円（(1)ヲ）

① 法律構成および登記の事由の判断

　事例のように本店を現在の管轄登記所の管轄区域外に移転する決議があれば，**管轄外の本店移転**を法律構成する（会466，同27③，同362Ⅳ④）。
　これにより「商号区」の登記事項である本店所在場所（会911Ⅲ③）が，決議

で定めた日に移転する。商業登記は，管轄登記所ごとに登記を申請しなければならないため，旧所在地分の登記と新所在地分の登記と2つの登記申請が必要となる。この2つの登記のうち新所在地分の申請は，旧所在地の管轄登記所を経由し（法51Ⅰ），旧所在地分の申請と同時申請しなければならない（法51Ⅱ）。

また，事例のように本店に支配人をおいている場合，旧所在地分の申請と支配人の営業所移転の登記を同時申請しなければならず（登規58），当該法律関係は支配人についての登記の事由にもなる。

② 登記すべき事項

旧所在地分の登記すべき事項は，(1)の管轄内移転と同様となる。これに対して，新所在地分の登記すべき事項は，移転先の管轄登記所に支店があっても必ず新たに登記記録を起こすことになるため，常に現に効力を有する設立登記事項（会911Ⅲ）および独立の登記事項のほか，商号区に会社成立の年月日を記載し，登記記録区には**本店移転**の旨および効力発生日を記載しなければならない（法53）。また，これに加えて，本店移転後の役員等の変更に備え，役員区の役員等の就任（重任）年月日を記載しなければならない（登規65Ⅱ）。

これら新所在地分の登記すべき事項は，登記記録区に記載する本店移転の旨および効力発生日を除いて，登記すべき事項欄に「別添登記事項証明書の通り」と記載し，登記事項証明書を申請書に合綴し契印することで，記載を省略することができる（平19.11.12民商2450回）。

③ 登録免許税額

事例の旧所在地分の申請では，旧所在地分の本店の数1か所につき金3万円の本店移転登記（登免税別表24(1)ヲ）と登記事項の変更として申請件数1件につき金3万円の支配人の営業所移転登記（登免税別表24(1)ツ）を一括申請するため合算額金6万円が登録免許税額となる（登免税18）。他方，例外なく他の登記を一括申請できない新所在地分の申請は，金3万円の本店移転登記分の登録免許税を納付すれば足りることになる（登免税別表24(1)ヲ）。

【参考・添付書面】　旧所在地分　株主総会議事録1通　株主リスト1通　取締役
　　　　　　　　　　　　　　　　会議事録1通　委任状1通
　　　　　　　　　　新所在地分　委任状1通
　法　実体構造は，決議を要素とする単独行為である（14(5)ⅰa）。本店所在地についての定款変更決議（会466，同309Ⅱ⑪）を証する株主総会議事録（法46Ⅱ），取締役会による本店所在場所および移転時期の決議（会362Ⅳ④）を証する取締役会議

事録（法46Ⅱ）を添付する。
　管轄外本店移転では，旧所在地の登記所の登記官が経由・同時申請により併合審査をするため，これらの添付書面を旧所在地分の申請に添付し，新所在地分の申請には重複していない委任状（法18）のみを添付すれば足りる（法51Ⅲ）。
　また，会社の支配人の営業所移転については支配人をおいた本店または支店の移転登記と同時申請するため，添付書面の規定が設けられていない（法45）。

（3）　本店の変更

【事例92 ―住居表示の実施による本店の変更―】 過問 （S63）

問　次の事実に基づき暫定答案を作成しなさい。
（株式会社Zの登記記録）
商号　　株式会社Z
本店　　東京都千代田区甲町1番地
公告をする方法　官報に掲載してする
会社成立の年月日　平成7年7月7日
取締役A　取締役B　取締役C　平成27年6月28日重任
東京都千代田区乙町1番地
　代表取締役A　　　　　　　平成27年6月28日重任
監査役E　　　　　　　　　　平成27年6月28日重任
支配人に関する事項　東京都千代田区乙町3番地
　　　　　　　　　　C
　　　　　　　　営業所　東京都千代田区甲町1番地
（聴取記録）
1　平成28年4月1日住居表示の実施により東京都千代田区甲町1番地は，東京都千代田区甲町一丁目1番1号に変更された。

登記の事由	登記すべき事項	登免税額（根拠）
住居表示実施による本店の変更 支配人を置いた営業所の変更	平成28年4月1日住居表示の実施 　本店　東京都千代田区甲町一丁目1番1号 同日東京都千代田区甲町1番地の支配人Cを置いた営業所の住居表示の実施 　支配人を置いた営業所 　　東京都千代田区甲町一丁目1番1号	登録免許税法第5条第4号により非課税

　事例のように本店所在場所に住居表示が実施された事実があれば，**住居表示の実施による本店の変更**を法律構成する。
　これにより「商号区」の登記事項である本店所在場所（会911Ⅲ③）が，住居表示の実施日に変更する。したがって，変更登記を本店で2週間以内に申請（会

915Ⅰ）し，支店で3週間以内に申請（会930Ⅲ）しなければならず，本店の変更は本店および支店の双方における登記の事由となる。

　また，事例のように本店に支配人をおいている場合，本店変更の申請と支配人の営業所変更の登記を同時申請しなければならず（規58），当該法律関係は支配人についての登記の事由にもなる。なお，行政区画またはその名称の変更は，変更による登記があったものとみなされるため（法26），登記の事由とはならない点に注意しなければならない。

　登記すべき事項は，変更後の本店の所在場所と**住居表示の実施**の旨および効力発生日であり，登録免許税は，財務省令で定める書面を添付すれば，登録免許税法5条4号により非課税となり，登録免許税額欄には非課税根拠の条項を記載すべきことになる（昭42.7.26民三794依命通知参照）。

【参考・添付書面】　非課税証明書1通　委任状1通
法　実体構造は，決議を要素としない法律事実のみである（**14**（5）ⅳｊ）。添付書面の規定はないが，非課税とするため財務省令で定める非課税証明書を添付する。

75　支店に関する登記
(1)　支店設置
【事例93 ─支店の設置・複数支店の設置─】

問　次の事実に基づき暫定答案を作成しなさい。なお，本店所在地の管轄登記所に対する申請書を作成するものとする。
（株式会社Zの登記記録）
商号　株式会社Z
本店　東京都千代田区甲町1番地
支配人に関する事項　東京都千代田区甲町3番地
　　　　　　　　　　　　Ｃ
　　　　　　　営業所　東京都千代田区甲町1番地
取締役会設置会社に関する事項　取締役会設置会社
監査役設置会社に関する事項　監査役設置会社
（株式会社Zの平成28年6月27日の取締役会議事録）
議案　議長は，平成28年7月1日をもって東京都渋谷区桜丘2番地に渋谷支店を，東京都新宿区新宿3番地に新宿支店を設置することの可否を議場に諮ったところ，出席取締役全員一致をもって可決した。
（聴取記録）
1　定款の本店所在地は東京都千代田区と定められているが，支店所在地に関

> する定めはない。
> 2　支店設置の作業は，平成28年6月30日までに完了している。

登記の事由	登記すべき事項	登免税額（根拠）
支店設置	平成28年7月1日設置 　支店　東京都渋谷区桜丘2番地 　　　　東京都新宿区新宿3番地	金12万円（(1)ル）

　事例のように支店を設置する決議があれば，支店設置を法律構成する（会362Ⅳ④）。

　これにより「支店区」の登記事項である支店所在場所（会911Ⅲ③）が，決議で定めた日に発生し，その変更登記を本店で2週間以内に申請（会915Ⅰ）し，支店で3週間以内に申請（会930Ⅰ⑤）しなければならず，支店設置は，本店および支店の双方における登記の事由となる。

　ただし，設立と同時の支店設置の場合には，本店で設立登記をした日から支店で2週間以内に登記を申請しなければならない（会930Ⅰ①）。また，組織再編に伴う特殊設立の場合には，特殊設立の効力発生等の日から支店で3週間以内に登記の申請をすれば足りることになる（会930Ⅰ②～④）。

　登記すべき事項は，設置した支店の所在場所と設置の旨および効力発生日であり，登録免許税は，支店の数1か所について金6万円の定額課税となる（登免税別表24(1)ル）。事例では，2か所の支店を設置しているため登録免許税額は金12万円となる。

> 【参考・添付書面】　取締役会議事録1通　委任状1通
> 法　実体構造は，決議を要素とする単独行為である（14(5)ⅰa）。取締役会設置会社では取締役会による決議（会362Ⅳ④）を証するため取締役会議事録（法46Ⅱ）を添付する。
> 　また，監査等委員会設置会社では，取締役の過半数が社外取締役であるか，または定款に重要な業務執行の決定の取締役への委任に関する事項を定めれば，取締役会の決議により重要な業務執行の全部または一部を取締役に委任できることになり（会399の13Ⅴ本文，同Ⅵ，**事例82**，**事例84**参照），取締役会決議で支店設置，移転，廃止が取締役に委任されていれば，委任決議をした取締役会議事録および取締役の決定を証する書面が添付書面（法46Ⅳ）となる点は，**事例90**の参考・添付書面と同様である。

(2) 支店移転

【事例94 ―支店の移転と支配人をおいた営業所の移転―】 週間
(H3, H16, H25)

> 問 次の事実に基づき暫定答案を作成しなさい。なお，本店所在地の管轄登記所に対する申請書を作成するものとする。
> (株式会社Ｚの登記記録)
> 商号　株式会社Ｚ
> 本店　東京都千代田区甲町１番地
> 会社成立の年月日　平成７年７月７日
> 支店　東京都渋谷区桜丘２番地
> 支配人に関する事項　東京都千代田区甲町３番地
> 　　　　　　　　　　Ｃ
> 　　　　　　　営業所　東京渋谷区桜丘２番地
> 取締役会設置会社に関する事項　取締役会設置会社
> 監査役設置会社に関する事項　監査役設置会社
> (株式会社Ｚの平成28年６月27日の取締役会議事録)
> 議案　議長は，平成28年７月１日をもって東京都渋谷区桜丘２番地の渋谷支店を，東京都新宿区新宿３番地に移転し，新宿支店とすることの可否を議場に諮ったところ，出席取締役全員一致をもって可決した。
> (聴取記録)
> 1 　定款の本店所在地は東京都千代田区と定められているが，支店所在地に関する定めはない。
> 2 　支店設置の作業は，平成28年６月30日までに完了している。

登記の事由	登記すべき事項	登免税額（根拠）
支店移転 支配人をおいた営業所の移転	平成28年７月１日東京都渋谷区桜丘２番地の支店移転 　支店　東京都新宿区新宿３番地 同日東京都渋谷区桜丘２番地の支配人Ｃを置いた営業所移転 　支配人を置いた営業所 　　東京都新宿区新宿３番地	金３万円（(1)ヲ） 金３万円（(1)ツ） 計金６万円 （登免税18）

　事例のように支店を移転する決議があれば，支店移転を法律構成する（会362 Ⅳ④）。

　これにより「支店区」の登記事項である支店所在場所（会911 Ⅲ③）が，決議で定めた日に移転し，その変更登記を本店で２週間以内に申請（会915 Ⅰ）し，支店で３週間以内に申請（会930 Ⅲ）しなければならず，本店および支店の双方における登記の事由となる。ただし，事例のように支店を管轄外に移転した場

合には，旧所在地について3週間以内に登記を申請し，新所在地について4週間以内に登記を申請すれば足りる（会931）。

　また，事例のように支店に支配人をおいている場合，本店における支店移転の登記申請と支配人の営業所移転の登記を同時申請しなければならず（規58），当該法律関係は支配人についての登記の事由にもなる（平25）。

　登記すべき事項は，移転後の支店の所在場所と**支店移転**の旨および効力発生日であり，登録免許税は本店移転と同様，移転する支店の数1か所について金3万円の定額課税となる（登免税別表24(1)ヲ）。また，支配人の営業所移転については，金3万円の定額課税となる（登免税別表24(1)ツ）。

【参考・添付書面】　取締役会議事録1通　委任状1通

法　実体構造は，決議を要素とする単独行為である（**14**(5)ⅰa）。取締役会設置会社では取締役会による決議（会362Ⅳ④）を証する取締役会議事録（法46Ⅱ）を添付する。

　また，会社の支配人の営業所移転については，支配人をおいた本店または支店の移転登記と同時申請する関係上，添付書面の規定が設けられていない（法45）。

（3）支店廃止

【事例95─支店の廃止と支配人をおいた営業所の廃止─】　過問
（H15）

問　次の事実に基づき暫定答案を作成しなさい。なお，本店所在地の管轄登記所に対する申請書を作成するものとする。
（株式会社Ｚの登記記録）
商号　株式会社Ｚ
本店　東京都千代田区甲町1番地
支店　東京都渋谷区桜丘2番地
支配人に関する事項　東京都千代田区甲町3番地
　　　　　　　　　　Ｃ
　　　　　　営業所　東京都渋谷区桜丘2番地
取締役会設置会社に関する事項　取締役会設置会社
監査役設置会社に関する事項　監査役設置会社
（株式会社Ｚの平成28年6月27日の取締役会議事録）
議案　議長は，本日をもって東京都渋谷区桜丘2番地の渋谷支店を廃止することの可否を議場に諮ったところ，出席取締役全員一致をもって可決した。
（聴取記録）
1　定款の本店所在地は東京都千代田区と定められているが，支店所在地に関する定めはない。

登記の事由	登記すべき事項	登免税額（根拠）
支店廃止 支配人を置いた営業所の廃止	平成28年6月27日東京都渋谷区桜丘2番地の支店廃止 同日東京都渋谷区桜丘2番地の支配人Cを置いた営業所廃止	金3万円（(1)ツ） 金3万円（(1)ヨ） 計金6万円

　支店を廃止する決議があれば，支店廃止を法律構成する（会362Ⅳ④）。これにより，「支店区」の登記事項である支店所在場所（会911Ⅲ③）が，決議の効力発生時に消滅し，その変更登記を本店で2週間以内に申請（会915Ⅰ）し，支店で3週間以内に申請（会930Ⅲ）しなければならず，支店廃止は，本店および支店の双方における登記の事由となる（平15）。

　また，支店に支配人をおいている場合，支配人の代理権は，支店廃止に伴って当然に消滅するため，本店における支店廃止の登記申請と支配人を設置した営業所の廃止（支配人の代理権消滅）の登記を同時申請しなければならず（規58），当該法律関係は，支配人についての登記の事由にもなる。

　登記すべき事項は，所在場所で特定した支店の廃止の旨および効力発生日である。

　登録免許税は，登記事項の変更として申請件数1件につき金3万円の定額課税となる（登免税別表24(1)ツ）。また，支配人の代理権消滅の登記は，申請件数1件につき金3万円の定額課税となる（登免税別表24(1)ヨ）。事例のようにこれらの登記を一括申請する場合には，課税根拠が異なるため合算額金6万円が登録免許税額となる（登免税18）。

> 【参考・添付書面】　取締役会議事録1通　委任状1通
> 法　実体構造は，決議を要素とする単独行為である（14(5) i a）。取締役会設置会社では取締役会による決議（会362Ⅳ④）を証するため取締役会議事録（法46Ⅱ）を添付する。添付する取締役会議事録は，同時申請する会社の支配人の代理権の消滅を証する書面を兼ねることになる（法45Ⅱ）。

76　支配人の登記

(1)　支配人の選任

【事例96 ─支配人の選任・複数の支配人の選任─】 過問 （S61，H4，H7）

問　次の事実に基づき暫定答案を作成しなさい。なお，本店所在地の管轄登記

所に対する申請書を作成するものとする。
（株式会社Ｚの登記記録）
商号　株式会社Ｚ
本店　東京都千代田区甲町１番地
取締役Ａ　取締役Ｂ　取締役Ｃ　平成27年6月28日重任
東京都千代田区甲町１番地
　代表取締役Ａ　　　　　　　　平成27年6月28日重任
監査役Ｅ　　　　　　　　　　　平成27年6月28日重任
支店　東京都渋谷区桜丘２番地
取締役会設置会社に関する事項　取締役会設置会社
監査役設置会社に関する事項　監査役設置会社
（株式会社Ｚの平成28年6月27日の取締役会議事録）
議案　議長は，本日をもって本店営業本部長である取締役Ｂを本店の支配人として，取締役Ｃを東京都渋谷区桜丘２番地の渋谷支店の支配人として選任することの可否を議場に諮ったところ，出席取締役全員一致をもって可決した。
（聴取記録）
1　取締役Ｂの住所は，東京都千代田区甲町２番地である。
2　取締役Ｃの住所は，東京都千代田区甲町３番地である。

登記の事由	登記すべき事項	登免税額（根拠）
支配人選任	支配人の氏名及び住所 　東京都千代田区甲町２番地　Ｂ 支配人を置いた営業所 　東京都千代田区甲町１番地 支配人の氏名及び住所 　東京都千代田区甲町３番地　Ｃ 支配人を置いた営業所 　東京都渋谷区桜丘２番地	金３万円（(1)ヨ）

　支配人を選任する決議があれば，**支配人選任**を法律構成する（会362Ⅳ③）。会社の支配人は，公示の明瞭性の観点から会社の登記簿に登記され（法44Ⅰ），支配人の選任により「会社支配人区」の登記事項である支配人の氏名および住所，支配人をおいた営業所（法44Ⅱ）が発生し，発生の登記を本店で申請することになるため，本店における登記の事由となる。

　登記すべき事項は，支配人の氏名および住所ならびに営業所である。設立の登記事項（会911Ⅲ）ではない，いわゆる独立の登記として，原因年月日（選任の旨および年月日）は登記すべき事項とならず，登記期間の定めもないため，登記の事由にも選任の日付の記載を要しない。

登録免許税は，支配人選任として申請件数1件につき金3万円の定額課税となる（登免税別表24(1)ヨ）。事例のように2名の支配人選任の登記を申請する場合であっても一括申請すれば，申請件数は1件であり，登録免許税額は金3万円で足りる。

【参考・添付書面】　取締役会議事録1通　委任状1通
法　実体構造は，決議を要素とする単独行為である（14（5）ⅰa）。実務は，支配人への包括代理権の授与行為を会社からの単独行為と解釈している。したがって，取締役会設置会社では取締役会による選任決議のみであり（会362Ⅳ③），被選任者の就任承諾を要しない。会社の支配人は選任を証する書面が添付書面として規定されているため（法45Ⅰ），取締役会議事録を添付する。
　また，監査等委員会設置会社では，取締役の過半数が社外取締役であるか，または定款に重要な業務執行の決定の取締役への委任に関する事項を定めれば，取締役会の決議により重要な業務執行の全部または一部を取締役に委任できることになり（会399の13Ⅴ本文，Ⅵ，**事例82**，**事例84**参照），取締役会決議で支配人を選任・解任が取締役に委任されていれば，委任決議をした取締役会議事録および取締役の決定を証する書面が添付書面（法46Ⅳ）となる点は，**事例90**の参考・添付書面と同様である。

（2）　支配人の代理権消滅

①　支配人の解任

【事例97 —支配人の代理権消滅・解任と後任者の選任—】 週問
（S61）

問　次の事実に基づき暫定答案を作成しなさい。なお，本店所在地の管轄登記所に対する申請書を作成するものとする。
（株式会社Zの登記記録）
商号　株式会社Z
本店　東京都千代田区甲町1番地
会社成立の年月日　平成7年7月7日
支店　東京都渋谷区桜丘2番地
取締役A　取締役B　取締役C　平成27年6月28日重任
東京都千代田区甲町1番地
　代表取締役A　　　　　　　平成27年6月28日重任
監査役E　　　　　　　　　　平成27年6月28日重任
支配人に関する事項　東京都千代田区甲町2番地
　　　　　　　　　　B
　　　　　　　営業所　東京都渋谷区桜丘2番地
（株式会社Zの平成28年6月27日の取締役会議事録）

76 支配人の登記

> 議案　議長は，本日をもって営業成績不振のため渋谷支店の支配人Bを解任し，渋谷支店の支配人としてCを選任することの可否を議場に諮ったところ，出席取締役全員一致をもって可決した。
> （聴取記録）
> 1　取締役Cの住所は，東京都千代田区甲町3番地である。

登記の事由	登記すべき事項	登免税額（根拠）
支配人の代理権消滅 支配人の選任	平成28年6月27日東京都渋谷区桜丘2番地の営業所に置いた支配人Bを解任 支配人の氏名及び住所 　東京都千代田区甲町3番地 　　C 支配人を置いた営業所 　東京都渋谷区桜丘2番地	金3万円（(1)ヨ） 金3万円（(1)ヨ） 計金6万円 （登免税18）

　支配人が辞任し，死亡し，支配人を解任する決議があれば，**支配人の代理権消滅**を法律構成する（民111，民651，会362Ⅳ③）。

　これにより「会社支配人区」の登記事項である支配人の氏名および住所，支配人をおいた営業所（法44Ⅱ）が消滅し，消滅の登記を本店で申請することになり，本店での登記の事由となる。

　登記すべき事項は，営業所で代理権消滅する支配人を特定して**解任（辞任，死亡）**の旨および効力発生日であり，登録免許税は，支配人の選任とは別区分とするとされており（ハンドブック210頁）申請件数1件につき金3万円の定額課税となる（登免税別表24(1)ヨ）。事例のように代理権消滅と支配人選任を一括申請する場合には，課税根拠が異なるとされるため合算額である金6万円が登録免許税額となる（登免税18，昭61）。

> **【参考・添付書面】** 取締役会議事録 1通　委任状 1通
> 法　支配人解任の実体構造は，決議を要素とする単独行為である（14(5)ⅰa）。取締役会設置会社では取締役会による選任決議（会362Ⅳ③）であり，会社の支配人は代理権消滅を証する書面が添付書面として規定されているため（法45Ⅱ），取締役会議事録を添付する。当該議事録が後任支配人の選任を証する書面（法45Ⅰ）を兼ねることになる（**事例96**の参考・添付書面参照）。
> 　ちなみに，支配人の代理権が委任による代理権の場合には，民法651条が適用され，会社は自由に支配人を解任し，支配人は辞任することができる（民111Ⅱ）。

② 支配人の死亡
【事例98 ―支配人の代理権消滅・支配人兼取締役の死亡―】
過問 （H25は後見開始決定）

> 問　次の事実に基づき暫定答案を作成しなさい。なお，本店所在地の管轄登記所に対する申請書を作成するものとする。
> （株式会社Ｚの登記記録）
> 商号　株式会社Ｚ
> 本店　東京都千代田区甲町１番地
> 会社成立の年月日　平成７年７月７日
> 資本金の額　金１億円
> 取締役Ａ　取締役Ｂ　取締役Ｃ　平成27年６月28日重任
> 東京都千代田区甲町１番地
> 　代表取締役Ａ　　　　　　　　平成27年６月28日重任
> 監査役Ｅ　　　　　　　　　　　平成27年６月28日重任
> 支店　東京都渋谷区桜丘２番地
> 支配人に関する事項　東京都千代田区甲町２番地
> 　　　　　　　　　　Ｂ
> 　　　　　　　　　　営業所　東京渋谷区桜丘２番地
>
> （聴取記録）
> １　Ｂは，平成28年７月１日に死亡し，７月５日付で親族から死亡届が提出されている。

登記の事由	登記すべき事項	登免税額（根拠）
取締役の変更 支配人の代理権消滅	平成28年７月１日取締役Ｂ死亡 平成28年７月１日東京都渋谷区桜丘２番地の営業所に置いた支配人Ｂ死亡	金１万円（(1)カ） 金３万円（(1)ヨ） 計金４万円 （登免税18）

　事例の聴取記録１で死亡したＢは，登記記録から支配人兼取締役であることがわかる。死亡により支配人の代理権は消滅し（民111Ⅰ②），取締役の委任契約も終了する（民653①）。したがって，支配人の代理権消滅の登記と取締役の死亡による退任登記を合わせて申請することになる（法24⑨）。

【参考・添付書面】　死亡届１通　委任状１通
法　支配人死亡の実体構造は，決議を要素としない法律事実のみであり（14 (5) ⅳ j），死亡の事実となる（民111Ⅰ②）。会社の支配人は代理権消滅を証する書面が添付書面として規定されているため（法45Ⅱ），事例では聴取記録１の死亡届を添付する（法45Ⅰ）。事例では死亡したＢが登記記録から取締役を兼ねているため，取締役Ｂ

は死亡により退任することになり（民653①），退任による変更登記をあわせて申請すべきことになり（法24⑨），死亡届が退任を証する書面を兼ねることになる（法54Ⅳ）。

2-13 設立の登記

77 発起設立
【事例99 ―株式会社の発起設立―】

問　次の事実に基づき暫定答案を作成しなさい。
（定款）
第1条　当社は，株式会社Zと称する。
第2条　当社は，次の事業を営むものとする。
　　　　1　電気製品の製造及び販売
　　　　2　前号に付帯する一切の事業
第3条　当社の本店は，東京都千代田区に置く。
第4条　当社の株式を譲渡により取得するには，当社の承認を要する。
第5条　当社には，監査役を置く。
第6条　設立に際して出資される財産の最低価額を金200万円とする。
第7条　当社の設立時取締役は，A（東京都千代田区甲町1番地）とする。
第8条　発起人は，東京都千代田区甲町1番地A，東京都千代田区甲町2番地Bとする。
（聴取記録）
1　上記の定款は，平成28年7月1日にABにより作成され，同日公証人の認証を得ている。
2　同日，発起人の全員一致により次の事項を決定した。
　(1)　設立時発行株式を200株としてAに100株，Bに100株を割り当てるものとし，設立時発行株式と引換えに払い込む金額を1株1万円とし，払込取扱場所を株式会社東京銀行とする。
　(2)　払込金額の2分の1を資本に組み入れないものとする。
　(3)　発行可能株式総数を800株とする。
3　同日，ABにより設立時発行株式の払込金額の全額が株式会社東京銀行にされた。
4　同日，発起人の全員一致をもって設立時監査役としてBを選任し，本店所在場所を東京都千代田区甲町1番地と決定した。その際，Bは就任を承諾し，その旨及び氏名・住所が決定を証する書面に記載されている。
5　同日，設立時取締役及び設立時監査役の全員により設立手続の調査が完了した。

登記の事由	登記すべき事項	登免税額（根拠）
平成28年7月1日発起設立の手続終了	商号　株式会社Z 本店　東京都千代田区甲町1番地 公告をする方法　官報に掲載してする 目的　1　電気製品の製造及び販売 　　　2　前号に付帯する一切の事業 発行可能株式総数　800株 発行済株式の総数　200株 資本金の額　金100万円 株式の譲渡制限に関する規定 　当社の株式を譲渡により取得するには，当社の承認を要する 役員に関する事項 　取締役A 　東京都千代田区甲町1番地 　代表取締役A 　監査役B 監査役設置会社に関する事項 　監査役設置会社 登記記録に関する事項　設立	金15万円（(1)イ）

（1）　法律構成および登記の事由の判断

　事例のように発起人が設立時発行株式の総数を引き受けて設立手続を行っていれば，発起設立を法律構成する（会25以下）。

　発起設立では，会社法の定める手続を経ることで法人の実質が形成された場合，設立時取締役等の調査が終了した日と発起人が定めた日のいずれか遅い日から2週間以内に（会911Ⅰ），会社を代表すべき者（代表取締役または指名委員会等設置会社の代表執行役）が（法47Ⅰ），本店所在地において設立登記を申請しなければならず，本店での登記の事由となる。

　また，会社の設立に際して支店を設けた場合には本店で設立の登記をした日から2週間以内に，支店で支店の所在地における登記を申請しなければならず（会930Ⅰ），株式会社の設立は支店での登記の事由にもなっている。

　登記の事由は，「平成〇年〇月〇日発起設立の手続終了」と記載する。記載する日付は，事例の場合は設立時取締役等の調査が終了した日となる（会911Ⅰ）。

（2）　登記すべき事項

　登記すべき事項は，登記記録区に記載する設立の旨を含めて会社法911条3項に規定されている設立登記事項であり，区ごとに整理して記載する（登規35Ⅱ）。

（3） 登録免許税額

　登録免許税は，資本金の額を課税標準として税率1,000分の7を乗ずる定率課税となる（登免税別表24(1)イ）。ただし，計算結果が金15万円に満たない場合には最低税額金15万円を納付しなければならない。事例では，資本金の額が金100万円であり，それに税率を乗じて得た額金7,000円が最低税額を満たさないため登録免許税額は金15万円となる。

　また，定率課税であるため申請書には登録免許税額のほか，課税標準の金額を課税標準金額として記載しなければならない（法17Ⅱ⑥）。

　なお，この設立登記の登録免許税には設立の登記事項として規定されている登記事項の登録免許税分が含まれるため，設立にあたって支店を設ける場合でも設立の登記事項と別個に支店設置の登録免許税を納付する必要はないが，独立の登記である支配人の選任の登記を一括申請する場合には，設立登記とは別個に登記の事由を記載し，支配人の選任登記分の登録免許税の納付が必要となる。

【参考・添付書面】　定款1通　発起人全員の同意を証する書面1通　ある発起人の一致を証する書面1通　設立時取締役の就任承諾書は定款の記載を援用し，設立時監査役の就任承諾書はある発起人の一致を証する書面の記載を援用する。印鑑証明書1通　本人確認証明書1通　払込みがあったことを証する書面1通　委任状1通

法　設立の実体構造は，これまで学習してきたさまざまな要素が複合した総合型である（**14**(5) v i ）。準則主義により法人の実体を形成し，登記をすることで法人格が取得される。株式会社の実体は，すべての会社に共通する①法人の根本規則である定款の作成，②社員である株主の確定，③機関の具備のほか，株式会社に固有の要素である④全額出資義務の履行，⑤所有と経営の分離から発起人が担当した設立事務について設立時取締役等の設立調査である。

　定款の作成を証するため定款を添付する（法47Ⅱ①）。株主（社員）を確定させる株式引受契約と全額出資義務の履行を証するため，事例では聴取記録2の発起人の全員同意を証する書面（法47Ⅲ），払込みを証する書面（法47Ⅱ⑤）を添付する。

　機関の具備を証する書面は，設立時取締役として発起人Aを定款で定めているため上記の定款が選任を証する書面となり，かつ，定款を就任承諾書（法47Ⅱ⑩）として援用できることになる。また，聴取記録4で発起人の議決権の過半数で設立時監査役Bを選任しているため，ある発起人の一致を証する書面を添付する（法47Ⅲ）。当該書面にはBが就任承諾した旨および氏名・住所が記載されているため当該書面を就任承諾書として援用することができる。また，当該書面は本店所在場所の決定を証する書面を兼ねることになる。

　なお，設立時取締役および設立時監査役全員による設立の調査については，定款に変態設立事項の定めがないため，検査役の調査報告書または設立時取締役等の調

査書の添付は不要である（法47Ⅱ③イ，ハンドブック99頁）。

規　設立の登記を申請する場合であり，事例の会社は取締役会を設けていない会社であるため設立時取締役の就任承諾書の印鑑について印鑑証明書を添付する（登規61Ⅳ）。また，設立時監査役については本人確認証明書を添付するが（登規61Ⅶ），設立時取締役については，上記の印鑑証明書を添付するため重ねて本人確認証明書の添付を要しない（登規61Ⅶただし書）。
　なお，設立の登記の局面であるが，出資が現金のみの場合，自己株式は存在しないため資本金の額の計上に関する証明書の添付を要しない（登規61Ⅸ，平19.1.17民商91通）。

78　募集設立

登記の事由	登記すべき事項	登免税額（根拠）
平成○年7月1日募集設立の手続終了	登記記録区に記載する「設立」の旨を含めて，区ごとに整理して記載	資本金の額×1,000分の7（最低税額15万円（1）イ）

　発起人が設立時発行株式の一部を引き受け，他の設立時発行株式については株式引受人を募集する設立手続を行っていれば，**募集設立**を法律構成する（会57以下）。

　募集設立では，創立総会の終結の日から2週間以内に（会911Ⅱ）会社を代表すべき者（代表取締役または指名委員会等設置会社の代表執行役）が（法47Ⅰ），本店で設立登記を申請しなければならない。また，会社の設立に際して支店を設けた場合には，**75**と同様に支店での登記の申請が必要となり，本店および支店の双方で登記の事由となる。

　暫定答案の判断として**77**の発起設立との違いは，登記の事由を「平成○年○月○日募集設立の手続終了」と記載する点のみである。

2－14　解散，清算，会社継続，清算結了の登記

79　解散および清算人の登記
【事例100—株主総会決議による解散と法定清算人の登記—】
過問（H2）

問　次の事実に基づき暫定答案を作成しなさい。

79 解散および清算人の登記

（株式会社Ｚの登記記録）
会社成立の年月日　平成７年７月７日
資本金の額　金３億円
株式の譲渡制限に関する規定
　当会社の株式を譲渡により取得するには，当会社の承認を要する
取締役Ａ　取締役Ｂ　取締役Ｃ　平成27年６月28日重任
東京都千代田区甲町１番地
　代表取締役Ａ　　　　　　　平成27年６月28日重任
監査役Ｅ　　　　　　　　　　平成27年６月28日重任
（株式会社Ｚの平成28年６月27日の定時株主総会議事録）
２号議案　議長は，１号議案で承認された計算書類からわかるとおり当社は極度
　　　　の経営不振となっており，本決議をもって会社を解散することの可否
　　　　を議場に諮ったところ，満場一致で可決した。
（聴取記録）
１　当社の定款には，清算人及び清算人会の定めはない。
２　取締役Ｃは，平成28年６月１日に死亡しており，同年６月10日付の死亡
　　届が親族から提出されている。

登記の事由	登記すべき事項	登免税額（根拠）
取締役の変更 解散 平成28年６月27日清算人及び代表清算人の就任	平成28年６月１日取締役Ｃ死亡 平成28年６月27日株主総会の決議により解散 清算人Ａ　清算人Ｂ 東京都千代田区甲町１番地 　代表清算人Ａ	金３万円（(1) カ） 金３万円（(1) レ） 金９千円（(4) イ） 計金６万９千円 （登免税 18）

（1）解散の登記

①定款で定めた存続期間の満了（会471 Ⅰ①），②定款で定めた解散事由の発生（会471 Ⅰ②），③株主総会の特別決議（会471 ③・同309 Ⅱ⑪）により解散決議があれば，解散を法律構成する（会471）。

これにより，「会社状態区」の登記事項である解散の旨ならびにその事由および年月日（法71）が，解散の効力発生時に発生し，解散の登記を本店で２週間以内に申請しなければならず（会915 Ⅰ），本店での登記の事由となる（平２）。

登記すべき事項は，①解散事由，②解散の旨および③効力発生日である。事例の場合であれば，平成28年６月27日株主総会の決議により解散と記載する。

登録免許税は，解散登記として申請件数１件につき金３万円の定額課税となる（登免税別表24(1)レ）。

【参考・添付書面】　株主総会議事録1通　株主リスト1通　委任状1通
法　実体構造は，決議を要素とする単独行為である（14 (5) i a）。株主総会の特別決議による解散決議（会471③・同309Ⅱ⑪）を証するため，株主総会議事録（法46Ⅱ）を添付する。

（2）法定清算人の就任の登記

　株式会社が解散すれば，法定清算を法律構成する（会475以下）。法定清算では，清算人が清算事務を行う。①定款で定める者があればその者が（会478Ⅰ②），②株主総会の決議により選任された者があればその者が（会478Ⅰ③），③上記のいずれにも該当しない場合には，解散時の取締役が清算人となる（会478Ⅰ①）。また，上記により清算人が存在しない場合には，利害関係人もしくは法務大臣の申立てによりまたは職権で裁判所が選任した者が清算人となる（会478Ⅱ）。

　清算人が就任すれば，「役員区」の登記事項である清算人の氏名（会928Ⅰ①），代表清算人の氏名および住所（会928Ⅰ②）につき，清算人の登記を本店で解散の日から2週間以内に申請しなければならず（会928Ⅳ・同915Ⅰ），本店での登記の事由となる。

　登記すべき事項は，清算人の氏名，代表清算人の氏名および住所である。暫定答案例のように最初の清算人の登記は，支配人の選任の登記と同様，独立の登記の典型として就任の旨および年月日は登記すべき事項とならない（昭41.8.24民甲2441回）。しかし，支配人の選任の登記と異なり，登記期間が規定されているため，登記期間の遵守を明らかにする趣旨で，登記の事由に就任の効力発生日を記載する。

　事例では，聴取記録1から定款には清算人および清算人会の定めがなく，解散を決議した株主総会でも清算人の選任が決議されていないため，解散時の取締役が法定清算人となる。これに関連して事例では聴取記録2から解散に先立って取締役Cが平成28年6月1日に死亡しているため，登記記録から判断される法定清算人と申請書の法定清算人の記載が齟齬しないように取締役Cの死亡による変更登記をあわせて申請しなければならないことになる（法24⑨）。

　登録免許税は，（最初の）清算人または代表清算人の登記として申請件数1件につき金9,000円の定額課税となる（登免税別表24(4)イ）。事例の会社は，これ

とは別区分である取締役の変更登記の申請が必要となり，事例の会社の資本金の額は金1億円超であるため申請件数1件につき金3万円（登免税別表24(1)カ）を加えた金3万9,000円が登録免許税額となる。

> **【参考・添付書面】** 定款1通　委任状1通
> 法　実体構造は，決議を要素としない法律事実である（14(5)ⅳｊ）。法定清算人は定款に定めがなく，株主総会の選任決議もない場合に適用されるが，いずれも消極証明であり，本来は証明が困難であるが，定款に清算人の定めおよび清算人会の定めがないことは「定款」により容易に証明できるため定款のみを添付する（法73Ⅰ）。なお，清算人と会社との委任契約は擬制されるため就任承諾書の添付を要しない。
> 規　清算人および代表清算人は，清算事務を職務とするため商業登記規則61条4項から6項までの印鑑証明書の規定は適用されず，同7項の本人確認証明書の規定も適用されない。

（3）　監査役等の登記

　清算開始原因の発生時点において公開会社または大会社であった清算株式会社は監査役の設置義務を負うことになる（会477Ⅳ）。事例の会社は，発行する株式がすべて譲渡制限株式であるため非公開会社であり，資本規模から大会社ではないため，監査役の設置義務を負わない。しかし，すでに在任している監査役Eは，取締役と異なり解散により退任せず，清算株式会社の監査を担当することになる。

　なお，会社法の改正により清算開始原因の発生した時点で，監査等委員会設置会社であった清算株式会社では，監査等委員である取締役以外の取締役が法定清算人となる（会478Ⅴ・Ⅰ①）。これは，指名委員会等設置会社では，監査委員以外の取締役が法定清算人となることにならった規律である（会478Ⅵ）。

　また，監査等委員会設置会社が，上記のように監査役の設置義務を負う場合（会477Ⅳ），監査等委員である取締役が監査役となる（会477Ⅴ）。これは，指名委員会等設置会社では，監査委員が監査役となることにならった規律である（会477Ⅵ）。

　さらに，監査等委員会設置会社または指名委員会等設置会社であった会社が，清算開始原因の発生時点から監査役会設置会社となる場合には，監査役は3人以上で，そのうち半数以上は，社外性の要件をみたす者でなければならない（会478Ⅶ①～③）。

80 会社の継続

【事例101 ─ 存続期間満了による解散と会社の継続 ─】過問（H 2）

問　次の事実に基づき暫定答案を作成しなさい。
（株式会社Ζの登記記録）
会社成立の年月日　平成8年4月1日
資本金の額　金1億円
取締役Ａ　取締役Ｂ　取締役Ｃ　平成27年6月28日重任
東京都千代田区甲町1番地
　代表取締役Ａ　　　　　　　　平成27年6月28日重任
監査役Ｅ　　　　　　　　　　　平成27年6月28日重任
存続期間　会社成立の日から満20年
（株式会社Ζの平成28年4月6日の臨時株主総会議事録）
1号議案　議長は，当社は存続期間の満了により解散したが，いまだ事業目的を達成していないため，存続期間の定めを廃止し，会社を継続することの可否を議場に諮ったところ，満場一致で可決した。
2号議案　議長は，取締役としてＡ（東京都千代田区甲町1番地），Ｂ（東京都千代田区甲町2番地），Ｃ（東京都千代田区甲町3番地）を選任することの可否を議場に諮ったところ，満場一致で可決した。被選任者は，席上即時に就任を承諾した。
（株式会社Ζの平成28年4月6日の取締役会議事録）
議案　議長は，代表取締役としてＡを選任することの可否を議場に諮ったところ，出席取締役全員の一致で可決した。被選定者は，席上即時に就任を承諾した。
（聴取記録）
1　取締役会には，取締役及び監査役の全員が出席し，議事録には市区町村長に届け出ている実印を押印している。
2　当社の定款には，清算人及び清算人会の定めはない。

登記の事由	登記すべき事項	登免税額（根拠）
解散	平成28年4月2日存続期間満了により解散	金3万円（(1)レ）
平成28年4月2日清算人及び代表清算人の就任	清算人Ａ　清算人Ｂ　清算人Ｃ 東京都千代田区甲町1番地 　代表清算人Ａ	金9,000円（(4)イ） 金3万円（(1)ソ） 金3万円（(1)ツ）
会社継続	平成28年4月6日会社継続	金1万円（(1)カ）
存続期間の定め廃止	平成28年4月6日存続期間の定め廃止	金3万円（(1)ワ）
取締役，代表取締役の変更 取締役会設置会社の定め設定	平成28年4月6日次の者就任 　取締役Ａ　取締役Ｂ　取締役Ｃ 東京都千代田区甲町1番地 　代表取締役Ａ 同日取締役会設置会社の定め設定	計金13万9,000円 （登免税18）

80 会社の継続

(1) 法律構成および登記の事由の判断

①定款で定めた存続期間の満了，②定款で定めた解散事由の発生，③株主総会の決議で解散した会社は，清算が結了するまで株主総会の特別決議（会309ⅡⓈ）で会社を継続できる（会473）。また，休眠会社の整理によるみなし解散会社は，解散がみなされた日から3年以内にかぎり，株主総会の特別決議（会309ⅡⓈ）で会社を継続できる（会473括弧書）。会社継続の決議があれば，**会社継続**を法律構成する（会473）。

これにより，「会社履歴区」の登記事項である会社継続の旨および年月日が，継続決議の効力発生時に発生し，継続の登記を本店で2週間以内に申請しなければならず（会915Ⅰ），本店での登記の事由となる。

(2) 登記すべき事項

登記すべき事項は，会社継続の旨および効力発生日である。継続により解散前の状態に復するため経営機関が再度必要となり，最低限，取締役および代表取締役の登記を合わせて申請しなければならない（**事例54〜56**参照）。これに関連して，解散前に取締役会設置会社である会社は，取締役会設置会社の定めの登記につき解散登記の際に登記官が抹消する記号（下線）を記録するが（登規72Ⅰ①），当該定款の定めは解散によっても失効せず効力が停止しているだけの状態であるため，会社の継続に伴い定款の定めの効力が復活し，取締役会設置会社の定めがある旨および取締役3名以上の就任登記を合わせて申請しなければならない（**事例77**参照）。

また，事例のように存続期間の満了により解散した会社では，登記記録の論理的な整合性を確保するため存続期間の延期変更または廃止の定款変更決議を行いその変更登記を合わせて申請しなければならない（平2）。

さらに，事例の会社は，解散登記および清算人の登記を完了させていないため，継続登記の論理的な前提として，解散登記と清算人の登記を省略することができず，これらの登記をも合わせて申請することになる（**事例100**参照）。事例の解散事由は，登記記録から定款で定めた**会社成立の日から満20年**の存続期間の満了（会471①）であるため，会社成立年月日である平成8年4月1日の翌日2日を起算日とし（民140本文），20年後の応当日の前日平成28年4月1日（24時）で20年の存続期間が満了するため（民143Ⅱ本文），その日が経過した平成28年4月2日（0時）に解散の効力が発生することになり，定款に清算人の定めがなく，株主総会でも清算人が選任されていないため，解散の効力発

生時点の取締役A，B，C，代表取締役Aがそれぞれ法定清算人および法定代表清算人に就任することになる。

(3) 登録免許税額

登録免許税は，会社継続として申請件数1件につき金3万円の定額課税となる（登免税別表24(1)ソ）。事例では，合わせて課税根拠が異なる解散の金3万円（登免税別表24(1)レ），法定清算人の金9,000円（登免税別表24(4)イ），取締役等の就任登記の金1万円（資本金の額が1億円以下，登免税別表24(1)カ），存続期間の定め廃止の金3万円（登免税別表24(1)ツ），取締役会設置会社の定めの金3万円（登免税別表24(1)ワ）を一括申請するため，これらの合算額金13万9,000円が登録免許税額となる。

【参考・添付書面】　定款1通　株主総会議事録1通　株主リスト1通　取締役会議事録1通　就任承諾書は株主総会議事録および取締役会議事録の記載を援用する。印鑑証明書4通　委任状1通

法　会社継続の実体構造は，決議を要素とする単独行為である（**14**（5）ⅰa）。継続決議（会473）を証するため株主総会議事録（法46Ⅱ）を添付する。当該議事録は，存続期間廃止の定款変更を証する書面，取締役の選任を証する書面を兼ねることになり，取締役が席上就任承諾した旨および氏名・住所が記載されているため取締役の就任承諾書として援用できる。

代表取締役の選定を証する書面として取締役会議事録（法46Ⅱ）を添付する。当該議事録は，代表取締役が席上就任を承諾した旨が記載され，聴取記録1から被選定者Aの実印が押印されているため代表取締役としての就任承諾書として援用できる。

存続期間満了による解散については，時の経過であり特に添付書面の規定がなく，清算人については定款を添付し（法73Ⅰ），法定清算人として就任承諾書の添付は問題とならない。

規　代表取締役の就任による変更登記の申請であり，被選定者が再任ではないためAの就任承諾書の印鑑証明書（登規61ⅣⅤ），選定議事録である取締役会には聴取記録1から出席した取締役（3名）および監査役（1名）が実印を押印しているためこれらの者の印鑑証明書計4通を添付する（登規61Ⅵ）。

また，取締役の就任による変更登記の申請であるが，被選任者の全員が上記により印鑑証明書を添付するため，例外に該当し本人確認証明書の添付を要しない（登規61Ⅶただし書）。

81　清算結了
【事例102―清算結了の登記―】

問　次の事実に基づき暫定答案を作成しなさい。

81　清算結了

> （株式会社Ｚの登記記録）
> 会社成立の年月日　平成７年７月７日
> 資本金の額　金１億円
> 清算人Ａ
> 東京都千代田区甲町１番地
> 　代表清算人Ａ
> 監査役Ｅ　平成26年6月28日重任
> 解散　平成26年8月1日株主総会決議により解散
> （株式会社Ｚの平成28年6月27日の株主総会議事録）
> 議案　議長は，債権者への弁済，株主への残余財産の分配が完了したため，清算人が作成し当該株主総会に提出した決算報告を承認することの可否を議場に諮ったところ，満場一致で可決した。

登記の事由	登記すべき事項	登免税額（根拠）
清算結了	平成28年6月27日清算結了	金2,000円((4)ハ)

　清算株式会社における清算結了は，会社債権者への弁済，株主への残余財産の分配など残余財産を零とする清算事務の終了を意味する。しかし，株主総会の決算報告の承認が登記期間の起算点とされているため（会929①），決算報告の承認があれば，清算結了を法律構成する。

　これにより，登記記録区の登記事項である清算結了の旨と年月日が発生し，会社の法人格が消滅する。したがって，消滅の登記を株主総会の決算報告の承認の日から本店で2週間以内，支店で3週間以内に申請しなければならず（会929①，同932），本店および支店の双方において登記の事由となる。

　登記すべき事項は，清算結了の旨および株主総会への決算報告の承認日であり，登録免許税は，清算結了の登記として本支店共通で申請件数1件につき金2,000円の定額課税となる（登免税別表24(4)ハ）。

> 【参考・添付書面】　株主総会議事録 1通　委任状 1通
> 法　実体構造は，決議を要素としない法律事実である（**14**(5)ⅳ j）。添付書面は，登記期間が株主総会への決算報告の承認と結び付けられている関係上，決算報告の承認があったことを証する書面（法75）として株主総会議事録を添付する。
> 　なお，株主総会で承認される決算報告については，資産の処分等によって得た収入の額，債務の弁済等による費用の額，残余財産額，1株あたりの分配額を内容とするものでなければならず（施行規150），資産額，負債額，純資産額をいずれも「0円」とする，いわゆる「ゼロゼロ貸借対照表」では足りない点に注意しなければならない。

2－15　吸収型組織再編の登記

82　吸収合併

【事例 103 －吸収合併－】 過問 （H24）

問　次の事実に基づき暫定答案を作成しなさい。第1欄には，株式会社Ｚについての登記の申請書の記載事項を記載し，第2欄には株式会社Ｙについての登記の申請書の記載事項を記載するものとする。

（株式会社Ｚの登記記録）　　　　　（株式会社Ｙの登記記録）
本店　東京都千代田区甲町1番地　　本店　東京都渋谷区桜丘2番地
公告をする方法　官報に掲載してする　公告をする方法　官報に掲載してする
会社成立の年月日　平成7年7月1日　会社成立の年月日　平成20年9月1日
発行可能株式総数　800 株　　　　　発行可能株式総数　400 株
発行済株式の総数　200 株　　　　　発行済株式の総数　100 株
資本金の額　金1億円　　　　　　　資本金の額　金1億円

（合併契約書）
第1条　株式会社Ｙを吸収合併消滅会社とし，株式会社Ｚを吸収合併存続会社とする吸収合併を行う。
第2条　株式会社Ｚは，100 株の株式を発行し，株式会社Ｙの株主の1株について1株の割合で割り当てる。
第3条　株主資本等変動額金3億円のうち，金1億円を資本金の額に計上し，金1億円を資本準備金に計上し，残りをその他資本剰余金に計上する。
第4条　吸収合併の効力発生日を平成 28 年7月1日とする。

（聴取記録）
1　平成 28 年4月 28 日，株式会社Ｚ及び株式会社Ｙは，官報に会社法所定の事項を公告し，知れている債権者に個別に催告を行っている。
2　平成 28 年6月 30 日，株式会社Ｚ及び株式会社Ｙは，いずれも株主総会で吸収合併契約を承認している。
3　いずれの会社についても異議を述べた債権者はいなかった。
4　東京都千代田区は東京法務局，東京都渋谷区は東京法務局渋谷出張所の管轄である。

第1欄　　登記の事由	登記すべき事項	登免税額（根拠）
吸収合併による変更	平成 28 年7月1日東京都渋谷区桜丘2番地の株式会社Ｙを合併 　発行済株式の総数　300 株 　資本金の額　金2億円	金 15 万円（(1)ヘ）
第2欄　　登記の事由	登記すべき事項	登免税額（根拠）
吸収合併により解散	平成 28 年7月1日東京都千代田区甲町1番地の株式会社Ｚに合併して，解散	金3万円（(1)レ）

(1) 法律構成の判断

　会社は，合併契約を締結することで他の会社と合併することができる（会748）。合併には，吸収合併と新設合併とがある。このうち，**吸収合併**とは会社が他の会社とする合併であって，吸収合併消滅会社（以下「消滅会社」という）の権利義務の全部を吸収合併存続会社（以下「存続会社」という）に包括承継させ（会2㉗），消滅会社は清算手続を経ずに解散して消滅する合併形態をいう。

　吸収合併は合併契約で定めた効力発生日に効力が発生するため（会750Ⅰ，同752Ⅰ），合併契約で定めた効力発生日が到来すれば，**吸収合併**を法律構成する。

(2) 登記の事由の判断

　存続会社では，**吸収合併による変更**を登記の事由として変更登記の申請が必要となり，消滅会社では**吸収合併による解散**を登記の事由として，解散登記が必要となる。

　吸収合併の効力発生時から，上記2つの登記を本店で2週間以内に申請しなければならない（会921）。この場合の消滅会社の解散登記は，存続会社の管轄登記所を経由し（法82Ⅱ），これら2つの登記は同時に申請しなければならない（法82Ⅲ）。

　他方，支店所在地では，経由・同時申請義務は課せられておらず，効力発生日から3週間以内に消滅会社については解散登記を，存続会社については支店での登記事項に変更が生じる場合にかぎりその変更登記を申請しなければならない（会932）。その意味で，吸収合併は，消滅会社および存続会社の双方の会社にとって本店および支店における登記の事由となっている。

(3) 存続会社の登記の事由と登記すべき事項

　登記すべき事項は，「会社履歴区」の登記事項である消滅会社の商号・本店，合併の旨（法79）および効力発生日であり，これを「平成○年○月○日○○番地の株式会社○○を合併」の要領で記載する。この登記事項の記載については，複数の会社を消滅会社とする吸収合併を1つの合併契約で行う場合であっても会社ごとに記載すべきであり，これをまとめて「平成○年○月○日甲市乙町一丁目2番3号株式会社 X および乙市丙町四丁目5番6号株式会社 Y を合併」と記載することはできないと解されている（『登記インターネット』106号163頁）。

　また，事例のように対価が新株で，合併契約に増加する資本金の額の定めがあれば，登記事項として「株式・資本区」の登記事項である増加後の発行済株式の総数および資本金の額ならびにそれらの効力発生日を記載すべきことにな

る。

なお，事例では問題となっていないが，消滅会社の新株予約権者に対し，新株予約権を発行した場合には「新株予約権区」の新株予約権に関する登記事項，発行の旨および効力発生日が登記すべき事項となる（ハンドブック551頁）。

（4） 消滅会社の登記の事由と登記すべき事項

登記すべき事項は，「登記記録区」の登記事項である解散事由，解散の旨，効力発生日を「平成○年○月○日××番地の株式会社××に合併して，解散」の要領で記載する。

（5） 存続会社の登録免許税

① 資本金の額が増加する場合の存続会社の登録免許税

ⅰ 対価の全部が存続会社の新株の場合

合併による存続会社の税額を計算する場合，消滅会社の株主に合併対価として存続会社の新株以外の財産（新株以外交付財産）を交付しない場合には，消滅会社の資本金の額（消滅会社が合名会社・合資会社の場合には金900万円）を財務省令で定めるものとし，存続会社の増加資本金の額のうち当該額分まで1,000分の1.5の税率を適用し，残額分について1,000分の7の税率を適用する（登免税別表24(1)ヘ）。なお，定率課税の場合の最低税額は金3万円であり，これは次のⅱの場合も同様である。

事例の場合，合併契約書第2条により合併対価が存続会社の新株のみであり，合併契約書第3条により増加する資本金の額が消滅会社の資本金の額と同額であるため，増加する資本金の額金1億円に1,000分の1.5の税率を乗じて得た金15万円が登録免許税額となる。

ⅱ 対価が存続会社の新株以外の場合

合併対価として，新株以外交付財産（存続会社の自己株式を含む）を交付する場合，消滅会社の合併直前の純資産額（＝直前の資産額－直前の負債額）と消滅会社の資本金の額とを比較し，直前純資産額が資本金の額を超えない場合には（債務超過状態の場合），消滅会社の資本金の額から新株以外交付財産の額を控除した額を財務省令で定めるものとし，存続会社の増加資本金の額のうち当該額分まで1,000分の1.5の税率を適用し，残額分について1,000分の7の税率を適用する。

他方，直前純資産額が資本金の額を超える場合には（通常の場合），直前純資産額から新株以外交付財産の価額を控除した額を計算し，その計算額が直前純

資産額に占める割合を求め，当該割合を直前の資本金の額（消滅会社が合名会社・合資会社の場合には金900万円）に乗じた額をもって**財務省令で定めるもの**とし，存続会社の増加資本金の額のうち当該額分まで1,000分の1.5の税率を適用し，残額分について1,000分の7の税率を適用する（登免税施行規12Ⅴ，平19.4.25民商971通）。

iii 添付書面の必要性

このように吸収合併の登録免許税額を算定するため，消滅会社の合併直前の純資産額および新株以外交付財産の額を把握する必要があり，それらの額を証する会社代表者が登記所届出印を押印して作成した「登録免許税法施行規則第12条第5項の規定に関する証明書」が添付書面となっている。

iv 課税価格の記載

定率課税として課税価格を記載（法17Ⅱ⑥）する場合，「ただし，内金1億円は，消滅会社の合併直前の資本金の額として財務省令で定めるものを超過する部分である」旨を追記する（松井前掲書555頁）。

② 無増資合併の場合の存続会社の登録免許税

存続会社において資本金の額が増加しない無増資合併の場合には，単なる登記事項の変更として，申請件数1件について金3万円の定額課税となる（登免税別表24(1)ツ）。

③ 他の登記を一括申請する場合の存続会社の登録免許税

存続会社の変更登記と一括申請する他の登記（商号変更，発行可能株式総数等の変更）や役員の就任による登記については，その税額を登録免許税に加算する（昭34.1.8民四2回，ハンドブック555頁）。ただし，消滅会社の新株予約権者に新株予約権を発行しても，それについては登録免許税が別途に課せられない。

(6) 消滅会社の登録免許税

解散登記として，申請件数1件について3万円の定額課税となる（登免税別表24(1)レ）。

【参考・存続会社の添付書面】　吸収合併契約書1通　資本金の額が会社法第445条第5項の規定に従って計上されたことを証する書面1通　株主総会議事録2通　株主リスト2通　公告および催告をしたことを証する書面4通　異議を述べた債権者はいなかった。登録免許税法施行規則第12条第5項の規定に関する証明書1通　委

　　　　　　　　　　　　　　任状　1通　登記事項証明書　添付省略（会社法人等
　　　　　　　　　　　　　　番号○○○○-○○-○○○○○○）

【参考・消滅会社の添付書面】　なし
法　実体構造は，合併契約を締結し，株主保護のための株主総会の承認決議と債権者保護手続から構成されている（**14**（5）ⅴk）。
　　合併契約を証するため合併契約書を添付する（法80①）。対価が新株であり資本金の額が増加する場合であるため，資本金の額が会社法の規定に従って計上されたことを証する書面を添付する（法80④）。なお，消滅会社が株券発行会社ではないため株券提供公告をしたことを証する書面の添付は問題とならない（法80⑨・同59Ⅰ②）。同様，消滅会社は証券発行新株予約権の発行会社ではなく，新株予約権の承継も問題とならないため，新株予約権証券提供公告をしたことを証する書面の添付も問題とならない（法80⑩・同59Ⅱ②）。
　　株主保護のための存続会社の株主総会の承認決議を証する株主総会議事録（法46Ⅱ），消滅会社の株主総会による承認決議を証する株主総会議事録（法80⑥）の計2通の株主総会議事録を添付する。
　　債権者保護のために存続会社での公告および催告をしたことを証する書面（法80③），消滅会社での公告および催告をしたことを証する書面（法80⑧）を添付する。聴取記録3からいずれの会社についても異議を述べた債権者がいなかったため添付書面欄にその旨を記載する。
　　消滅会社の登記事項証明書（法80⑤本文）は，会社法人等番号を提供することで添付が省略できる（法19の3）。
　　事例のように資本金の額が増加し，定率課税となる場合には，登録免許税の算定根拠を明らかにする証明書も添付しなければならない（平19.4.25民商971通）。
　　消滅会社の解散登記は，存続会社の代表者が申請するため（法82Ⅰ），委任状を含めて解散登記には添付書面の規定が適用されない（法82Ⅳ）。
規　資本金の額の増加による変更登記の局面であるが，商業登記法の規定による証明書を添付するため（法80④），同趣旨の資本金の額の計上に関する証明書の添付を要しない（登規61Ⅸ）。

83　吸収分割

【事例104―吸収分割―】

問　次の事実に基づき暫定答案を作成しなさい。第1欄には，株式会社Zについての登記の申請書の記載事項を記載し，第2欄には株式会社Yについての登記の申請書の記載事項を記載するものとする。
（株式会社Zの登記記録）　　　　　（株式会社Yの登記記録）
本店　東京都千代田区甲町1番地　　本店　東京都渋谷区桜丘2番地
公告をする方法　官報に掲載してする　公告をする方法　官報に掲載してする
会社成立の年月日　平成7年7月1日　会社成立の年月日　平成20年9月1日

```
発行可能株式総数  800 株        発行可能株式総数  400 株
発行済株式の総数  200 株        発行済株式の総数  100 株
資本金の額  金1億円            資本金の額  金1億円
```

（会社分割契約書）
第1条　株式会社Yを吸収分割会社とし，株式会社Zを吸収分割承継会社とする吸収分割を行う。
第2条　株式会社Zが株式会社Yから承継する資産，負債，雇用契約その他の権利義務に関する事項は次のとおりとする（詳細は省略）。
第3条　株式会社Zは，100株の株式を発行し，株式会社Yにその全部を割り当てる。
第4条　株主資本等変動額金3億円のうち，金1億円を資本金の額に計上し，残りを資本準備金に計上する。
第5条　吸収分割の効力発生を平成28年7月1日とする。
（聴取記録）
1　平成28年4月28日，株式会社Z及び株式会社Yは，官報に会社法所定の事項を公告し，知れている債権者に個別に催告を行っている。
2　平成28年6月30日，株式会社Z及び株式会社Yは，いずれも株主総会で吸収分割契約を承認している。
3　いずれの会社についても，異議を述べた債権者はいなかった。
4　東京都千代田区は東京法務局，東京都渋谷区は東京法務局渋谷出張所の管轄である。

第1欄　登記の事由	登記すべき事項	登免税額（根拠）
吸収分割による変更	平成28年7月1日東京都渋谷区桜丘2番地の株式会社Yから分割 　発行済株式の総数　300株 　資本金の額　金2億円	金70万円（(1)チ）

第2欄　登記の事由	登記すべき事項	登免税額（根拠）
吸収分割による変更	平成28年7月1日東京都千代田区甲町1番地の株式会社Zに分割	金3万円（(1)ツ）

（1）　法律構成の判断

　会社分割とは，会社の事業に関する権利義務の全部または一部を吸収分割契約または新設分割計画に従って他の会社に承継させる行為であり（会2㉙），吸収分割と新設分割とがある。
　このうち，**吸収分割**とは，株式会社または合同会社が吸収分割会社（以下「分割会社」という）となって当該会社の事業に関して有する権利義務の全部または一部を承継会社（以下「承継会社」という）となる他の会社（4種の会社のいずれも可能）に承継させる会社分割の形態をいう（会757，同758，同760）。

吸収分割は，吸収合併と同様，吸収分割契約で定めた効力発生日に効力が発生するため（会759Ⅰ，同761Ⅰ），効力発生日が到来すれば，**吸収分割**を法律構成する。

（2） 登記の事由の判断

承継会社では，登記の事由を**吸収分割による変更**とする変更登記の申請が必要となり，分割会社では，**吸収分割による変更**を登記の事由とする変更登記の申請が必要となる。

これら両会社の変更登記は，吸収分割の効力発生日から2週間以内に本店で申請しなければならない（会923）。これら2つの変更登記のうち，分割会社の変更登記は，承継会社の登記所を経由して申請しなければならず（法87Ⅰ），これら2つの変更登記は同時に申請しなければならない（法87Ⅱ）。

また，当該変更が支店の登記事項に変更を生じさせるものである場合には，経由・同時申請の義務は課せられないが，効力発生日から3週間以内に支店での変更登記の申請が必要となる（会932）。その意味で，吸収分割は分割会社，承継会社の双方の会社における本店および支店での登記の事由となっている。

（3） 登記すべき事項

① 承継会社

承継会社の登記すべき事項は，「会社履歴区」の登記事項である分割会社の商号・本店，分割の旨および効力発生日であり（法84Ⅰ），これを**平成〇年〇月〇日〇〇番地の株式会社〇〇から分割**の要領で記載する。また，事例のように対価が新株で，分割契約書に資本金の額の増加が記載されていれば，「株式・資本区」の登記事項である変更後の発行済株式の総数および資本金の額も記載することになる。

② 分割会社

分割会社の登記すべき事項は，「会社履歴区」の登記事項である承継会社の商号・本店，分割の旨および効力発生日であり（法84Ⅱ），これを「平成〇年〇月〇日××番地の株式会社××に分割」の要領で記載する。

なお，a.分割型会社分割で，b.吸収型再編対価の全部が承継会社の株式であり，c.分割会社における吸収分割直前の株主資本等の全部または一部を引き継ぐものとして計算することが適切である場合には（計算規38Ⅰ本文），分割会社における資本金の額の減少分が承継会社の資本金の額の増加分となるため，分割会社において資本金の額の減少による変更登記の申請が必要となり，分割会

83 吸収分割

社の変更登記が経由申請とならない場合には，会社分割による変更登記と資本金の額の減少変更とを一括申請することになる。

（4） 登録免許税額

① 資本金の額が増加する場合の承継会社の登録免許税

承継会社の資本金の額が増加する場合の登録免許税は，会社分割により増加した資本金の額に1,000分の7を乗じた額であり，これによって計算した総額が3万円に満たないとき最低税額は金3万円となる（登録税別表24(1)チ，ハンドブック562頁，宗野有美子「会社法施行後における商業登記実務の諸問題(3)」『登記情報』542号36頁，以下「宗野・施行後の諸問題」とする）。

これに関連し，定率課税であるため増加する資本金の額を課税価格として記載しなければならないが（法17Ⅱ⑥），常に一定の税率が適用されるため，税率の異なる部分を明らかにするための記載は不要である。

事例は，資本金の額が金1億円増加するため，それに税率1,000分の7を乗じて得た金70万円が登録免許税額となる。

② 資本金の額が増加しない場合の承継会社の登録免許税

承継会社の資本金の額が増加変更しない無増資分割の場合には，単なる登記事項の変更として申請件数1件について金3万円の定額課税となる（登免税別表24(1)ツ）。

③ 分割会社の登録免許税の納付

登記事項の変更として，申請件数1件について金3万円の定額課税となる（登免税別表24(1)ツ）。

【参考・承継会社の添付書面】 吸収分割契約書 1通　資本金の額が会社法445条5項の規定に従って計上されたことを証する書面 1通　株主総会議事録 2通　株主リスト 2通　公告および催告をしたことを証する書面 4通　異議を述べた債権者はいなかった。委任状 1通　登記事項証明書　添付省略（会社法人等番号○○○○-○○-○○○○○○）

【参考・分割会社の添付書面】 代表取締役の印鑑証明書 1通　委任状 1通

法　実体構造は，分割契約を締結し，株主保護のための株主総会の承認決議と債権者保護手続から構成されている（14(5) ｖｋ）。ただし，分割会社の債権者保護手続は，会社分割の効力発生後に分割会社に対して請求できなくなる債権者（会789Ⅰ②），または分割契約で分割型会社分割を定めた場合の分割会社のすべての債権者（会789Ⅰ②括弧書）を対象としてすれば足りることになる。

分割契約を証するため分割契約書を添付する（法80①）。対価が新株であり資本金の額が増加する場合であるため，資本金の額が会社法の規定に従って計上されたことを証する書面を添付する（法85④）。なお，吸収合併と異なり分割会社の株式は効力発生後も存続するため株券提供公告をしたことを証する書面の添付は問題とならない。また，事例では，分割会社が証券発行新株予約権の発行会社ではなく，新株予約権の承継も問題とならないため，新株予約権証券提供公告をしたことを証する書面の添付も問題とならならない（法85⑨・同59Ⅱ②）。

株主保護のための承継会社の株主総会の承認決議を証する株主総会議事録（法46Ⅱ），分割会社の株主総会による承認決議を証する株主総会議事録（法85⑥）の計2通の株主総会議事録を添付する。

債権者保護のために承継会社での公告および催告をしたことを証する書面（法85③），分割会社で公告および催告をしたことを証する書面（法85⑧）を添付する。聴取記録3からいずれの会社についても異議を述べた債権者がいなかったため添付書面欄にその旨を記載する。なお，本事例では，分割契約書の2条に負債が承継される旨の記載があり，それについて重畳的債務引受契約や連帯保証契約がされた事実が示されていないため債務者の変更として承継される債務の債権者保護が必要となる。また，本事例では問題とならないが，二重公告により知れている債権者への個別催告を省略する場合，分割会社の不法行為によって生じた債権者で知れている者がいない旨を証する書面を添付しなければならない（平17.1.26民商192通）。

分割会社の登記事項証明書（法85⑤本文）は，会社法人等番号を提供することで添付が省略できる（法19の3）。

これに対して分割会社の変更登記は，合併と異なり分割会社の代表者が申請するため，事例のように管轄登記所が異なる場合には，登記所作成の印鑑証明書と委任状とを添付する（法87Ⅲ）。

▲ 資本金の額の増加による変更登記の局面であるが，商業登記法の規定による証明書を添付するため（法80④），同趣旨の資本金の額の計上に関する証明書の添付を要しない（登規61Ⅸ）。

84 株式交換

【事例105―株式交換―】 過問 （H27）

問　次の事実に基づき暫定答案を作成しなさい。第1欄には，株式会社Zについての登記の申請書を記載し，第2欄には株式会社Yについての登記の申請書を記載することとし，ある会社の登記が不要な場合には，登記の事由欄に「登記不要」と記載するものとする。

（株式会社Zの登記記録）　　　　　（株式会社Yの登記記録）
本店　東京都千代田区甲町1番地　　本店　東京都渋谷区桜丘2番地
公告をする方法　官報に掲載してする　公告をする方法　官報に掲載してする
会社成立の年月日　平成7年7月1日　会社成立の年月日　平成20年9月1日
発行可能株式総数　800株　　　　　株券を発行する旨の定め

84　株式交換

> 発行済株式の総数　200 株
>
> 資本金の額　金1億円
>
> 当会社の株式については，株券を発行する。
>
> 発行可能株式総数　400 株
> 発行済株式の総数　100 株
> 資本金の額　金1億円
>
> （株式交換契約書）
> 第1条　株式会社Yを株式交換完全子会社とし，株式会社Zを株式交換完全親会社とする株式交換を行う。
> 第2条　株式会社Zは，100株の株式を発行し，株式会社Yの株主の1株について1株の割合で割り当てる。
> 第3条　株主資本等変動額金3億円のうち，金1億円を資本金の額に計上し，残りを資本準備金に計上する。
> 第4条　株式交換の効力発生を平成28年7月1日とする。
>
> （聴取記録）
> 1　平成28年5月31日，株式会社Yは，官報に1か月以内に株券を提供すべき旨の株券提供公告をしている。
> 2　平成28年6月30日，株式会社Z及び株式会社Yは，いずれも株主総会で株式交換契約を承認している。
> 3　株式会社Z及び株式会社Yのいずれも債権者保護手続を行っておらず，いずれの会社においても新株予約権は発行されていない。

第1欄　　登記の事由	登記すべき事項	登免税額（根拠）
株式交換	平成28年7月1日変更 　発行済株式の総数　300 株 　資本金の額　金2億円	金70万円（(1)ニ）
第2欄　　登記の事由	登記すべき事項	登免税額（根拠）
登記不要		

（1）　法律構成の判断

　株式交換とは，株式会社（特例有限会社を除く）がその発行済株式の全部を他の株式会社または合同会社に取得させることをいい（会2㉛），既存の会社間で完全親子会社関係を創設する吸収型再編である。

　株式交換の効力は株式交換契約で定めた効力発生日に発生するため（会769Ⅰ），株式交換の効力発生日が到来すれば，**株式交換**を法律構成する。

（2）　登記の事由の判断

　完全親会社では，新株を発行することで「株式・資本区」の登記事項である発行済株式の総数（会911Ⅲ⑨），資本金の額（会911Ⅲ⑤）が増加変更すれば，その変更登記を本店で2週間以内に申請しなければならず（会915Ⅰ），本店で

の登記の事由となる。

　これに対して，株式交換は事業の変動を伴わず，登記事項ではない株主が変更するにすぎないため，原則として完全子会社においては登記の事由とならない。

　ただし，完全子会社となる会社の新株予約権者に対して完全親会社の新株予約権を交付する場合（株式交換契約新株予約権が存在する場合）には，完全子会社となる会社の新株予約権は効力発生日に消滅し，当該完全子会社の新株予約権者は完全親会社の新株予約権を取得するため（会769Ⅳ），完全子会社では「新株予約権区」の新株予約権の登記事項が消滅し，完全親会社においては新株予約権の登記事項が発生することになる（会911Ⅲ⑫）。この場合，2週間以内に各会社の本店で変更登記の申請が必要となり（会915Ⅰ），例外的に完全子会社および完全親会社の双方の本店で登記の事由となる。この場合にのみ，完全子会社となる会社の新株予約権の消滅による変更登記は，完全親会社の管轄登記所を経由し（法91Ⅰ），2つの登記申請は同時に申請しなければならない（法91Ⅱ）。

　本事例では，聴取記録3から完全子会社となる株式会社Yについて新株予約権が発行されていないため，少なくとも完全子会社となる株式会社Yでは，事例の株式交換が登記の事由とはならない。その結果，事例の指示に従い株式会社Yの登記の事由欄には「登記不要」と記載することになる。

（3）　登記すべき事項

　事例では，株式交換契約の第2条および第3条から完全親会社では100株の新株を発行し，株主資本等変動額金3億円のうち資本金の増加額を金1億円と定めているため，完全親会社となる株式会社Zについては**株式交換**が登記の事由となり，募集株式の発行と同様，変更後の発行済株式の総数および資本金の額と**変更**する旨および効力発生日が登記すべき事項となる。

（4）　登録免許税の納付

① 　完全親会社の変更登記

ⅰ　資本金の額が増加する場合

　資本金の額が増加する場合には，増加した資本の額を課税標準として税率1,000分の7を乗ずる定率課税となるが，計算額が3万円未満の場合には，登録免許税額は金3万円となる（登免税別表24⑴ニ）。また，この場合，申請書には登録免許税額のほか，課税標準の金額を**課税価格**として記載しなければなら

ない（法17Ⅱ⑥）。

　上記のように定率課税となる場合，完全子会社の新株予約権に代えて完全親会社の新株予約権を発行した場合の新株予約権に関する登記は，株式交換による変更登記に含まれるため，別途，新株予約権の登記に対応する登録免許税を加算することを要しない。

　しかし，株式交換契約の内容以外の事項である完全親会社の発行可能株式総数・目的・役員等について株式交換契約の承認とあわせてその定款変更の決議をした場合であっても，それらの事項は株式交換による変更登記とは異なるため，別にそれらの登記の登録免許税を納付しなければならない（ハンドブック569頁）。

ⅱ　資本金の額が増加しない場合

　完全親会社の資本金の額が増加変更しない場合の変更登記は，単なる登記事項の変更として，申請件数1件について金3万円の定額課税となる（登免税別表24(1)ツ）。

② 完全子会社の変更登記

　例外的に完全子会社において登記申請が必要となる場合には，登記事項の変更として申請件数1件について金3万円の定額課税となる（登免税別表24(1)ツ）。

【参考・完全親会社の添付書面】 株式交換契約書 1通　資本金の額が会社法第445条第5項の規定に従って計上されたことを証する書面 1通　株主総会議事録 2通　株主リスト 2通　株券提供公告をしたことを証する書面 1通　委任状 1通　登記事項証明書　添付省略（会社法人等番号〇〇〇〇-〇〇-〇〇〇〇〇〇）

【参考・完全子会社の添付書面】 株式交換が登記の事由とならず，添付書面も問題とならない。

　法　実体構造は，株式交換契約を締結し，株主保護のための株主総会の承認決議と債権者保護手続から構成されている（14 (5) ⅴ k）。ただし，事例では，新株予約権付社債の承継が問題とならず（会789Ⅰ③，会799Ⅰ③），また，完全親会社が交換対価として自社の株式（施行規198）以外を対価とする場合ではないため（会799Ⅰ③），いずれの会社でも債権者保護手続は問題とならない。
　　株式交換契約を証するため株式交換契約書を添付する（法89①）。対価が新株であり資本金の額が増加する場合であるため，資本金の額が会社法の規定に従って計上されたことを証する書面を添付する（法89④）。完全子会社となる会社が株券発行会社である場合には，株券提供公告および通知が問題となり（会219Ⅰ⑦），株券提供公告をしたことを証する書面を添付する（法89⑧・同59Ⅰ②）。なお，事例では，完全子会社となる会社は新株予約権を発行しておらず，新株予約権証券提供公

告をしたことを証する書面の添付は問題とならならない（法89⑨・同59Ⅱ②）。
　株主保護のための完全親会社となる会社の株主総会の承認決議を証する株主総会議事録（法46Ⅱ），完全子会社となる会社の株主総会による承認決議を証する株主総会議事録（法89⑥）の計2通の株主総会議事録を添付する。
　完全子会社となる会社の登記事項証明書（法89⑤本文）は，会社法人等番号を提供することで添付が省略できる（法19の3）。

規　資本金の額の増加による変更登記の局面であるが，商業登記法の規定による証明書を添付するため（法89④），同趣旨の資本金の額の計上に関する証明書の添付を要しない（登規61Ⅸ）。

2－16　新設型組織再編の登記

85　新設合併
【事例106 ― 新設合併 ―】

問　次の事実に基づき暫定答案を作成しなさい。第1欄には株式会社Zについての登記の申請書の記載事項を記載し，第2欄には株式会社Yについての登記の申請書の記載事項を記載し，株式会社Xについての登記の申請書の記載事項の記載を要しないものとする。

（株式会社Yの登記記録）
本店　東京都渋谷区桜丘2番地
公告をする方法　官報に掲載してする
会社成立の年月日　平成22年7月1日
発行可能株式総数　400株
発行済株式の総数　100株
資本金の額　金1億円
取締役会設置会社

（株式会社Xの登記記録）
本店　東京都渋谷区桜丘3番地
公告をする方法　官報に掲載してする
会社成立の年月日　平成20年9月1日
発行可能株式総数　400株
発行済株式の総数　100株
資本金の額　金1億円
取締役会設置会社

（新設合併契約書）
第1条　株式会社Y及び株式会社Xを新設合併消滅会社とし，株式会社Zを新設合併設立会社とする新設合併を行う。
第2条　定款で定めるべき事項は，別紙の定款のとおりとする。
第3条　設立時取締役はA（東京都千代田区甲町1番地）とする。
第4条　株式会社Zは，200株の株式を発行し，株式会社Y及び株式会社Xの株主の1株について1株の割合で割り当てる。
第5条　株主資本等変動額金5億円のうち，金2億円を資本金の額に計上し，残りを資本準備金に計上する。
第6条　合併による登記をする時期を平成28年7月1日とする。

(定款)
第1条　当社は，株式会社Ζと称する。
第2条　当社は，次の事業を営むものとする。
　　　　1　電気製品の製造及び販売
　　　　2　前号に付帯する一切の事業
第3条　当社の本店は，東京都千代田区に置く。
第4条　発行可能株式総数は，800株とする。
第5条　当社の株式を譲渡により取得するには，当社の承認を要する。
(聴取記録)
1　平成28年4月28日，株式会社Χ及び株式会社Υは，官報に会社法所定の事項を公告し，知れている債権者に個別に催告を行っている。
2　平成28年6月30日，株式会社Χ及び株式会社Υは，株主総会で新設分割計画書を承認している。
3　同日，株式会社Χ及び株式会社Υは，本店所在場所を東京都千代田区甲町1番地と合意し，株式会社Υ及び株式会社Χの取締役会は，合意のとおり本店所在場所を決議している。
4　設立時取締役の就任承諾は得られており，異議を述べた債権者はいなかった。

第1欄　　登記の事由	登記すべき事項	登免税額（根拠）
平成28年7月1日新設合併の手続終了	商号　株式会社Ζ 本店　東京都千代田区甲町1番地 公告をする方法　官報に掲載してする 目的　1　電気製品の製造及び販売 　　　2　前号に付帯する一切の事業 発行可能株式総数　800株 発行済株式の総数　200株 資本金の額　金2億円 株式の譲渡制限に関する規定 　当社の株式を譲渡により取得するには，当社の承認を要する 役員に関する事項 　取締役A 　東京都千代田区甲町1番地 　代表取締役A 登記記録に関する事項 　東京都渋谷区桜丘2番地株式会社Υ及び東京都渋谷区桜丘3番地株式会社Χの合併により設立	金30万円（(1)ホ）
第2欄　　登記の事由	登記すべき事項	登免税額（根拠）
合併により解散	東京都渋谷区桜丘3番地株式会社Χと合併し，東京都千代田区甲町1番地株式会社Ζを設立し，解散	金3万円（(1)レ）

（1） 法律構成の判断

新設合併とは，2以上の会社がする合併であり，合併により消滅する会社（以下「消滅会社」という）の権利義務の全部を合併により設立する会社（以下「設立会社」という）に承継させ，消滅会社は清算手続を経ずに解散して消滅する形態の合併をいう（会2㉘）。

新設合併は，設立会社の本店における設立登記によって効力が発生するため（会754Ⅰ），新設合併に必要な手続が完了すれば，新設合併を法律構成する。

なお，実務上，新設合併は合併にかかる消滅会社がすべて消滅し，許認可の取り直しの問題が生じるだけでなく税務上も吸収合併のほうが有利であるため，それが行われることはきわめてまれであるとされており（金子登志雄『商業登記全書第7巻 組織再編の手続』174頁（中央経済社，2007），以下金子・組織再編として引用），書式対策としては**事例103**の吸収合併に重点をおいて対策を講じれば足りることになる。

（2） 登記の事由の判断

設立会社では，平成○年○月○日新設合併による手続終了を登記の事由として設立登記の申請が必要となる。消滅会社では新設合併による解散を登記の事由として，解散登記の申請が必要となる。

これらの登記は，①消滅会社の新設合併契約の承認日（会804Ⅰ），②上記①の承認日から2週間以内にする反対株主の株式買取請求のための通知または公告日から20日を経過した日（会806Ⅲ），③債権者保護手続の終了日（会810）等のいずれか遅い日から，上記2つの登記を本店で2週間以内に申請しなければならない（会922Ⅰ①）。この場合の消滅会社の解散登記は，設立会社の管轄登記所を経由し（法82Ⅱ），これら2つの登記は同時に申請しなければならない（法82Ⅲ）。

他方，支店所在地では，経由・同時申請義務は課せられておらず，上記設立手続の終了日から3週間以内に消滅会社については解散登記を（会932），設立会社について新設合併に際して支店を設けた場合には支店における設立登記を申請しなければならない（会930Ⅰ②）。その意味で，新設合併は，消滅会社および設立会社の双方の会社にとって本店および支店における登記の事由となっている。

85　新設合併

（3）登記すべき事項

① 設立会社

　設立会社の登記すべき事項は，設立登記事項のほか，「登記記録区」に消滅会社の商号・本店および合併により設立の旨を「○○番地株式会社○○および△△番地株式会社△△の合併により設立」の要領で記載する（法79）。なお，形成登記であるため効力発生日の記載はしない。

② 消滅会社

　消滅会社の登記すべき事項は，「登記記録区」に事項である解散事由，解散の旨を「○○番地株式会社○○と合併して××番地株式会社××を設立し解散」の要領で記載する。設立会社と同様，形成登記であるため効力発生日の記載はしない。

（4）登録免許税の納付

① 設立会社の登録免許税

　合併による設立会社の登録免許税は，消滅会社の株主に合併対価として存続会社の新株以外の財産を交付しない場合が通常であり，消滅会社の資本金の額を**財務省令で定めるもの**とし，設立会社の資本金の額のうち当該額分まで1,000分の1.5の税率を適用し，残額分について1,000分の7の税率を適用する（登免税別表24（1）ホ）。なお，定率課税の場合の最低税額は金3万円であり，通常の設立登記の最低税額金15万円とは異なっている。

　また，課税価格を記載する場合（法17Ⅱ⑥），「ただし，内金1億円は，消滅会社の合併直前の資本金の額として財務省令で定めるものを超過する部分である」旨を追記し（ハンドブック576～577頁），「登録免許税法施行規則第12条第3項の規定に関する証明書」を添付する。

　事例の場合，合併対価が新株のみであり，設立会社の資本金の額が消滅会社の資本金の額の合計額である金2億円と同額であるため，設立会社の資本金の額に1,000分の1.5の税率を乗じて得た金30万円が登録免許税額となる。

② 消滅会社の登録免許税

　解散登記として，申請件数1件について金3万円の定額課税となる（登免税別表24(1)レ）。

【参考・設立会社の添付書面】　新設合併契約書　1通　資本金の額が会社法第445条第5項の規定に従って計上されたことを証する書

面1通 株主総会議事録2通 株主リスト2通 公告および催告をしたことを証する書面4通 異議を述べた債権者はいなかった。定款1通 取締役会議事録2通 就任承諾書1通 本人確認証明書1通 登録免許税法施行規則第12条第3項の規定に関する証明書1通 委任状1通 登記事項証明書 添付省略(会社法人等番号○○○○-○○-○○○○○○)

【参考・消滅会社の添付書面】 なし

法　実体構造は,新設合併契約を締結し,株主保護のための株主総会の承認決議,債権者保護手続,設立に必要な手続から構成されている(**14**(5)ⅴkおよびi)。

合併契約を証するため新設合併契約書を添付する(法81①)。会社の設立として株式が対価として発行され,資本金の額を計上すべき局面であるため,資本金の額が会社法の規定に従って計上されたことを証する書面を添付する(法81④・同80④)。なお,消滅会社はいずれも株券発行会社ではないため株券提供公告をしたことを証する書面の添付は問題とならない(法81⑨・同59Ⅰ②)。

株主保護のための消滅会社の株主総会の承認決議を証する株主総会議事録(法81⑥)計2通を添付する。

債権者保護のために消滅会社で公告および催告をしたことを証する書面(法80⑧)を添付する。聴取記録4から異議を述べた債権者がいなかったため添付書面欄にその旨を記載する。

設立の手続として定款を添付する(法81②)。設立時取締役は新設合併契約の内容であり(会753Ⅰ④),事例では新設合併契約書の3条で定められているため,当該契約書が選任を証する書面を兼ねることになる。また,聴取記録4から設立時取締役の就任承諾が得られているため就任承諾書を添付する(法81③・同47Ⅱ⑩)。聴取記録3の本店所在場所のように通常の設立で発起人が定めるべき事項(支店設置,支配人選任等)については,新設合併契約に定めがなければ,消滅会社の取締役会がこれを定めるため取締役会議事録2通を添付する(法81⑥)。

消滅会社の登記事項証明書(法81⑤本文)は,会社法人等番号を提供することで添付が省略できる(法19の3)。また,登録免許税の算定根拠を明らかにする証明書も添付しなければならない(平19.4.25民商971通)。

消滅会社の解散登記は,設立会社の代表者が申請するため(法82Ⅰ),委任状を含めて解散登記には添付書面の規定が適用されない(法82Ⅳ)。

規　設立の登記を申請する場合であるが,新設合併であるため例外として設立時取締役の就任承諾書の印鑑証明書の添付を要しない(登規61Ⅳ括弧書)。その関係で設立時取締役の本人確認証明書については印鑑証明書を添付する例外に該当せず(登規61Ⅴただし書),原則どおり本人確認証明書を添付する(登規61Ⅶ)。

なお,設立の登記であるが,商業登記法の規定による証明書を添付するため(法81④),同趣旨の資本金の額の計上に関する証明書の添付を要しない(登規61Ⅸ)。

86 新設分割
【事例107―新設分割―】 過問 (H22)

問　次の事実に基づき暫定答案を作成しなさい。第1欄には，株式会社Zについての登記の申請書の記載事項を記載し，第2欄には株式会社Yについての登記の申請書の記載事項を記載するものとする。
（株式会社Yの登記記録）
本店　東京都渋谷区桜丘2番地
公告をする方法　官報に掲載してする
会社成立の年月日　平成7年7月1日
発行可能株式総数　400株
発行済株式の総数　100株
資本金の額　金1億円
（新設分割計画書）
第1条　株式会社Yを新設分割会社とし，株式会社Zを新設分割設立会社とする新設分割を行う。
第2条　定款で定めるべき事項は，別紙の定款のとおりとする。
第3条　株式会社Zが株式会社Yから承継する資産・負債・雇用契約その他の権利義務に関する事項は次のとおりとする（詳細は省略）。
第4条　設立時取締役はA（住所　東京都千代田区甲町1番地）とする。
第5条　株式会社Zは，100株の株式を発行し，株式会社Yの株主の1株について1株の割合で割り当てる。
第6条　株主資本等変動額金3億円のうち，金1億円を資本金の額に計上し，残りを資本準備金に計上する。
第7条　新設分割の登記をする時期を平成28年7月1日とする。
（定款）
第1条　当社は，株式会社Zと称する。
第2条　当社は，次の事業を営むものとする。
　　　　1　電気製品の製造及び販売
　　　　2　前号に付帯する一切の事業
第3条　当社の本店は，東京都千代田区に置く。
第4条　発行可能株式総数は，400株とする。
第5条　当社の株式を譲渡により取得するには，当社の承認を要する。
（聴取記録）
1　平成28年4月28日，株式会社Yは，官報に会社法所定の事項を公告し，知れている債権者に個別に催告を行っている。
2　平成28年6月30日，株式会社Yは，株主総会で新設分割計画書を承認している。
3　同日，株式会社Yの取締役会は，本店所在場所を東京都千代田区甲町1番地と決議している。
4　設立時取締役の就任承諾は適法に得られており，異議を述べた債権者はいなかった。

第1欄　登記の事由	登記すべき事項	登免税額（根拠）
平成28年7月1日新設分割の手続終了	商号　株式会社Z 本店　東京都千代田区甲町1番地 公告をする方法　官報に掲載してする 目的　1　電気製品の製造及び販売 　　　2　前号に付帯する一切の事業 発行可能株式総数　400株 発行済株式の総数　100株 資本金の額　金1億円 株式の譲渡制限に関する規定 　当社の株式を譲渡により取得するには，当社の承認を要する 役員に関する事項 　取締役A 　東京都千代田区甲町1番地 　代表取締役A 登記記録に関する事項 　東京都渋谷区桜丘2番地株式会社Yから分割により設立	金70万円（(1)ト）
第2欄　登記の事由	登記すべき事項	登免税額（根拠）
新設分割による変更	東京都千代田区甲町1番地の株式会社Zに分割	金3万円（(1)ツ）

（1）法律構成の判断

　新設分割とは，1または2以上の株式会社または合同会社が新設分割会社（以下「分割会社」という）となって，新設分割計画を作成し，新設分割会社の事業に関する権利義務の全部または一部を新たに設立する新設分割設立会社（以下「設立会社」といい，会社の種類を問わない）に承継させる会社分割の形態をいい（会2㉚，会762），新設合併と異なり，企業グループの再編成によく利用されている。

　新設分割は，新設分割設立会社の本店における設立登記によって効力が発生するため（会764Ⅰ），新設分割に必要な手続が完了すれば，**新設分割**を法律構成する。

（2）登記の事由の判断

　設立会社では，登記の事由を**平成○年○月○日新設分割の手続終了**として設立の登記の申請が必要となり，分割会社では，登記の事由を**新設分割による変更**として変更登記の申請が必要となる。

　これらの登記は，原則として①分割会社の新設分割計画の承認日（会804Ⅰ），

②上記①の承認日から2週間以内にする反対株主の株式買取請求のための通知または公告日から20日を経過した日（会806Ⅲ），③債権者保護手続の終了日（会810）等のいずれか遅い日から，上記2つの登記を本店で2週間以内に申請しなければならない（会924Ⅰ①）。この場合の分割会社の解散登記は，設立会社の管轄登記所を経由し（法87Ⅰ），これら2つの登記は同時に申請しなければならない（法87Ⅱ）。

他方，支店所在地では，経由・同時申請義務は課せられておらず，上記設立手続の終了日から3週間以内に分割会社については解散登記を（会932），設立会社について新設分割に際して支店を設けた場合には支店における設立登記を申請しなければならない（会930Ⅰ③）。その意味で，新設分割は分割会社および設立会社の双方の会社にとって本店および支店における登記の事由となっている。

（3） 登記すべき事項
① 設立会社
設立会社の登記事項は，設立の登記事項のほか，「登記記録区」の登記事項として分割会社の商号・本店および分割をした旨を**○○番地株式会社○○から分割により設立**の要領で記載する（法84Ⅰ）。なお，形成登記であるため効力発生日の記載はしない。

② 分割会社
分割会社では，「会社履歴区」の登記事項である設立会社の商号・本店および分割した旨を「××番地の株式会社××に分割」の要領で記載する（法84Ⅱ）。設立会社と同様，形成登記であるため効力発生日の記載はしない。

（4） 登録免許税の納付
① 設立会社の登録免許税
設立会社の設立登記は，資本金の額を課税標準として1,000分の7を乗じた額であり，これによって計算した総額が金3万円に満たないときは最低税額の金3万円となる（登録税別表24(1)ト）。事例では，新設分割計画書の6条から設立会社の資本金の額が金1億円であるため，それに税率1,000分の7を乗じて得た額である金70万円が登録免許税額となる。

② 分割会社の登録免許税
登記事項の変更として，申請件数1件について金3万円の定額課税となる（登免税別表24(1)ツ）。

【参考・設立会社の添付書面】 新設分割計画書 1 通　資本金の額が会社法第445条第5項の規定に従って計上されたことを証する書面 1 通　株主総会議事録 1 通　株主リスト 1 通　公告および催告をしたことを証する書面 2 通　異議を述べた債権者はいなかった。定款 1 通　取締役会議事録 1 通　就任承諾書 1 通　印鑑証明書 1 通　委任状 1 通　登記事項証明書　添付省略（会社法人等番号〇〇〇〇-〇〇-〇〇〇〇〇〇）

【参考・分割会社の添付書面】 代表取締役の印鑑証明書 1 通　委任状 1 通

法　実体構造は，新設分割計画を定め，株主保護のための株主総会の承認決議，債権者保護手続，設立に必要な手続から構成されている（14（5）ｖｋおよびｉ）。

　新設分割計画を証するため新設分割計画書を添付する（法86①）。会社の設立として株式が対価として発行され，資本金の額が計上される局面であるため，資本金の額が会社法の規定に従って計上されたことを証する書面を添付する（法86④・同85④）。

　株主保護のための分割会社の株主総会の承認決議を証する株主総会議事録（法86⑥）を添付する。

　債権者保護のために分割会社で公告および催告をしたことを証する書面（法86⑧）を添付する。聴取記録4から異議を述べた債権者がいなかったため添付書面欄にその旨を記載する。ちなみに，事例では，新設分割計画書3条で負債が承継対象となり，それについて分割会社が重畳的債務引受けまたは連帯保証をした事実が示されておらず，債務者が変更することになるため，その債権者が債権者保護手続の対象となる。

　設立の手続として定款を添付する（法86②）。設立時取締役は新設分割計画の内容であり（会763Ⅰ③），事例では新設分割計画書4条で定められているため，当該計画書が選任を証する書面を兼ねることになる。また，聴取記録4から設立時取締役の就任承諾が得られているため就任承諾書を添付する（法86③・同47Ⅱ⑩）。聴取記録3の本店所在場所のように通常の設立で発起人が定めるべき事項については，新設分割計画に定めがなければ，分割会社の取締役会がこれを定めるため取締役会議事録 1 通を添付する（法86⑥）。

　消滅会社の登記事項証明書（法86⑤本文）は，会社法人等番号を提供することで添付が省略できる（法19の3）。

　分割会社の変更登記は，事例のように設立会社と分割会社の管轄登記所が異なり，経由申請をしなければならない場合には登記所作成の代表取締役の印鑑証明書と委任状を添付する（法87Ⅲ）。

規　設立の登記を申請する場合であるため，原則どおり設立時取締役の就任承諾書の印鑑証明書を添付する（登規61Ⅳ）。その関係で設立時取締役の本人確認証明書については印鑑証明書を添付する例外に該当し添付は不要となる（登規61Ⅶただし書）。

　なお，設立の登記を申請する場合であるが，商業登記法の規定による証明書を添付するため（法86④），同趣旨の資本金の額の計上に関する証明書の添付を要しない（登規61Ⅸ）。

87　株式移転
【事例108──株式移転──】

> 問　次の事実に基づき暫定答案を作成しなさい。第1欄には，株式会社Zについての登記の申請書の記載事項を記載し，第2欄には株式会社Yについての登記の申請書の記載事項を記載することとし，ある会社の登記が不要な場合には，登記の事由欄に「登記不要」と記載するものとする。
>
> （株式会社Yの登記記録）
> 本店　東京都渋谷区桜丘2番地
> 公告をする方法　官報に掲載してする
> 会社成立の年月日　平成7年7月1日
> 株券を発行する旨の定め　当会社の株式については，株券を発行する。
> 発行可能株式総数　400株
> 発行済株式の総数　100株
> 資本金の額　金1億円
>
> （株式移転計画書）
> 第1条　株式会社Yを株式移転完全子会社とし，株式移転完全親会社として株式会社Zを設立するための株式移転を行う。
> 第2条　定款で定めるべき事項は，別紙の定款のとおりとする。
> 第3条　設立時取締役はA（東京都千代田区甲町1番地）とする。
> 第4条　株式会社Zは，100株の株式を発行し，株式会社Yの株主の1株について1株の割合で割り当てる。
> 第5条　株主資本等変動額金3億円のうち，金1億円を資本金の額に計上し，残りを資本準備金に計上する。
> 第6条　株式移転の登記をする時期を平成28年7月1日とする。
>
> （定款）
> 第1条　当社は，株式会社Zと称する。
> 第2条　当社は，次の事業を営むものとする。
> 　　　　1　電気製品の製造及び販売
> 　　　　2　前号に付帯する一切の事業
> 第3条　当社の本店は，東京都千代田区に置く。
> 第4条　発行可能株式総数は，400株とする。
> 第5条　当社の株式を譲渡により取得するには，当社の承認を要する。
>
> （聴取記録）
> 1　平成28年5月31日，株式会社Yは，官報に1か月以内に株券を提供すべき旨の株券提供公告をしている。
> 2　平成28年6月30日，株式会社Yは，株主総会で株式移転計画を承認している。
> 3　株式会社Yは，債権者保護手続を行っておらず，株式会社Yでは新株予約権は発行されていない。
> 4　平成28年6月30日，株式会社Yの取締役会は，新設会社の本店所在場所を東京都千代田区甲町1番地と決議しており，設立時取締役の就任承諾は適

法に得られている。

第1欄　登記の事由	登記すべき事項	登免税額（根拠）
平成28年7月1日株式移転の手続終了	商号　株式会社Z 本店　東京都千代田区甲町1番地 公告をする方法　官報に掲載してする 目的　1　電気製品の製造及び販売 　　　2　前号に付帯する一切の事業 発行可能株式総数　400株 発行済株式の総数　100株 資本金の額　金1億円 株式の譲渡制限に関する規定 　当社の株式を譲渡により取得するには，当社の承認を要する 役員に関する事項 　取締役A 東京都千代田区甲町1番地 　代表取締役A 登記記録に関する事項　設立	金70万円（(1)イ）
第2欄　登記の事由	登記すべき事項	登免税額（根拠）
登記不要		

(1) 法律構成の判断

株式移転とは，1または2以上の株式会社である**株式移転完全子会社**（以下「完全子会社」という）がその発行済株式の全部を新たに設立する株式会社である**株式移転設立完全親会社**（以下「設立完全親会社」という）に取得させることをいい（会2㉜），新たに設立する会社を完全親会社とする完全親子関係を創設する新設型再編である。

株式移転は，設立完全親会社の本店における設立登記によって効力が発生するため（会774Ⅰ），株式移転に必要な手続が完了すれば**株式移転**を法律構成する。

(2) 登記の事由の判断

設立完全親会社では，登記の事由を**平成○年○月○日株式移転の手続終了**として，設立の登記の申請が必要となる。

他方，完全子会社では，株主が変動するのみであるため，原則として登記の事由とはならない。ただし，例外的に設立完全親会社が完全子会社の新株予約権を承継し，新株予約権者に対し，設立完全親会社の新株予約権を交付する場

合には，完全子会社の新株予約権が株式移転の効力発生時に消滅し，新株予約権者は設立完全親会社の新株予約権を取得する（会774Ⅳ）。この場合には，完全子会社で新株予約権の消滅による変更登記の申請が必要となり，当該変更登記は，設立完全親会社の管轄登記所を経由して申請し（法91Ⅰ），これら2つの登記を同時に申請しなければならないことになる（法91Ⅱ）。事例では，聴取記録3から完全子会社となる株式会社Yが新株予約権を発行していないため，株式移転は完全子会社について登記の事由とはならず，登記の事由の欄に登記不要を記載することになる。

設立完全親会社の設立の登記は，原則として①完全子会社の株式移転計画の承認日（会804Ⅰ），②上記①の承認日から2週間以内にする反対株主の株式買取請求のための通知または公告日から20日を経過した日（会806Ⅲ），③債権者保護手続の終了日（会810）等のいずれか遅い日から，本店で2週間以内に申請しなければならない（会922Ⅰ①）。

他方，支店所在地では，経由・同時申請義務は課せられておらず，上記設立手続の終了日から3週間以内に設立完全親会社について株式移転に際して支店を設けた場合には支店における設立登記を申請しなければならない（会930Ⅰ④）。その意味で，株式移転は，少なくとも設立完全親会社にとって本店および支店における登記の事由となっている。

(3) 登記すべき事項

設立会社の登記すべき事項は，通常の設立と同様，設立登記事項のほか，「登記記録区」の登記事項である「設立」の旨を記載する（会911Ⅲ）。

(4) 登録免許税の納付

① 設立完全親会社の設立登記の登録免許税

設立完全親会社の設立登記は，通常の設立の登記と同様，資本金の額を課税標準として1,000分の7を乗じた額であるが，計算額が金15万円に満たない場合には，登録免許税額を金15万円としなければならない（登録税別表24(1)イ）。

この点，他の新設型再編の設立登記の最低税額は，いずれも金3万円であることと比較して知識を整理しなければならない。

② 完全子会社の変更登記

例外的に完全子会社で変更登記が必要となる場合には，登記事項の変更として，申請件数1件について金3万円の定額課税となる（登免税別表24(1)ツ）。

【参考・設立完全親会社の添付書面】　株式移転計画書1通　資本金の額が会社法第445条第5項の規定に従って計上されたことを証する書面1通　株主総会議事録1通　株主リスト1通　株券提供公告をしたことを証する書面1通　定款1通　取締役会議事録1通　就任承諾書1通　印鑑証明書1通　委任状1通　登記事項証明書　添付省略（会社法人等番号○○○○-○○-○○○○○○）

【参考・完全子会社の添付書面】　登記不要であり，株式移転についてはなし。

法　実体構造は，株式移転計画を定め，株主保護のための株主総会の承認決議，債権者保護手続，設立に必要な手続から構成されている（14（5）ⅴｋおよびｉ）。ただし，債権者保護手続は，完全子会社の新株予約権付社債を親会社に承継させる場合，債務者が変更することになる社債権者を対象として行われるにすぎず（会810Ⅰ③），本事例のように完全子会社が新株予約権を発行していない場合には問題とならない。

　株式移転計画を証するため株式移転計画書を添付する（法90①）。会社の設立として株式が対価として発行され，資本金の額が計上される局面であるため，資本金の額が会社法の規定に従って計上されたことを証する書面を添付する（法90④・同89④）。

　株主保護のための完全子会社の株主総会の承認決議を証する株主総会議事録（法90⑥）を添付する。

　設立の手続として定款を添付する（法90②）。設立時取締役は株式移転計画の内容であり（会773Ⅰ③），事例では株式移転計画書4条で定められているため，当該計画書が選任を証する書面を兼ねることになる。また，聴取記録4から設立時取締役の就任承諾が得られているため就任承諾書を添付する（法90③・同47Ⅱ⑩）。聴取記録4の本店所在場所のように通常の設立で発起人が定めるべき事項については，株式移転計画に定めがなければ，完全子会社の取締役会がこれを定めるため取締役会議事録1通を添付する（法90⑥）。

　消滅会社の登記事項証明書（法90⑤本文）は，会社法人等番号を提供することで添付が省略できる（法19の3）。

規　設立の登記を申請する場合であるため，原則どおり設立時取締役の就任承諾書の印鑑証明書を添付する（登規61Ⅳ）。その関係で設立時取締役の本人確認証明書については印鑑証明書を添付する例外に該当し，添付は不要となる（登規61Ⅶただし書）。

　なお，設立の登記を申請する場合であるが，商業登記法の規定による証明書を添付するため（法90④），同趣旨の資本金の額の計上に関する証明書の添付を要しない（登規61Ⅸ）。

2-17　組織変更の登記

88　組織変更
【事例109―株式会社の合同会社への組織変更―】　過問　（H26）

問　次の事実に基づき暫定答案を作成しなさい。第1欄には，合同会社Zについての登記の申請書の記載事項を記載し，第2欄には株式会社Yについての登記の申請書の記載事項を記載するものとする。

（株式会社Yの登記記録）
本店　東京都渋谷区桜丘2番地
公告をする方法　官報に掲載してする
会社成立の年月日　平成7年7月1日
株券を発行する旨の定め　当会社の株式については，株券を発行する。
発行可能株式総数　400株
発行済株式の総数　100株
資本金の額　金1億円

（新設分割計画書）
1．組織変更後の会社の種類　合同会社
1．定款で定めるべき事項は，別紙の定款のとおり
1．社員　東京都千代田区乙町1番地
　　　　　　　　　A　有限責任社員　金5,000万円
　　社員　東京都千代田乙町2番地
　　　　　　株式会社B　有限責任社員　金5,000万円
1．株主に対しては，株式に代わる金銭等の交付はしない。
1．効力発生日　平成28年7月1日

（定款）
第1条　当社は，合同会社Zと称する。
第2条　当社は，次の事業を営むものとする。
　　　　　1　電気製品の製造及び販売
　　　　　2　前号に付帯する一切の事業
第3条　当社の本店は，東京都渋谷区に置く。
第4条　当社の社員の氏名又は名称及び住所，出資の目的及びその価額は，次のとおりとする。
　　　　　社員　東京都千代田区乙町1番地
　　　　　　　　　　A　有限責任社員　金5,000万円
　　　　　社員　東京都千代田区乙町2番地
　　　　　　　　株式会社B　有限責任社員　金5,000万円
第5条　当社の業務執行社員は，株式会社Bとする。
第6条　当社の代表社員は，株式会社Bとする。

（聴取記録）
1　平成28年4月28日，株式会社Yは，官報に会社法所定の事項を公告し，知れている債権者に個別に催告を行っている。異議を述べた債権者はいな

かった。
2 同日，株式会社Yは，株券提供の通知及び公告を行っている。
3 平成28年6月30日，株式会社Yは，株主の全員であるA及び株式会社Bの同意で組織変更計画を承認している。
4 株式会社Bは，取締役会設置会社であり，取締役会の決議で職務執行者としてC（東京都千代田区乙町3番地）を選任し，その就任承諾は得られている。

第1欄　　登記の事由	登記すべき事項	登免税額（根拠）
組織変更による設立	商号　合同会社Z 本店　東京都渋谷区桜丘2番地 公告をする方法　官報に掲載してする 会社成立の年月日　平成7年7月1日 目的　1　電気製品の製造及び販売 　　　2　前号に付帯する一切の事業 資本金の額　金1億円 社員に関する事項 　業務執行社員　株式会社B 東京都千代田区乙町2番地　代表社員　株式会社B 東京都千代田区乙町3番地 　職務執行者　C 登記記録に関する事項 　平成28年7月1日株式会社Yを組織変更し設立	金15万円（(1)ホ）

第2欄　　登記の事由	登記すべき事項	登免税額（根拠）
組織変更による解散	平成28年7月1日東京都渋谷区桜丘2番地合同会社Zに組織変更し解散	金3万円（(1)レ）

（1） 法律構成の判断

会社法における組織変更は，株式会社がその組織を変更することで持分会社（合名会社，合資会社，合同会社）となること，または持分会社がその組織を変更して株式会社となることをいう（会2㉖）。

組織変更は，組織変更計画で定めた効力発生日に効力が発生するため（会745Ⅰ，同747Ⅰ），組織変更計画の効力発生日が到来すれば組織変更を法律構成する。

（2） 登記の事由の判断

組織変更では，組織変更後の会社については組織変更による設立を登記の事由として，設立の登記を，組織変更前の会社については，組織変更による解散

を登記の事由として，解散の登記を申請することが必要となる。これら2つの登記は，組織変更の効力発生日から本店で2週間以内に申請しなければならず（会920），支店で3週間以内に申請しなければならないため（会932），組織変更は，本店および支店における登記の事由となっている。

なお，これら組織変更後の会社についての設立の登記，組織変更前の会社についての解散登記は，本支店を問わずに同時申請しなければならない（法78Ⅰ）。

(3) 登記すべき事項
① 組織変更後の会社の設立登記

組織変更後の会社の登記すべき事項は，設立の登記事項のほか，「登記記録区」の登記事項である組織変更前の商号，組織変更の旨および効力発生日を「平成○年○月○日株式会社○○を組織変更し設立」の要領で記載するとともに，会社の成立年月日を商号区に記載しなければならない（法76）。

事例では，合同会社への組織変更が問題となっており，社員に関する事項として業務執行社員の氏名または名称（会914⑥），代表社員の氏名もしくは名称および住所（会914⑦），事例では法人社員が代表社員の場合であるため，職務執行者の氏名および住所が登記すべき事項とされている（会914⑧）。これは，合同会社以外の持分会社が社員の氏名または名称および住所（会912⑤，同913⑤），会社を代表しない社員がいる場合のみ代表社員の氏名または名称（会912⑥，同913⑥）を登記事項としているのに対して合同会社の大きな特色となっている。

また，合同会社の資本金の額は，組織変更計画の内容ではなく，定款の記載事項でもないが，登記事項となっており（会914⑤），株式会社を組織変更する場合，組織変更後の持分会社の資本金の額は，組織変更直前の株式会社の資本金の額としなければならないとの制約を受ける（計算規33①）。

② 組織変更前の会社の解散登記

組織変更前の株式会社の登記すべき事項は，「登記記録区」の登記事項である解散の旨，その事由および効力発生日を「平成○年○月○日××番地合同会社××に組織変更し解散」の要領で記載する。

(4) 登録免許税の納付
① 設立登記

組織変更による設立登記は，新株および合同会社の持分以外の財産を対価として交付しなければ，直前の資本金の額（組織変更する会社が合名会社・合資会社

の場合には金900万円）を「**財務省令で定めるもの**」とし，資本金の額に1,000分の1.5を乗じた額であるが，組織変更の直前の資本金額が財務省令で定めるものを超える場合には，当該部分について1,000分の7を乗じた額である。ただし，これによって計算した総額が3万円に満たないときは3万円である（登録税別表24(1)ホ）。

　組織変更の登録免許税額を算定するには，直前の純資産額および交付財産（新株および合同会社の持分を除く）の額を証する必要があるため，「登録免許税法施行規則第12条第4項の規定に関する証明書」を添付しなければならず，課税標準金額を記載する場合，税率の異なる部分を明らかにするため，「ただし，内金何円は財務省令に定める額を超過する部分である」旨を追記しなければならない。

　事例は，新株および合同会社の持分以外の財産を対価として交付しない場合であるため，直前の資本金の額金1億円に1,000分の1.5を乗じて得た金15万円が登録免許税額となる。

② 解散の登記

　解散登記は，申請件数1件について3万円の定額課税となる（登免税別表24(1)レ）。

【参考・設立登記の添付書面】 組織変更計画書1通　総株主の同意があったことを証する書面1通　株主リスト1通　株券提供公告をしたことを証する書面1通　公告および催告をしたことを証する書面2通　異議を述べた債権者はいなかった。定款1通　取締役会議事録1通　就任承諾書1通　登録免許税法施行規則第12条第4項の規定に関する証明書1通　委任状1通　登記事項証明書　添付省略（会社法人等番号〇〇〇〇-〇〇-〇〇〇〇〇〇）

【参考・解散登記の添付書面】 なし

法　実体構造は，組織変更計画を定め，株主保護のための総株主の同意，債権者保護手続，設立に必要な手続から構成されている（**14**(5)ⅴkおよびⅰ）。
　組織変更計画を証するため組織変更計画書を添付する（法77①）。また，組織変更前の株式会社は登記記録から株券発行会社であるため株券提供公告をしたことを証する書面を添付する（法77④）。
　株主保護のため組織変更前の株式会社の株主全員の同意による組織変更計画の承認を証するため総株主の同意があったことを証する書面を添付する（法46Ⅰ）。
　債権者保護のために組織変更前の株式会社で公告および催告をしたことを証する

書面（法77③）を添付する。聴取記録１から異議を述べた債権者がいなかったため添付書面欄にその旨を記載する。

　設立の手続として定款を添付する（法77②）。事例では，業務執行社員が法人である株式会社Ｂであるため当該会社の登記事項証明書を添付し（法77⑦），代表社員が法人である株式会社Ｂであるため当該会社の登記事項証明書，職務執行者の選任の取締役会議事録，職務執行者となるＣの就任承諾書を添付する（法77⑥）。なお，登記事項証明書（法81⑤本文）は，会社法人等番号を提供することで添付が省略できる（法19の3）。

　また，登録免許税の算定根拠を明らかにする証明書も添付しなければならない（平19.4.25民商971通）。

　組織変更前の会社の解散登記の申請には，添付書面の規定が適用されないため，委任状を含めて添付書面の添付を要しない（法78Ⅱ）。

規　設立の登記を申請する場合であるが，持分会社については就任承諾書の印鑑証明書，本人確認証明書は規定されておらず，添付を要しない。また，登記記録から組織変更の直前の株式会社の資本金の額が確認できるため資本金の額の計上に関する証明書の添付を要しない（登規92・61Ⅸ）。

2－18　特例有限会社の登記

89　特例有限会社の商号変更による株式会社への移行
【事例110 ─特例有限会社の商号変更による株式会社への移行─】
過問　（S62，H17，H24）

問　次の事実に基づき暫定答案を作成しなさい。登記の申請日を平成28年7月4日とし，第１欄には，株式会社Ｚについての登記の申請書の記載事項を記載し，第２欄には有限会社Ｙについての登記の申請書の記載事項を記載するものとする。
（有限会社Ｙの登記記録）
本店　東京都渋谷区桜丘2番地
公告をする方法　官報に掲載してする
会社成立の年月日　平成7年7月1日
目的　1　電気製品の製造及び販売
　　　2　前号に付帯する一切の事業
発行可能株式総数　60株
発行済株式の総数　60株
資本金の額　金300万円
株式の譲渡制限に関する規定
　当会社の株式を譲渡により取得することについて当会社の承認を要する。当会社の株主が当会社の株式を譲渡により取得する場合においては当会社が承

認したものとみなす。
取締役Ａ
東京都千代田区甲町１番地
　代表取締役Ａ
（有限会社Ｙの平成28年7月1日の臨時株主総会議事録）
議案　議長は，当社の商号を「株式会社Ｚ」に変更し，商号変更の効力発生を条件として株式の譲渡制限に関する規定を「当社の株式を譲渡により取得するには，当社の承認を要する」に変更し，取締役としてＡを再選することの可否を議場に諮ったところ，満場一致で可決した。被選任者は，席上，即時に就任を承諾した。
（聴取記録）
１　株主総会議事録には，議長及び出席取締役としてＡが登記所届出印を押印している。

第１欄　登記の事由	登記すべき事項	登免税額（根拠）
平成28年7月1日商号変更による設立	商号　株式会社Ｚ 本店　東京都渋谷区桜丘２番地 公告をする方法　官報に掲載してする 会社成立の年月日　平成7年7月1日 目的　１　電気製品の製造及び販売 　　　２　前号に付帯する一切の事業 発行可能株式の総数　60株 発行済株式の総数　60株 資本金の額　金300万円 株式の譲渡制限に関する規定 　当社の株式を譲渡により取得するには，当社の承認を要する 役員に関する事項 　取締役Ａ 東京都千代田区甲町１番地 　代表取締役Ａ 登記記録に関する事項 　平成28年7月4日有限会社Ｙを商号変更し，移行したことにより設立	金３万円（(1)ホ，登免税17の3）
第２欄　登記の事由	登記すべき事項	登免税額（根拠）
商号変更による解散	平成28年7月4日東京都渋谷区桜丘２番地株式会社Ｚに商号変更し，移行したことにより解散	金３万円（(1)レ）

(1)　法律構成の判断

　特例有限会社は，いつでも商号中に「株式会社」という文字を用いる商号変更決議を行い（整備45Ⅰ），特例有限会社については解散登記を，商号の変更後

の株式会社については設立登記を本店で行うことで，定款変更の効力が生じ（整備45Ⅱ），通常の株式会社へ移行することができる。

特例有限会社が，上記の商号変更決議をしていれば，**特例有限会社の通常の株式会社への移行**を法律構成する。

（2）登記の事由の判断

商号変更後の株式会社については設立の登記を，特例有限会社については解散の登記が必要となる。これらの登記は，商号変更の決議後，本店で2週間以内に，支店で3週間以内に申請しなければならず（整備46），本店および支店の双方において登記の事由となる。

なお，株式会社の設立登記と特例有限会社の解散登記は，本店・支店を問わず同時申請しなければならない（整備46，整備136 XXI）。

（3）登記すべき事項

① 株式会社の設立登記

設立の登記は，登記の事由を「平成〇年〇月〇日商号変更による設立」と記載し，登記すべき事項は，設立登記事項（会911Ⅲ）および現に効力を有する独立の登記事項（職務執行停止の仮処分，支配人等）のほか，「登記記録区」の登記事項である特例有限会社の商号，商号変更の旨および年月日を「平成〇年〇月〇日有限会社〇〇を商号変更し，移行したことにより設立」の要領で記載するとともに，会社成立年月日を「商号区」に記載しなければならない（整備136 XIX）。

上記登記の事由に記載する日付は，登記期間の遵守を明らかにするものであるため，商号変更を行った株主総会の決議日を記載し（事例では平成28年7月1日），登記すべき事項である登記記録区に記載する日付は，この商号変更が形成登記であるため登記の申請日（事例では平成28年7月4日）を記載しなければならない。

② 特例有限会社の解散登記

登記の事由を**商号変更による解散**と記載し，登記すべき事項は，**登記記録**に登記する解散の事由および解散の旨ならびに年月日を「平成〇年〇月〇日〇〇番地株式会社××に商号変更し，移行したことにより解散」の要領で記載する。登記すべき事項である登記記録区に記載する日付は，形成登記であるため登記の申請日（事例では平成28年7月4日）である。

（4） 登録免許税の納付

① 設立登記

設立登記の登録免許税は，資本金額を課税標準として1,000分の1.5（商号変更前の資本金額を超える部分については1,000分の7）を乗ずる定率課税となるが，計算額が3万未満の場合には金3万円となる（登免税17の3，登録税別表24(1)ホ）。

ただし，商号変更を条件として増資が行われている場合，資本金が増加した分については1,000分の7を乗じた額となり，このように資本金を増加する変更登記を一括申請する場合には，課税価格を記載する際に，「ただし，内金〇〇円は，商号変更の直前における資本金の額を超過する部分である」旨を追記しなければならない（ハンドブック595頁）。

事例では，商号変更後の資本金の額が商号変更前の資本金の額と同額の金300万円であり，これに1,000分の1.5を乗じて得た額金4,500円が最低税額を下回るため，最低税額の金3万円が登録免許税額となる。

② 解散登記

解散登記として，申請件数1件について3万円の定額課税となる（登免税別表24(1)レ）。

【参考・設立登記の添付書面】 株主総会議事録1通　株主リスト1通　定款1通　就任承諾書は株主総会議事録の記載を援用する。委任状1通

【参考・解散登記の添付書面】 なし

法　商号変更の実体構造は，決議を要素とする単独行為である（**14**(5)ⅰa）。定款変更のための株主総会の特別決議（会466，整備14Ⅲ）を証するため株主総会議事録を添付し（法46Ⅱ），商号変更後の株式会社については，設立の登記を申請するため定款を添付する（整備136ⅩⅩ）。組織変更に類似するが債権者保護手続を要しない点が組織変更との決定的な違いとなっている。

事例では，取締役Aが商号変更の効力発生時（本店での商号変更登記時）に株式会社の取締役の任期規定が適用され（会332），任期満了退任することになるため，同人を再選しており上記の株主総会が選任を証する書面を兼ねることになる。また，再選されたAが席上就任を承諾しその旨が議事録に記載されているため，議事録の記載を就任承諾書として援用できることになる（法54Ⅰ）。

解散登記の申請には，添付書面の規定が適用されないため，委任状を含めて添付書面の添付を要しない（整備136ⅩⅫ）。

規　設立の登記を申請しているが，その実質は定款変更であり，それにあわせて取締役，代表取締役の就任による変更登記を申請しているにすぎないと解釈する。そこで，取締役の就任承諾書の印鑑証明書は再任であるため例外的に添付を要せず（登規61Ⅳ括弧書），選定議事録の印鑑証明書は，聴取記録1から変更前の代表者Aが

登記所届出印を押印しているため例外的に添付を要しない（登規61 Ⅵただし書）。
　また，本人確認証明書は，取締役Aが再任であるため例外的に添付を要しないことになる（登規61 Ⅶ括弧書）。

90　代表取締役の氏名抹消等
（1）　会社を代表しない取締役の退任に伴う場合
【事例111 ─会社を代表しない取締役の退任に伴う代表取締役の氏名抹消─】 過問 （H13）

> 問　次の事実に基づき暫定答案を作成しなさい。平成28年7月4日に申請するものとする。
> （有限会社Zの登記記録）
> 会社成立の年月日　平成7年4月1日
> 資本金の額　金300万円
> 東京都千代田区甲町1番地
> 　取締役A
> 東京都千代田区乙町2番地
> 　取締役B
> 代表取締役A
> （聴取記録）
> 1　Bは，平成28年6月30日に死亡し，親族から同年7月2日付けの死亡届が提出されている。
> 2　定款には，取締役が2名以上いるときは，取締役の互選をもって代表取締役を選定する旨の定めがある。

登記の事由	登記すべき事項	登免税額（根拠）
取締役の変更 代表取締役の氏名抹消	平成28年6月30日取締役B死亡 同日取締役が1名となったため代表取締役Aの資格及び氏名抹消	金1万円（（1）カ）

① 登記事項の読替え

　特例有限会社では，会社法の登記すべき事項の規定を，取締役については「氏名および住所」と読み替え，代表取締役については「氏名（特例有限会社を代表しない取締役がある場合に限る。）」と読み替え，監査役については**監査役の氏名および住所**と読み替えて会社法の規定が適用され（整備43 Ⅰ），それら登記事項は役員区に登記されることになる。

　この読替規定により監査役をおく会社であっても，監査役設置会社の旨は登

記事項とならず，取締役が1人の会社は，その取締役を代表取締役として登記できないことになる。

② 会社を代表しない取締役の退任

上記の登記事項の読替えにより，会社を代表しない取締役が退任し，会社を代表しない取締役が不存在となれば，代表取締役の氏名を登記する手続要件がみたせなくなるため，原則として本店で2週間以内に**代表取締役の氏名抹消登記**登記の申請が必要となり，本店での登記の事由となる（会915Ⅰ）。

ただし，定款に「取締役を2名おき，取締役の互選をもって代表取締役を定める」旨の定めがあれば，代表取締役の氏名抹消登記を要せず，会社を代表しない取締役の退任登記のみを申請すれば足りる。当該定款規定により，遠からず後任取締役が選任されるため，上記の原則どおりの処理は，登記経済に反し，申請人に過分の負担を課すことになるからである（昭42.5.1民甲1012回参照）。

事例の場合，登記記録から取締役AおよびB，代表取締役Aの状態で，聴取記録1から会社を代表しない取締役Bが死亡しており，聴取記録2に示された定款の定めは，上記の例外的に代表取締役の氏名抹消を要しない場合の定款の定めには該当しない。したがって，原則のどおり取締役Bの死亡により代表取締役の登記をする手続要件がみたせなくなると解し，取締役Bの死亡による退任登記とともに代表取締役Aの氏名抹消登記を申請すべきことになる（法24⑨）。

③ 登録免許税等

登記の事由として「代表取締役の氏名抹消」と記載するが，社外取締役や社外監査役の登記の抹消と同様，その課税方式は，抹消登記としてのものではなく，役員変更登記として申請件数1件につき金3万円（資本金の額が金1億円以下の場合は金1万円）の定額課税となる（登免税別表第24(1)カ）。事例の会社の資本金の額は金1億円以下であるため登録免許税額は金1万円となる。

【参考・添付書面】 死亡届 1通　委任状 1通
法 実体構造は，決議を要素としない法律事実としての死亡のみであり（**14**(5)ⅳj），退任による変更登記を申請する場合として退任を証する書面を添付する（法54Ⅳ）。退任を証する書面は，Bの死亡届である。
規 代表取締役Aの氏名抹消登記は，原則どおりそれを行う場合であり，定款の定めがあれば適法な申請となる場合には該当しないため定款の添付を要しないことになる（登規61Ⅰ参照）。

（2） 取締役全員の代表取締役選定に伴う場合
【事例 112 ―全員を代表取締役に選定したことによる代表取締役の氏名抹消―】 過問 （S63）

> 問　次の事実に基づき暫定答案を作成しなさい。
> （有限会社 Z の登記記録）
> 会社成立の年月日　平成 7 年 4 月 1 日
> 資本金の額　金 300 万円
> 東京都千代田区甲町 1 番地
> 　　取締役 A
> 東京都千代田区甲町 2 番地
> 　　取締役 B
> 代表取締役 A
> （有限会社 Z の平成 28 年 6 月 27 日の取締役の決定）
> 議案　取締役 B を代表取締役として選定することを取締役の全員一致により
> 　　　決定した。B は席上即時に就任を承諾した。
> （聴取記録）
> 1　定款には、取締役の互選をもって代表取締役を選定する旨の定めがある。
> 2　上記の決定書には、代表取締役 A が登記所届出印を押印しており、取締役
> 　　B が市区町村長に届けている実印を押印している。

登記の事由	登記すべき事項	登免税額（根拠）
代表取締役の氏名抹消	平成 28 年 6 月 27 日代表権を有しない取締役の不存在により代表取締役 A の資格及び氏名抹消	金 1 万円（(1) カ）

　登記事項の読替えにより、取締役の全員を代表取締役に選定することで会社を代表しない取締役が不存在となれば、代表取締役の氏名を登記する手続要件がみたせなくなるため、**代表取締役の氏名抹消登記**を法律構成することになる（整備 43 Ⅰ）。

　事例の場合、取締役 A および B、代表取締役 A の状態でさらに定款の定めに基づいて代表取締役 B を選定しており、選定された B が就任を承諾しているため、これにより会社を代表しない取締役が不存在となる。したがって、代表取締役の登記要件がみたせなくなり、新たに選任された代表取締役の就任登記ではなく、既存の代表取締役の氏名抹消登記を申請しなければならないことになる。

　登記すべき事項は、登記記録例により会社を代表しない取締役の退任と区別して「平成○年○月○日代表権を有しない取締役の不存在により」と氏名の抹

消の事由を表現することになる。

　登録免許税は，抹消登記という表現がとられているが，役員変更登記として申請件数1件金3万円（資本金の額が金1億円以下の場合は金1万円）の定額課税となる（登免税別表24(1)カ）。事例の会社の資本金の額は金1億円以下であるため登録免許税額は金1万円となる。

> 【参考・添付書面】　定款1通　ある取締役の一致を証する書面1通　就任承諾書
>   　　　　　　　　　はある取締役の一致を証する書面を援用する。委任状1通
> 法　実体構造は，決議を要素とする契約が立証を要する法定要件をみたしてなされる形態である（14(5)ⅱe）。事例の登記事項は，定款の定めに基づく取締役の互選による代表取締役の選定の結果であるため「ある取締役の一致を証する書面」（法46Ⅰ）を添付する。また，間接選定であるため就任承諾が観念され，被選定者は，席上就任を承諾しその旨が決定書に記載されているため，ある取締役の一致を証する書面を「就任承諾書」として援用（正確には兼用）できることになる。
> 規　取締役の互選による代表取締役の選定は，定款に定めがなければ適法になしえないため「定款」を添付する（登規61Ⅰ）。しかし，事例で申請する登記は代表取締役の就任による変更登記ではないため，就任承諾書の印鑑証明書および選定議事録の印鑑証明書の規定は適用されず，印鑑証明書の添付を要しない（登規61Ⅳ Ⅵ参照）。

（3）　代表権の回復

【事例113─代表取締役の死亡に伴う会社を代表しない取締役への代表権付与─】

> 問　次の事実に基づき暫定答案を作成しなさい。平成28年7月4日に申請するものとする。
> （有限会社Ｚの登記記録）
> 会社成立の年月日　平成7年4月1日
> 資本金の額　金300万円
> 東京都千代田区甲町1番地
> 　取締役Ａ
> 東京都千代田区甲町2番地
> 　取締役Ｂ
> 代表取締役Ａ
> （聴取記録）
> 1　Ａは，平成28年6月30日に死亡し，親族から同年7月2日付の死亡届が提出されている。
> 2　定款には，取締役が2名以上いるときは，取締役の互選をもって代表取締役を選定する旨の定めがある。

90　代表取締役の氏名抹消等

登記の事由	登記すべき事項	登免税額（根拠）
取締役，代表取締役の変更	平成28年6月30日代表取締役である取締役A死亡	金1万円（(1) カ）

　株式会社における代表取締役は，会社を代表する取締役と定義されており（会47Ⅰ括弧書），取締役であれば業務執行権を有し（会348），それを前提として会社の代表権を有する（会349ⅠⅡ）。

　取締役のなかから代表取締役を選定する場合，そのメカニズムは，選定されない取締役が本来有する取締役としての代表権を剥奪的に制限し，その反射として選定された取締役が本来有する代表権のみが顕在化し，選定された取締役のみが上記の代表取締役の定義をみたし，代表取締役となるものである。

　代表取締役を兼ねる取締役が退任した場合，会社を代表しない取締役の代表権は，原則として当然には回復せず，会社を代表しない取締役を代表取締役に選定しないかぎり，会社を代表しない取締役が会社を代表して登記を申請することはできないことになる。

　ただし，事例の定款の定めのように取締役が1名しか存在しないこととなった場合，その取締役が代表権を行使できる定めとなっていれば，定款の定めを根拠として会社を代表しない取締役Bに代表権が付与され，事例の場合であれば，取締役Bが代表取締役兼取締役Aの死亡による退任登記を申請することが可能となる（吉田・施行後の諸問題43頁，土手敏行「商業登記実務Q＆A(2)」『登記情報』545号43頁）。

　ただ，事例の場合，登記事項の読替えにより会社を代表しない取締役が存在しないことになり定款の定めに基づき代表権が付与される取締役Bを代表取締役として登記することは許されず（整備43Ⅰ），この点が取締役のほか，常に代表取締役の登記が必要となる通常の株式会社との違いとなっている。

【参考・添付書面】　死亡届1通　定款1通　委任状1通

法　実体構造は，決議を要素としない法律事実としての死亡のみであり（14 (5) ⅳ j），退任による変更登記を申請する場合として退任を証する書面を添付する（法54Ⅳ）。退任を証する書面は，Aの死亡届である。

規　代表取締役兼取締役Aの死亡による退任登記を取締役Bが適法に申請できるのは，定款の定めにより取締役Bに代表権が付与されるからであるため「定款」を添付することになる（登規61Ⅰ）。

◆第3部◆

フレーム・コントロール Step 2

―複数登記の関係性の判断―

第 1 章
総説

91　Ｆコン Step 2 の学習内容

　Ｆコン（フレーム・コントロール）の Step 2 は，**複数登記の関係性の判断**を行うことである。商業登記の出題形式は複数登記の**一括申請**であり，本来，申請の個数と順序が厳しく問われることはない。

　しかし，経由・同時申請義務が課せられる申請を使った問題や申請日が複数設定された問題では，例外的に申請の個数と順序が問題となり，**欄ズレ**類似の間違いを発生させ，答案全体に大きな影響を与えることになる。これらをどう判断するのかが**複数登記の関係性の判断**であり，ＦコンのStep 2 での学習対象となっている。これは暫定答案の判断が答案の**個別フレーム**の問題であるのに対し，複数登記の関係性の判断はあたかも答案の**全体フレーム**の問題というかたちでイメージできるものである。

第2章

経由・同時申請を使った問題への対応

2-1 出題の特色と対応法

92 経由・同時申請の登記を使った出題の特色と対応法

　まず，経由・同時申請の判断を学習する。経由・同時申請義務が課せられる登記は，複数の登記を各別に申請しながら，それら複数申請に特別な義務が課せられており，それが一括申請の判断や，添付書面等の判断に影響を与えるものである。

　したがって，問題に経由・同時申請義務が課せられている登記が含まれる場合，まず，その登記のみを取り上げ，これをＦコンの対象とし，答案用紙への解答箇所の大枠を決めてしまうことが答案作成上のポイントとなっている。

2-2 管轄外の本店移転

93 管轄外の本店移転（事例91）

(1) 経由・同時申請義務

　商業登記は，登記所ごとに登記の申請をしなければならないとの不文律がある。したがって，甲登記所の管轄区域内に本店を有する会社が，乙登記所の管轄区域内に本店を移転する場合（以下「管轄外の本店移転」という），1つの本店移転という登記の事由に基づき，甲登記所に対する旧所在地分の申請と乙登記所に対する新所在地分の申請の2つの申請が必要となる。

　この場合，2つの申請の矛盾判断を防止し，登記事務を効率化するには，2つの申請を1人の登記官が併合審査をすべきことになる。その手段として，新所在地分の登記は，旧所在地を管轄する登記所を経由して申請しなければならず（法51Ⅰ前段），登記簿の論理的な整合性を保持するため，新所在地分の登記と旧所在地分の登記とは同時に申請しなければならないとの制約を受ける（法51Ⅱ，平23，平26）。

（2）一括申請の判断

① 新所在地分の登記申請

新所在地分の登記と他の登記とは，一括申請ができない。他の登記との一括申請を認めると，規定がないのに他の登記を経由申請してしまう不都合が生じるからである（法51Ⅰ前段，同24⑪参照）。この取扱いには例外はない。

② 旧所在地分の登記申請

ⅰ 一括申請可能の原則

原則として，旧所在地分の登記と他の登記とは，一括申請することができる（平26）。新所在地分の申請のように経由申請義務が課せられていないからである。

本店に支配人が選任されている場合には，登記記録を整合させるため，支配人の営業所移転の登記を旧所在地分の申請と同時申請しなければならず（登規58），この場合，これら2つの登記は事実上，必要的一括申請となる（**事例91**）。

ⅱ 一括申請制約の例外

ただし，支店所在地の登記所に管轄外の本店移転をする場合，支店所在地における登記事項（商号の変更，支店の廃止等）の変更登記との一括申請は許されない。この一括申請を認めると，新所在地分の本店移転登記の申請書には，変更後の現に効力を有する登記事項が記載され，それに基づいて新たに登記記録が起こされ，支店登記の登記記録は閉鎖されるため（登規65Ⅳ），支店の登記記録に旧所在地分と一括申請した登記が反映されない不都合が生じるからである。

この場合，その他の変更登記を完了させてから本店移転登記を申請するか，本店移転登記を完了させてからその他の変更登記を申請すべきことになる（ハンドブック197頁）。

【事例114 ― 管轄外の本店移転と他の登記の一括申請の可否 ―】

> 問　次の事実に基づき暫定答案を作成しなさい。本店移転登記の旧所在地分の申請と一括申請するのが妥当でない登記があれば，その登記申請を第1欄に記載し，その登記の完了後に本店移転登記を申請したものとし，第2欄には旧所在地分の申請書を記載するものとする。
>
> （株式会社Zの登記記録）
> 商号　　株式会社Z
> 本店　　東京都千代田区甲町1番地
> 公告をする方法　官報に掲載してする
> 会社成立の年月日　平成7年7月7日

支店　大阪市乙町2番地
（株式会社Ｚの平成28年6月27日の定時株主総会議事録）
2号議案　議長は，商号を「株式会社Ｙ」に変更し，本店所在地を「大阪府大阪市」に変更し，公告をする方法を「大阪経済新聞に掲載してする」に変更することの可否を議場に諮ったところ，満場一致で可決した。
（株式会社Ｚの平成28年6月27日の取締役会議事録）
議案　議長は，当社の創立記念日である平成28年7月1日をもって本店を大阪市乙町2番地に移転することの可否を議場に諮ったところ，出席取締役全員の一致をもって可決した。
（聴取記録）
1　本店移転の作業は，平成28年6月30日までに完了している。

第1欄　登記の事由	登記すべき事項	登免税額（根拠）
商号変更	平成28年6月27日変更 　商号　株式会社Ｙ	金3万円（(1)ツ）

第2欄　登記の事由	登記すべき事項	登免税額（根拠）
本店移転 公告をする方法の変更	平成28年7月1日本店移転 　本店　大阪市乙町2番地 平成28年6月27日変更 　公告をする方法　大阪経済新聞に掲載してする	金3万円（(1)ヲ） 金3万円（(1)ツ） 計金6万円 （登免税18）

　事例の場合，登記記録から管轄外の本店移転先に既存支店が存在しているため，支店の登記事項となっている商号の変更を旧所在地分と一括申請することは妥当ではないことになる。したがって，問題の指示により，商号変更の登記を本店および支店において申請し，その登記の完了後に管轄外の本店移転とそれと一括申請しても支障のない公告方法の変更を旧所在地分の申請と一括申請することになる。

(3)　登記すべき事項への影響

① 新所在地分の申請

ⅰ　登記すべき事項

　新所在地分の申請では，a．会社法911条3項各号に掲げる設立の際の登記事項と同一の事項（会916①），b．会社成立の年月日（法53），c．本店を移転した旨および効力発生日（法53），d．設立後に登記された現に効力を有する独立の登記事項を登記すべき事項として記載しなければならない。
　その際，取締役・会計参与・監査役・代表取締役・特別取締役・委員・執行役・代表執行役および会計監査人の就任（重任）の年月日を記載しなければなら

93　管轄外の本店移転（事例91）

ない（登規65Ⅱ）。これは，本店移転後の新本店における役員等の退任登記の審査の便宜を図るための記載である。

上記 d の**設立後に登記された現に効力を有する独立の登記事項**とは，企業担保権に関する事項（昭41.8.11民甲1759回）のほか，職務執行停止の仮処分・支配人・解散・清算人・破産手続開始決定等の各事項が本店移転後も実体的に効力を有するものであればこれらがそれに該当する。**吸収合併**は，独立の登記事項として会社履歴区に登記されているが，現に効力を有する独立の登記事項とならず，記載を要しない（平23）。

② 登記すべき事項の記載方法

上記 i の登記すべき事項のうち会社成立年月日は「商号区」に記載し，移転の旨および効力発生日は「登記記録区」に記載する（登規65Ⅲ，同35Ⅱ）。

しかし，下記の様式例の要領で登記記録区に記載する本店移転の旨および年月日を除く事項について，これを申請書の登記すべき事項欄に記載せず，登記すべき事項欄に**別添登記事項証明書のとおり**と記載し，登記事項証明書を申請書に契印して綴ることにより記載を省略することができる（平19.11.12民商2450回）。これは，補正を減少させ，事務の省力化のための便宜的措置である。

> 1　登記すべき事項　平成○年７月１日甲市乙町一丁目１番１号から本店移転
>   その他の事項については，別添登記事項証明書のとおり

③ 旧所在地分の申請

旧所在地分の申請は，管轄内の本店移転と同様である。

（4）管轄外の本店移転登記後の更正または抹消登記の処理

管轄外の本店移転登記後に，旧所在地の登記について，更正登記または抹消登記の申請が必要となることが判明した場合，本店移転後の本店管轄登記所に申請する。この場合の更正登記または抹消登記は，本店移転後の登記記録について登記すれば足り，旧所在地の閉鎖した登記記録を復活して更正または抹消することを要しない（平19.12.14民商2721回）。

【参考・添付書面】　旧所在地分　添付書面の詳細は**事例91**参照
　　　　　　　　　新所在地分　委任状 1 通

法　併合審査を実現するための経由・同時申請は，添付書面にもっとも強い影響を与える。管轄外の本店移転は，旧所在地の管轄登記所の登記官が登記の事由を審査するため，登記の事由に関する書面は旧所在地分の申請に１組あれば足りるからであ

る。その結果，旧所在地分の申請は，通常の登記申請と同様に添付書面を考えることになる。

　これに対して，新所在地分の申請は，登記の事由に関する添付書面を要せず，委任状（法18）のみで足りることになる（法51Ⅲ）。なお，管轄外の本店移転では，新所在地の登記所に対する代表者の印鑑の届出を旧所在地の登記所を経由して行うため（法51Ⅰ後段），代表者の印鑑証明書の添付は問題とならない。この点，経由申請義務が課せられる会社分割の分割会社の変更登記（法87Ⅲ），株式交換・株式移転の完全子会社の変更登記（法91Ⅲ）では，登記所作成の印鑑証明書と委任状の添付が要求されているのと対比して知識を整理しておかなければならない。

2－3　合併

94　合併（吸収合併につき事例103，新設合併につき事例106）

（1）　経由・同時申請義務

　吸収合併を例とすれば，合併により消滅会社は清算手続を経ずに会社が消滅するため，解散登記の申請が必要となり，存続会社では少なくとも会社履歴区に消滅会社の商号および本店，合併の旨および年月日を登記しなければならず，変更登記の申請が必要となる。

　これら2つの申請は，1つの登記の事由に基づくものであるため，矛盾判断を防止し事務の効率化を図るために，本店所在地における消滅会社の解散登記は，管轄登記所が異なるかぎり，存続会社の管轄登記所を経由して申請することで併合審査を実現する（法82Ⅱ）。また，登記簿の整合性を維持するため消滅会社の解散登記と存続会社の変更登記は同時に申請しなければならない（法82Ⅲ）。

（2）　一括申請の判断

①　消滅会社の解散登記

　消滅会社の解散登記と他の登記とは，一括申請ができない。消滅会社の解散登記には，経由申請義務が課せられているだけでなく（法82Ⅱ），解散登記が登記記録区に実行されれば（登規80Ⅰ③），それに伴って登記記録が閉鎖されることになるからである（登規80Ⅱ）。

②　存続会社の変更登記

　存続会社の変更登記と他の登記とは，一括申請ができる。消滅会社の解散登記のように経由申請義務が課せられておらず，通常の変更登記と変わらないか

95 会社分割（吸収分割につき事例104，新設分割につき事例107）

らである。

> 【参考・添付書面】 合併後の会社　登記事項証明書　添付省略（会社法人等番号○○○○-○○-○○○○○○）他の添付書面の詳細は**事例103**を参照
> 消滅会社　なし
>
> 法　併合審査を実現するための経由・同時申請により，合併後の会社を管轄する登記所の登記官が登記の事由を審査するため，登記の事由に関する書面は合併後の会社の登記申請に1組あれば足りることになる。その結果，合併後の会社の登記の申請は，通常の登記申請と同様に添付書面を考えることになる。ただ，消滅会社の手続を含めて審査するため，消滅会社の管轄登記所が異なり（法80⑤ただし書），経由申請をしなければならない場合には，消滅会社の「登記事項証明書」を添付することになる（法80⑤）。当該登記事項証明書は，会社法人等番号を提供することで添付が省略できる（法19の3）。
>
> これに対して，消滅会社の解散登記の申請は，合併後の会社の代表者が申請するため委任状を含めて添付書面の規定は適用されない（法82Ⅳ）。申請人が合併後の会社の代表者であるため，委任状を合併後の会社の登記と別個に添付させる必要性がないからである。この点で経由申請が課せられる **93** の管轄外の本店移転と異なる取扱いになっている。また，審査する登記所は，合併後の会社の管轄登記所であり，申請人は合併後の会社の代表者であるためすでに代表者の印鑑届出もされており，印鑑証明書を添付させて申請権限を確認する必要もなく，この点で，経由申請義務が課せられる会社分割の分割会社の変更登記（法87Ⅲ），株式交換・株式移転の完全子会社の変更登記（法91Ⅲ）とも異なる取扱いになっている。

2−4　会社分割

95　会社分割（吸収分割につき事例104，新設分割につき事例107）
(1)　経由・同時申請義務

　吸収分割を例とすれば，承継会社では，少なくとも分割をした旨ならびに分割会社の商号および本店を登記しなければならず（法84Ⅰ），そのための変更登記の申請が必要となる。また，分割会社では，少なくとも分割をした旨ならびに分割承継会社の商号および本店を登記しなければならず（法84Ⅱ），そのための変更登記の申請が必要となる。

　これら2つの登記は，吸収分割という1つの登記の事由に基づくものであり，矛盾判断を防止し，事務の効率化を図るため，本店所在地における分割会社の変更登記は，分割会社の本店と承継会社の本店の管轄登記所が異なる場合，承継会社の管轄登記所を**経由**して申請することで併合審査を実現する（法87Ⅰ）。

95　会社分割（吸収分割につき事例104，新設分割につき事例107）

　また，登記簿の整合性を維持するため分割会社の変更登記と承継会社の変更登記とは同時に申請しなければならない（法87Ⅱ）。
　これらにより，かりに，分割会社が複数の承継会社との間で吸収分割をした場合，複数ある承継会社のすべての変更登記の申請と分割会社の変更登記の申請を経由・同時申請しなければならないことになる（法24⑫，平19.12.18民商2737回）。

（2）　一括申請の判断
①　分割会社の変更登記
　承継会社または設立会社と分割会社の管轄登記所が異なることで，分割会社の変更登記に経由申請義務が課せられる場合（法87Ⅰ），当該登記と他の登記を一括申請することができない。他の登記との一括申請を認めると，経由申請の規定がないにもかかわらず，他の登記を経由申請してしまう不都合が生ずるからである。
　さて，会社分割では，分割契約で定めれば**分割型会社分割**（分割会社の株主に対して，分割の対価として分割会社が会社分割に際して発行する株式を割り当てる方法）が可能である（会758⑧）。ⅰ.分割型会社分割で，ⅱ.吸収型再編対価の全部が承継会社の株式であり，ⅲ.分割会社における吸収分割直前の株主資本等の全部または一部を引き継ぐものとして計算することが適切である場合には，分割会社の資本金，資本剰余金および利益剰余金の額を，それぞれ承継会社の資本金・資本剰余金および利益剰余金の変動額とすることができる（計算規38Ⅰ本文）。
　この場合，承継会社が資本金の額を増加する場合には，必ず分割会社における資本金の額の減少が必要となる（計算規38Ⅰ）。この場合の資本金の額の変更登記は，分割会社と承継会社の管轄登記所が同一の場合，分割会社の変更登記と一括申請することができる。分割会社と承継会社の管轄登記所が同一であれば，分割会社の変更登記には，経由申請義務が課せられず，一括申請の制約は生じないからである（宗野・施行後の諸問題41頁）。
　また，かりに，分割会社が資本金の額の減少を伴う吸収分割を複数の承継会社との間で行った場合，分割会社の変更登記の申請は，複数ある承継会社の変更登記の申請のいずれとも経由・同時申請しなければならないが，資本金の額の変更登記は，そのいずれかの分割会社の変更登記と一括申請すれば足りる（平19.12.18民商2737回）。

95 会社分割（吸収分割につき事例104，新設分割につき事例107）

さらに，新設分割において設立会社の商号が「Ｚ商事株式会社」であり，分割会社の商号も「Ｚ商事株式会社」であり，本店が同一所在場所となる場合には，同一所在場所における同一商号登記の禁止の規定（法27）への抵触を避けるために新設分割の効力発生前に分割会社の商号を変更することが必要となる。この場合，分割会社と設立会社の管轄登記所が同一であれば，商号変更を分割会社の変更登記と一括申請できることになる。これにより，新設分割計画の作成から新設分割による設立の登記までの間に分割会社の商号が変更されることになるが，事後的な商号の変更が組織再編行為の手続の効力に影響を与えることはないと解されており，適法に上記の登記申請が可能である（吉野太人「最近の商業・法人登記実務の諸問題（その３）」『登記インターネット』119号31頁）。

② 承継会社の変更登記

承継会社の変更登記の申請と他の登記の申請は，一括申請することができる。分割会社の変更登記のように経由申請義務が課せられていないからである。

【参考・添付書面】 承継会社等　登記事項証明書　添付省略（会社法人等番号○○○○-○○-○○○○○○）　他の添付書面の詳細は **事例104** を参照

　　　　　　　　　　分割会社　代表取締役の印鑑証明書 １通　委任状 １通

法 併合審査を実現するための経由・同時申請により，承継会社または設立会社を管轄する登記所の登記官が登記の事由を審査するため，登記の事由に関する書面は承継会社または設立会社の登記申請に１組あれば足りることになる。その結果，承継会社または設立会社の登記の申請は，通常の登記申請と同様に添付書面を考えることになる。ただ，分割会社の手続を含めて審査するため，分割会社の管轄登記所が異なり（法85⑤ただし書），経由申請をしなければならない場合には，分割会社の「登記事項証明書」を添付することになる（法85⑤）。当該登記事項証明書は，会社法人等番号を提供することで添付が省略できる（法19の3）。

これに対して，分割会社の変更登記の申請は，委任状のほか，経由申請をする場合には，登記所作成の印鑑証明書を添付する（法87Ⅲ）。委任状の添付が必要となるのは，合併と異なり分割会社の変更登記は分割会社の代表者が申請するからである。また，経由申請の場合，代表者の印鑑証明書の添付が必要なのは，経由する登記所には商業登記法20条の印鑑の届出がないため，あたかも印鑑を届け出ているのと同様に申請権限を審査するためである。

2−5　株式交換と株式移転

96　株式交換と株式移転（株式交換につき事例 105，株式移転につき事例 108）

（1）　経由・同時申請義務

　株式交換を例とすれば，完全親会社では，株式を発行し，発行済株式の総数および各種の株式の数，資本金の額に変更が生ずるか，または完全子会社から新株予約権を承継し新たに新株予約権を発行する場合にかぎり変更登記の申請が必要となる。

　他方，完全子会社では，新株予約権が承継される場合にかぎり，新株予約権の消滅による変更登記の申請が必要となるにすぎない。

　株式交換では，完全親会社および完全子会社の双方において変更登記の申請が必要となる場合には，株式交換という１つの登記の事由に基づき複数の登記の申請が必要となる。そのため，矛盾判断を防止し，事務の効率化を図るため，完全親会社と完全子会社の管轄登記所が異なる場合にかぎり，本店所在地における完全子会社の変更登記を完全親会社の管轄登記所を**経由**して申請することで併合審査を実現する（法91Ⅰ）。また，登記簿の整合性を確保するため，完全子会社の変更登記と完全親会社の変更登記とは**同時**に申請しなければならない（法91Ⅱ）。

　このように株式交換は，上記合併，会社分割と異なり，経由・同時申請が一定の要件をみたした場合にのみ問題となる点に最大の特色があり，その見極めが答案作成上のポイントとなっている（平27）。

（2）　一括申請の判断

①　完全子会社の変更登記

　完全子会社では，株式交換によって変更登記が必要となる場合で，かつ，完全親会社と管轄登記所が異なり，経由申請義務が課せられる場合にかぎって（法91Ⅰ），他の登記を一括申請することができない。

　その結果，完全子会社が新株予約権を発行していない場合には，株式交換または株式移転による変更登記が問題とならず，変更登記が問題となる場合であっても完全親会社となる会社と管轄登記所が同一であれば，他の登記の一括申請は何ら制約を受けないことになる。

97 組織変更（事例109）

② 完全親会社の変更登記

完全親会社の変更登記は，経由申請の制約がないため，他の登記との一括申請は何ら制約を受けない。

【参考・添付書面】 完全親会社　登記事項証明書　添付省略（会社法人等番号○○○○-○○-○○○○○○）　他の添付書面の詳細は**事例105**を参照

　　　　　　　　完全子会社　代表取締役の印鑑証明書1通　委任状1通

法 併合審査を実現するための経由・同時申請により，完全親会社を管轄する登記所の登記官が登記の事由を審査するため，登記の事由に関する書面は完全親会社の登記申請に1組あれば足りることになる。その結果，完全親会社の登記の申請は，通常の登記申請と同様に添付書面を考えることになる。ただ，完全子会社の手続を含めて審査するため，完全子会社の管轄登記所が異なり（法89⑤ただし書），経由申請をしなければならない場合には，完全子会社の「登記事項証明書」を添付することになる（法89⑤）。当該登記事項証明書は，会社法人等番号を提供することで添付が省略できる（法19の3）。

　これに対して，完全子会社の変更登記の申請は，委任状のほか，経由申請をする場合には，登記所作成の印鑑証明書を添付する（法91Ⅲ）。その理由は，**94**の参考・添付書面参照。

2－6　組織変更

97　組織変更（事例109）

（1）同時申請義務

　株式会社から持分会社への組織変更では，組織変更前の株式会社について解散登記を申請し，組織変更後の持分会社については，設立登記を申請しなければならない。これは，会社の種類ごとに登記記録の構成が異なるため，組織変更後の会社については新たに登記記録を起こさなければならないという技術的な理由によるものである。

　このように組織変更では，1つの登記の事由に基づいて解散・設立2つの登記が必要となるため，登記簿の論理的な整合性を確保するために，これら2個の登記は本店所在地および支店所在地のいずれにおいても**同時**に申請しなければならない（法107Ⅱ）。なお，複数の登記といえども同一の会社における現象であり，管轄登記所が同一であるため，経由申請の規定は設けられていない。

（2） 一括申請の判断
① 組織変更前の会社の解散登記

組織変更による解散登記は，登記記録区に登記され（登規80Ⅰ③），それに伴い解散会社の登記記録は閉鎖され（登規80Ⅱ），組織変更後の会社について登記記録が新たに設けられる。

この手続処理から，解散登記の対象となる会社の登記事項に変更があったとしても，それは閉鎖された会社の登記記録と新たに設けられた会社の登記記録を照合することで明らかになるため，解散登記と一括申請する変更登記は想定されていない。したがって，会社の解散登記と他の登記との一括申請は問題とならず，常に，解散登記のみを申請すれば足りることになる。

② 組織変更後の会社の設立登記
ⅰ 本店移転との一括申請の可否

組織変更による設立の登記と本店移転の登記を一括申請することは認められない。組織変更による設立登記には，**平成○年○月○日株式会社Ｙを組織変更し設立**の要領で，組織変更前の会社の商号および組織変更の旨が登記されるが（法76），本店が登記されないため，組織変更後の会社の登記記録に移転後の本店が直接記載されると組織変更前の会社の登記記録を探索できないという公示技術上の不都合が生じるからである。蛇足ではあるが，この技術的な欠陥が明らかでありながら，会社法の制定を期にこれを改善しなかった点は，会社法の立案担当者が登記制度に精通していなかったとしても，遺憾といわざるをえない。

ⅱ 支店に関する登記の一括申請の可否

組織変更による設立登記とあわせて支店設置をした場合，それが設置する支店の管轄登記所で初めてする支店設置であれば，一括申請が認められない。支店所在地においても組織変更後の会社の設立登記と組織変更前の会社の解散登記とを同時申請しなければならないため，上記の場合，支店設置する登記所には組織変更前の会社の登記記録が存在せず，組織変更前の会社の解散登記を申請できず，同時申請義務を果たせないからである。

同様の趣旨で，支店移転（支店の旧所在地において支店がなくなり設立登記と解散登記を同時申請できない場合）や支店廃止（支店廃止後に他の支店がなく設立登記と解散登記を同時申請できない場合）についても支店所在地での同時申請義務を果たせず，一括申請が認められない。

98 特例有限会社の商号変更による株式会社への移行（事例110）

> 【参考・添付書面】 組織変更後の会社の設立登記　添付書面の詳細は**事例109**を参照
> 　　　　　　　　　組織変更前の会社の解散登記　なし
> 法　登記簿の論理的な整合性を確保するため同時申請が要求されているが、同一の会社の現象として組織変更をした会社を管轄する登記所の登記官が併合審査をするため、登記の事由に関する書面および委任状は設立の登記に１組あれば足りることになる。その結果、設立の登記の申請は、通常の登記申請と同様に添付書面を考えることになる。なお、同一の会社に関する登記であり、登記内容は登記官が管理している登記簿から明らかであるため「登記事項証明書」を添付する余地はない。
> 　上記のとおり、解散登記の申請は、委任状を含めて添付書類の規定が適用されない（法107Ⅱ）。

2－7　特例有限会社の商号変更による株式会社への移行

98　特例有限会社の商号変更による株式会社への移行（事例110）
（１）　同時申請義務
　特例有限会社の商号変更による株式会社への移行は、実質的には定款変更にすぎないが、特例有限会社については解散の登記を、商号変更後の株式会社については設立の登記を申請しなければならない。特例有限会社は、会社の種類は「株式会社」に分類されるが、通常の株式会社と比べて機関設計が大幅に制約され（整備17Ⅰ）、登記事項が読み替えられているため（整備43Ⅰ）、組織変更に倣い商号変更後の株式会社について、新たに登記記録を起こすことになるからである。

　特例有限会社の商号変更による株式会社への移行は、債権者保護手続を要せず、本店での登記が効力発生要件となっており（整備45Ⅱ）、組織変更とは大きく異なるものの申請手続のあり方は、組織変更と同様、解散の登記と設立の登記は本店所在地および支店所在地のいずれにおいても同時申請が義務づけられている（整備46、同136 XXI）。

（２）　一括申請の判断
①　特例有限会社の解散登記
　特例有限会社の解散登記については、**97**の組織変更と同様の理由により、いっさいの登記を一括申請することはできない。

② 株式会社の設立登記
i 設立の登記との一括申請要件

　原則として，変更にかかる事項の効力発生日を商号変更による設立の効力発生日（申請日）と同日とすれば，商号変更による移行の設立登記にあわせて他の変更登記を一括申請することが認められている（平 18.3.31 民商 782 通，ハンドブック 589～590 頁）。この場合の一括申請は，他の変更事項を設立登記の登記事項として記載できるという意味であり（役員等の就任・重任の旨および年月日は職権で記載されるため申請書へは記載を要せず，申請レベルでは設立の登記と同様の取扱い），一括申請する他の変更登記については移行に伴う登録免許税のほか，別途に登録免許税の納付を要しない取扱いとなっている。

　たとえば，商号変更の効力発生を条件とする目的変更，会計参与・会計監査人の登記の一括申請も可能であり，募集株式の発行の変更日（払込期日，払込期間の末日）が設立登記の申請日であれば，資本金の額を増資後のものとして一括申請することが可能である（増資を一括申請できる点は組織変更にはない特色である）。

　また，通常の設立の登記（**事例 99**）では，募集事項を決定する機関が存在しないことから設立の際に新株予約権の登記が許されないのとは異なり，商号変更の効力発生を条件とすれば新株予約権を発行し，設立登記と一括申請することも可能である。この場合，上記の他の登記と同様，別途に登録免許税を納付することを要せず，設立登記事項として登記をするため，新株予約権の発行年月日等を登記することを要しない（塚田佳代・前田和樹「商業・法人登記実務の諸問題(2)」『登記研究』740 号 36～37 頁）。

ii 一括申請が許されない本店移転登記の例外

　移行による設立の登記と本店移転登記を一括申請することは例外的に許されない（土手敏行「商業登記実務 Q＆A」『登記情報』540 号 8 頁 Q31）。移行による設立登記には**平成○年○月○日有限会社 B を商号変更し，移行したことによる設立**の要領で特例有限会社の商号および商号を変更した旨が登記されるが，本店が登記されないため，組織変更の場合と同様，移行後の株式会社の登記記録に移転後の本店が直接記載されると商号変更前の特例有限会社の登記記録を探索できないという不都合が生じるからである（ハンドブック 590 頁）。

　この場合，管轄内の移転であれば①本店移転，②特例有限会社の解散，③商号変更による設立登記を連件で申請し，管轄外の本店移転であれば特例有限会

社の状態で本店移転登記を完了させ，その後に移行の登記を申請するか（「商業登記の栞17」『登記研究』701号206〜207頁），①特例有限会社の解散，②商号変更による設立，③旧所在地分の本店移転，④新所在地分の本店移転として申請することになる（吉田一作「会社法施行後における商業登記実務の諸問題(5)」『登記情報』549号49頁）。

なお，特例有限会社の株式会社への移行の際に，本店所在場所を「甲市乙町一丁目1番1号」から「甲市乙町一丁目1番1号○○ビル1階」とすることは可能である（吉野太人「会社法施行後における商業登記実務の諸問題(7)」『登記情報』557号43頁）。本店の同一性が認められるからである。

iii 一括申請が許されない支店に関する登記の例外

組織変更と同様，支店所在地においても株式会社の設立登記と特例有限会社の解散登記とを同時申請しなければならないため，設置する支店の管轄登記所で初めてする支店設置の登記は，一括申請ができない。この場合，支店を設置する登記所には特例有限会社の登記が存在していないため，特例有限会社の解散登記を同時申請することができないからである（ハンドブック590頁）。同様に，支店移転（支店の旧所在地において支店がなくなり設立登記と解散登記を同時申請できない場合）や支店廃止（支店廃止後に他の支店がなく設立登記と解散登記を同時申請できない場合）についても，一括申請が認められない（「商業登記の栞17」『登記研究』701号208頁，西田淳二「会社法施行後における商業登記実務の諸問題(2)」『登記情報』539号8〜9頁）。

【参考・添付書面】　株式会社の設立登記　添付書面の詳細は**事例110**を参照
　　　　　　　　　　特例有限会社の解散登記　なし

　法　登記簿の論理的な整合性を確保するため同時申請が要求されているが，同一の会社の現象として商号変更した特例有限会社を管轄する登記所の登記官が併合審査をするため，登記の事由に関する書面および委任状は設立の登記に1組添付すれば足りることになる。
　　その結果，解散登記の申請は，委任状を含めて添付書類の規定が適用されず（整備136 XⅢ），組織変更と同様に「登記事項証明書」を添付する余地もないことになる。

2-8 本店および支店で登記する事項の支店での登記申請

99 支店所在地における登記申請
(1) 本店および支店所在地における登記事項

会社法では，支店所在地における登記事項を①会社の商号，②本店の所在場所，③支店の所在場所（その所在地を管轄する登記所の管轄区域内にあるものにかぎる）の3事項に簡素化したため，これら支店所在地の登記事項（会930Ⅱ）が発生・変更・消滅する局面においてのみ本店所在地および支店所在地での申請が問題となる（会930，同931，同932）。

(2) 本店所在地における登記成果の流用

【事例115─本店および支店で登記すべき事項の支店での申請─】

> 問　次の事実に基づき暫定答案を作成しなさい。本店の管轄登記所への登記申請書を第1欄に記載し，その登記完了後に，支店の管轄登記所への登記申請が必要であれば，それを第2欄に記載し（その際，引用記載ができる場合には引用記載をすること），申請が不要であれば，登記の事由に「登記不要」と記載するものとし，添付書面の添付省略はしないものとする。
> （株式会社Ｚの登記記録）
> 商号　株式会社Ｚ
> 本店　東京都渋谷区桜丘１番地
> 支店　大阪市乙町２番地
> （株式会社Ｚの平成28年6月27日の定時株主総会議事録）
> 2号議案　議長は，当社の創立記念日である平成28年7月1日に定款第1条の商号を「株式会社Ｙ」に変更することの可否を議場に諮ったところ，満場一致をもって承認可決した。

第1欄　登記の事由	登記すべき事項	登免税額（根拠）
商号の変更	平成28年7月1日変更 　商号　株式会社Ｙ	金3万円（(1)ツ）

第2欄　登記の事由	登記すべき事項	登免税額（根拠）
商号の変更	別添登記事項証明書記載のとおり	金9,000円（(2)イ）

① 1つの登記の事由に基づく複数登記の処理の工夫

本店所在地および支店所在地でする登記は，同一の登記の事由に基づいて異なる登記所に対して複数の登記を申請する場合に該当するため，矛盾判断を防止し，登記事務の効率化を図るための工夫が必要となる。

その手段として，1人の登記官が併合審査をするための経由・同時申請が考

99 支店所在地における登記申請

えられるが，それ以外にも，まず，本店所在地の登記所で登記を完了させ，本店所在地においてした登記を証する書面を添付させ，本店での登記成果を支店での登記に流用するシステムが考えられており，本店所在地および支店所在地での登記申請に用いられている。

事例では，本店の管轄登記所の登記完了後に支店の管轄登記所への登記申請の必要性が問われている。事例で問題となっている商号変更は，本店および支店の双方で登記すべき事項となっており，変更後本店で2週間以内（会915Ⅰ），支店で3週間以内（会930Ⅲ）に変更登記の申請が必要となり，本店の管轄登記所の登記完了後に支店の管轄登記所に対して登記申請が必要な場合に該当することになる。

② 申請書への影響

会社の支店所在地における登記の申請書には，**支店**を記載しなければならない（法17Ⅲ）。これは，登記申請が管轄に適合していることを明らかにするための記載である。したがって，支店の所在地を管轄する登記所の管轄区域内に支店が複数ある場合には，そのすべての支店を記載することを要せず，任意の1支店を記載すれば足りる。

③ 登記すべき事項への影響

登記すべき事項は，「本店所在地においてした登記を証する書面」（登記事項証明書）の記載を引用して記載できる（登規62Ⅰ）。この場合，申請書の登記すべき事項欄には，「別添登記事項証明書記載のとおり」と記載し，引用すべき登記事項を明らかにするため，引用箇所に赤ペン等でアンダーラインを引くか，該当箇所を囲み込むかの措置を施さなければならない（登規62Ⅱ）。

事例では，引用記載ができるものについては引用記載をする旨が指示されているため，上記の解答例の要領で登記すべき事項を引用記載する。

④ 登録免許税への影響

支店での登記の登録免許税は，原則1件について9,000円である（登免税別表24(2)イ）。ただし，登記の更正または抹消登記は1件6,000円となる（登免税別表24(2)ロ）。

【参考・添付書面】　本店所在地分　株主総会議事録1通　株主リスト1通　委任状1通
　　　　　　　　　　支店所在地分　登記事項証明書1通

法　支店所在地分の申請の添付書面として，「本店の所在地においてした登記を証する

書面」（登記事項証明書）を添付する（法48Ⅰ）。当該書面により，登記事項の真実・適法性が担保されるため，委任状を含めてそれ以外の書面の添付を要しない。当該登記事項証明書は，会社法人等番号を提供することで添付が省略できるが（法19の3），事例の場合には添付書面の添付省略をしない旨の指示があるためそのまま記載する。

　これに関連し，支店所在地では，上記の方法により登記事項の真実・適法性が確保されるため，申請人である代表者の権限および申請意思をチェックする必要がなくなるため，支店所在地においては代表者の印鑑の提出は不要とされている（法20Ⅲ）。

（3）　オンライン指定登記所の経由・同時申請

商号　　株式会社Z 本店　　東京都渋谷区桜丘1番地 支店　　大阪市乙町2番地 登記の事由　商号変更 登記すべき事項　平成28年7月1日変更 　　　　　　商号　株式会社Y	登録免許税額　　金39,000円 　　　内訳　本店所在地分　金30,000円 　　　　　　支店所在地分　金9,000円 登記手数料額　　金○○円 納付額合計　　　金○○円 添付書類　株主総会議事録　1通 　　　　　委任状　　　　　1通

　オンライン指定登記所の管轄内に本店を有する会社が，本店および支店で登記すべき事項について，支店所在地でする登記の申請をするには，その支店が他のオンライン指定登記所の管轄区域内にあるかぎり，本店を管轄する登記所を経由して申請することができる（法49Ⅰ）。これは，支店所在地分の登記申請と本店所在地分の登記申請とを必要的に一括申請できることを意味する（登規63Ⅰ）。

　この場合，支店の記載は，その所在地を管轄する登記所ごとに整理して記載し（登規63Ⅱ），支店所在地分の申請について添付書面に関する規定は適用されない（法49Ⅳ）。

　また，この登記申請では，本店所在地分および支店所在地分の登録免許税のほか，本店所在地の管轄登記所から支店所在地の管轄登記所に対して通知するために要する実費その他いっさいの事情を考慮し政令で定める手数料を納付しなければならない（法49Ⅴ～Ⅶ）。この手数料を納付しなければ登記申請は却下される（法50Ⅰ）。

2-9　支配人の登記の同時申請

100　支配人の登記と本店・支店登記との関係

（1）　支配人を置いた本店の移転（事例90，事例91），**支店の移転**（事例94）

　支配人を置いた営業所である本店または支店の移転登記と支配人を置いた営業所の移転登記は本店所在地の登記所において同時に申請しなければならない（登規58，法24⑫）。支配人を置いた営業所である本店または支店を移転した場合，支配人を置いた営業所も当然に移転することになるため，登記簿の論理的整合性を確保する趣旨である。

　ただし，支配人を置いた本店を管轄外に移転する場合，旧所在地分の申請については本店移転登記と支配人を置いた営業所の移転登記とを同時申請しなければならないが，新所在地分の申請では移転後の営業所を含めて本店支配人の登記を現に効力を有する登記事項として記載すれば足りるため，支配人の営業所移転の同時申請を行う必要がない点に注意しなければならない。

（2）　支配人を置いた支店の廃止（事例95）

　支配人を置いた支店を廃止した場合，支店の廃止と支配人の代理権消滅の登記は本店所在地の登記所において同時申請しなければならない（登規58，法24⑫）。支店を廃止すれば，当該支店に置いた支配人の代理権も消滅するため，登記簿の論理的な整合性を確保する趣旨である。

　これに対して，支店の設置と支配人の選任とを同時にした場合でも両登記は，同時申請が要求されていない。したがって，支店の設置と支配人の選任登記を同時申請しなくとも申請が却下されることはない。

（3）　支配人を置いた会社の解散

　会社の支配人は解散登記に伴って登記官が抹消する記号（下線）を記録するため（登規59），解散登記と支配人の代理権消滅の登記を同時申請する必要はない。

　ただし，清算株式会社では，支配人を選任することが可能であり，解散前から選任していた支配人について解散後も代理権を行使させるには，上記の処理との関係で，解散登記にあわせて支配人の選任登記を申請すべきことになる。

【参考・添付書面】
　法　会社の支配人に関する添付書面は，支配人の選任登記を申請する場合の「支配人

の選任を証する書面」(法45Ⅰ) と，支配人の代理権の消滅の登記を申請する場合の「支配人の代理権の消滅を証する書面」(法45Ⅱ) しか規定がない。
　(1)で述べた支配人を置いた本店または支店の移転の場合には，支配人の営業所移転の登記が問題となるが，当該登記は，本店または支店の移転登記と同時申請義務が課せられているため，本店または支店の移転を証する添付書面によって登記の事由が証明されることを考慮し，規定を設けなかったものと思われる。
　また，(2)の支配人を置いた支店の廃止は，支店廃止の登記の添付書面が支配人の代理権の消滅を証する書面を兼ねることになる。

2－10　申請不要の登記

101　ある登記に伴い登記官が抹消する記号（下線）を記録する登記

(1)　ある登記と他の登記との関連性

　ある登記と他の登記の論理的な関連性が高い場合には，登記簿上もある登記と他の登記とが論理的に整合するように，ある登記と他の登記との申請について同時申請義務を課す工夫がされている（法82Ⅲ等，登規58，法24⑫）。
　他方，Aの登記をすれば，すでに登記されている他のBの登記が実体的に当然に意味を失い，それを登記上も明らかにする必要性が高い場合，Aの登記を登記官が登記簿に記録する際に，登記官が意味を失う他のBの登記に抹消する記号（下線）を記録することが規定されている。この場合，すでに登記されている他のBの登記を抹消する申請が不要となるため，上記の規定は，ある登記の申請に伴い，どのような登記を申請すべきかに関連する知識として重要となる。

(2)　電子公告への変更登記と貸借対照表の電磁開示の登記（事例3参照）

　公告方法の変更前に，貸借対照表（大会社は貸借対照表および損益計算書）の内容である情報を電磁的方法により公開していた会社が公告方法を電子公告に変更する場合，原則として貸借対照表を電磁的方法で公開する際のウェブページのURLは，公告方法の変更登記をする際に登記官が抹消する記号（下線）を記録する（登規71）。貸借対照表の公開を電磁的方法で行える会社は，官報または日刊新聞紙を公告方法とする会社にかぎられるからであり（会440ⅡⅢ），電子公告への変更後は，電子公告の登記事項として登記するウェブページのURLを使えば足りるからである。その結果，原則として，電子公告への公告方法の変更登記の申請の際に，貸借対照表にかかる情報の提供を受けるために必要な事項の廃止の登記を申請する必要はないことになる。

101　ある登記に伴い登記官が抹消する記号（下線）を記録する登記

　ただし，電子公告に変更する会社がそのURLと従来から電磁的方法による貸借対照表の公開のために使用していたウェブページのURLとを別に定めて登記することは可能であり（施行規220Ⅱ），その場合には電子公告のウェブページのURLのほか，貸借対照表のウェブページのURLを含めて登記すべき事項を記載しなければならない（**30（2）**参照）。

（3）単一株式発行会社の株式の内容の登記と種類株式発行会社の株式の内容の登記

　単一株式発行会社が種類株式発行会社に移行するため，発行可能種類株式総数および発行する各種類の株式の内容の設定の登記を申請する場合，登記官は発行する株式の内容の登記に抹消する記号（下線）を記録する（登規69Ⅰ）。その結果，この場合，発行可能株式総数および発行する各種類の株式の内容の定め設定の登記を申請すれば足り，単一株式発行会社の発行する株式の内容の廃止の登記を申請する必要はないことになる。

　他方，種類株式発行会社が単一株式発行会社に移行するため，発行可能種類株式総数および発行する各種類の株式の内容の定めを廃止する登記と発行する株式の内容の登記を申請する場合，登記官は発行可能種類株式総数および発行する各種類の株式の内容の登記に抹消する記号（下線）を記録する（登規69Ⅱ）。

（4）仮取締役と員数をみたす後任者の登記との関係

　役員が退任し役員が欠けるか，または会社法もしくは定款で定める員数に欠員が生じた場合で裁判所が必要性を認める場合には，利害関係人の申立てにより，裁判所が仮取締役，仮監査役，仮会計参与を選任し（会346Ⅱ），その登記が裁判所書記官により嘱託される（会937Ⅰ②イ）。代表取締役が欠けるかまたは定款で定める員数に欠員する場合も同様である（会351Ⅱ）。

　他方，会計監査人が退任し欠けるか，または定款で定める員数に欠員が生じた場合には，監査役が仮会計監査人を選任し（会346Ⅳ），就任の登記を申請することになる。

　いずれにせよこれら仮役員等の登記がある状況で，員数をみたす役員等の就任の登記をする場合には，登記官は，仮役員等の登記に抹消する記号（下線）を記録することになる（登規68）。したがって，役員等の就任による変更登記を申請する際に，仮役員等の退任登記を申請する必要がないことになる。

（5）解散登記と取締役等の登記との関係（事例100，事例101）

　解散により，経営機関である取締役および代表取締役は当然退任し，事業の

101 ある登記に伴い登記官が抹消する記号（下線）を記録する登記

解散の登記をした場合，登記官は次の登記に抹消する記号を記録する（登規59，72）。
① 取締役会設置会社である旨の登記ならびに取締役，代表取締役および社外取締役に関する登記
② 特別取締役による議決の定めがある旨の登記および特別取締役に関する登記
③ 会計参与設置会社である旨の登記および会計参与に関する登記
④ 会計監査人設置会社である旨の登記および会計監査人に関する登記
⑤ 監査等委員会設置会社である旨の登記ならびに監査委員に関する登記
⑥ 指名委員会等設置会社である旨の登記ならびに委員，執行役および代表執行役に関する登記
⑦ 支配人に関する登記

　継続を前提とする支配人は当然に代理権が消滅することになるため，解散登記の際にそれらの登記について，登記官が抹消する記号（下線）を記録する（登規72Ⅰ①，同59）。したがって，解散登記を申請する場合，取締役，代表取締役の退任登記，取締役会設置会社の定めの廃止，支配人の代理権消滅の登記を申請することを要しないことになる。

　また，同様の趣旨で，特別取締役の議決の定めの廃止，監査等委員会，指名委員会等設置会社の定めの廃止に関する登記の申請も要しないことになる（登規72Ⅰ②⑤）。

　さらに，清算株式会社に設置できない会計参与・会計監査人の登記についても同様の措置がとられることになる（登規72Ⅰ③④）。

（6）　会社の継続と清算人等の登記との関係（事例101）

　登記官が，継続登記をする場合，それに伴って清算人・代表清算人の登記および清算人会設置会社の定めの登記，解散登記は，登記官が職権で抹消する記号（下線）を記録する（登規73）。したがって，これらの登記は，会社継続の登記にあわせて申請する必要はないことになる。

第3章
申請日を複数設定する問題への対応

3－1　出題の特色と対応

102　申請日を複数設定する出題の特色と対応

　商業登記では，経由・同時申請義務のある登記を使って，複数登記の関係性の判断を問う問題のほかに，申請日を2つ以上設定して複数登記の関係性を問う出題がされている。

　申請日を2つ以上設定して問題を作成する場合，できるかぎり，申請日を2つ以上設定することに必然性が認められるような論点を軸にして問題が作られることが多く，軸となる登記が何かをおさえておくことは，問題の構造をとらえ，答案作成の大枠をつかむために有益である。ここでは，申請日が複数となりうる登記とそれに関連した登記を確認する。

　なお，問題に複数の申請日が設定されている場合，指定された申請日までに効力が発生している登記がその申請日における申請すべき登記となる。申請日に効力が発生していない登記は，登記すべき事項の不存在として申請が却下されてしまうからである（法24⑩）。そのため，複数の申請日が設定されている問題では，登記事項の効力がいつ発生するのかは，きわめて重要な判断要素となっている。

3－2　ある登記の完了が他の登記の前提となるパターン

103　ある登記の完了が他の登記の前提となるパターン
（1）　債権者保護手続と公告をする方法の変更との関係
①　減資の場合
　【事例116―公告方法の変更と減資の登記の関係―】

> 問　次の事実に基づく登記を適法に申請する場合，先に登記を完了させなければならない登記があれば，それを第1欄に記載し，それ以外の登記について

103 ある登記の完了が他の登記の前提となるパターン

第2欄に記載しなさい。第1欄に記載する登記がなければ登記の事由欄に「登記不要」と記載するものとする。
(株式会社Zの登記記録)
公告をする方法　官報に掲載してする
発行可能株式総数　800株
発行済株式の総数　200株
資本金の額　金1,000万円
(株式会社Zの平成28年5月26日の臨時株主総会議事録)
議案　議長は、手続を簡略化するため公告をする方法を「東京経済新聞に掲載してする」に変更し、平成28年7月1日をもって資本金の額を金400万円減少することの可否を諮ったところ、満場一致をもって可決確定した。
(聴取記録)
1　平成28年5月27日に減少する資本金の額、官報に決算公告を掲載した日付と頁数、債権者は、公告掲載の翌日から1か月以内に異議を述べることができる旨を官報及び東京経済新聞に公告したが、知れている債権者への催告はしなかった。
2　異議を述べた債権者はいなかった。

第1欄　登記の事由	登記すべき事項	登免税額 (根拠)
公告をする方法の変更	平成28年5月26日変更 　　公告をする方法　東京経済新聞に掲載してする	金3万円 ((1) ツ)

第2欄　登記の事由	登記すべき事項	登免税額 (根拠)
資本金の額の変更	平成28年7月1日 　　資本金の額　金600万円	金3万円 ((1) ツ)

　資本金の額の減少をする場合、債権者保護手続が必須となる（会449）。債権者保護手続は、原則として異議申述期間を官報で公告し、知れている債権者には個別に催告しなければならない（会449Ⅱ）。ただし、公告を官報のほか、定款で定める日刊新聞紙または電子公告でも行えば個別催告が省略できる（会449Ⅲ）。これが、二重公告による個別催告の省略である。

　公告をする方法が官報の場合、二重公告により個別催告を省略するには、債権者保護手続を行うまでに公告方法を日刊新聞紙または電子公告に変更し、かつ、その登記を完了しておかなければならない。

　事例では、公告をする方法の変更登記が資本金の額の減少による変更登記に先立って申請しなければならない登記となり、①公告をする方法の変更登記、②資本金の額の減少による変更登記の計2つの登記として答案作成の大枠を考えることになり、これらが申請日を複数設定する問題の軸となる。

103 ある登記の完了が他の登記の前提となるパターン

【参考・添付書面】　第1欄　株主総会議事録1通　株主リスト1通　委任状1通
　　　　　　　　　第2欄　株主総会議事録1通　株主リスト1通　公告をした
　　　　　　　　　　　　　ことを証する書面2通　異議を述べた債権者はいな
　　　　　　　　　　　　　かった　委任状1通

法　第1欄の公告をする方法の変更の添付書面は，**事例3**の参考・添付書面の説明を参照せよ。
　　第2欄の資本金の額の変更の添付書面のポイントは，官報および変更後の公告をする方法である東京経済新聞に二重公告をすることで知れている債権者に対する個別催告を省略できる点にあり，それを証するため，官報および日刊新聞紙に公告したことを証する書面計2通（内訳は官報1通，日刊新聞紙1通）を添付することになる。他の添付書面の内容については，**事例52**の参考・添付書面の説明を参照せよ。

② 組織再編の場合

　上記（1）の二重公告によって知れている債権者に対する個別催告を省略する論点は，資本金の額の減少だけでなく，組織再編行為のように債権者保護手続が必要となる実体構造をもつ登記に共通の論点となっている。
　たとえば，A社をB社に吸収する吸収合併において二重公告により個別催告を省略するため公告をする方法を変更している場合，問題となる登記は①合併における債権者保護手続前に登記を完了させなければならない公告をする方法の変更登記，②B社の合併による変更登記，③A社の合併による解散登記の計3つの登記として答案作成の大枠を考えることになる。

（2）　特例有限会社の株式会社への移行を条件とする組織再編の場合

　本来，特例有限会社は，それを存続会社とする吸収合併，承継会社とする会社分割（整備37）のほか，株式交換または株式移転が禁止されている（整備38）。しかし，特例有限会社はいつでも商号を変更して通常の株式会社へ移行することが可能であり（整備45Ⅰ），その効力は，本店所在地において特例有限会社について解散登記を，株式会社について設立登記を完了させた時点で発生する（整備45Ⅱ，**事例110**）。
　したがって，特例有限会社を商号変更により株式会社に移行することを条件とすれば，特例有限会社を存続会社とする吸収合併（平24），承継会社とする会社分割，完全子会社とする株式交換または株式移転が可能となり，これら組織再編行為にかかる登記をする前提として，特例有限会社の商号変更による株式会社への移行の登記が完了していることが必要となる。この論点も，ある登記の完了が他の登記の前提となる論点の代表例となっている。

3−3　ある登記の変更が他の登記の変更の前提となるパターン

104　ある登記事項の変更が他の登記事項の変更の前提となるパターン

103と異なり，ある事項の変更が他の事項の変更の前提となる登記は，これら複数の登記を一括申請することが可能である。しかし，あえてそれを複数の申請日に分けて問えば，先に申請した登記により別紙の登記事項証明書の内容がどのように変化するのかについての理解を，後に申請する登記を処理する際にシビアに問うことができるため，それにより問題の難易度をあげる効用を発揮する。このような関係をもつ複数の登記としては，次に示す登記が考えられる。

（１）　単一株式発行会社が全部取得条項付種類株式を取得決議するまでに必要となる登記

　全部取得条項付種類株式は，種類株式発行会社でなければ発行できないと解釈されている。この解釈は，全部取得条項付種類株式の取得決議に関する会社法171条1項の規定が「種類株式発行会社は，株主総会の決議によって，……全部を取得することができる」と表現していることを根拠にするものと考えられる。また，全部取得条項付種類株式は取得条項付株式と異なり，単一株式発行会社の株式内容とはならず，必ず種類株式として発行しなければならない点を強調して，全部取得条項付株式は種類株式発行会社でなければ発行できないと解されているにすぎない。

　したがって，単一株式発行会社が全部取得条項付種類株式を発行するには，その前提として単一株式発行会社を種類株式発行会社に移行させる必要があるが，その手順について会社法の立案担当者は，①何らかの種類株式（いわゆる当て馬株式）を定める定款の変更，②既発行の株式に全部取得条項を付する定款の変更，③全部取得条項付種類株式の取得および対価の決定のための株主総会の決議が必要となり，これらの決議は同一の株主総会で行うことができる旨を明言している（会社千問90頁Q125）。

　このように理論上は，単一株式発行会社は1つの株主総会の決議により，種類株式発行会社に移行し，既発行株式を全部取得条項付種類株式に変更して，全部取得決議を行い，それに基づく登記を申請することが可能であるが，実務上は，最低限，単一株式発行会社から種類株式発行会社へ移行するための定款

変更決議を行う株主総会と，それ以後の決議を行う株主総会とを分けているのが実情である。

この実務の取扱いを前提とすれば，単一株式発行会社が既発行株式を全部取得条項付種類株式に変更し，全部取得決議をする登記処理は，申請日を分けて問うのに適した登記といえることになる。

また，単一株式発行会社の種類株式発行会社への移行は，移行後に種類株主総会の決議の要否が論点となるため，上記の論点はおよそ種類株主総会の決議の要否を問う出題の前提問題として出題することが可能となり，より汎用的な論点となりうる。

（2） 株券を発行する旨の定め廃止の登記

【事例117―株券を発行する旨の定め廃止と株式併合の関係―】

問　次の事実に基づき，適法に申請することができる登記について暫定答案を作成しなさい。
（株式会社Ｚの登記記録）
公告をする方法　官報に掲載してする
発行可能株式総数　800株
発行済株式の総数　200株
株券を発行する旨の定め　当社の株式については，株券を発行する。
（株式会社Ｚの平成28年6月27日の臨時株主総会議事録）
1号議案　議長は，定款第7条の2として「当会社の株式については，株券を発行する。」旨の定めを，本決議をもって廃止することを議場に諮ったところ，満場一致で可決した。
2号議案　議長は，本決議をもって2株を1株に併合し，発行可能株式総数を400株とする必要性を説明し，その可否を議場に諮ったところ，満場一致で可決した。
（司法書士の聴取記録）
1　平成28年6月10日に定款変更に必要な株主等への通知及び公告をしている。
2　株券提供のための公告及び通知は，一切行っていない。

登記の事由	登記すべき事項	登免税額（根拠）
株券を発行する旨の定め廃止 株式の併合	平成28年6月27日株券を発行する旨の定め廃止 同日変更 　　発行可能株式総数　400株 　　発行済株式の総数　100株	金3万円（(1)ツ）

株券提供公告を含む**株式併合型**の登記は，株券を発行する旨の定めを廃止することで，株券提供公告が不要となり，それに対応する添付書面の添付が不要となる。これは，本事例のように1号議案で株券を発行する旨の定めを廃止（**事例7**）していれば，2号議案で行われた株式の併合（**事例17**）についても非株券発行会社として株券提供の公告および通知を不要とできることになる。

この関係を前提として，先に申請する登記として株券を発行する旨の定め廃止を問い，後に申請する登記として株式併合型の登記を問うことで，先に申請した登記により，会社が株券発行会社から非株券発行会社に移行し，それが後に申請する登記の処理にどのような影響が生じるのかを正確に理解しているか否かを問う問題が作れることになる。

また，株券を発行する旨の定めの廃止に瑕疵論点を含めれば，その判断の結果により，会社の状態が株券発行会社なのか，非株券発行会社なのかに場合が分かれることになり，株式併合型の登記処理が大きな影響を受けるため，より難易度の高い応用的な出題をすることが可能となる。

（3） 株式の譲渡制限に関する規定の設定または廃止の登記（事例59，事例80）

募集株式の発行における募集事項の決定や発行可能株式総数を変更する場合の4倍ルールの適用，機関の設置義務など，会社が公開会社か非公開会社かによって実体構造や添付書面に大きな影響を受ける登記は少なくない。

そのため，先に申請する登記として株式の譲渡制限の規定設定による公開会社から非公開会社への移行，または株式の譲渡制限の規定廃止による非公開会社から公開会社への移行を問い（**事例59**，**事例80**），後に申請する登記として募集株式の発行，発行可能株式総数の変更，機関設計の変更等を問う出題が考えられる。

また，株式の譲渡制限の規定廃止または設定に瑕疵論点を含めれば，その判断結果により，後の登記処理が大きな影響を受けるため，より難易度の高い応用的な出題をすることが可能となる。

（4） 資本金の額の増加または減少による変更登記（事例61，事例71，事例80，事例81）

会計監査人の設置義務，監査役の設置義務，監査役会の設置義務など会社が大会社か否かによって大きな影響を受ける登記は少なくない。

そのため，先に申請する登記として資本金の額の増加または減少による非大会社から大会社への移行（**事例61**，**事例80**），大会社から非大会社への移行を問

い（**事例71**，**事例81**），後に申請する登記として機関設計の変更等の登記を問う出題が考えられる。

　特に会社が大会社か否かは，定時株主総会で承認または報告された貸借対照表上に計上されている資本金の額または負債総額に着目して判断するものであるため，事業年度の途中での資本金の額の増加または減少を問い，登記記録の状態と貸借対照表の数字が食い違うことになる論点を絡めれば，より難易度の高い応用的な出題をすることが可能となっている。

3－4　役員等の変更登記のパターン

105　役員等の変更のパターン
（1）　役員等の変更登記を使う意義
　申請日を2つ以上設定して問題を作成する場合，役員等の変更登記については，第1の申請日前に役員等が任期満了等により退任し，権利義務役員への該当性とその効果を判断させる論点を配置し，第2の申請日までに権利義務役員について辞任または解任の可否を判断させ，死亡や員数をみたす後任者の就任による権利義務の解消とその効果を判断させる論点を配置するなど，権利義務役員の理解を絡めて，役員等の変更登記の難易度を高めることが可能となる。

　申請日を2つ以上設定して問題を作ることの最大の効用は，レベルの高い役員等の変更登記を出題できる点にあると言っても過言ではない。

（2）　役員等の変更登記の出題パターン
　役員等の変更登記は，まず，①退任登記を判断し，次に②就任登記を判断し，最後に③退任登記と就任登記を総合し，権利義務関係の解消，重任登記の可否，氏名または住所の変更または更正登記の省略の可否を判断して結論を下す判断の流れとなる。

　申請日を2つ設定する場合の役員等の変更の出題パターンとしては，最初の株主総会で，本来の任期または定款変更に伴う任期満了により役員等が当該定時総会の終結時に退任するものの後任者が選任されず（平15），総会終結時に役員が権利義務役員となるパターンが考えられる。後任者の選任がなされない要因として，事業年度の変更（平16，平20，平23）または任期の変更（平21，平25，平27）を絡めれば，会社が当該定時総会を役員の改選総会であることに気づかない状況設定を自然に作ることができる。これと類似する結果となるものに，後

任者を選任決議したが，選任決議が否決されるパターン（平23），選任決議が定足数不足で瑕疵を帯びるパターン（平11），後任者が選任決議されたが，員数にみたない後任者の選任であるか（平16），員数をみたす後任者の選任であったが，被選任者のうち就任承諾を留保した者が存在するパターン（昭54，平20，平26）が考えられる。

　これらの場合，定時総会の終結時から退任する役員は権利義務役員となり，第1の申請日には退任登記を申請することはできない。なお，役員と比較する意味で会計監査人が存在する会社を設定し，定時総会で別段の決議がされないことにより，会計監査人は，みなし再選による重任登記の申請が必要となる出題も考えられる。

　この出題パターンでは，第1の申請日から第2の申請日までの間に権利義務役員の辞任または解任の可否の判断（平15，平27），権利義務役員の死亡（平11）または資格喪失による権利義務の解消と退任原因と日付の判断，臨時総会による員数をみたす後任者の就任による権利義務の解消と退任原因および日付の判断を含めて，第2の申請日における申請すべき登記が問われることになる。

（3）　複数申請日を使った役員等の変更のイメージ

【事例118―複数申請日における役員等の変更登記―】

> 問　次の事実に基づき平成28年6月27日と同年7月1日に登記の申請をしたものとして，暫定答案を作成しなさい。同年6月27日に申請した登記を第1欄に記載し，同年7月1日に申請した登記を第2欄に記載するものとする。
> （株式会社Ｚの登記記録）
> 会社成立の年月日　平成7年7月7日
> 資本金の額　金3億円
> 株式の譲渡制限に関する規定
> 　当会社の株式を譲渡により取得するには，当会社の承認を要する
> 取締役Ａ　　　　　　平成26年3月28日重任
> 取締役Ｂ　取締役Ｃ　平成27年3月28日重任
> 取締役Ｄ　　　　　　平成27年3月28日重任　平成27年9月1日死亡
> 取締役Ｅ　　　　　　平成27年9月28日就任
> 東京都千代田区甲町1番地
> 　代表取締役Ａ　　　平成26年3月28日重任
> 監査役Ｇ　　　　　　平成25年3月28日重任　平成27年9月28日辞任
> 監査役Ｈ　　　　　　平成27年9月28日就任
> 会計監査人　監査法人Ｗ会計　平成27年3月28日重任
> 取締役会設置会社に関する事項　取締役会設置会社
> 監査役設置会社に関する事項　監査役設置会社

会計監査人設置会社に関する事項　会計監査人設置会社
(株式会社Ｚの平成28年6月27日の定時株主総会議事録)
2号議案　議長は，取締役のうち任期満了により退任する者があるため，後任者としてＢ（東京都千代田区甲町2番地），Ｋ（東京都千代田区甲町6番地），Ｍ（東京都千代田区甲町7番地），Ｎ（東京都千代田区甲町8番地）を選任することの可否を議場に諮ったところ，満場一致で可決した。被選任者ＢＫＭは，席上即時に就任を承諾した。
3号議案　議長は，監査役が本定時総会の終結と同時に任期満了により退任するため，後任監査役としてＨを再選することの可否を議場に諮ったところ，満場一致で可決した。被選任者は，席上即時に就任を承諾した。
(株式会社Ａの平成28年6月27日の取締役会議事録)
議案　議長は，代表取締役の後任者としてＢ（東京都千代田区甲町2番地）を選定することの可否を議場に諮ったところ，出席取締役全員の一致で可決した。被選定者は，席上即時に就任を承諾した。
(聴取記録)
1　平成27年9月28日の臨時総会で，事業年度を「1月1日から12月31日まで」から「4月1日から翌年3月31日まで」に変更し，最初の事業年度は「平成27年1月1日から平成28年3月31日まで」に変更した。また，当該臨時総会で取締役Ｅを，死亡した取締役Ｄの補欠取締役として，監査役Ｈを辞任した監査役Ｇの補欠監査役として選任した。
2　定款には，補欠取締役及び補欠監査役の任期は，前任者の任期の満了すべき時までとする旨の定め，取締役の員数を4名以上とする旨の定めがある。
3　上記取締役会には，取締役及び監査役の全員が出席し，市区町村長に届け出ている印鑑を議事録に押印している。
4　Ｎは，平成28年6月30日に取締役への就任を承諾した。
5　監査役は，平成28年7月1日に仮会計監査人として監査法人Ｗ会計を選任する決定を行い，監査法人Ｗ会計は就任を承諾した。なお，監査役法人Ｗ会計の主たる事務所は本店を管轄する登記所の管轄区域にはない。

第1欄　登記の事由	登記すべき事項	登免税額（根拠）
取締役，代表取締役，監査役，会計監査人の変更	平成27年9月28日代表取締役Ａは資格喪失により退任 同日会計監査人監査法人Ｗ会計は任期満了により退任 平成28年6月27日次の者重任 　取締役Ｂ　監査役Ｈ 同日次の者就任 　取締役Ｋ　取締役Ｍ 　東京都千代田区甲町2番地 　　代表取締役　Ｂ	金3万円（(1)カ)

第2欄　登記の事由	登記すべき事項	登免税額（根拠）
取締役，仮会計監査人の変更	平成27年9月28日取締役Aは任期満了により退任 平成28年6月27日取締役C及びEは任期満了により退任 平成28年6月30日取締役N就任 平成28年7月1日仮会計監査人監査法人W会計就任	金3万円（(1)カ）

① 6月27日申請分の登記の判断

任期計算表					
	対象者	任期始期	判断基準日	最終事業年度	退任日
1	代表取締役A	H26.3.28重任	H28.3.28	H26.12.31遡及	H27.9.28
2	取締役B	H27.3.28重任	H29.3.28	H28.3.31	H28.6.27
3	取締役C	H27.3.28重任	H29.3.28	H28.3.31	H28.6.27
4	取締役D（死亡）	H27.3.28重任	補欠修正↓		
4	取締役E（補欠）	H27.9.28就任	H29.3.28	H28.3.31	H28.6.27
①	監査役G（辞任）	H25.3.28重任	補欠修正↓		
①	監査役H（補欠）	H27.9.28就任	H29.3.28	H28.3.31	H28.6.27
i	会監W会計	H27.3.28重任	H28.3.28	事業年度なし	H27.9.28

i　前提情報の把握

　株主総会議事録の2号議案の議長の発言（取締役のうち任期満了により退任する者がある旨）および3号議案の議長の発言（監査役が本株主総会の終結と同時に任期満了する旨）から役員等の任期満了による退任が問題となることが想定されるため，まず，任期計算の前提情報を把握する。

　事例では，a. 任期を満了させる定款変更はなく，b. 聴取記録2から任期そのものの定めはないが（法定任期適用），補欠取締役および補欠監査役について任期を短縮する定款の定めがあり，c. 聴取記録1から事業年度については，平成27年9月28日の臨時総会で，事業年度を「1月1日から12月31日まで」から「4月1日から翌年3月31日まで」に変更し，最初の事業年度は「平成27年1月1日から平成28年3月31日まで」と変更されており（変更後の事業年度を適用して任期を計算），d. 定時総会の開催期間について定款の定めはなく，e. 聴取記録2から取締役の員数を4名以上とする旨の定めがあることが把握できる。法定任期の異なる取締役，監査役，会計監査人を分けて検討する。また，取締役については，登記記録から重任・就任日の異なる取締役Aと取締役BCおよ

びDの補欠取締役であるEを分けて任期を計算する。

ⅱ 取締役Aの任期計算

取締役Aは，登記記録から平成26年3月28日に重任しており，選任決議日の指示がないため，当該重任日を任期始期とし，2年後の応当日である平成28年3月28日を判断基準日とする。最終の事業年度は，事業年度変更前の平成26年12月31日となるが，定款変更前にさかのぼって任期が満了するのは妥当でないため，事業年度を変更した平成27年9月28日の定款変更の効力発生時に任期満了により退任していたことになる。この退任により取締役の員数4名以上とする定款の員数の定めに欠員するため，退任と同時に権利義務取締役となる。また，Aは代表取締役を兼ねているため，同日，代表取締役を資格喪失により退任し，権利義務代表取締役となる。

ⅲ 他の取締役の任期計算

取締役BCは，登記記録から平成27年3月28日に重任しており，選任決議日の指示がないため，当該重任日を任期始期とし，2年後の応当日である平成29年3月28日を判断基準日とする。最終の事業年度は，平成28年3月31日を末日とする事業年度変更後最初の事業年度となり，当該事業年度にかかる定時総会である平成28年6月27日開催の株主総会の終結時に任期満了により退任する。

また，登記記録および聴取記録1から取締役Dの補欠取締役として選任された取締役Eの任期始期は，補欠取締役の任期修正の定めにより死亡した取締役Dの任期始期に修正されるため，補欠取締役Eについても，取締役BCと同様の任期計算となり，平成28年6月27日開催の株主総会の終結時に任期満了により退任する。

これらBCEの退任により取締役を4名以上とする定款の員数の定めに欠員が生じるため員数をみたす後任取締役が就任しないかぎり，取締役BCEは権利義務取締役となる。

ⅳ 監査役の任期計算

監査役Hは，登記記録および聴取記録1から補欠監査役となり，その任期始期を前任者である監査役Gが重任した平成25年3月28日に修正され，当該重任日を任期始期とし，4年後の応当日である平成29年3月28日を判断基準日とする。最終の事業年度は，平成28年3月31日を末日とする事業年度変更後最初の事業年度となり，当該事業年度にかかる定時総会である平成28年6月

27日の総会終結時に任期満了により退任する。当該退任により監査役を欠くことになるため，員数をみたす後任者が就任しなければ権利義務監査役となる。

v　会計監査人の任期計算

会計監査人監査法人Ｗ会計は，登記記録から平成27年3月28日に重任しており，選任決議日の指示がないため，当該重任日を任期始期とし，1年後の応当日である平成28年3月28日を判断基準日とする。しかし，事業年度変更後の最初の事業年度の末日は，平成28年3月31日であり，1年以内に完了する事業年度が存在しないことになるため，事業年度を変更した平成27年9月28日の定款変更の効力発生時に任期満了により退任していたことになる。会計監査人は役員ではなく権利義務制度は適用されず，この退任により会計監査人を欠くことになるが，退任登記を申請することがこれにより制約されることはなく，第1申請日に退任登記を申請することができる。

vi　後任者就任による取締役の摺り合わせの判断

平成28年6月27日の定時総会で後任取締役としてＢＫＭＮを選任しているが，そのうちＮが就任を承諾しておらず，第1申請日である同年6月27日に取締役として就任できるのはＢＫＭの3名にすぎない。これでは員数をみたす取締役の後任者とはいえず，取締役ＡＢＣＥの権利義務は解消されず，その退任登記を申請することはできない。

他方，取締役ＢＫＭの就任は適法であるため就任登記を申請すべきことになる。取締役Ｂについては，同一人の再選であるため公示の明瞭性の観点から便宜，重任登記を申請することが許される（**64（4）**④）。

vii　後任者就任による監査役の摺り合わせの判断

監査役については，後任監査役として同一人Ｈが再選されており，員数をみたす監査役の後任者となっているため，前任者Ｈの権利義務は解消され，重任登記を第1申請日に申請することができる。

viii　後任者就任による代表取締役の摺り合わせの判断

平成28年6月27日開催の取締役会における後任代表取締役の選定では後任代表取締役Ｂの就任が員数をみたす後任代表取締役の就任となるため，前任者であるＡの代表取締役としての権利義務が解消され，第1申請日に後任代表取締役Ｂの就任登記だけでなく，代表取締役Ａの平成27年9月28日の資格喪失による退任登記を申請することができる。

105 役員等の変更のパターン

【参考・添付書面】 定款 1 通　株主総会議事録 2 通　株主リスト 2 通　取締役会議事録 1 通　就任承諾書は株主総会議事録および取締役会議事録の記載を援用する印鑑証明書 7 通　委任状 1 通

法　取締役 A および会計監査人監査法人 W 会計は，臨時総会での事業年度を変更する定款変更の効力発生時に任期満了により退任するため臨時総会の議事録が退任を証する書面となり（法54 Ⅳ），当該議事録は，その時点で資格喪失により退任する代表取締役 A の退任を証する書面を兼ねることになる。
　　また，重任した監査役 H は，定時総会の改選議事録に退任者とその時期が明示されており，当該定時総会議事録のみが退任を証する書面となる（昭 49.8.14 民四 4637 回等，ハンドブック 419 頁）。他方，重任した取締役 B については，定時総会議事録の記載から退任者および退任時期が明示されていないため，原則どおり定時総会議事録のほか，定款が退任を証する書面となる（法54 Ⅳ）。当該定時総会の議事録は重任した B H，就任した K M の選任決議を証する書面を兼ねるものでもある（法46 Ⅱ）。当該定時総会議事録には，重任（再任）する B H が席上就任を承諾した旨が記載され，下記で印鑑証明書を添付することになる K M が席上就任を承諾した旨およびそれらの者の氏名・住所が記載されているため，それらの者の就任承諾書として援用できることになる（法54 Ⅰ，**14**（8）①の就任承諾書の援用要件の説明参照）。
　　代表取締役については，選定を証する取締役会議事録を添付する（法46 Ⅱ）。当該議事録には被選定者が席上就任を承諾した旨が記載され，聴取記録 3 から実印が押印されているため就任承諾書として援用することができる（法54 Ⅰ）。

規　代表取締役の就任による変更登記を申請する場合であり，代表取締役に選定された B は再任ではないため就任承諾書の印鑑証明書を添付する（登規61 Ⅳ Ⅴ）。また，聴取記録 3 には変更前の代表取締役 A が登記所届出印を押印していないため原則どおり出席取締役（6 名）および監査役（1 名）全員の印鑑証明書 7 通を添付することになる（登規61 Ⅵ③）。ちなみに，7 通の内訳は重任した取締役 B および監査役 H，取締役に就任した K M 権利義務取締役 A C E の分であり，取締役として就任承諾を留保している N の分は含まれない。
　　また，取締役および監査役の就任による変更登記を申請する場合であるが，取締役 B，監査役 H は再任であり（登規61 Ⅶ括弧書），取締役 K および M は上記により印鑑証明書を添付するため（登規61 Ⅶただし書），本人確認証明書の添付を要しない。

② 第 2 申請日である 7 月 1 日の申請

　定時総会で取締役に選任された N が，聴取記録 4 から第 1 申請日後の平成 28 年 6 月 30 日に取締役への就任承諾したことで，取締役として定款で定める員数をみたす後任者の就任となる。したがって，権利義務取締役 A C E の権利義務関係が解消され，取締役 A については平成 27 年 9 月 28 日，取締役 C E については平成 28 年 6 月 27 日任期満了による退任登記を申請することが可能となる。

　また，事例の会社は，会計監査人を欠いた状態となっており，聴取記録 5 に

より監査役Hが仮会計監査人として監査法人W会計を選任決定し，監査法人W会計が就任を承諾しているため，仮会計監査人の就任登記を申請できることになる。

【参考・添付書面】　定款 1 通　株主総会議事録 2 通　株主リスト 2 通　監査役の選任書 1 通　就任承諾書 2 通　本人確認証明書 1 通　委任状 1 通　登記事項証明書　添付省略（会社法人等番号○○○○－○○－○○○○○○）

法　取締役Aは，臨時総会での事業年度を変更する定款変更の効力発生時に任期満了により退任するため臨時総会の議事録が退任を証する書面となる（法 54 Ⅳ）。他方，取締役CEについては，定時総会議事録の記載から退任者および退任時期が明示されていないため，原則どおり定時総会議事録のほか，定款が退任を証する書面となる（法 54 Ⅳ）。当該定時総会議事録は，取締役Nの選任決議を証する書面を兼ねることになる（法 46 Ⅱ）。また，取締役Nは，選任決議の席上就任を承諾しておらず，就任承諾を留保していた者であるため，就任承諾書を添付する（法 54 Ⅰ）。

　また，仮会計監査人については，監査役の選任書（法 55 Ⅰ①），就任承諾書（法 55 Ⅰ②）のほか，聴取記録 5 から監査法人と申請会社の管轄登記所が異なるため登記事項証明書（法 55 Ⅰ③本文）を添付しなければならないが，会社法人等番号を記載すれば登記事項証明書の添付を省略できることになる（法 19 の 3，登規 36 の 3）。

規　取締役の就任による変更登記を申請する場合であり，取締役Nは再任でなく（登規 61 Ⅶ括弧書），印鑑証明書を添付する場合でもないため（登規 61 Ⅶただし書），原則どおり本人確認証明書を添付する（登規 61 Ⅶ）。

第4章
登記の連続性の判断

4－1　総説

106　登記の連続性の判断の意義

　Fコン Step 2 における複数登記の関係性の判断のなかには、ある登記を申請する場合、必ず他の登記を申請しなければならず、他の登記を申請しなければ、ある登記の申請が、申請書または添付書面の記載が、申請書の添付書面または登記簿の記載と合致しないか（法24⑨）、申請書が方式に適合しないものとして（法24⑥）、却下されることになる論点が含まれる。この場合、ある登記が適法に形成されていたとしても、それのみを記載した答案は減点の対象となるため、答案に与える影響は大きいといわざるをえない。

　このような関係は、登記の連続性原則に適合するかたちで、登記の申請をしなければならない局面を意味し、そのような関係にある登記をあらかじめ整理しておくことは、複数登記の関連性を判断し、答案の全体フレームを把握するうえで有益となる。

　ここでは、登記の連続性原則の観点から、どの登記の申請とどの登記の申請がどのような関連性を有しているのかを説明する。

4－2　役員等の変更と機関設計

107　任意機関の定め設定と任意機関の就任登記（事例57，事例60，事例61）

（1）任意機関の定めとあわせて申請すべき登記

　監査役設置会社の定め設定の登記は、1人以上の監査役の就任による変更登記とあわせて申請しなければ、申請書と登記記録の不合致により却下される（法24⑨，**事例57**）。

　同様に、会計参与設置会社の定め設定の登記と1名以上の会計参与の就任登記をあわせて申請しなければならない（**事例60**）。

また，会計監査人設置会社の定め設定の登記と1人以上の会計監査人の就任登記をあわせて申請しなければならない（**事例61**）。

（2） 増員の登記の例外

任意機関の定め設定の登記と，1名以上の任意機関の就任登記を完了させた後，任意機関を増員する場合には，単に任意機関の就任登記のみを申請すれば足りる。

108 任意機関の定め廃止と任意機関の退任登記（事例69，事例70，事例71）

（1） 任意機関の定め廃止とあわせて申請すべき登記

監査役設置会社の定め廃止により，その効力発生時に既存の監査役は任期満了により退任する（会336Ⅳ①）。任意機関である監査役は存在の根拠を失うからである。この任期満了による退任により既存監査役は権利義務監査役とならないため，監査役設置会社の定め廃止の登記は，監査役の退任登記をあわせて申請しなければ，申請書と登記記録の不合致により却下される（法24⑨）。

なお，非公開会社の取締役会設置会社は，監査役に代えて会計参与を設置することが可能であり（会327Ⅱただし書），会計参与が選任されていれば，取締役会設置会社であっても，適法に監査役設置会社の定めを廃止することが可能である点に注意を要する（**事例69**）。

同様に，会計参与設置会社の定めの廃止の登記と会計参与の退任登記とは，これをあわせて申請すべきことになる（会334Ⅱ，**事例70**）。

また，会計監査人設置会社の定めの廃止の登記と会計監査人の退任登記とは，これをあわせて申請すべきことになる（会338Ⅲ，**事例71**）。

（2） 類似する局面

① 監査等委員会設置会社および指名委員会等設置会社の定め設定の登記（事例82）

監査等委員会設置会社および指名委員会等設置会社をおく旨の定款の定めを設定する場合，これらの会社には，監査役をおくことができないため（会327Ⅳ），定款変更の効力発生時に監査役全員の任期が満了する（会336Ⅳ②）。したがって，監査等委員会設置会社および指名委員会等設置会社の定め設定登記は，監査役会設置会社の定め廃止，監査役設置会社の定め廃止，監査役の退任登記をあわせて申請しなければ，申請書と登記記録の不合致により却下される（法

24 ⑨, **事例 82**）。

② 監査役の権限限定の定めの登記

　会社法の改正により，監査役の監査の範囲を会計に関するものに限定する旨の定款の定めが登記事項に追加され（会 911 Ⅲ⑰イ），監査役の監査の範囲を会計に関するものに限定する旨の定款の定めを廃止すれば，定款変更の効力発生時に監査役全員の任期が満了することになる（会 336 Ⅳ③）。その際，後任者が選任されなければ，既存監査役は，業務監査権と会計監査権をもつ権利義務監査役となる。権利義務監査役は，退任登記が許されないため，監査役の監査の範囲を会計に関するものに限定する旨の定款の定めを廃止する登記のみを申請することが可能となり，（1）の取扱いとは区別すべき論点となる（**事例 59** 参照）。

　これに関連して，改正会社法施行後，最初に監査役が変更する際に，監査役の監査の範囲を会計に関するものに限定する旨の定款の定めの登記がなされていない状況で，監査役設置会社の定めを廃止するか，監査役の監査の範囲を会計に関するものに限定する旨の定款の定めを廃止する場合には，便宜，監査役の監査の範囲を会計に関するものに限定する旨の定款の定めがある旨およびそれを廃止した旨の登記を省略できるとする実例に注意しなければならない（**事例 59 ⅱ**参照）。

109　取締役会設置会社の定め設定とそれに伴う登記（**事例 77，事例 78**）

（1）　員数をみたす取締役の就任登記（**事例 54**）

　取締役会設置会社の取締役の法定員数は，3 人以上である（会 331 Ⅳ）。したがって，取締役の員数が 3 人にみたない会社が，取締役会設置会社の定め設定の登記を申請するには，取締役の員数が 3 人以上となる取締役の就任登記をあわせて申請しなければ，当該申請は，申請書と登記記録の不合致により却下される（法 24 ⑨）。

（2）　監査役設置会社の定め設定と監査役の就任登記（**事例 57**）

　取締役会設置会社は，監査役の設置が義務づけられる（会 327 Ⅱ本文）。したがって，監査役設置会社ではない会社が取締役会設置会社の定め設定の登記を申請するには，監査役設置会社の定め設定および 1 人以上の監査役の就任登記をあわせて申請しなければ，申請書と登記記録の不合致により却下される（法

24⑨）。
（3） 代表取締役の選定方式の新設または変更に伴う登記（事例77，事例78）

　取締役会設置会社の定めは代表取締役の選定強制規定であるため，当該定めの設定後に代表取締役の選定が必要となる（会362Ⅱ③）。取締役会設置会社の定め設定が，代表取締役の選定方式の新設に該当する場合には，代表取締役に選定されない従前の代表取締役について，退任を原因とした代表取締役の退任の登記をあわせて申請しなければならない（法24⑨，事例77）。

　他方，取締役会設置会社の定め設定が，代表取締役の選定方式の変更に該当する場合には，従前の代表取締役以外の取締役を新たな代表取締役として選定した場合には，代表取締役の就任登記および従前の代表取締役の退任を原因とする退任登記をあわせて申請しなければならない（法24⑨，事例78）。

（4） 非公開会社の例外（事例69）

　非公開会社・非大会社では，取締役会設置会社であっても，監査役を設置する代わりに（会327Ⅱ本文），会計参与を設置することが可能である（会327Ⅱただし書）。この場合，取締役会設置会社の定め設定の登記申請は，会計参与設置会社の定め設定と1人以上の会計参与の就任登記をあわせて申請すべきことになる（法24⑨）。

110　取締役会設置会社の定め廃止とそれに伴う登記（事例79）
（1） 代表取締役の選定方式の廃止または変更に伴う登記

　単に取締役会設置会社の定めを廃止すれば，代表取締役の選定方式の廃止となるため，既存の代表取締役については何らの登記も要しないが，他の取締役については代表権付与による代表取締役の登記が必要となる。したがって，これらの登記をあわせて申請しなければ，申請書と登記記録の不合致により却下される（法24⑨）。

　他方，取締役会設置会社の定め廃止の際に他の方式で代表取締役を選定すれば代表取締役の選定方式の変更となるため，従前の代表取締役が再選定されなければ，選定された代表取締役の就任登記と従前の代表取締役の退任登記が必要となる。したがって，これらの登記をあわせて申請しなければ，申請書と登記記録の不合致により却下される（法24⑨，事例78）。

（2） 特別取締役の議決の定めの廃止および特別取締役の退任登記（事例86）

　特別取締役の議決の定めがある会社が取締役会設置会社の定めを廃止するに

は，特別取締役による議決の定めを廃止し，その旨および特別取締役の退任の登記をあわせて申請しなければならない。また，これに伴い原則として社外取締役である旨の抹消登記の申請が必要となる。したがって，これらの登記をあわせて申請しなければ，申請書と登記記録の不合致により却下される（法24⑨）。

111 監査役会設置会社の定め設定とそれに伴う登記（事例80）
(1) 監査役会設置会社の定め設定と監査役の設置（事例57）

監査役設置会社でない会社が，監査役会設置会社の定め設定の登記を申請するには，監査役会設置会社の定め設定およびその前提となる監査役設置会社の定め設定と下記(2)の員数をみたす監査役の就任登記が必要となる。したがって，これらの登記をあわせて申請しなければ，申請書と登記記録の不合致により却下される（法24⑨）。

(2) 員数をみたす監査役，社外監査役の増員（事例80）

監査役会の監査役の法定員数は，3人以上で，そのうち半数以上は社外監査役でなければならない（会335Ⅲ）。したがって，法定員数をみたしていない監査役，社外監査役しか存在しない会社で監査役会設置会社の定め設定の登記を申請するには，監査役，社外監査役の増員による変更登記が必要となり，これらの登記をあわせて申請しなければ，申請書と登記記録の不合致により却下される（法24⑨）。

(3) 取締役会設置会社の定め設定とそれに関連する登記（事例77）

監査役会設置会社は，取締役会の設置義務がある（会327Ⅰ②）。取締役会設置会社でない会社が監査役会設置会社の定め設定の登記を申請するには，**109**の取締役会設置会社の定め設定およびこれに関連する登記が必要となり，これらの登記をあわせて申請しなければ，申請書と登記記録の不合致により却下される（法24⑨）。

112 監査役会設置会社の定め廃止とそれに伴う登記（事例81）

監査役会設置会社の定め廃止の登記を申請する場合，社外監査役である旨の登記の抹消が必要となり，この登記をあわせて申請しなければ，申請書と登記記録の不合致により却下される（法24⑨）。

なお，会社法の改正により非業務執行取締役等の責任制限の定款の定めに基づく責任限定契約は，監査役であれば，社外監査役か否かを問わずに締結が可

能となり，当該責任制限の定めが社外監査役の登記の根拠とならなくなり，社外監査役である旨の登記は，監査役会設置会社である場合（会911Ⅲ⑱）にかぎって登記できることになった。したがって，監査役会を廃止すれば社外監査役の登記根拠が失われることになるため，社外監査役である旨の抹消登記をあわせて申請しなければならないことになる。

113 監査等委員会設置会社の定め設定とそれに伴う登記（事例82）

(1) 監査役設置会社の定め廃止と監査役の任期満了による退任による変更

　監査等委員会設置会社では，監査役をおくことができない（会327Ⅳ）。したがって，監査役設置会社が，監査等委員会設置会社の定めを設定の登記を申請するには，監査役設置会社の定め廃止とそれに伴う既存監査役の任期満了による退任登記の申請が必要となり，これらの登記をあわせて申請しなければ，申請書と登記記録の不合致により却下される（法24⑨）。

　また，監査等委員会設置会社は，指名委員会等設置会社と両立せず（会327Ⅵ），指名委員会等設置会社が監査等委員会設置会社に移行するには，指名委員会等設置会社の定め廃止とそれに関連する登記をあわせて申請しなければ，申請書と登記記録の不合致により却下される（法24⑨）。

(2) 員数をみたす取締役である監査等委員および社外取締役の就任

　監査等委員会設置会社は，取締役である監査等委員3人以上で構成され（会331Ⅵ，同399の2Ⅱ），うち過半数が社外取締役でなければならない（会331Ⅵ）。したがって，法定員数をみたしていない監査等委員である取締役，社外取締役が存在しない会社が監査等委員会設置会社の定め設定の登記を申請するには，員数をみたす監査等委員である取締役・社外取締役の就任による変更登記が必要となり，これらの登記をあわせて申請しなければ，申請書と登記記録の不合致により却下される（法24⑨）。

　ちなみに，監査等委員会設置会社の定めを設定すればその定款変更の効力発生時に取締役（会332Ⅶ①），会計参与（会334Ⅰ），監査役（会336Ⅳ②）の任期が満了するため，それに伴う取締役等の改選による登記が問題となることを想定しておかなければならない。

(3) 取締役会設置会社の定め設定とそれに関連する登記（事例77）

　監査等委員会設置会社は，取締役会の設置義務がある（会327Ⅰ③）。取締役会設置会社でない会社が監査等委員会設置会社の定め設定の登記を申請するに

は、**109** の取締役会設置会社の定め設定およびこれに関連する登記が必要となり、これらの登記をあわせて申請しなければ、申請書と登記記録の不合致により却下される（法24⑨）。

（4）　会計監査人設置会社の定め設定とそれに関連する登記（事例61）

監査等委員会設置会社は、会計監査人の設置義務がある（会327Ⅴ）。会計監査人設置会社でない会社が監査等委員会設置会社の定め設定の登記を申請するには、会計監査人設置会社の定め設定およびこれに関連する登記が必要となり、これらの登記をあわせて申請しなければ、申請書と登記記録の不合致により却下される（法24⑨）。

（5）　特別取締役の議決の定め廃止とそれに関連する登記（事例86）

監査等委員会設置会社は、重要な業務執行の決定の取締役への委任（会399の13Ⅵ）について定款の定めがあるときは、その旨が登記事項となっている（会911Ⅲ㉒ハ、**事例84**）。この定款の定めがあるか（会399の13Ⅵ）、または取締役の過半数が社外取締役である場合（会399の13Ⅴ）は、**執行と監督が制度的に分離**することになり、指名委員会等設置会社と同様に特別取締役の議決の定めをすることができなくなるため（会373Ⅰ第2括弧書）、特別取締役の議決の定めを廃止および特別取締役の退任の登記をあわせて申請しなければ、申請書と登記記録の不合致により却下される（法24⑨）。

114　監査等委員会設置会社の定め廃止とそれに伴う登記（事例83）

（1）　監査等委員の退任

監査等委員会設置会社の定めを廃止する定款変更をすれば、その効力発生時に取締役は任期満了により退任する（会332Ⅶ②）。監査等委員の資格は取締役資格と一体であるため、これにより監査等委員も任期満了により退任することになり、監査等委員の退任の登記をあわせて申請しなければ、申請書と登記記録の不合致により却下される（法24⑨）。

（2）　社外取締役である旨の登記の抹消

会社法の改正により社外取締役である旨の登記根拠となるのは①特別取締役の議決の定めがある場合（会911Ⅲ㉑ハ）、②監査等委員会設置会社である場合（会911Ⅲ㉒ロ）、③指名委員会等設置会社の場合（会911Ⅲ㉓イ）の3局面に限定されているため、原則として監査等委員会設置会社の定め廃止に伴い社外取締役である旨の抹消登記を申請しなければならない。

これに関連し，監査等委員会設置会社の定め廃止の定款変更をすればそれに伴って取締役の任期が満了し，取締役の改選が行われる場合，社外取締役であった者が再選されたとしても，監査等委員会設置会社の定め廃止に伴い新たに社外取締役である旨の登記の根拠となる指名委員会等設置会社または特別取締役の議決の定めを導入しないかぎり，その者を社外取締役として登記できないことになる。

(3) 監査役設置会社の定め設定とその関連登記（事例57）

監査等委員会設置会社は，取締役会設置会社であるため（会327 Ⅰ③），取締役会設置会社の定めを廃止しないかぎり，監査等委員会設置会社の定め廃止に伴い原則として監査役の設置義務が発生する（会327 Ⅱ）。したがって，監査役設置会社の定め設定とそれに関連する登記をあわせて申請しなければ，申請書と登記記録の不合致により却下される（法24⑨）。

115　特別取締役の議決の定めの設定とそれに伴う登記（事例85）

社外取締役1名，取締役6名以上が存在しない会社が，特別取締役の議決の定めの設定登記を申請する場合，員数をみたす取締役の就任登記，そのうち1名についての社外取締役である旨の登記，3名以上の特別取締役の就任登記が必要となる。したがって，これらの登記をあわせて申請しなければ，申請書と登記記録の不合致により却下される（法24⑨）。

116　特別取締役の議決の定めの廃止とそれに伴う登記（事例86）

特別取締役の議決の定めの廃止の登記を申請するには，特別取締役の退任の登記，社外取締役についてほかに登記の根拠がない場合には社外取締役である旨の抹消の登記が必要となる。したがって，これらの登記をともに申請しなければ，申請書と登記記録の不合致により却下される（法24⑨）。

117　取締役等の会社に対する責任免除に関する規定の設定とそれに伴う登記（事例88）

(1) 監査役設置会社の定め設定および監査役の就任（事例57）

会社法上の監査役設置会社でない会社が，取締役等の会社に対する責任の免除に関する規定の設定の登記を申請する場合，監査役設置会社の定め設定および監査役の就任による変更登記が必要となる（会426 Ⅰ）。したがって，これら

の登記をあわせて申請しなければ，申請書と登記記録の不合致により却下される（法24⑨）。

　また，会社法の改正により監査役の監査の範囲を会計に関するものに限定する旨の定款の定めが登記事項とされており（会911Ⅲ⑰イ），取締役等の会社に対する責任の免除に関する規定の設定の登記を申請する場合，監査役の監査の範囲を会計に関するものに限定する旨の定款の定めを廃止する登記をあわせて申請すべきことになる（**事例59**参照）。ちなみに，経過措置により改正法施行後最初に監査役が就任し，または退任するまでの間は，監査役の監査の範囲を会計に関するものに限定する旨の登記をすることを要しないとされている（附則22Ⅰ）。

（2）　取締役の増員（事例54）

　取締役が1人しか登記されていない監査役設置会社が，取締役等の会社に対する責任の免除に関する規定の設定の登記を申請する場合，取締役の員数を2人以上とする取締役の増員による就任登記が必要となる（会426Ⅰ）。したがって，この登記をあわせて申請しなければ，申請書と登記記録の不合致により却下される（法24⑨）。

（3）　比較として非業務執行取締役等の責任制限に関する規定の登記（事例89）

　非業務執行取締役等の会社に対する責任制限に関する規定は，将来，非業務執行取締役等（会社の業務執行取締役もしくは執行役または支配人その他の使用人でない取締役，すべての監査役，会計参与，会計監査人：会427Ⅰ）を選任することを予定し，規定を設けることができるため，必ずしも非業務執行取締役等の登記をせずに，当該規定の設定の登記を申請することができることになる（土手敏行「商業登記実務Q＆A」『登記情報』540号6頁）。

　なお，会社法の改正により非業務執行取締役等の会社に対する責任の制限に関する規定は，社外取締役または社外監査役である旨の登記根拠ではなくなったため，当該規定を廃止することに伴い社外取締役の登記を抹消するための変更登記の申請は問題とならないことになる。

　ただし，経過措置として，改正法の施行の際に，現に在任している社外取締役，社外監査役については，その後最初に終了する事業年度に関する定時株主総会の終結時までは従前の例によることになり（附則4），改正法施行の際に現に責任制限の定めに従って社外の旨を登記している取締役，監査役がいる場合，登記されている取締役または監査役の任期中にかぎり，社外の旨の抹消登記を

することを要しないこととされている点に注意しなければならない（附則22Ⅱ）。

118　その他
(1)　各自代表取締役の取締役および代表取締役の登記（事例55）
各自代表取締役である会社は，取締役の就任登記と代表取締役の就任登記をあわせて申請しなければならず，それに反する申請は申請書と登記記録の不合致により却下される（法24⑨）。

(2)　代表取締役兼取締役の死亡等（事例72〜事例76）
代表取締役を兼ねる取締役の辞任（**事例72**），解任（**事例73**），死亡（**事例74**），欠格事由該当（**事例75**），破産手続開始決定による退任登記は，代表取締役の退任登記をあわせて申請しなければならず，それに反する申請は申請書と登記記録の不合致により却下される（法24⑨）。

同様の趣旨で，特別取締役を兼ねている取締役が死亡等による退任登記と特別取締役の退任登記は，あわせて申請しなければならない。

また，支配人を兼任している取締役の死亡，破産手続開始決定による退任登記と支配人の代理権消滅の登記はあわせて申請しなければならない（**事例76**）。

(3)　支配人兼取締役の代表取締役選定

【**事例119**―支配人兼取締役の代表取締役選定―】

> 問　次の事実に基づき暫定答案を作成しなさい。なお，本店所在地の管轄登記所に対する申請書を作成するものとし，添付書面を援用できる場合であっても援用をしないものとする。
> （株式会社Zの登記記録）
> 商号　株式会社Z
> 本店　東京都千代田区甲町1番地
> 会社成立の年月日　平成7年7月7日
> 資本金の額　金1億円
> 取締役A　取締役B　取締役C　平成27年6月28日重任
> 東京都千代田区甲町1番地
> 　代表取締役A　平成27年6月28日重任
> 監査役E　平成27年6月28日重任
> 取締役会設置会社に関する事項　取締役会設置会社
> 監査役設置会社に関する事項　監査役設置会社
> 支店　東京都渋谷区桜丘2番地
> 支配人に関する事項　東京都千代田区甲町3番地

> C
> 営業所　東京渋谷区桜丘2番地
> （株式会社Aの平成28年6月27日の取締役会議事録）
> 議案　議長は，経営強化のための代表取締役1名を増員し，代表取締役として C（東京都千代田区甲町3番地）を選任することの可否を議場に諮ったところ，出席取締役の全員一致により可決した。被選任者は，席上，即時に就任を承諾した。
> （聴取記録）
> 1　上記の取締役会議事録には，出席取締役としてAが登記所届出印を押印し，Cは市区町村長に届け出ている実印を押印している。

登記の事由	登記すべき事項	登免税額（根拠）
代表取締役の変更 支配人の代理権消滅	平成28年6月27日次の者就任 　東京都千代田区甲町3番地 　代表取締役 C 平成28年6月27日東京都渋谷区桜丘2番地の営業所に置いた支配人C辞任	金1万円（(1)カ） 金3万円（(1)ヨ） 計金4万円 （登免税18）

　事例のように支配人兼取締役を代表取締役に選定した場合，選任されている営業所の営業についてもっている支配権（包括代理権）が代表取締役の代表権に包含される関係となり，支配人でいる意味がなくなる。そこで，代表取締役の就任承諾に支配人を辞任する意思が含まれると解し，代表取締役の就任登記と支配人の辞任による代理権消滅の登記をあわせて申請しなければならず，それに反する申請は方式違反をもって却下される（法24⑥）。

> 【参考・添付書面】　辞任届1通　取締役会議事録1通　就任承諾書1通　印鑑証明書1通　委任状1通
>
> 法　代表取締役の選定について，選定決議を証する取締役会議事録（法46Ⅱ），取締役会の決議による間接選定であるため就任承諾書（法54Ⅰ）を添付する。
> 　また，支配人の辞任による代理権の消滅については，会社の支配人であるため辞任届を添付する（法45Ⅱ）。
>
> 規　代表取締役の就任による変更登記を申請する場合であり，被選定者Cは再任ではないため原則どおり就任承諾書についての印鑑証明書1通（登規61ⅣⅤ）を添付する。
> 　なお，選定議事録の印鑑証明書については，聴取記録1から変更前の代表取締役Aが取締役会議事録に登記所届出印を押印しているため例外的に添付を要しない（登規61Ⅵただし書）。

（4） 社外取締役の支配人選任による社外性喪失

【事例120 ─ 社外取締役の支配人選任 ─】

問　次の事実に基づき暫定答案を作成しなさい。
（株式会社Ｚの登記記録）
会社成立の年月日　平成7年7月7日
資本金の額　金1億円
取締役Ａ　取締役Ｂ　取締役Ｃ　取締役（社外取締役）Ｄ
　　　　　　　　　　　　　　　　　　　　　平成27年6月28日重任
取締役Ｅ　取締役（社外取締役）Ｆ　　　　　平成27年6月28日就任
特別取締役Ａ　特別取締役Ｃ　特別取締役Ｄ　平成27年6月28日就任
東京都千代田区甲町1番地
　代表取締役Ｂ　　　　　　　　　　　　　　平成27年6月28日重任
監査役Ｈ　　　　　　　　　　　　　　　　　平成27年6月28日重任
支店　東京都渋谷区桜丘2番地
取締役会設置会社に関する事項　取締役会設置会社
監査役設置会社に関する事項　監査役設置会社
特別取締役に関する事項　特別取締役による議決の定めがある
　平成27年6月28日設定
（株式会社Ｚの平成28年6月27日の取締役会議事録）
議案　議長は，本日をもってＦを東京都渋谷区桜丘2番地の渋谷支店の支配人
　　として選任することの可否を議場に諮ったところ，出席取締役全員一致を
　　もって可決した。
（聴取記録）
1　Ｆの住所は，東京都千代田区甲町4番地である。

登記の事由	登記すべき事項	登免税額（根拠）
社外取締役の社外性喪失 支配人の選任	平成28年6月27日取締役（社外取締役）Ｆの社外性喪失 　取締役Ｆ 支配人の氏名及び住所並びに営業所 　東京都千代田区甲町4番地 　　Ｆ 　営業所　東京都渋谷区桜丘2番地	金1万円（(1)カ） 金3万円（(1)ヨ） 計金4万円 （登免税18）

　社外取締役の要件をみたせないことになった場合には，社外取締役である旨を抹消する変更登記を，本店所在地において2週間以内に申請しなければならない（平成14.4.25民商1067通）。

　改正前の登記原因は，社外性の喪失原因をたとえば「平成○年○月○日社外取締役Ａの業務執行」の要領で具体的に記載していたが，会社法の改正により

近親者要件が加わったことで，従前の記載では婚姻等が登記されることになるため，プライバシーに配慮し一律に「平成○年○月○日社外取締役Aの社外性喪失」と改められた（平27.2.6民商第14号依命通知・登記記録例第2，8，(2)，南野雅司「『会社法の一部を改正する法律等の施行に伴う商業・法人登記事務の取扱いについて（平成27年2月6日付け法務省民商第13号民事局長通達）』の解説」『登記研究』804号37～38頁）。社外取締役を支配人に選任した場合，支配人の選任登記と社外取締役である旨の抹消登記をあわせて申請しなければならない。

【参考・添付書面】 取締役会議事録1通　委任状1通

法　会社の支配人の登記であり，支配人の選任を証する書面として取締役会議事録を添付する（法45Ⅰ）。これにより支配人に選任された社外取締役Fは，社外取締役の要件をみたさなくなるため，社外取締役である旨の登記を抹消する変更登記の申請が必要となる。この場合，社外性の喪失については規定がないため登記の事由を証する添付書面は添付を要しない。

（5）役員等の死亡と氏名等の変更・更正（事例87）

役員等が死亡した場合，死亡した役員等の氏名等に錯誤もしくは遺漏があるか，またはそれが変更している場合，死亡による役員等の退任登記と氏名等の変更または更正登記はあわせて申請しなければならない（法24⑨）。

4−3　会社形態の変更

119　非公開会社から公開会社への移行とそれに伴う登記

（1）機関設計への影響（事例77）

公開会社への移行に伴い取締役会の設置義務が生ずる（会327Ⅰ①）。したがって，取締役会を設置していない会社が公開会社に移行することになる株式の譲渡制限に関する規定を廃止する登記を申請するには，取締役会設置会社の定め設定の登記とそれに関連する登記が必要となる。それらの登記をあわせて申請しなければ，当該申請は，申請書と登記記録の不合致により申請は却下される（法24⑨，ハンドブック246頁（注））。

（2）役員の任期満了等（事例9，事例59，事例80）

非公開会社から公開会社への移行に伴い，役員（取締役・会計参与・監査役）の任期は，定款変更の効力発生時に満了し（会332Ⅶ③，同334Ⅰ，同336Ⅳ④），員数をみたす後任者の選任がなければ，上記役員は権利義務役員となる（会346

I，**事例9**）。この場合，権利義務役員に該当した効果として，役員についての任期満了による退任登記の申請は登記事項の不存在として却下される（法24⑩）。この結論は，かりに，員数をみたす役員の後任者の選任が行われなかったとしても，公開会社に移行することになる株式の譲渡制限に関する規定を廃止する登記は適法に申請できることを意味する。むしろ，この場合，定款変更以後になんらかの事由により役員の権利義務が解消され，その効果として，役員の任期満了による退任登記が可能となっているか否かを慎重に見極めることが重要となる。

また，代表取締役は，定款変更の効力発生時点において前提資格である取締役資格を喪失して退任し，員数をみたす後任者の選定がなければ，権利義務代表取締役となる（会351Ⅰ）。したがって，役員と同様，権利義務代表取締役に該当した効果として，代表取締役の資格喪失による退任登記の申請は，登記事項の不存在として却下される（法24⑩）。この結論も役員の場合と同様，員数をみたす後任代表取締役の選定が行われなかったとしても公開会社に移行することになる株式の譲渡制限に関する規定を廃止する登記は適法に申請できることになる。

このように非公開会社から公開会社への移行では，取締役の任期満了に伴い代表取締役の地位・権限が変化するため，**（１）**の取締役会設置会社の定めが代表取締役の選定方式の新設または変更に該当し，かつ，従前の代表取締役を取締役会の決議によって再選定したとしても，代表取締役について就任または重任の登記の申請が必要となる。

非公開会社の公開会社への移行に伴い監査役の監査の範囲を会計に関するものに限定する旨の定款の定めがすでに登記されている会社は，当該定めが非公開会社でしかなしえない定めであるため（会389Ⅰ），当該定めを廃止し，廃止による変更登記をあわせて申請しなければならない（法24⑨，**事例59**）。

（３）　発行可能株式総数についての４倍ルールの適用（事例9）

会社法の改正により，非公開会社として発行可能株式総数を発行済株式の総数の４倍を超えて定められている状態で非公開会社から公開会社に移行する場合，発行可能株式総数についての４倍ルールが適用されることになり，４倍ルールに適合した発行可能株式総数の減少による変更または発行済株式総数の増加による変更が必要となる（会113Ⅲ②）。したがって，公開会社に移行することになる株式の譲渡制限に関する規定の廃止の登記は，上記の変更登記をあわせ

て申請しなければ、申請書と登記記録の不合致により申請は却下されることになる（法24⑨）。

（4） 取締役等選解任権付種類株式（事例15参照）

取締役等選解任権付種類株式は、非公開会社でしか発行することができない（会108Ⅰただし書）。取締役等選解任権付種類株式を発行している会社が、非公開会社から公開会社に移行する株式の譲渡制限に関する規定廃止の登記を申請するには、取締役等選解任権付種類株式を廃止し、その変更登記をすることが必要となり、この登記をあわせて申請しなければ、当該申請は申請書と登記記録の不合致により却下されることになる（法24⑨、ハンドブック246頁（注））。

4－4　株式関係の登記

120　発行可能株式総数の変更

（1） 募集株式の発行を条件とした発行可能株式総数の増加変更

公開会社では、定款を変更して発行可能株式総数を増加する場合、変更後の発行可能株式総数は、定款変更の効力発生時点における発行済株式の総数の4倍を超えることができない（会113Ⅲ）。

4倍ルールの基準となる発行済株式の総数は、定款変更の効力発生時点のものであるため、募集株式の発行など発行済株式の総数の増加変更を条件として発行可能株式総数の増加変更を行うことが可能であり、その場合、発行可能株式総数の変更登記にあわせて募集株式の発行などの登記を申請しなければ、申請書等と登記記録の不合致として申請は却下される（法24⑨）。

（2） 株式併合と発行可能株式総数の減少変更（事例17）

本来、株式の消却や株式の併合のように発行済株式の総数を減少させる手続がとられても、発行可能株式総数は当然には減少変更しない。

しかし、会社法の改正により、株式の併合の株主総会決議事項として、株式併合の効力発生日における発行可能株式総数が必要的な決議事項として加えられ（会180Ⅱ④）、効力発生日に発行可能株式総数の定款変更がみなされることになる（会182Ⅱ）。その際、公開会社では、決議事項となる発行可能株式総数は、効力発生日の発行済株式の総数の4倍を超えることができないとされている（会180Ⅲ本文）。したがって、原則として株式併合にあわせて発行可能株式総数の変更登記を申請しなければ、申請書等と登記記録の不合致として申請は

却下されることになる（法24⑨）。ただし，発行可能株式総数は，併合決議の必要的登記事項となっているが，下記の4倍ルールをみたすかぎり，従来の発行可能株式総数を決議することも可能であり，この場合，定款の定めは変更されないことになるため，例外的に発行可能株式総数は，登記の事由とはならないことになる点に注意しなければならない（中間試案補足説明第1部第三2(2)）。

121　募集株式の発行
(1)　種類株式の細目を定めてする募集株式の発行（事例33）
　種類株式の内容について，要綱を定めて具体的細目の決定を取締役会等の決定に委任した場合には，当該種類株式を最初に発行する時までにその具体的内容を定めなければならない。この具体的な細目は，定款の内容とはならないが（会社千問62頁Q83），発行可能種類株式総数および発行する各種類の株式の内容の一部となるため，変更登記を申請しなければならない。
　定款の定めに基づき種類株式の内容の細目を，発行決議機関が募集事項の決定の際に定めた場合，募集株式の発行による変更登記と発行可能種類株式総数および発行する各種類の株式の内容変更の登記をあわせて申請しなければ，申請書と登記記録の不合致により申請は却下される（法24⑨）。

(2)　枠外発行回避措置と募集株式の発行
　募集株式の発行の際に，枠外発行を回避するため発行可能株式総数を増加変更し，または株式の消却を行っている場合，それらの変更登記をあわせて申請しなければ，申請書と登記記録の不合致により申請は却下される（法24⑨）。

122　株式の分割
(1)　発行可能株式総数の変更（事例18）
　会社が単一株式発行会社であるか，種類株式発行会社であっても現に2以上の種類の株式を発行していなければ，株式分割の効力発生日の発行可能株式総数を効力発生日の前日の発行可能株式総数に分割割合を乗じた数を限度として株主総会の決議によらずに発行可能株式総数を増加変更する定款変更ができる（会184Ⅱ）。この場合における発行可能株式総数の変更登記は，株式の分割による変更登記とあわせて申請しなければ，申請書と登記記録の不合致により却下される（法24⑨）。

（2） 単元株式数の設定または増加変更（事例 18）

①株式分割と同時に単元株式数を設定（または増加変更）する場合で，②定款変更後の各株主がそれぞれ有する株式の数を単元株式数で除して得た数が定款変更前において各株主がそれぞれ有する株式の数（単元株式数の増加変更の場合には当該株式の数を単元株式数で除して得た数）を下回らない場合には，株主総会の決議によらずに単元株式数の設定（または増加変更）の定款変更ができる（会191）。この場合，株式の分割と同時に単元株式数を設定（または増加変更）した場合，それらの変更登記をあわせて申請しなければ，申請書と登記記録の不合致により却下される（法24⑨）。

（3） 新株予約権の変更登記

新株予約権を発行している会社で，新株予約権の内容として株式分割（株式併合）による反希薄化条項の定めがある場合には，株式分割（株式併合）による変更登記と反希薄化条項を適用したことによる新株予約権の変更登記をあわせて申請しなければならない（ハンドブック310頁，349～352頁）。これに反する申請は，却下の対象とは解されていないが，これまでの実務がこの点にあまり関心を向けていなかっただけに注意が必要である。

123　株式併合型の登記

（1） 株式併合型の登記と公告をする方法の変更

株式併合型（14（5）ⅰc）の登記では，株券提供公告または株券無効公告の前提として公告をする方法を変更することが考えられる。

この場合には，変更後の公告をする方法で株券提供公告を行うことになるため，株式併合型の登記は，公告をする方法の変更登記をあわせて申請しなければ，添付書面の不添付で却下される（法24⑧）。

（2） 株式併合型の登記と株券を発行する旨の定め廃止（事例 117）

株式の併合，株式の譲渡制限に関する規定の設定等の決議に先だって，株券を発行する旨の定めを廃止すれば，非株券発行会社として株券提供公告は不要となる。

この場合，株式の譲渡制限に関する規定設定等の登記は，株券を発行する旨の定め廃止の登記をあわせて申請しなければ，添付書面の不添付として却下される（法24⑧）。

4−5　その他の登記

124　解散以後の登記

（1）解散の登記

　会社の解散および清算人の就任の登記申請は同一の申請書であることが可能であるが，解散登記と清算人および代表清算人の登記は同時申請が要求されていない。解散登記のみを申請する場合，解散登記の申請人は代表清算人となり，代表清算人が法定代表清算人である場合を除いて「代表清算人の資格を証する書面」（法71Ⅲ）を添付しなければならない。

　なお，会社の支配人は解散登記に伴って登記官が抹消する記号（下線）を記録するため（登規59），解散後の支配人を選任した場合には支配人の選任登記をあわせて申請すべきことになる。

（2）法定清算人等の登記（事例100）

　清算人が各自代表清算人となる場合のほか，代表清算人は清算株式会社の必要常設機関であるため，清算人の登記と代表清算人の登記をあわせて申請しなければならない（法24⑨）。

（3）会社継続の登記（事例101）

　解散の登記前に会社を継続した場合であっても，継続登記とともに，解散登記および清算人の就任（選任）登記を申請しなければならない（昭39.1.29民甲206回）。

　存続期間の満了によって解散した会社が継続する場合，登記記録を論理的に整合させるため，同時に存続期間の定めの変更または廃止の登記申請が必要となる。

　継続によって再び事業活動を行うことになると経営機関である取締役および代表取締役が必要となるため，継続の登記と同時に取締役・代表取締役の就任登記を申請しなければならない。

　取締役会設置会社の定めをしていた会社が解散した場合，取締役会設置会社の定めは解散登記の際に登記官が職権で抹消する記号（下線）を記録するが（登規72Ⅰ①），定款の取締役会設置会社の定めが失効するわけではない。したがって，当該会社が継続する場合には当該定款の定めに基づいて取締役会設置会社の定款の定めがある旨の登記を申請しなければならない。

124 解散以後の登記

（4） 清算結了の登記（事例102参照）

　解散・清算人選任の各登記がなされていない場合であっても，それらの登記を省略し，ただちに清算結了の登記申請することはできない。解散および清算人の登記を前提にしない清算結了は論理上ありえないからである。

事項索引

い
- 一商人一登記記録主義……20
- 一括申請……52
- 一件一申請書主義の原則……52
- 印鑑提出制度……47

う
- 打ち切り発行……126

え
- 営利……15

か
- 会社……15
- 瑕疵判断……36
- 課税標準金額……128
- 株券発行会社……93
- 株式会社……16
- 株式譲渡自由の原則……65
- 株式併合型……38
- 株主資本……66
- 監査役設置会社……82
- 間接有限責任……63

き
- 機関……70
- 機関設計自由の原則……63
- 擬制商人……17
- 却下事由法定主義……29
- 共同企業……15

く
- 組合……15

け
- 形式審査権限……29
- 形式的確定力……20
- 形成力……25
- 経由・同時申請……51
- 決議……73
- 欠損……67

こ
- 公開会社……80
- 公示制度……17
- 公示の原則……22
- 公信力……26
- 更生の登記……32
- 構造……11
- コーポレート・ガバナンス……63
- 個人企業……15
- 固有の商人……17

さ
- 債務超過……66
- 差益……130
- 差損……132
- 暫定答案の判断……60

し
- 資格喪失による退任……238
- 資産の部……65
- 事実上の推定力……20
- 実体構造……36
- 資本金……67
  - ――の額……64
- 種類株式発行会社……80
- 純資産の部……66
  - ――の計数変更……67
- 準備金……67
- 準備金組入型……38
- 商業登記……17, 19
- 商行為……17
- 商号変更型……38
- 証拠主義……34
- 商人……17
  - ――に関する一定の事項……17
  - 固有の――……17
- 剰余金……67
- 職権主義……22
- 書面主義……29
- 所有と経営の分離……62
- 申請……30

事項索引　395

申請書主義……………………………………… 2
人的編成主義 …………………………………… 20

せ

積極的公示力 …………………………………… 24
選定方式の新設 ………………………………… 243
選定方式の廃止 ………………………………… 246
選定方式の変更 ………………………………… 243

た

大会社 …………………………………………… 85
対抗力 …………………………………………… 24
貸借対照表 ……………………………………… 65
代表権付与 ……………………………………… 248
単独申請 ………………………………………… 33

て

定額課税 ……………………………………… 49,54
定時総会 ………………………………………… 85
ディテール・コントロール（Dコン）………… 8
定率課税 ……………………………………… 49,54
手続判断 ………………………………………… 53
添付書面 ………………………………………… 34

と

登記事項 ………………………………………… 19
　　設立の―― …………………………………… 31
登記事項法定主義 ……………………………… 31
登記実体法 ……………………………………… 61
登記すべき事項 ……………………………… 19,54
登記の事由 …………………………………… 36,53
　　――の骨格 ………………………………… 41,51
　　――の判断 ………………………………… 50,60
　　――の類型 ………………………………… 41
登記の連続性原則 …………………………… 20,52
当事者主義 ……………………………………… 22
当事者申請主義 ………………………………… 23

同時申請 ………………………………………… 52
独立の登記 ……………………………………… 31
特例有限会社 …………………………………… 79
取締役会設置会社 ……………………………… 82

ひ

非公開会社 ……………………………………… 80

ふ

附款 ……………………………………………… 73
複数登記の関係性の判断 ……………………… 5
負債の部 ………………………………………… 66
フレーム・コントロール（Fコン）………… vii,8
プロセス・コントロール ……………………… 49
分配可能額 ……………………………………… 68

ほ

法人登記 ………………………………………… 17
法定証拠主義 ………………………………… 29,36
法律構成の判断 ……………………………… 50,60
補完的効力 ……………………………………… 26
本質 ……………………………………………… 11

め

免責的効力 ……………………………………… 25

も

持分会社 ………………………………………… 16

よ

予防的機能 ……………………………………… 25

り

臨時総会 ………………………………………… 85

わ

割当日 …………………………………………… 159

♠ **蛭町　浩**（ひるまち　ひろし）

伊藤塾司法書士試験科講師。

1984年，司法書士試験合格。2003年，第1回簡裁訴訟代理関係業務認定。

1985年より登記法を中心に受験指導にあたり，実務家向けの研修講座のほか，大学・法科大学院でも教鞭をとる。

1995年頃より，記述式試験のより実践的な解答方法を模索するなか，「不動産取引の決済立会いにより報酬を得ることの実質的な根拠」を突き詰めた結果，法的判断によって登記の対象となる権利変動の存在を確認するとともに，後日の紛争に備えての証拠確保にその根拠があることを確信し，要件事実論に基づく記述式対策を構築することを決意する。その後，記述式試験の解答過程を「実体判断，架橋判断，手続判断」ととらえるプロセス重視の解答方法を確立し，多くの合格者を輩出している。

2002年の司法書士法改正により，司法書士に簡裁訴訟代理権が付与された後は，第1回認定考査により法務大臣認定を取得し，司法書士試験の合格者を対象に認定考査対策講座を担当している。

伊藤塾
〒150-0031　東京都渋谷区桜丘町17-5　03（3780）1717
http://www.itoujuku.co.jp

司法書士記述式対策
フレーム・コントロール　**商業登記法**

2016（平成28）年6月30日　初版1刷発行

著　者　蛭町　浩
発行者　鯉渕　友南
発行所　株式会社　弘文堂　　101-0062　東京都千代田区神田駿河台1の7
　　　　　　　　　　　　　　TEL 03（3294）4801　　振替 00120-6-53909
　　　　　　　　　　　　　　http://www.koubundou.co.jp

装　丁　笠井亞子
印　刷　三報社印刷
製　本　井上製本所

©2016 Hiroshi Hirumachi. Printed in Japan
[JCOPY]〈(社)出版者著作権管理機構　委託出版物〉
本書の無断複写は著作権法上での例外を除き禁じられています。複写される場合は，そのつど事前に，(社)出版者著作権管理機構（電話 03-3513-6969，FAX 03-3513-6979，e-mail : info@jcopy.or.jp）の許諾を得てください。
また本書を代行業者等の第三者に依頼してスキャンやデジタル化することは，たとえ個人や家庭内での利用であっても一切認められておりません。
ISBN978-4-335-35680-3

好評発売中

司法書士記述式対策
フレーム・コントロール
不動産登記法
申請個数と申請順序の判断テクニック

伊藤塾講師 **蛭町 浩**=著

不動産登記の書式は、連件申請の出題形式がとられており、申請の個数と申請順序の判断に失敗すれば、個々の登記がいかに正確に処理できていても0点です。
司法書士試験の合否を決する連件申請における申請個数と申請順序の判断テクニックが、124の事例を検討することで身につく本邦初の書式のテキスト兼問題集。「フレーム・コントロール」（＝Fコン）という画期的な学習法を書式の達人が懇切丁寧に指南します。
初学者はもちろんのこと、学習法に行き詰まっている既習者にも強い味方となる1冊。

A5判　並製　504頁　3800円

```
序 章　学習開始にあたり
第1部　書式を解くための不動産登記制度の原理・原則
  第1章　登記制度とは何なのか
  第2章　申請手続とは何なのか
  第3章　書式の試験とは何なのか
  第4章　書式の問題はいかに解かれるべきか
第2部　フレーム・コントロールStep1─個別フレームの判断
  第1章　法律構成および原因関係の判断（基本）
  第2章　登記の種類の判断（基本）
  第3章　法律構成の判断に論点がある法律関係（応用）
  第4章　申請手続の骨格の修正（応用）
第3部　フレーム・コントロールStep2─全体フレームの判断
  第1章　申請個数の判断
  第2章　申請順序の判断
  第3章　連件申請パターン
```

弘文堂

＊定価(税抜)は2016年6月現在

― 好評発売中 ―

認定司法書士への道〔第3版〕
要件事実最速攻略法

伊藤塾講師 **蛭町 浩**＝著

要件事実における蛭町式メソッドを初公開。バリエーション豊かな多数の事例（設例）と記載例（主張例）で、司法書士有資格者に限らず、実体法と手続法を関連づけて学べる。日常の業務にも活用できる簡裁代理権取得のための必修テキスト、最新版。　Ａ５判　472頁　4000円

- 要件事実や事実認定の基本を自習できるように、できるだけわかりやすく、その内容を解説してあります。
- 要件事実については、訴訟物、請求の趣旨、請求原因の説明をより丁寧にしてあります。
- 認定司法書士が行える業務範囲、業務規制についても、「認定考査」対応レベルで、わかりやすい説明がしてあります。
- 確認問題や「認定考査」の過去問を、項目ごとに配置し、本書の内容を確実に修得しているかがチェックできるだけでなく、「認定考査」の出題形式や解答形式にも慣れることができます。

　　はじめに―認定考査に対する試験戦略―
　　第1部　民事訴訟手続と要件事実の基礎
　　　第1章　裁判規範としての民法の特色
　　　第2章　民事訴訟手続の基本構造と基本原理
　　　第3章　民事訴訟手続の流れ
　　　第4章　訴え
　　　第5章　審理
　　　第6章　その他の論点
　　第2部　各種の訴訟における要件事実
　　　第1章　売買契約に基づく代金支払請求訴訟
　　　第2章　代理の場合の請求
　　　第3章　売買契約に基づく目的物引渡請求訴訟
　　　第4章　貸金返還請求訴訟
　　　第5章　保証契約に基づく保証債務履行請求訴訟
　　　第6章　賃貸借契約の終了に基づく建物明渡請求訴訟
　　　第7章　所有権に基づく建物明渡請求訴訟
　　　第8章　所有権に基づく動産引渡請求訴訟
　　　第9章　不動産登記手続請求訴訟
　　　第10章　譲受債権請求訴訟
　　　第11章　請負契約に基づく報酬請求訴訟
　　　第12章　債務不存在確認訴訟
　　　第13章　不法行為関係訴訟
　　　第14章　その他の訴訟
　　第3部　簡裁訴訟代理等関係業務の業務範囲と業務規制
　　　第1章　簡裁訴訟代理等関係業務の業務範囲
　　　第2章　簡裁訴訟代理等関係業務と業務規制

弘文堂

＊定価（税抜）は 2016 年 6 月現在

―― 好評の関連書 ――

要件事実ドリル

伊藤塾＝監修

伊藤塾講師 坂本龍治＝著

要件事実論の修得に、「将棋」の世界を重ね合わせ、イメージをつかみやすくしたユニークな学習書。認定考査試験・司法試験対策に最適なアウトプット力をつけるための反復練習プログラムを提示。現場（＝試験・実務）で力を発揮するドリル型テキスト。

Ａ５判　並製　400頁　3700円

第１部「考え方」：要件事実の基本的な考え方と基本概念を学習。
第２部「書き方」：「訴訟物」「請求の趣旨」「主要事実」「認否」等
　　　　　　　　の書き方のルールを確認。
第３部「問題と解説」：実務や試験で「訴訟物」「請求の趣旨」
　　　　　　　　　　「主要事実」を表現できる力をつける。

要件事実論30講〔第3版〕

村田　渉・山野目章夫＝編著
後藤巻則・髙橋文清・村上正敏・大塚直・三角比呂＝著

実務家裁判官（司法研修所教官経験者）と民法研究者（法科大学院教授）が討議を重ねて作り上げた要件事実の基礎教育と自己学修に最適のスタンダード・テキスト。設例の丁寧な解説とともに、事実摘示例やブロック・ダイアグラムを具体的に示し、暗記にたよらない要件事実の学修をめざす良きガイド。
補講「債権法改正の動向と訴訟の攻撃防御」および巻末に索引機能も兼ねた「記載例関係一覧表」を加えた充実の最新版。

Ａ５判　並製　624頁　3800円

司法書士の専門家責任

中央大学教授・元東京高裁部総括判事 加藤新太郎＝著

司法書士は、その執務において、法律専門職として求められる注意義務を過不足なく尽くすとともに、倫理にかなうパフォーマンスを示すことが求められています。裁判例を素材にして、司法書士の執務のあり方について、規範的視点からわかりやすく解説したテキスト。司法書士が果たすべき役割やあるべき姿を執務に沿って具体的に示した指南書。　Ａ５判　並製　408頁　3200円

―― 弘文堂 ――

＊定価（税抜）は、2016年６月現在